인격발달로 본
유럽문명사

자기 찾기와 뇌정보 이론 관점으로

인격발달로 본 유럽문명사
자기 찾기와 뇌정보 이론 관점으로

초판 1쇄 발행 2022년 6월 29일

지은이   이성훈
발행인   이의영

펴낸곳   도서출판 성인덕
출판 등록   제2019-000115호
주소   (06241) 서울시 강남구 테헤란로4길 46, 100동 118호(역삼동, 쌍용플래티넘밸류)
전화   02-564-0602
팩스   02-569-2917

ISBN 979-11-978917-9-3(03920)

* 책값은 뒤표지에 있습니다.
* 이 책의 일부 또는 전부를 재사용하시려면 반드시 도서출판 성인덕의 동의를 얻어야 합니다.
* 잘못 만들어진 책은 구입하신 곳에서 교환해드립니다.

인격 유럽 문명론 I

인격발달로 본
유럽문명사

자기 찾기와 뇌정보 이론 관점으로

이성훈 글

성인덕

차례

| 머리말 | 06 |
| 프롤로그 | 14 |

1부 • 유럽의 조상
위대한 조상 이야기 (4세기 이전)

1. 유럽은 하나의 가족이다 … 27
2. 인격발달 이론과 마음의 과학 … 35
3. 유럽의 뿌리는 신이다 … 54
4. 유럽의 기초를 닦은 그리스 … 66
5. 로마는 어떻게 위대한 아버지가 되었는가? … 91

2부 • 소아와 사춘기
아픔의 시절을 이겨낸 성장기 (5~15세기)

1. 잘못된 결혼, 로마와 기독교 … 117
2. 중세 기독교의 병리적 회로 … 141
3. 소아기小兒期로서의 암흑기 … 155
4. 사춘기로서 르네상스 … 170

3부 • 청년기
청년의 삶에서 드러난 다양한 자기 (16~18세기)

1. 참혹한 성인식으로서의 종교개혁 … 195
2. 폭발적 내적 성장 – 지성과 이성의 발달 … 203
3. 폭발적 외적 성장 – 대항해 시대와 산업혁명 … 220
4. 독일과 유대인의 우수성 … 249
5. 인간이 갈 길의 지도地圖를 그리다 – 칸트와 헤겔 … 267

4부 • 중년기
혼돈에서 새로운 자기를 찾은 중년 (19세기)

1. 인생은 이성이 아니고 감정이다 – 쇼펜하우어와 낭만주의   307
2. 좌절되고 소외된 몸을 찾다 – 마르크스와 니체   326
3. 무의식과 의식에서 새로운 자기를 찾다 – 프로이트와 후설   337

5부 • 장년기
처절한 실패에서 지혜를 찾은 장년 (20세기)

1. 근대와 현대문명의 야만성   359
2. 고난에서 찾은 초월적 자기 – 실존주의   410
3. 실패한 인생에서 답을 찾다 – 프랑크푸르트학파   425
4. 버려진 작은 것에서 찾은 희망– 포스트모더니즘   434

6부 • 장노년기
인생을 돌아보며 노년을 준비하다 (21세기)

1. 유럽의 나는 누구인가? 나의 역사 돌아보기   449
2. 좌절과 소외의 역사와 그 실체 – 잉여, 가상과 정보   478
3. 미래를 어떻게 준비할 것인가? – 정보시대   497
4. 유럽이 앞으로 살아가야 하는 길 – 유라시아 네트워크   509

| 에필로그 | 527
| 참고문헌 | 537

| 머리말 |

　우리 세대에서 유럽은 정말 먼 나라였다. 가난한 60년대를 살면서 우리가 자주 듣던 말은 일제 혹은 미제라는 말이었다. 그리고 중학교에 가서 알파벳을 펜으로 써 내려가면서 영어를 처음 접하게 되었고, 영어를 배우면서 미국에 대한 동경과 환상을 갖기 시작했다. 대학에 가서는 외국에서 공부하고 오신 교수님들을 엄청나게 부러워하였다. 이처럼 선진 외국은 우리 시대의 꿈과 이상이었다.
　그러나 먹고 살기 어렵고 당장 눈앞에 떨어진 것을 따라잡기도 힘든 상황에서 외국은 막연한 꿈이지 그 이상以上은 아니었다. 그러던 중 해외여행이 자유화되면서 너도나도 해외여행을 나가기 시작했다. 우리도 경제 사정이 조금 나아져 일본, 동남아부터 해서 드디어 먼 유럽까지 여행할 수 있었다. 그러나 나는 직업상 자리를 오래 비울 수 없어 제대로 된 해외여행을 하기 어려웠다. 그러다가 나도 특별한 해외여행을 할 기회가 있었는데, 그것은 지진이나 전쟁 난민 같은 재난지역에 대한 의료구호 활동이었다. 재난으로 인해 정신적 트라우마를 경험하는 사람들이 많은지라, 정신과 의사가 필요하다고 해서 어쩔 수 없이 시작된 여행이 10년 넘게 계속되었다.

그래서 나의 해외여행은 정상적인 관광이 아니라 재난 여행이었다. 그 후 학회나 세미나로 해외에 나간 적은 있었지만, 그 일 만 끝내고 금방 돌아와야 했기 때문에, 사실상 해외여행 특히 유럽에 대해서는 거의 문외한이었다. 나의 관심사는 마음이었기에 마음을 여행하기도 바빠 세상을 여행할 여유조차 없었다. 그래도 꼭 가고 싶으면 갈 수도 있었겠지만, 꼭 가야 할 절실한 동기를 찾기도 쉽지 않았다. 정말 유럽은 나의 머리와 마음 어느 곳에도 없었다.

대신 나이가 들면서 한국의 현실과 역사에 자연히 관심을 두게 되었다. 우리 정치 현실의 고질적인 문제를 보면서 왜 이런 문제가 생기는지 궁금하여 한국인에 관해 공부하게 되었다. 정신과 의사는 특별히 현상보다 그 심층적인 배후에 있는 개인과 집단의 무의식에 관심을 둔다. 그래서 이러한 공부를 통해 우리만의 심층적인 특징을 알게 되고 이를 중심으로 '한국인의 아픔과 힘'이라는 책을 쓰게 되었다. 역사와 문화에 관한 관심은, 한국인 정도로 충분하다고 생각했다. 외국에 관한 관심이 있다면 우리에게 서로 영향을 주는 중국과 일본 정도이지, 서양 역사와 문화는 나에게 여전히 생소한 이야기였다.

그러다가 서양 철학에 관심을 가지면서 유럽을 조금씩 알기 시작했다. 특별히 평소에 재난에 관심이 많았기에, 유럽의 재난과 전쟁을 중심으로 관심을 두게 되었다. 그러면서 특별한 의문이 생겼다.

종교개혁을 시작한 기독교 나라에다 칸트, 헤겔 그리고 하이데거와 같이 뛰어난 철학자들을 둔 이성의 나라이면서, 음악을 그렇게 사랑한 나라가 어떻게 그렇게 야만적인 전쟁을 두 번이나 일으키게 되었는가 하는 의문이었다. 물론 미친 지도자 탓으로 돌리고 대충 지나갈 수도 있지만, 대부분 국민이 적극적으로 참여하지 않고는 불가능한 일이었기에, 그냥 과거사로만 넘어갈 수 없는 일이었다. 그래서 이러한 의문이 있었지만, 스스로 답을 찾아볼 만한 여유도 능력도 없어 그냥 덮어둔 채 지내왔다.

그러던 중 작년 세계여행 스토리텔러 김재열 작가의 강의를 한 해 동안 들을 수 있었다. 원래 해외여행을 다니면서 현장에서 강의하는 분인데, 코로나로 해외여행을 가지 못하게 되자 국내에서 강의한 것이다. 나 같은 문외한에게는 너무도 좋은 기회였다. 앉아서 세계여행을 할 수 있게 되었다. 여행과 연관된 많은 시청각 자료를 구글 어스 지도와 함께, 마치 현장에 가 있는 것처럼 생생하게 경험할 수 있었다. 여행에 대한 지식은 물론이고, 유럽의 역사와 문화에 대한 다양한 자료와 특별한 해석은 그들을 가까운 이웃으로 이해할 수 있게 해주었다. 그들에 대한 이해와 공감이 커지게 되자, 그들의 역사와 문화를 더 공부해보고 싶은 마음이 들어 강의를 듣는 동안 유럽에 관한 공부를 따로 더 하였다.

그냥 현상에 대한 호기심이 아니라 그 배후에 있는 유럽 사람의 마음과 무의식을 알고 싶었다. 어쩔 수 없는 직업의식이었다. 그러면서 이를 통해 그동안 궁금하였던 독일의 모순에 대한 의문도 풀어보고 싶었다. 이러한 모순은 독일만의 것이 아니었다. 유럽의 다른 나라들도 문명국으로 발전하면서 상상할 수 없는 야만성을 보였다. 이를 그냥 인간과 역사가 발달해나가는데, 어쩔 수 없이 일어나는 부작용 정도로 지나칠 수도 있겠지만, 독일의 경우는 너무 극단적으로 일어나 그 질문을 덮어둘 수만은 없었다. 그들을 현상적으로는 도저히 이해할 수 없을 것 같아, 그들의 내적 무의식과 역동성에 관심을 가지면서 역사와 사상을 다시 보기 시작했다. 그러다 보니 유럽의 문명과 역사를 인격의 발달로 볼 수 있게 되었고, 이를 통해 표면에 드러나지 않은 그들의 무의식을 이해할 수 있게 되었다. 특별히 유럽의 아버지를 로마로 보고 그 역사를 아버지로부터 자기를 찾아가는 과정으로 보면서, 독일을 비롯한 유럽의 역사를 더 역동적으로 이해할 수 있었다.

인간은 과거 아픔의 기억을 숨기고 덮어두고 싶어 한다. 그러나 이를 방어하고 숨기면 어쩔 수 없이 과거의 삶이 반복될 수밖에 없기에, 이를 예방하기 위해 정신분석을 권하기도 한다. 정신분석을 통해 무의식적인 원인을 찾아 해결하면 반복되는 아픔에서 벗어날 수 있기 때문이다. 집단의 역사도 마찬가지이다. 집단도 과거의 잘못된 것을 반복하지 않기 위해서는 그 역사를 철저하게 해부하여, 그 원인을 찾아 해결하면 도움이 될 수 있다. 그래서 역사를 연구하고 공부하는 것이다. 그러나 현상적인 분석만으로는 부족한 경우가 많다. 역사에서도 집단적인 무의식에 대한 정신분석이 필요하다. 그래서 유럽의 정신분석을 시도해보고 싶었다. 이는 유럽만을 위한 것이 아니라 인간과 우리 자신을 위한 것이기에 더욱 절실한 마음이 들었다. 그러나 이왕 정신분석에 들어간다면, 정신의 뿌리가 되는 뇌에까지 들어가서, 그들의 뇌정보까지 분석해보고 싶었다.

그래서 유럽의 역사를 보이는 것만이 아닌 그 속에서 일어나는 집단적인 인격의 발달에 대해 살펴본 것이다. 단순한 역사만으로는 이러한 작업이 쉽지 않기에 문명의 전반적인 발전과 특별히 예술과 사상의 발전까지도 살펴보아야 했다. 이러한 작업을 기초로 해서 그 속에 있는 무의식과 역동을 탐구할 수 있었다. 물론 이러한 시도는 전혀 새로운 것은 아니다. 정신분석학의 창시자인 프로이트는 문명을 억압된 본능 즉 성적본능과 죽음본능의 갈등으로 봄으로 문명의 인격성을 강조하였고, 그의 제자인 융은 문명을 집단적 인격으로 보았다. 또 역사철학의 대가인 헤겔도 역사를 인격발달로 분석한 바 있다. 그는 동양 세계를 유아기, 그리스 세계를 청년기, 로마 세계를 장년기 그리고 게르만 세계를 노년기로 나누어 분석하였다. 그러나 그는 이를 자유 의식의 발달과정으로 분류한 것이지 인격과 무의식으로서 분석한 것은 아니었다.

그러나 역사를 의인화하고 인격화한다는 것은 그렇게 간단하고 쉬운 작업은 아니다. 이러한 작업을 위해서는 역사적인 내용에 대해 주관적인 해석과 상상이 필요한데, 이를 하다 보면 글이 역사의 사실을 넘어선 허구적 창작물로 발전할 수도 있어서 아주 조심스럽다. 그러나 사실적인 역사를 인간의 살아있는 역사로 이해하고 느끼기 위해서 그러한 관점으로 역사를 본 것이지, 이를 위해 역사를 새롭게 구성하려는 것은 아니다. 그러나 때로는 인격적인 이해를 위해 의인화된 구성과 상상이 어쩔 수 없이 가미될 수밖에 없었다. 그래서 이 글은 역사에 관한 학술적인 논문이 아니라는 것을 밝히고 싶다. 역사를 인격발달이라는 관점에서도 볼 수 있다는 하나의 실험적인 시도로써, 역사를 인격발달로 해석한 이야기로 보아주었으면 한다.

  이 책에는 많은 역사와 문명에 관한 이야기가 나온다. 그리고 철학과 예술에 관한 이야기도 나온다. 저자는 사실 이러한 분야의 전문가는 아니다. 그래서 이러한 방대한 작업을 하는 것이 두렵다. 비전문가로서 한계와 부족함을 고백하지 않을 수 없다. 그런데도 저자가 이 책을 시도한 것은 유럽인을 집단적인 인격으로 이해하고 싶어서였다. 그래서 인격의 이야기로 유럽의 문명사를 엮어보았다. 유럽을 하나의 이야기로 엮어가면서 어쩔 수 없는 비약과 오류가 있을 것으로 생각된다.

  역사에는 수많은 사건이 일어난다. 그러나 이 책에서는 인격발달과 자기 찾기라는 관점에서 역사적 사실을 보기 때문에 모든 사건을 기술하기보다는 어쩔 수 없이 이와 연관된 사건만을 취사선택할 수밖에 없었다. 그래서 한쪽으로 치우친 자료와 해석이 일어날 수 있을 것이다. 그러나 아무리 역사를 보는 관점이 중요하다고 하더라도, 역사적 사실이 왜곡되어서는 안 될 것이다. 혹시 이러한 점이 있다면, 이에 대한 전문가들의 지적과 조언이 있어야 할 것이다. 그래서 이를 바로 잡아갈 수 있었으면 한다.

  그리고 이 책이 문명사에 관한 집단적 인격발달과 심층 분석에 집중하다 보니 그 배경이 되는 역사와 문명에 대해 자세히 설명하지 못하고 넘어가는 경우가 많았다. 이를 다 설명하는 것이 바람직하나, 이렇게 할 경우, 책의 분량이 너무 늘어나고 원래의 주제가 흐려질 수 있어서 그럴 수밖에 없었음을 이해해주길 바란다. 이에 대한 더 자세한 이해가 필요한 독자께서는 이를 소개하는 전문 서적이나 인터넷 사이트를 참고해주길 바란다.

그리고 이 책은 '인격 유럽문명'이라는 주제로 쓴 첫 번째의 책이다. 이 책에서는 유럽이 한 가족으로서 경험한 전체의 문명사가 기술되어 있다. 두 번째 책은 유럽의 아들들인, 이탈리아, 스페인, 프랑스, 독일과 영국이 각각 어떻게 성장하고 자기를 찾아갔는지를 따로 분석한 내용이 될 것이다. 그들은 한 가족이라고 보기에는 너무도 다른 방식으로 살았다. 그리고 공통적인 발달 과정도 있지만, 자신의 길을 독특하게 찾아갔기 때문에 그 속에 있는 다양한 그들을 만나보는 것도 그들을 이해하는데, 큰 도움이 되리라 생각한다. 그들 속에 있는 우리의 모습을 찾아보는 것도 역시 우리에게 적지 않은 도움이 될 것이다.

19세기의 풍성하고 위대한 학문과 예술도 20세기의 전쟁을 막을 수 없었다. 인간의 본성에 대한 더욱 진지한 탐구가 필요한 것은 사실이지만, 이를 안다고 과연 인류의 반복되는 악을 얼마나 막을 수 있을까 회의가 드는 것도 사실이다. 그 위대한 사람들도 하지 못한 것을 그 누가 하겠는가? 그래서 이러한 책을 쓰고 고민하는 것도 무모한 시도라는 것을 잘 안다. 그렇다고 문제를 알면서 포기하고 방치해야 하는가? 인간의 극단적인 이중성을 알면서 이를 잊고 좋은 것만을 즐기며 살아가야 하는가? 그래도 작은 희미한 희망을 품는 것은 인류의 역사는 늘 작고 보잘것없는 데서 시작했다는 것이다. 그 작은 것이 무엇일지는 모르지만, 누군가가 이러한 작은 일이라도 해야 한다는 것이다. 그래서 종말의 시간에 작은 한 나무를 심는 심정으로 이 책을 쓰게 되었다.

  이 책은 이러한 절실한 갈망에서 시작되었다. 인간의 문명이 발달할수록 문명의 발달로 인한 환상에 빠지기보다는 그 속에 있는 인간의 모순과 야만성 그리고 악함을 직면할 수 있어야 한다. 그러면서 그 모순을 극복하고 하나로 통합하는 길을 탐구하고 모색해야 한다. 이 작은 글이 이러한 통합의 길에 조금이라도 도움 되기를 바란다. 이 책을 통해 이를 고민하고 극복하려는 다른 분들과 교감하고 교류되길 간절히 소원한다. 이 책을 쓰고 출판하는데, 적지 않은 분들이 조언과 도움을 주셨다. 일일이 밝히지 못하지만, 그들의 도움이 아니었으면, 결코 이 책으로 결실되지 못했을 것이다. 깊이 감사드린다. 곧 후편으로 다시 뵙기를 기다린다.

2022년 6월, 강원도 성인덕에서

| 프롤로그 |

 이 책은 긴 시대를 다루고 있고 그 안에 수많은 사건이 일어난다. 한마디로 긴 여행이 될 것이다. 그래서 이 긴 여행을 떠나기 전에 여행의 전반에 관해 먼저 요약해서 소개하려고 한다. 이 책은 크게 6부로 나누어져 있다. 각 부에서 유럽의 인격발달을 조상, 성장기, 청년기, 중년, 장년기 그리고 노년기라는 생애의 6주기로 나누었다. 1부는 유럽의 조상에 관한 이야기이다. 그 안에서 1장은 이 책의 전체 그림을 그리기 위해 유럽을 하나의 가족으로 보는 가계도를 소개하였다. 2장에서는 문명발달을 분석하고 해석하는 이론에 관해 설명하였다. 역사와 문명의 발달과정을 정신분석의 인격발달 이론을 통해 해석하였으나, 그 중심에는 자기自己가 있으므로 이를 특별히 자기를 찾아가는 과정으로 해석하였다. 그러나 정신분석이론에는 인문학적 개념이 많이 포함되기에, 해석의 과학성을 높이기 위해서 뇌정보이론을 추가로 도입하였다. 모든 인격은 뇌를 통해 형성되고 발

달하기에 그 기초가 되는 뇌의 정보처리를 인격과 연결해볼 수 있다. 특별히 정보이론은 뇌 과학 중에서도 이러한 통합적 이해를 가장 적절하게 할 수 있게 하는 이론으로 알려져 있다. 그리고 이 이론으로 인간의 정신 즉 마음과 문명이 어떻게 연결될 수 있는지에 관해서도 설명하였다.

유럽인이 누구인지를 찾아가는 것이 이 책의 목적이다. 그래서 그들의 가장 심층에서부터 그들을 찾아가야 했다. 인류의 모든 문명이 신에서 출발하였듯 그들의 뿌리도 신이었다. 3장에서 그들의 뿌리가 되는 신을 헤브라이즘에서 찾아보았고, 신에게서 인간은 어떤 의미였는지도 알아보았다. 그러나 인간은 점차 신으로부터 분리되어 인간의 길을 갔다. 그래서 인간의 역사가 시작되었다. 그렇다면 역사라는 현실을 살아가는 인간은 누구인가? 4장에서 인간을 찾고 인간을 통해 신과 세상을 어떻게 만날 수 있었는지 그리스를 통해서 알아보았다. 특히 호메로스의 '일리아드와 오디세이'를 중심으로 그들을 심층 분석하였다. 그리스인 중에서 특별히 인간과 세상을 깊이 탐구한 위대한 학자인 소크라테스, 플라톤과 아리스토텔레스를 소개하였다. 그들은 유럽의 영원한 스승이기도 하였다. 이러한 그리스는 위대한 로마와 유럽의 기초이면서도 모형이 되었다.

그리스 문명이 쇠퇴한 후, 로마제국이라는 거대한 문명이 탄생하였다. 로마는 유럽의 영원한 아버지가 되기에 부족함이 없는 위대한 제국이었다. 로마가 그렇게 강해지고 위대해진 힘이 무엇인지에 대해서 5장에서 분석하였다. 그 힘은 현실에 대한 합리성과 개방성이었다. 이 지혜가 로마의 아내이기도 했다. 그러나 이 아내는 그렇게 오래 살지 못했다. 이 아내가 죽자 로마는 흔들리기 시작했고 그래서 급하게 새로운 아내를 맞아들였다. 그 아내가 바로 기독교였다.

이때부터가 유럽의 소아와 청소년기이고 5~15세기의 중세기에 해당한다. 그들이 성장기에 경험한 상처와 아픔은 대단했다. 이 시기의 아픔이 무엇이었고 이를 어떻게 극복하며 성장해나갔는지를 2부에서 살펴보았다. 1장은 로마와 기독교의 불행한 만남에 관한 이야기이다. 결과적으로 보면 그들의 결혼은 불행했다. 태생적으로 그럴 수밖에 없는 결혼이었다. 로마가 죽고 계모인 기독교가 유럽을 지배한 이 시기를 암흑기라고 한다. 자기가 없이 종교적 권위에 복종하며 사는 시절이었다. 이러한 중세 기독교의 병리적 회로에 대해서는 2장에서 분석하였다. 그런 가운데 아이는 소아를 거쳐 청소년으로 성장하면서 부모가 허락한 가출을 할 수 있었다. 그 가출이 바로 십자군 전쟁이었다. 이를 통해 조금씩 자기에 눈을 뜨기 시작했다. 이를 3장에서 설명하였다.

십자군 전쟁을 통해 가장 부흥한 나라는 이탈리아였다. 계모도 예전에 비해 많이 노쇠해지고 그들도 이제 살만해지니, 좋은 할아버지인 그리스와 좋은 아버지인 로마의 긍정적인 기억을 되새기며 자기를 찾으려고 하였다. 이러한 그들의 노력이 르네상스로 결실되었다. 이 시기가 바로 청소년의 사춘기이다. 이를 통해 그들은 자기의 감정도 표현하고 자기의 생각도 조리 있게 표현할 수 있게 되었다. 이를 4장에서 설명하였다. 그리고 드디어 한 성인으로 자기의 길을 가겠다고 선언하기에 이르렀다.

이때부터가 청년기이고 3부에서 이를 다루었다. 이 시기는 16세기에서 18세기에 해당하며 엄청난 개혁과 혁명의 시대였다. 성년으로서 청년기의 시작이 바로 종교개혁이었다. 그러나 이를 선언하는 것이 단순한 신앙적 사건으로 끝나지 않았다. 현실적으로 엄청난 큰 파문을 일으켰다. 부모의 망령은 자기의 뜻을 따르지 않는 자식을 순순히 보내주지 않았다. 힘으로 자식을 계속 묶어두려고 하였고 자식은 싸워서라도 자신의 길을 가기를 원했다. 생각보다 저항과 투쟁이 격렬했고 그 희생도 아주 컸다. 정말 성인이 된다는 것은 말처럼 쉬운 일은 아니었다. 그 혹독한 성인식을 1장에 기술하였다. 그러나 이를 극복하고 성인으로 독립한 이후는 정말 그 이전과는 완전히 다른 사람의 모습으로 변해갔다. 자신 속에 그러한 다양한 능력과 잠재력이 있는지를 모를 정도로 발전하며 뻗어 나갔다.

물론 이러한 변화와 발전은 자동으로 된 것은 아니다. 현실을 살아갈 자신의 힘을 개발하고 연마하지 않고는 불가능한 일이었다. 그들은 우선 생각할 수 있는 데서 자기를 찾았다. 의식에서 생각하는 자기가 바로 자기의 중심이 된 것이다. 자신을 의심하며 바른 자기를 찾는 작업을 하였다. 이를 통해 그들은 세상을 살아갈 힘을 발견하게 되었다.

그들이 찾은 가장 큰 능력과 힘은 지성과 이성이었다. 그러나 이를 찾아 자신을 성장시켜나가는 방식은 각자가 달랐다. 이것이 대륙의 합리론과 영국의 경험론 이야기이다. 이를 기초로 하여 더욱 다양한 형태의 자기를 실험하며 발전해갔다. 이것이 계몽주의, 고전주의, 신고전주의와 낭만주의 등의 사조이다. 그리고 자신들에게 가장 적합한 정치체제에 대해서도 고민하며 찾아갔다. 그들은 강한 국가로서 절대왕정을 요구하기도 했고, 의회민주주의를 주장하기도 했다. 이런 과정에서 시민혁명과 같은 혼돈과 갈등도 겪었다. 이러한 격동의 모습이 2장에 그려져 있다. 결과적으로 보면 이러한 과정을 통해 유럽은 내적으로 폭발적인 성장을 이루었다고 볼 수 있다.

성인으로서의 유럽의 잠재력은 대단했다. 그들은 그들의 숨은 능력과 욕구가 외적으로 펼쳐 나와 대항해와 신대륙의 시대를 열었다. 그리고 과학과 산업혁명도 발전시켰다. 이를 기초로 하여 그들은 제국주의와 식민지 시대를 열면서 세계로 팽창해나갔다. 과거의 그들로는 상상할 수 없을 만큼 발전한 대단한 모습이다. 그들의 잠재력과 능력이 폭발하며 새로운 문명의 시대를 열었다. 그러나 이와 함께 이해하기 어려운 야만적인 행태도 드러났다. 이러한 그들의 발전과 모순에 대해서 3장에서 다루었다.

유럽의 발전에 특이한 현상이 있었는데, 바로 독일과 유대인이었다. 독일은 게르만족으로 로마제국도 포기한 야만적인 전사들이었다. 그러나 그들은 싸움만 좋아하는 전사만은 아니었다. 그 당시 아무도 시도할 수 없었던 종교개혁을 시작으로 해서 내적인 성찰과 성숙으로 깊이 들어갔다. 그래서 위대한 철학자, 문학인과 음악가들을 배출하였다. 그리고 그들은 길드와 한자동맹 등으로 기술과 상업에서도 탁월한 능력을 보였다. 그러나 그들은 30년 전쟁으로 인해 통일이 늦어지는 바람에, 산업화가 늦었지만, 과학과 중공업 그리고 기계 산업을 꾸준히 발전시켜 유럽의 최강국으로 우뚝 서게 되었다. 그들은 어떻게 이처럼 내적으로나 외적으로 발전할 수 있게 되었을까? 그들이 이렇게 특별한 능력을 어떻게 갖추게 되고 이를 실현할 수 있었을까? 자기 찾기의 한 좋은 예로서 그들의 우수성을 분석해 보았다. 그리고 이와 함께 여러 시련 속에서도 여러 방면에서 특별한 능력을 보인 유대인의 우수성에 대해서도 분석하였다. 이에 관한 이야기가 4장에 설명되어 있다.

이러한 다양한 모습으로 유럽이 성장하면서 그들은 과연 인간이 누구이고 어디로 가야 하는지 다시 고민하기 시작하였다. 그리고 마침내 인간의 내면에 대한 위대한 지도를 그린 사상가가 나타났는데 바로 칸트와 헤겔이었다. 이에 관한 이야기가 5장에 있다. 격동의 삶을 통과하면서 그들의 삶은 이러한 사상가들이 그려준 지도와는 매우 달랐다. 현실적인 여러 모순과 갈등이 노출되면서 인생은 혼돈에 빠질 수밖에 없었다.

이러한 혼돈의 시대가 19세기였고 이를 4부에서 유럽의 중년으로 다루었다. 그러나 유럽은 이러한 혼돈과 시련에도 낙심하지 않고 더욱 성숙하고 새로운 자기를 찾아 나섰다. 칸트와 헤겔의 만든 인간의 지도를 수정하며 현실에서 드러난 인간의 모습을 새롭게 그려나갔다. 그들은 삶을 실제로 지배하는 것은 이성이 아니고 감정이었다는 것을 알게 되었다. 이에 앞장선 철학자가 쇼펜하우어였고 그를 이어 니체와 낭만주의 여러 예술가가 동참하였다. 이에 대한 글이 1장에 있다. 그런데 인생을 살아보니 감정만으로 다 해결되지 않았다. 감정은 몸에서 나오며 몸이 중요하다는 것을 알게 되었다. 몸이 좌절과 소외의 중심이었다. 그래서 몸을 자기 찾기의 중심에 두기 시작했는데, 이러한 혁명을 시작한 사람이 마르크스, 니체와 프로이트였다. 이에 관한 이야기가 2장에 나온다.

특별히 프로이트는 감정과 몸을 주체로 주장하였지만, 그것들의 대부분은 무의식에서 있다는 것을 발견하였다. 이는 사상사에서 가장 혁명적인 코페르니쿠스적 전환이었다. 데카르트 이후 근대사는 의식의 자기가 인간의 주체였다. 그러나 의식의 자기는 수동적인 방어일 뿐, 무의식에 인간의 주체가 있다고 프로이트가 밝힌 것이다. 이러한 발견은 과거의 학문을 완전히 뒤집는 혁명적 사건이었다. 그러나 무의식이 아무리 주체라고 해도 의식할 수 없기 때문에, 인간의 의식은 여전히 중요하고 필요했다. 이러한 의식을 다시 탐구한 학자가 있었으니 그가 후설이었고 그 학문이 현상학이다. 그래서 새로운 무의식과 의식이 통합되어 더 큰 자기를 찾아갈 수 있게 되었다. 이를 3장에서 설명하였다.

이러한 노력에도 불구하고 유럽의 현실은 막무가내로 치달리고 있었다. 그러다가 인류역사상 가장 잔혹한 두 세계대전이 터지고 말았다. 그 참혹함과 야만성 앞에서 유럽인들은 그동안 자신들이 가꾸어 온 문명과 이를 이룩한 인간에 대해 깊은 회의와 절망에 빠지지 않을 수 없었다. 이러한 실패와 좌절의 시기가 유럽의 장년이고 20세기에 해당한다. 5부에서는 이러한 장년으로서의 유럽을 설명하였고 그들이 이를 어떻게 극복하며 자신을 계속 찾아 나가는지를 알아보았다.

먼저 유럽이 근대와 현대의 문명국으로 발달하면 야만성이 더 사라져야 하는데, 문명과 비례해서 오히려 증가하였다. 이를 문명의 부작용 정도로 생각하고 넘어가기에는, 야만성이 너무 심각하였다. 그래서 이를 1장에서 분석하였다. 인간과 문명은 왜 본질적으로 야만성을 떠날 수 없는지 그 원인에 대해 분석하였고, 특별히 독일에서 가장 심하게 나타났기에, 독일의 경우를 별도로 분석하였다. 이러한 야만성의 분석은 이 책을 시작한 가장 중요한 동기이고 핵심적인 내용이기도 하다. 앞서 분석한 독일의 우수성을 야만성과 분리하지 않고 하나의 흐름으로 연결하여 설명하였다.

  이러한 처절한 현실을 경험하면서, 이제는 인간이 누구인가 그리고 나는 누구인가보다 이러한 현실에서 어떻게 살 것인가가 더 중요한 주제가 되었다. 아무리 바른 생각을 해도 삶은 잘못되어가고 있었다. 그래서 철학은 본질보다 실존을 중요한 주제로 삼기 시작했다. 이것이 실존주의 철학이다. 그들은 참담한 실존에서도 낙심하지 않고 새로운 자기를 찾아 나갔다. 그들이 찾은 새로운 자기가 무엇이며, 이를 어떻게 깨워 실존을 초월할 수 있는지에 대해서 2장에서 다루었다.

  그들은 실존철학만으로 만족할 수 없었다. 과거의 위대한 철학이 왜 실패로 끝났는지 그들은 다시 자신의 본질을 들여다보았다. 그러나 내면적인 성찰로 끝내지 않고 그들의 현실인 사회와 문화에 관해서도 깊은 연구와 비판을 하였다. 이것이 프랑크푸르트학파이다. 이에 대해 3장에서 설명하였다. 그런데 그들의 거대한 보고서보다 더 소중한 것이 그들 속에서 시작되고 있었다. 지금까지 유럽이 발견하지 못한 새로운 역사와 문명의 힘이다. 역사는 거대한 힘이 이끄는 것 같지만, 항상 작고 보잘것없는 것에서 시작된다는 것이었다. 그래서 작은 차이와 소수자들을 소중히 여기는 새로운 사상이 시작되었다. 그들은 이를 해체철학으로 발전시켰고 이러한 전체적인 흐름이 포스트모더니즘이었다. 이에 대해서 4장에서 설명하였다.

마지막 6부에서는 장년에서 노년으로 넘어가는 유럽이 자신을 되돌아보고 앞으로 어떻게 살아가야 할 것인가를 탐색하였다. 먼저 1장에서는 지금까지 산만하게 나열된 유럽의 자기 찾기의 역사를 다시 총정리하여 요약하였다. 그리고 유럽의 문명사를 통해 인간은 끊임없이 자기를 찾아 실현하려고 했지만, 결과적으로 좌절되고 소외되는 일이 반복되었는데, 그 원인에 대해서도 2장에서 총정리하였다. 그 원인은 잉여와 가상이라는 현상이었다. 이를 잘 알아야 인류는 다시 이러한 좌절에서 벗어날 수 있으므로 이를 핵심적 주제로 다루었다. 그리고 중요한 것은 과거만이 아니라 현재와 미래이다. 과거를 분석하며 현재와 미래가 어디로 가고 있으며 미래를 위해 유럽이 무엇을 어떻게 준비해야 하는지를 3장에서 고민해보았다. 그동안 숨어서 문명을 이끌었던 '정보'가 이제는 수면 위에서 인류의 문명을 주도하게 될 것으로 보았다. 정보는 자신이 제왕임을 드러낼 것이며, 미래에는 신의 경지까지에 이를 것으로 전망하였다.

아이러니하게도 미래 사회는 정보가 제왕적 신이 되어 신고대新古代와 신중세新中世로 회귀할지도 모른다. 인류는 정보와의 공존과 투쟁을 시작하며 과거사를 반복할 수도 있다. 이 속에서 인류가 다시 과거를 반복하지 않고 자기를 건강하게 실현해가는 길이 무엇인지를 모색하였다. 그리고 마지막으로 4장에서는 유럽이라는 공동체의 의미에 대해 생각하였다. 노년을 맞는 유럽으로써 그 미래는 어떻게 될 것인가? 유럽은 지구촌의 대선배로서 이제 무엇을 할 수 있을 것인가? 전체 공동체에서의 유럽의 의미를 생각해보았다. 그리고 그들의 미래는 이대로 노쇠하고 종말을 맞을 것인가, 아니면 다시 회생할 수 있는 길이 있을 것인가? 있다면 그것은 무엇일까? 이러한 유럽의 구체적인 미래에 대해 생각해보았다.

  그리고 마지막으로 이 글을 끝내면서 에필로그에서 그동안의 모든 내용을 핵심적으로 정리하였다. 프롤로그처럼 서술적으로 정리한 것이 아니라 이 책을 통해 발견된 문명사의 원칙과 규칙을 중심으로 정리하였다. 이를 통해 문명사의 흥망성쇠와 발전의 원리와 규칙을 일목요연하게 볼 수 있을 것이다.

1부

유럽의 조상

위대한 조상 이야기
(4세기 이전)

1
유럽은
하나의 가족이다

문명의 인격성

  문명은 인간이 역사 속에서 물질과 기술로 이룩한 결과물을 주로 말하지만, 인간이 모여서 형성한 모든 삶의 내용과 형식을 다 포함한다. 그래서 문명은 그 집단이 만든 작품이라 할 수 있다. 한 사람의 작품에는 그 사람의 인격과 성장해온 삶이 녹아 있다. 그래서 작품을 깊이 이해하기 위해서 작가의 인격과 살아온 삶을 알아보기도 한다. 이처럼 문명도 그 집단의 사람들이 만든 작품이기에, 그 집단을 전체적인 인격으로 보고 탐구해본다면, 그 문명에 대해 더 깊은 이해가 가능할 수 있을 것이다. 정신분석학자인 융Carl Jung(1875-1961)은 개인에게 과거의 삶이 축적된 무의식이 있듯이 종족과 집단에도 그 역사에서 축적된 보편적인 무의식이 있다고 했다. 그리고 이러한 무의식이 문화와 문명을 이루는 기초가 되고 그 무의식에는 자기Self라는 인격성이 있어 이를 의식의 삶으로 실현하려 한다고 했다. 그래서 문명을 집단적 인격으로 보고 이를 이해하고 분석해보는 것은 문명의 깊은 흐름을 파악하는 데 도움이 된다.

인격은 생명과 유전자로부터 오는 선험적이고 선천적인 면도 있지만, 가족과 사회라는 집단에 의해 후천적으로 형성되는 것도 중요하다. 유럽이란 집단이 형성되고 역사적으로 발전하는데 분명히 선천적이고 유전적인 요인이 있지만, 너무도 오랫동안 왕래하며 혼합된 탓에 어떤 특정한 선천적인 요인을 찾아내기는 쉽지 않다. 그것보다는 한곳에 정착하고 살면서 환경적으로 형성된 특징은 어렵지 않게 찾아볼 수 있다. 그래서 이 책에서는 환경적인 요인을 중심으로 그들의 인격 형성을 탐구해보려는 것이다.

이렇게 형성된 인격은 다시 그들의 환경과 문명을 만들고 그것은 다시 그들의 인격을 재형성하였다. 이러한 상호적 관계를 통해서 역사와 문명이 발달해왔다. 이처럼 그들의 문명 속에는 자연스럽게 그들의 인격성이 배어 있었고, 이 인격이 다시 역사와 문명의 형성과 발달에 아주 중요한 역할을 하였다. 그래서 유럽의 역사와 문명을 이해하는데, 인격과 발달 과정을 중심 주제로 삼는 것은 그 어떠한 접근방법보다 근원적이고 핵심적인 연구가 될 수 있을 것이다.

물론 개인 인격의 발달과 집단적 인격의 발달이 일치하는 것은 아니기에 문명과 역사를 인격의 측면으로 본다는 것이 쉬운 작업은 아니다. 이를 위해서 몇 가지 전제와 새로운 방법론의 도입이 필요하다. 먼저 역사를 하나의 가족사로 볼 필요가 있다. 씨족이나 부족 사는 가족사적 연구가 가능하지만, 그 이상의 국가는 가족사로 이해하기는 쉽지 않다. 그러나 한 집단의 문화와 문명에는 그 시대 사람들의 인격이 스며들어 있으므로 이를 표면적 현상만으로 보지 않고, 심층적이고 무의식적인 역동성으로 본다면, 그 저변에 흐르는 가족적 흐름을 찾아볼 수 있을 것이다. 그리고 그 속에서 형성되는 인격과 발달과정도 추적해볼 수 있을 것이다.

유럽의 가계도

 이 책의 대전제는 유럽을 하나의 대가족으로 보는 것이다. 그래서 먼저 유럽의 가계도를 그려보려고 한다. 유럽의 조상이 되는 문명은 많지만, 모든 조상을 다 기억하고 설명할 수는 없다. 지금 자손들에게 가장 큰 영향을 준 조상부터 생각해본다면, 아마 헤브라이즘을 낳은 히브리 민족이 아닐까 생각된다. 그리고 유럽의 할아버지는 그리스이고 유럽의 부모는 누가 뭐래도 로마제국이었다. 유럽의 모든 것은 로마에서 시작되고 발전되었다. 유럽은 거대한 아버지인 로마로부터 시작하였다. 유럽은 로마를 부모로 생각하여 늘 아버지를 닮고자 하면서도 저항하기도 한 그러한 관계였다.
 그래서 유럽의 각국을 강하고 거대한 로마라는 아버지 밑에서 자라난 형제의 삶으로 볼 수 있다. 자녀들은 같은 부모 밑에서 자라나지만, 각자 성격과 성장 과정이 다르다. 유럽도 한 부모에서 나왔지만 서로 너무나 다르다. 유전자는 오랫동안의 왕래로 대부분 혼합

유럽은 그리스를 할아버지로, 로마를 아버지로 둔 형제 나라이다. 장남이 이탈리아, 차남이 스페인, 삼남이 프랑스, 사남이 독일 그리고 막내가 영국인 하나의 가족이다. ⓒ wikipedia

되어 있기에 유전자만의 특징으로 이를 설명하기는 어렵다. 그래서 그들이 자라온 환경의 영향으로 보는 것이 타당하다. 그러나 각자가 아무리 달라도 공통분모는 분명히 있다. 한 로마라는 아버지의 영향을 받은 것이 가장 큰 공통점이다. 그러나 자식이 성장 시기와 환경이 다르듯이, 각 나라도 로마의 영향을 받은 시기와 환경은 각기 다르다. 그리고 이를 받아들이고 자기 것으로 만들어가는 과정도 다르다. 그래서 같으면서도 다른 성격을 보이는 것이다.

그럼 각 유럽의 국가의 형제 순위가 있을까? 있다면 어떻게 순위가 결정될까? 형제의 순위는 부모의 영향을 시간상으로 받은 순서에 따라 결정된다. 그래서 이탈리아가 장자가 되는 것은 당연하다. 그리고 차남은 스페인이다. 스페인이 로마에 의해 완전히 정복되는데는 프랑스보다 늦었지만, 이탈리아 다음으로 로마의 영향을 먼저 받았고 그들은 거의 로마와 같은 정체성을 가지고 살아왔기에 차남으로 볼 수 있을 것이다. 그리고 프랑스와 독일이 삼남과 사남이다. 이들은 로마의 영향을 받은 순서에는 차이가 있지만, 서로 경쟁적이고 사이가 안 좋다. 정신분석에서 말하는 형제 경쟁 sibling rivalry 관계이다. 유럽의 역사와 문명은 거의 이들의 경쟁과 싸움으로 점철되어 있다. 그리고 막내가 영국이다. 아무래도 대륙에서 떨어져 있고 로마의 영향을 직접 받기보다는 프랑스라는 형을 통해 많이 받았기에 막내로 볼 수 있을 것이다.

자기 찾기 문명사

각자의 성격이 형성되는 과정도 중요하지만, 유럽이라는 가족이 공통으로 겪는 과정을 먼저 이해해야 각자도 이해할 수 있다. 그래서 이 책은 먼저 한 아버지 밑에서 자란 한 가족으로서의 유럽 가족사를 그려보려고 한다. 할아버지인 그리스는 누구이고 그 밑에서 자란 아버지 로마는 어떻게 성공할 수 있었고 또 어떻게 패망하였는지를 살펴볼 것이다. 그리고 자식들이 한 아버지 밑에서 어떤 영향을 받으면서 자랐는지도 살펴볼 것이다. 자식에게는 부모와 관계에서 두 가지 욕구가 있다. 먼저 자식은 부모가 원하는 것을 잘 계승하여 부모의 인정을 받으려는 욕구가 있다. 그러나 또 다른 욕구가 있는데, 그것은 부모를 떠나 자신만의 것을 이루려는 욕구이다. 이 두 욕구는 표면적으로 보면 상충적이다. 그래서 부모와 자식은 갈등한다. 그러나 지혜로운 자식은 이 둘을 잘 조화하여 두 가지를 같이 이루기도 한다. 어떤 결과를 만들든 우선 중요한 것은 자식이 부모와 다른 자신으로서 성장해가는 것이다. 흔히 이를 자기 찾기라고 한다. 그래서 유럽의 자식들이 자기 찾기를 어떻게 하며 성장해갔는지를 알아보는 것이 중요하다. 자기를 찾는 과정은 반드시 아버지와의 갈등을 유발한다. 이에 대해 아버지는 어떻게 반응하였고 자식은 이를 어떻게 받아들였는지를 알아야 한다. 그리고 자식들은 이러한 문제와 어려움을 어떻게 소화하고 극복해갔는지도 알아보아야 한다.

유럽의 역사는 복잡하고 많은 사건이 있었기에, 이를 듣고도 금방 잊어버린다. 정말 먼 나라 이야기처럼 들린다. 그러나 유럽의 역사와 문명을 자식의 성장 과정으로 이해하면, 이를 무척 쉽고 흥미롭게 받아들일 수 있다. 유럽이라는 이질적인 이야기가 아니라, 우리들의 이야기로 듣고 볼 수 있기 때문이다. 그래서 '박물관이 살아 있다.'라는 영화처럼 과거의 죽은 이야기가 지금 우리 속에 살아 움직이는 이야기로 다가올 수 있다.

자식은 부모와 갈등을 겪으면서 성인으로 성장해간다. 부모는 자식에게 좋은 것을 물려주고 싶어 많은 것을 요구하지만, 자식은 자신의 것을 찾아 이루길 원한다. 스스로 부모를 떠나 자기만의 삶을 살고 싶어 한다. 그리고 자신이 부모 이상의 사람이 되기를 갈망한다. 이렇게 스스로 대단한 사람으로서 인정받고 싶어 한다. 그러나 이러한 인생 여정은 만만하지 않다. 어려운 장애물을 만나기도 하고 시행착오도 겪는다. 이처럼 하나의 인격으로 험악한 세상을 살아간다는 것은 정말 고달프고 힘든 일이다. 이것이 바로 유럽의 문명이고 역사이다.

이러한 유럽의 역사를 우리의 인격과 삶으로 이해하고 해석해보는 것은 무척 의미 있고 흥미로운 일이라 생각한다. 그들이 인생의 선배가 되어, 그들이 겪은 일을 통해 우리가 사는 인생의 생생한 교훈과 지혜를 얻을 수도 있을 것이다. 개인만이 아니라 국가와 민족이라는 공동체의 갈 길을 인도받을 수도 있다. 그래서 그들의 역사와 문명사를 여행자처럼 구경만 하는 것이 아니라 그들의 삶으로 들어가서 같이 경험함으로 자신과 공동체를 돌이켜보며 도움을 받을 수 있을 것이다.

문명 속에 숨어있는 무의식과 뇌정보

특히 유럽에서 형제들끼리의 갈등과 싸움이 극심하다. 잘 지내기보다는 싸우는 역사가 더 많다. 다섯 형제가 서로 연합하기도 하지만, 때로는 죽을 때까지 싸우기도 한다. 정말 참혹하고 독한 전쟁을 경험하기도 한다. 그러나 이는 그들만의 역사가 아니다. 우리들의 이야기이기도 하다. 우리도 부모가 남겨준 유산으로 인해 형제 사이에 유사한 경험들이 있다. 때로는 원수가 되어 죄 없는 자손에게까지 분노를 물려주며 서로 미워하게 한다. 왜 한 형제들이 이렇게까지 되어야 하는가? 인간은 왜 이렇게 악한가? 그 찬란한 인간의 문명은 허구인가? 정말 많은 것을 생각해볼 수밖에 없는 역사의 현장이다. 단순한 학문적인 인격발달의 탐구가 아니라 그 속에 숨겨진 인간과 인격의 본질을 알고 배울 수 있다면, 이는 우리의 현실과 미래를 위해 의미 있는 공부가 될 것이다.

이글은 먼저 공통으로 유럽이 자식으로서 부모를 어떻게 떠나 자기를 찾아가는지를 역사와 문명을 통해 살펴볼 것이다. 이를 깊이 찾기 위해서는 역사적 사건만으로는 부족하여 인간 정신의 산물인 예술과 사상 속에서도 자기 찾기를 분석해보려고 한다. 이를 분석하는

데 심리적이고 정신분석적인 이론이 중심이 되겠지만, 이것만으로 충분한 것 같지 않아 하나의 이론을 더 추가하려고 한다.

정신적인 현상도 결국 뇌에서 일어나는 정보처리 현상이기에 정신과 심리이론 외에 정보처리 이론을 더 추가하려는 것이다. **인간의 무의식을 심층적으로 들어가 보듯이 더 심층적인 인간의 뇌와 정보처리에까지 들어가 보자는 것이다.** 인간의 인격과 정신을 정보이론으로 설명하는 것이 다소 생소할 수 있지만, 인간의 현상을 더 근원적이고 과학적으로 이해하는데, 도움이 될 수 있기에 시도해보려는 것이다. 그리고 이러한 분석은 우리가 살아가는 이 시대와 미래의 정보사회를 이해하는 데도 도움이 될 수 있을 것이다. 이 책에서는 정신이론과 뇌의 정보이론을 통합한 이 이론을 '마음의 과학'이라고 부르려고 한다.

2
인격발달 이론과 마음의 과학

자기를 중심으로 한 인격발달 이론

유럽을 인격발달 과정으로 해석하고 이해하기 위해서는, 먼저 인격발달 이론에 대해 살펴볼 필요가 있다. 이 책은 인격발달을 설명하는 여러 이론 중에서 어떤 특정한 이론만을 의존하지는 않을 것이다. 물론 정신분석 이론이 중심이 되겠지만, 다른 이론들도 포함하여 종합하는 방식이 될 것이다. 인간이 생물학적으로 발달해가듯 정신과 인격도 발달해간다. 이를 인격발달이라고 하기도 하고 생애 주기life cycle라고도 말한다. 우리가 흔히 발달이라고 하면 성장기만 생각하기 쉽다. 그리고 성장 이후 우리는 발달보다는 노쇠하고 퇴화하는 것으로 생각한다. 그러나 인격발달은 생애주기처럼 태어나서 죽는 날까지 계속해서 어떠한 방향으로 변화되고 발달해간다는 것을 말한다. 그래서 죽음이 종말이 아니라 발달의 정점이 될 수도 있다.

　모든 발달과정은 어머니로부터 아이가 어떻게 분리하고 독립하여 스스로 능력으로 사회에서 살아나가는가를 설명하고 있다. 그래서 발달과정에서 가장 중요한 점은 분리와 독립이다. 이는 바로 자기를 형성함으로 가능한 것이고, 그 **분리와 독립의 주체가 바로 자기가 된다. 그래서 인격의 발달 과정은 한편으로 보면 자기 형성과정**으로 볼 수 있다. 그래서 이러한 관점으로 인격발달 과정을 설명해보려고 한다.

　아이는 자궁에서 엄마와 하나이다. 이때는 절대적 공생 관계이다. 그리고 출산을 통해 아이는 엄마로부터 신체적으로 분리된다. 그러나 아이는 스스로 살아갈 능력이 없으므로 아직도 상대적인 공생 관계를 유지한다. 그 속에서는 자기가 없고 어머니가 자기가 된다. 어머니를 통해 세상을 보고 만난다. 어머니가 자기를 결정해주는 것이다. 그래서 자기는 어머니가 잘해주면 좋은 사람이 되고 어머니가 잘못해주면 나쁜 사람이 된다. 그리고 세상도 어머니가 잘해주면 믿을 수 있고, 잘못해주면 불신하게 된다. 자신과 세상이 어머니가 해주는 대로 결정되는 것이다. 이것이 공생의 관계 속의 자기이다. 이때는 대상과 자기의 구분이 없다.

　그러다가 아이가 세 살쯤 되면 자기를 인식하고 주장하기 시작한다. 이때가 어머니와 일차적으로 분리되는 시기이다. 어머니가 없어도 어머니가 뇌 속에서 기억으로 형성되고 표상되기 때문에 분리가 어느 정도 가능하다. 그러나 오랫동안 분리되기는 어렵다. 그리고 이때부터 아이는 자기가 하겠다는 소리를 낸다. 그러나 현실에서 자기를 부딪쳐보니, 자기는 너무도 약한 존재라는 것을 알게 되고 다시 어머니로 돌아간다. 분리와 복귀를 반복하며 조금씩 자기를 형성해가는 것이 유아기이다. 그다음이 소아기인데 소아기는 학령전과 후로 나눈다. 소아기에는 자기와 현실을 동시에 인식하면서 자기가 약하다는 것을 알게 된다.

그래서 외부의 강한 힘을 자기 것으로 동일시하면서 자기를 형성해간다. 부모에 대한 환상이나 다른 이상을 자기로 동일시하는 것이다. 그러나 여기서도 갈등이 생긴다. 아이는 어머니와 동일시하면서 아버지와 경쟁하기도 하고, 또 형제들 사이에서도 경쟁이 일어난다. 이러한 데서 오는 갈등을 오이디푸스 콤플렉스oedipal complex나 거세불안castration anxiety, 그리고 형제간의 경쟁sibling rivalry이라고 한다. 이를 통해 도덕과 초자아superego가 형성된다. 그리고 아이는 놀이를 통해 불안을 해소하기도 하고 자신의 힘을 확인하고 실현하려고 한다.

아이가 학교에 들어가면서 이러한 갈등이 수면 아래로 내려가는 잠복기latency를 맞는다. 학교라는 집단생활을 하며 사회와 권위를 알게 되고 권위에 복종하며 성실하고 근면한 생활을 훈련하게 된다. 이때는 **자기로서는 암흑기**이다. 자기는 없이 집단과 권위를 자신의 것으로 받아들이는 생활 습관을 갖는다. 그 후 아이는 이차성징과 신체가 발달하면서 어른으로 가고 있는 자기를 인식하기 시작하며 자기주도성을 주장하기 시작한다. 그래서 권위와 부모에게 반발하며 자신의 감정과 생각을 주장하기 시작한다. 이를 사춘기라고 한다. 처음에는 감정을 앞세우지만, 차차 자신의 지성과 이성을 개발하여 부모와 권위에 대해 자기 생각을 표현하며 대화하고 타협하기 시작한다.

멈추어질 수 없는 자기 찾기

    그리고 자신이 무엇을 좋아하고 하고 싶은지, 자기의 능력이 무엇인지를 알아보며 자기의 삶을 준비한다. 이것이 일반적으로 대학 생활에서 해야 할 과제이다. 물론 우리의 대학 생활은 충분히 이러한 자기 찾기를 하기가 어렵다. 그리고 이제 자기가 하고 싶은 일을 주장하고 또 자기가 사랑하는 배우자를 선택하여 새로운 삶을 출발하려고 한다. 이것이 부모를 떠나 한 성인으로서 독립하는 과정이다. 이때 부모와 의견이 일치하면 좋은데, 부모가 강하고 부모의 생각과 일치하지 않을 경우, 심한 갈등과 투쟁이 있게 된다. 그래서 부모가 계속 반대하면, 집을 뛰쳐나와 자기의 삶을 혼자 힘으로 살아보려고 한다. 더 심한 경우 부모가 자식의 독립을 인정하지 않고 사사건건 방해할 수도 있다. 이를 견디고 이기면서 자기의 인생을 살아야 하는 때도 있다. 유럽이 이러한 경우이다.

    이때 자녀는 자기의 힘만으로 어려운 현실을 극복하며 살아야 한다. 자기의 능력을 더 깊이 찾아 개발하고 훈련해야 한다. 이때 자기의 지성과 이성의 능력을 찾아 개발한다. 그리고 같은 뜻을 가진 사람들과 관계를 맺으며 자기의 능력을 배양해간다. 그리고 자신의 꿈과 이상을 현실에서 실현하려고 한다. 그러나 현실에서는 뜻대로 되지 않고 여러 시행착오와 혼돈을 경험한다. 이를 통해 자신의 문제가 무엇인지를 찾아가며 계속 도전하는 삶을 살아간다. 그러면서 자신에 대해 더 알게 되고 전에는 몰랐던 새로운 능력과 힘을 발견하기도 한다. 이를 통해 성공하기도 하고 실패를 경험하기도 한다. 자신감과 좌절을 경험하며 중년과 장년기를 통과하고 노년을 맞는다. 이런 과정을 통해 지성과 이성만이 중요한 것이 아니라, 감정과 몸도 중요하다는 것을 알게 된다. 합리적이고 옳은 것도 중요하지만, **인간관계를 중요하게 여기고 마음이 끌리고 몸이 하고 싶은 일**을 하기도 한다.

장년과 노년이 되면 은퇴하게 되고 그동안 이루어 놓은 것으로 미래의 안정적 삶을 계획한다. 은퇴한다고 자기 찾기가 멈추어지는 것은 아니다. 나이와 환경과 관계없이 자기 찾기는 계속된다. 이때가 되면 그동안 한 면만을 보며 달려온 인생을 되돌아보며, 치우친 것들이 무엇인지 하나로 통합하는 일에 관심을 둔다. 그리고 그동안 부족했던 것들을 보충하기도 한다. 잘못된 것을 수정하려고도 한다. **이해하고 용서하는 여유**를 갖는다. 이러한 과정을 통해 자기를 더 완전한 **하나의 자기로 통합**하려는 것이다. 그리고 계속해서 자기가 진정 원했지만, 사느라고 바빠서 하지 못한 것을 찾아 실현하기도 한다. 나이와 상관없이 자기 발달은 계속되는 것이다.

인간은 생명이고 생명의 중심에는 자기가 있다. 생명과 자기의 가장 큰 특징은 하나가 되길 원한다는 것이다. 그래서 장년과 노년이 될수록 조각난 자신을 모아서 하나로 만들고 싶어 한다. 그리고 이러한 갈망은 이생의 삶으로만 끝나는 것이 아니다. 생명과 자기는 죽음 이후까지 확장되기를 염원한다. 그래서 이를 자식과 다른 후계자들을 통해서 이루려 하기도 하고 죽음 너머에서도 영원히 계속되기를 원하기도 한다. 이것이 생명과 자기의 모습이다. 육신의 생명은 노쇠해가더라도 내면의 생명과 자기는 멈추지 않고 영원히 발달해가길 원하는 것이다. 그래서 죽음이 자기의 종말이 아니라 새로운 자기로 태어나기를 원하고 그래서 죽음 너머까지도 바라보는 것이다. 이것이 대충 살펴본 인생의 주기이고 인격의 발달 과정이다. 이를 유럽의 문명사에서 살펴보는 것이 우리의 목표이다.

마음의 과학은 왜 필요한가?

'문명'의 사전적인 의미를 보면 '사회의 여러 가지 기술적, 물질적인 측면의 발전으로 이루어진 결과물. 또는 그렇게 하여 인간 생활이 발전된 상태'라고 되어있다. 문명을 한마디로 말하면 인간이 보이는 세계로 발전한 상태를 말하는데, 이것이 가능하기 위해서는 발전이 축적되고 확장되어야 한다. 그래서 문명의 가장 핵심적인 내용은 '발전의 축적'이다. 아무리 좋은 것도 일회적인 것은 문명이 될 수 없고, 작은 것이라도 축적될 때 발전적인 문명으로 나타나는 것이다. 이를 가능하게 하는 인간의 능력은 주로 지능이나 언어, 의지와 같은 것이다. 그래서 이러한 능력과 문명의 관계에 대해서는 그동안 많은 연구가 있었다. 그러나 그 이상 인간의 마음과 인격이 문명과 연관되는지에 관한 연구는 그렇게 많지 않았다. 우리가 다루려고 하는 인격은 주로 마음으로 되어있다. 그래서 인격을 만나기 전에 마음에 대해서 먼저 알 필요가 있다.

우리가 '마음'이라는 말을 많이 하고 사는데, 마음의 진정한 뜻과 정의에 대해서는 잘 알지 못하는 경우가 많다. 마음과 동의어로 가장 많이 사용되고 있는 것이 '정신'일 것이다. 학문적으로 두 개념이 어떠한 차이가 있다고 아직 정확하게 정의된 바는 없다. 그래서 이를 사용할 때마다 그 개념을 명확하게 할 필요가 있다. 이 책에서는 마음과 정신이 다소 다른 의미로 사용된다. '정신'은 생각과 사고 그리고 이념적인 면이 강조되는 경향이 있고 무의식까지 포함되지만, 의식적이고 의지적인 면이 강조되는 경향이 있는 것으로 본다.

그러나 '마음'은 사고나 이념적인 것도 포함되지만, 다른 인지 기능, 즉 감정과 본능적인 면까지 포함한다. 그리고 초월적인 면도 포함되는 개념으로 보려고 한다. 그래서 이 책에서는 마음이 정신보다 더 포괄적인 개념으로 생각하고 사용하려고 한다. 정신은 인간의 의식세계에 더 많은 영향을 주지만, 마음은 이 정신과 행동에 영향을 주는 더 깊은 심층적인 세계로 보려는 것이다. 그래서 마음은 현상적으로는 잘 드러나지는 않지만, 인간의 삶에 깊은 영향을 미칠 수 있으므로 문명을 마음의 차원에서 보고 분석한다는 것은 무척 의미 있는 작업이라 생각된다.

그러나 마음이란 상당히 주관적이다. 특히, 감정적인 면과 인격과 영혼과 같은 내용은 더욱 모호하여 이를 객관적인 문명에 적용하는 것이 결코 쉬운 일은 아니다. 그래서 저자는 마음이란 개념에 과학적인 객관성을 도입하려는 것이다. 흔히 '마음의 과학'이라고 하면 뇌과학을 생각하기 쉽다. 그러나 일반적인 뇌과학을 도입하면 너무 복잡해지고 마음을 과학으로 이해하는 데에는 실질적으로 도움이 되지 않는다. 그러나 **'뇌 정보이론'은 마음을 과학으로 이해하는데, 가장 적합한 이론**으로 알려져 있다.

뇌 정보이론을 도입하는 또 다른 이유가 있다. 인간의 생각과 행동을 설명할 때, 때로는 이해할 수 없는 갈등이나 모순이 있을 수 있다. 이러할 때는 의식의 이론만으로 설명하기 어렵다. 그래서 무의식으로 들어가 그 원인을 찾으면 도움이 된다. 집단의 생각과 행동을 이해할 때도 마찬가지다. 집단의 무의식을 알면 이해하기 어려운 문제도 이해할 수 있을 때가 있다. 그러나 무의식을 분석하는 것으로도 이해가 되지 않을 때도 있다. 이럴 때는 한 단계 더 깊은 무의식으로 내려가야 하는데, 그 깊은 무의식이 무엇일까?

나는 뇌와 그 정보처리가 그 무의식이라고 생각한다. **뇌의 정보처리는 모든 인간이 생각할 때 일어나는 가장 깊고 보편적인 무의식이다.** 인간은 모두 뇌를 통해 인식하고 판단하고 행동하기 때문에 가장 보편적인 무의식이 되는 것이다. 그래서 뇌의 정보처리까지 알 수 있다면, 인간을 더 깊이 이해할 수 있게 되는 것이다. 그래서 이 책은 인간의 가장 보편적인 무의식인 뇌의 정보처리에까지 내려가 보려는 것이다. 단지 정보이론이 과학이기 때문에만 도입하려는 것이 아니라, 마치 **정신분석 이론처럼 뇌 정보이론은 인간의 가장 보편적인 깊은 무의식**이기 때문에 도입하려는 것이다.

그렇다면 마음의 주요 기능인 사고, 감정과 인격과 영혼 등의 개념을 뇌 정보이론으로 어떻게 설명할 수 있을까? 이 글에서 복잡한 정보이론과 뇌과학을 다 설명할 수는 없다. 이 책에서 필요한 만큼 간단히 설명해보려고 한다.

합리적 사고 – 알고리즘 정보

칸트는 인간의 사고는 어떠한 선험적 형식과 도식에 의한 표상(이를 현대적 용어로 정보처리라고도 할 수 있다)을 통해 가능하다고 했다. 이 형식과 도식은 어떠한 원리와 원칙 그리고 약속으로 움직이기에 이를 알고리즘이라 할 수 있다. 일반적인 전산 기능은 이러한 알고리즘을 통해 작동된다. 알고리즘이 작동하여 결과를 얻을 수 있도록 프로그램을 짜고 돌리는 것이 전산이다. 대부분 사고는 이러한 알고리즘의 계산으로 가능하다. 대표적인 예가 논리적이고 합리적인 사고이다. 개념을 통한 사고와 언어도 대부분 이 영역에 해당한다. 그리고 세상을 움직이는 원리인 법, 질서, 조직과 윤리 등도 대개 이러한 알고리즘에 기초를 둔다. 이들은 대부분 합리성과 실용적인 원칙에 기초하여 형성되며 이들은 대부분 전산 프로그램을 통해 충분히 작동될 수 있는 내용이다.

알고리즘적 정보의 특징은 정확성과 확실성이다. 그 알고리즘 안에서는 yes와 no가 분명하기 때문이다. 이것이 알고리즘의 장점이 되기도 하지만 한계이기도 하다. 그 정보는 해당 알고리즘 안에서만 정확하다는 것이 장점이고 단점이기도 하다. 그 알고리즘 밖에 대해서는 아무것도 말할 수 없기 때문이다. 그래서 **자신의 알고리즘 안에서만 작동하기에 대상 영역은 국소적이고 평면적이다.** 다양한 알고리즘이 상호 작동하는 광역이나 복잡성의 입체 공간에서는 부정확할 수밖에 없다. 그래서 어떤 영역 안에서는 정확성이 있어 이를 높은 수준으로 인정할 수도 있지만, 더 넓은 전체를 볼 때는 저차원적인 평면정보라고 말할 수밖에 없다.

그 이상의 영역과 다양한 알고리즘의 상호작용이 필요할 때는 다른 정보처리를 사용해야 한다. **알고리즘 정보는 한마디로 국소적으로 부분적인 분석력과 정확성은 뛰어나지만, 전체를 하나로 보는 정보처리로는 적당하지 않다.** 전체를 하나로 이해하고 파악하는 데는, 다른 정보처리가 필요하다. 사람의 코가 어떻게 생기고 눈이 어떤 색인지 등을 정확하게 분석할 수 있다고 그 사람의 얼굴을 보고 금방 누구라고 알아볼 수 있는 것은 아니다. 이를 알고 이해하는 것은 다른 차원의 정보처리가 필요하기 때문이다.

추상적 사고와 감정 – 복잡성 정보

더 큰 전체를 하나로 보려면 여러 복잡한 관계를 동시에 볼 수 있는 더 고차원적인 정보처리가 필요한데, 그것이 복잡성 정보처리이다. 이 속의 정보는 복잡하게 연결되어 있기 때문에는 단순한 알고리즘만으로는 결과를 얻을 수 없다. 복잡한 신경망의 병렬적인 정보처리로만 계산이 가능하다. 그래서 알고리즘이 아닌 가장 낮은 에너지 상태를 끌개로 계산하는 통계적인 연산으로 결과를 얻는다. 이러한 신경망에 의한 정보처리의 예가 인공지능의 딥러닝deep learning이다. 복잡성의 정보는 알고리즘 정보보다 더 많은 정보를 다루기 때문에 마음의 기능 중에서는 논리적인 사고로 충분히 설명이 안 되는 추상적인 사고와 언어, 사고보다는 직관력, 상징 등의 인지 기능에 해당한다. **이는 알고리즘 정보에 비해 부분적인 분석 능력은 떨어지지만, 전체를 하나로 보는 기능은 우수하다.**

복잡성 정보도 그 복잡성의 정도에 따라 차원이 다르다. 시간이라는 변수가 주어지면, 인간의 합리적인 사고로는 도저히 추적하기 어렵다. 예를 들면 중장기 일기예보나 주식정보가 그렇다. 뇌정보에도 이러한 고차원적 복잡성 정보가 있는데 바로 감정이다. 감정과 생각의 차이는 무엇일까? 감정도 분명히 그 속에 정보 내용이 있다. 그러나 감정은 생각이 아니고 느끼는 것이다. 느낀다는 것은 분석이 아니고 전체를 하나로 인식하는 것이다. 느낀다는 것은 그만큼 그 속에 정보량이 많다는 것이다. 그래서 감정의 힘과 영향력은 생각보다 훨씬 더 크고 깊다. 그래서 알고리즘 정보보다 더 많은 용량과 복잡한 정보처리가 필요하다. 그리고 순간순간 변해가는 것을 날씨처럼 예측하기가 어렵다. 감정은 생각의 알고리즘 정보보다 고차원적 정보이다.

그러나 사람들은 일반적으로 감정을 생각보다 더 저차원적 기능으로 생각한다. 동물도 감정이 있으나 이를 조절하는 사고가 없다. 그러나 인간은 뇌가 발달하여 생각으로 감정을 조절하고 통제할 수 있기에 이를 가능하게 하는 알고리즘 정보를 더 고차원으로 생각한다. 그래서 인간의 사고를 감정보다 더 진화한 고차적인 정보로 보는 것이다. 그리고 감정은 언어로 소통할 수 없으므로 저차적인 것으로 생각한다. 물론 감정은 알고리즘처럼 명확한 정보는 아니다. 현실의 생활에서는 알고리즘 정보의 통제를 받아야 하는 것도 사실이다. 그렇다고 감정을 저차원적인 정보라고 말할 수는 없다. 현실의 적응이라는 차원에서만 알고리즘 정보가 고차원적이지 더 큰 차원에서 보면 그렇지 않다는 것이다.

  감정적 정보는 생각의 정보보다 용량도 크고 더 넓은 영역의 정보를 다루어야 하므로 더 고차원적 정보이다. 감정은 알고리즘으로는 갈등하고 있는 정보 전체를 볼 수 있게 하면서 이를 해결하는 기회를 제공해준다. 그래서 정신분석에서는 생각보다 감정을 중요하게 여긴다. 생각으로 이해되지 않는 것을, 감정을 이해함으로 해결하는 경우가 많다. 감정은 인간의 더욱 깊고 넓은 부분을 포함하기 때문에 한 차원 낮은 생각과 현실의 갈등을 해결해줄 수 있는 것이다. 감정은 국소적인 알고리즘 정보들이 갈등할 때 발생한다. 그래서 감정은 갈등하는 정보들이 해결되면 잠잠해진다. 그리고 감정은 고차원적인 생명과 인격 그리고 영혼의 소리이기도 하다. 그래서 감정은 생각보다 고차적인 복잡성 정보이다.

모호한 느낌과 직관 – 양자 정보

  감정의 영역에 포함되지만, 일반적인 감정보다 더 미세하고 모호한 정보의 세계가 있다. 자기, 인격, 영혼과 존재와 같이 더 크고 근원적인 세계에서 올라오는 정보들이 있다. 이는 감정도 아니고 합리적인 사고도 아니다. 그러나 분명 존재하는 정보들이다. 그리고 이러한 세계도 정도가 각기 다르다. 진선미의 세계가 그렇다. 진리와 선한 것을 알고 느끼는 것이나, 아름다움이나 예술의 세계에서 느끼는 정보들, 영혼의 소리나 영성의 세계에서 느끼는 정보들은 도대체 뇌에서 어떻게 처리되고 작동되는 것일까? 이는 분명히 존재하는 정보이지만, 아직 뇌과학에서 밝혀내지 못하고 있다. 그러나 최근 양자 컴퓨터, 양자생물학과 양자 뇌과학이 발전하면서, 이러한 정보가 양자 정보처리에서 발생하는 것으로 유추하고 있다.

양자는 중첩과 불확실성이 가장 큰 특징인데, 이러한 정보 역시 확정적이지 않고 모순된 정보가 중첩적으로 존재한다. 철학적, 예술적, 영성적 정보 대부분은 이러한 정보들이다. 이러한 정보는 알고리즘에 비하면 아주 모호하고 불확실하다. 금방 사라지는 특징이 있다. 감정보다 더 불명확하다. 그러나 때로는 엄청난 힘으로 확신을 줄 때가 있다. 존재에 대한 믿음과 거기서 나오는 힘, 영혼과 영성에 대한 확신 등이 그러한 예이다. 그리고 예술의 세계는 모호하지만, 시간을 초월하여 엄청난 감동을 주기도 한다. 사람을 살리기도 하고 온몸에 전율을 일으켜 인생을 새롭게 하는 힘을 주기도 한다. 이러한 예술과 철학 그리고 초월적 세계가 과학적으로 분명 존재한다면, 그것은 바로 양자정보에 의한 것일 것이다. 이것이 아니라면 현대과학으로는 더 이상 설명할 길이 없다. 과학은 양자의 세계를 직접 들여다볼 수가 없기에 이를 증명할 길은 없지만, 이러한 현상의 가장 가능한 과학적 설명이 될 수 있을 것이다.

대상정보와 인식정보

정보에는 크게 두 가지가 있다. 대상에 대한 정보와 이를 인식하고 처리하는 방식의 정보가 있다. 철학에서는 이를 **존재론과 인식론**이라고 한다. 그런데 **대상에 따라 인식 방법이 달라야 정확한 대상 인식이 가능하다.** 그래서 칸트의 위대한 저서인, 순수이성비판, 실천이성비판, 판단력비판이 바로 그 대상에 따라 다른 인식에 대해서 설명하고 있다. 이는 마음과 과학에서도 마찬가지이다. 서로가 이렇게 다른 것은 결국 대상 정보의 용량이 다르기 때문이다. 큰 용량으로 되어있는 전체를 인식하는 방식과 작은 용량의 부분적인 것을 인식하는 방식과는 다를 수밖에 없다. 그래서 인식 방식도 정보처리에 따라 나누어진다. 앞서 설명한 것과 다소 중복되지만, 이에 대해서 다시 한번 정리해보려고 한다. 먼저 **알고리즘에 의한 인식기능은 주로 추리와 분석 그리고 판단과 선택** 등이다. 이는 대부분 부분적인 것을 파악하는 기능이다. 의식에서 일어나는 일상적인 대부분의 인지 기능이다. 이는 알고리즘 정보처리로 가능하다. 즉 현실적이고 알고리즘적 대상을 인식할 때는 이러한 저차적 알고리즘 인식으로 충분하다. 칸트는 이를 순수이성비판에서 오성 즉 지성의 인식기능이라고 했다. 이러한 알고리즘 정보처리는 대부분 지성에 속하는 기능이다.

그러나 이것보다 더 전체적인 것을 인식해야 할 때가 있다. 이는 분석적으로 인식하기가 어렵고 이해, 직관과 느낌과 같은 인식기능으로 파악해야 한다. 사람을 알아볼 때 그렇다. 그리고 더 **큰 용량 가지고 있으면서 복잡한 내용을 가진 인격과 같은 대상을 느끼고 이**

해할 때는 공감, 용납과 용서 같은 인지 기능이 필요하다. 이는 분석과 판단과는 다른 차원이다. 분석과 판단으로는 갈등하고 모순된 것을 이해하고 공감하고 용서함으로 더 큰 하나로 인식하게 한다. 이를 위해서는 알고리즘보다 더 큰 차원의 정보처리가 필요하다. 더 큰 전체적인 정보처리가 있어야 이러한 기능이 가능하다. 그래서 알고리즘 정보보다 더 광역적인 정보인 복잡성 이상의 고차원적 정보가 필요한 것이다. 칸트는 이러한 인식기능을 실천이성비판에서 주로 설명하였다.

인간에게서 가장 특별한 인지 기능이 있는데 그것은 '사랑'이라는 것이다. 이는 인류역사상 가장 신비한 인지 기능이면서 인류 문명사에 끊임없이 계속되어 온 인간만의 특별한 인지 기능이라고 볼 수 있다. 사랑도 정보 차원에 따라 나누어볼 수 있다. 알고리즘적 정보에 의한 사랑을 조건적 사랑이라고 할 수 있다. 그리고 감정적인 에로스의 사랑을 복잡성 정보에 의한 사랑이라고 말할 수 있다. 여기까지는 동물도 있을지 모른다. 그러나 동물에게는 없는 이보다 더 크고 깊은 울림이 있는 사랑이 있다. 조건과 감정을 넘어선 인류애적, 모성적, 영성적 사랑이 있다. 이러한 사랑은 양자정보에 의한 사랑이라고 볼 수밖에 없을 것이다.

그리고 고차원적인 사랑과 함께 더 깊고 모호한 세계에 대한 인간만의 인지 기능이 있다. 영혼, 생명, 영성, 자연, 우주, 예술과 양심과 같은 세계에 대한 인식이다. 이는 더 광역적이고 전체적인 인식이 필요하므로 역시 양자정보와 같은 고차정보로만 가능할 것이다. 그 외 우주, 사랑과 영성의 깊이에 따라 초양자 정보처리를 통해서만 가능한 인지기능도 있을 수 있다. 이러한 인식의 차원을 칸트는 판단력비판에서 주로 설명하고 있다.

대상과 인식기능에 따라 이렇게 정보처리를 나누어 본 것은 현재 인간이 정보처리를 하는 방법이 3가지이기 때문에 인간의 정보처리도 그렇게 나누어본 것이다. 더 새로운 정보처리 방법이 개발되면 더 상세하게 나누어 볼 수 있을 것이다. 인간의 인식기능은 뇌의 정보처리가 없이는 불가능하고 인간이 가능한 정보처리 방법이 세 가지 차원이 있으므로 이를 정보의 용량에 따라 서로 연결해본 것이다. 이러한 내용이 아직 과학적인 실험으로 증명된 것은 아니지만, 과거보다 과학적인 근거로 인간의 대상과 인지 기능을 설명할 수 있기에 이를 인간의 마음과 연결해본 것이다.

그런데 문명사를 분석하는데, 이러한 정보처리 이론을 갑자기 등장시키는 것에 대해 생소하고 당황스러울 수 있다. 사람에게는 이처럼 다양한 인지 기능이 있고, 이들은 처음부터 발생하는 것이 아니라, 인격의 성장에 따라 발달한다. 그래서 문명을 인격발달로 분석하는데, 이러한 인지 기능은 중요한 척도가 될 수 있다. 그리고 문명권마다 우세한 인지 기능이 무엇인지 아는 것은 그 문명을 인격발달로 이해하는 데 중요하기 때문에, 다양한 차원의 인지 기능을 미리 설명하는 것이다. 이를 통해 문명권의 차이를 더 객관적으로 비교하는 데도 도움이 될 수 있다.

정보의 보존성과 해체성

　정보에는 차원만이 있는 것이 아니라 이에 따른 중요한 성향이 있다. 이것이 곧 '보존성과 해체성'이라는 개념이다. 이 또한 다소 생소한 개념이지만, 문명을 과학적으로 이해하고 비교하는데 중요한 개념이다. **보존성과 해체성은 우주의 가장 보편적인 현상이다.** 특히 이는 자연과 생명계에 두드러지게 나타난다. 우주의 모든 것은 자기를 보존하는 힘이 있다. 그래서 우주가 형성되고 유지되는 것이다. 대표적인 것이 에너지 보존의 법칙, 중력, 관성과 생명과 종족 보존력 등이다. 이것이 있어야 우주와 생명이 보존될 수 있다. 반대로 우주와 생명은 해체되고 있다. 생명도 죽고 분해되고 있으며 물질과 에너지도 엔트로피가 증가함으로 해체되고 있다. 우주도 확산되면서 서서히 해체되고 있다. 이 두 힘이 균형을 이루어야 모든 것이 유지된다. 이처럼 정보에도 이 두 힘이 있는데, 이것이 잘 균형을 이루어야 정보의 기능을 잘 할 수 있다.

　그런데 이 두 힘이 정보의 차원에 따라 다르게 나타난다. **알고리즘 정보는 가장 큰 보존력을 보이면서 해체력은 약하다.** 알고리즘은 그 법칙이 유효한 영역에서는 그 보존력이 극대이다. 마치 뉴턴의 역학이 불변하는 보존력이 있듯이 알고리즘은 그 세계 안에서는 최고의 보존력을 갖는다. 보존력은 안정을 주지만, 더 큰 세계에 열리지 못하기에 그 보존성으로 인해 블랙홀이 발생할 수 있다. 우주도 가장 강한 보존력인 중력으로 인해 블랙홀이 오는 것처럼, 보존력만 강하면 오히려 소멸할 수 있다. 앞으로 분석하겠지만, 문명사에서 이러한 자기보존과 개방은 흥망성쇠에 결정적인 역할을 한다. 그래서 알고리즘 정보만 있으면 겉으로는 강하고 안정되어 보이지만, 강한 보존력 때문에 개방이 줄어들어 멸망으로 갈 수 있다. 대표적인 예가 로마제국이다. 알고리즘 정보는 주로 강력한 중앙집권이나 절대왕권 그리고 군사력 등에서 나타난다. 이는 국가를 강하게 만들고 보존하는 데 유용하지만, 이로 인해서 생기는 문제가 적지 않다. 앞으로 이러한 문제들을 분석할 것이다.

이러한 문제를 방지하려면 보존력과 균형을 이루는 해체력이 있어야 한다. 그러나 알고리즘 정보는 해체력이 아주 약하다. **해체력이 강한 정보는 더 고차적인 정보**에 있다. 복잡성 정보를 흔히 혼돈chaos 이라고 한다. 그만큼 알고리즘 정보에 비하면 혼돈과 해체의 정보이다. 어떠한 알고리즘으로 이해하고 정리하기가 어렵기에 해체적이라고 말할 수 있다. 그렇다고 혼돈만 있는 것은 아니다. 알고리즘으로 볼 때 혼돈이라는 뜻이지 그 안에는 스스로 질서와 조직을 만들어가는 힘이 있다. 자연, 사회와 역사가 그렇다. 겉으로 보면 혼돈이고 어떠한 알고리즘으로 쉽게 설명되지 않지만, 어떠한 질서와 방향성으로 분명히 가고 있다. 그래서 건강한 사회와 국가가 되기 위해서는 저차적인 알고리즘 정보만으로는 부족하며 복잡성 정보가 균형을 이루어야 한다. 이렇게 되어야 나라가 안정성과 개방성의 균형을 이룰 수 있다. 이러한 국가를 강하면서도 부드러운 문명을 가지고 있다고 말할 수 있다. 로마제국이 흥할 때 바로 이러한 정보적 상태였다.

그러나 자연과 사회는 더 큰 우주의 법에 지배받는다. 자연과 사회는 때로 엄청난 혼돈에 빠질 때가 있다. 인류가 그러했다. 종말론적인 재난이 수없이 일어났다. 전쟁, 자연재해, 전염병 등의 종말적인 혼돈과 해체를 수없이 경험했지만, 그 가운데서도 인류의 문명은 스스로 회복하고 보존되었다. 이를 가능하게 하는 어떠한 힘과 정보가 있을까? 이를 신의 섭리 혹은 자연의 복원력 등으로 말할 수 있을지 모른다. 그러나 신의 섭리든 자연이든 그 일차 원인이 무엇이든 간에 모두가 과학이라는 이차적 과정을 통해서 작동한다.

그중에 가장 큰 과학의 힘과 과정은 우주이다. 우주가 빅뱅으로 시작되어 지금까지 해체되지 않고 움직이는 거대한 힘이 있다. 과학자들은 이를 양자정보의 힘이라고 말하고 있다. 우주는 거대한 양자컴퓨터이며 양자 정보처리로 우주가 움직이고 있다. 그렇다면 인류문명의 가장 기초가 되는 큰 힘도 양자정보라고 해도 큰 무리는 없을 것이다. 인류문명의 해체력과 복원력도 이 고차원적 양자정보에 의해 가능할 수 있을 것이다. 문명에서 이러한 양자정보는 문화, 예술, 영성 등의 현상으로 나타난다. 앞으로 각 문명에서 이러한 현상이 어떻게 나타나고 그 문명의 흥망성쇠에 영향을 주는지를 분석할 것이다.

더 이상의 자세한 정보이론 이야기는 이 책의 흐름을 방해하기 때문에 이 정도에서 멈추려고 한다. 더 자세한 내용을 알고 싶은 경우, 저자의 다른 졸저인; '정보인류, 몸정보와 뇌정보' 그리고 '정보과학과 인문학'을 참고하기 바란다. 그리고 마음의 과학으로 영화를 분석한 '바닥에서 본 영화 이야기'와 한국인과 그 문명을 정보이론으로 분석한 '한국인의 아픔과 힘'이란 책도 이를 이해하는 데 도움이 될 것이다.

3
유럽의 뿌리는 신이다

고대문명은 대부분 신에서 출발한다. 고대는 인생으로 보면 유아기이다. 그래서 유아기에는 부모를 전적으로 의존해야 한다. 당시 인간에게는 다른 문명이 없었기 때문에 신을 부모로 의존하지 않을 수 없었다. 그래서 고대문명은 신에서 나온 것이다. 유럽 문명도 고대문명으로부터 발전되었기에 그 뿌리는 신이 될 수밖에 없다. 특별히 유럽 문명은 기독교를 떠나서 생각할 수 없다. 유럽이 나중에 소아로 살아갈 때도 기독교를 어머니로 모시고 살았다. 그래서 유럽 문명을 바로 이해하려면 신을 알아야 한다. 그래서 유럽의 뿌리인 신에 대해서 먼저 생각해보려고 한다. 신을 바로 알아야 인간을 알고 그 인간이 만든 문명을 이해할 수 있기 때문이다. 그래서 기독교 신을 설명하는 헤브라이즘Hebraism을 통해 신에 대해서 생각해보려고 한다.

신과 인간을 분리한 선악의 이분법

헤브라이즘을 쉽게 이야기하면 신본주의이다. 신이 모든 것의 중심이라는 것이다. 그러나 헤브라이즘의 신본주의를 마음의 관점에서 보면 그렇게 단순하지 않다. 일반적으로 신본주의와 인본주의 관점은 이분법적 사고에서 나온 것이다. 신과 인간이 구분된다는 이분법적 사고가 신본주의와 인본주의의 핵심이다. 그러나 **성경의 신은 이분법적이지 않다.** 창세기에 나오는 인간의 죄악과 죽음은 선악과에서 시작한다. 선악과는 모든 것을 선과 악으로 나누는 이분법을 말한다. 그런데 기독교의 신은 이러한 선악과를 먹지 말라고 했다. 이를 먹으면 죽는다고 했다. 이는 단순한 신의 명령이 아니고 인간의 이분법에 대한 경고로 이해해야 한다.

그러나 인간은 이 경고를 거부하고 **선악과를 먹음으로 선악의 이분법**으로 가고 말았다. 생명은 선악이 아니다. 생명은 이분법으로는 생존할 수 없다. 생명과 자연은 늘 하나이다. 그리고 이를 창조한 신도 하나이다. 인간도 신과 생명 안에서 하나로 존재한다. 창세기에 인간 창조의 과정을 보면 인간은 피조물인 흙만으로 창조된 것이 아니다. 인간은 흙에다 하늘의 생기를 불어넣어 생령living soul이 되었다고 했다. 이분법이 아니다. 인간은 피조물과 신성의 복합적인 존재이다. 이를 바로 생령 곧 인간의 인격과 영혼이라고 말하는 것이다. 이것이 인간의 생명이다. 그래서 인간의 존재는 이분법이 아니다. 피조물이지만 신성이 같이 있는 존재이다. 신약성경에는 구약보다 더 한발 더 나아가 신과 인간을 하나라고 말하고 있다. 신이 인간 안에 인간이 신 안에 거하며 하나가 된다고 했다.

그러나 인간은 이분법을 선택하고 모든 것을 나누어버리고 말았다. **신이 신과 인간을 구분한 것이 아니라 인간이 신과 인간을 구분**한 것이다. 그래서 생명은 하나가 되지 못하고 죽게 되었다. 죽음이란 생명이 하나 되지 못하고 나누어짐으로 생기는 현상이다. 생명은 하나를 지향해야 살 수 있는데, 갈등하고 싸우게 되면 생명으로 존재하기가 어려워 결국 죽게 된다. 그래서 선악과와 죽음은 교리적인 사건 이전에 과학적인 사건으로 이해해야 한다.

헤브라이즘의 신에는 인간이 포함되어 있다. 구약성경은 그래서 신의 책이라기보다는 인간과 신의 책이다. 헤브라이즘의 신은 결코 인간과 분리되지 않기에, 성경은 인간을 통한 신의 이야기로 볼 수 있다. 그래서 **헤브라이즘에는 이미 인간의 헬레니즘**Hellenism**이 포함**되어 있다. 구약성경의 이야기는 인간의 이야기이지 신의 이야기가 아니다. 신이 명령하고 이를 따르지 않으면 심판하고 벌하는 이야기가 아니다. 이는 이분법 즉 선악과를 먹은 인간이 성경을 이분법적으로 보기 때문이다. 구약성경에서는 인간이 주인이고 신은 극히 절제되어 있다. 구약성경은 신이 침묵한 기록서이다. 신의 백성이 이집트에서 부르짖어도 4백 년간 침묵하였고, 자기 백성이 멸망하고 바벨론에 포로로 잡혀가도 침묵하였고, 그 후 그리스도가 오기까지 4백 년간 침묵하였다. 자기 백성들이 2천 년 이상 나라 없이 방황하며 살아도 침묵하였다.

그래서 성경은 신만의 기록이 아니라, 인간이 아우성치고 대신 신이 침묵한 기록으로 볼 수 있다. 그리스의 신화처럼 신이 즉시 나타나서 반응하는 그런 기록이 아니다. 너무 침묵해서 인간이 고통받은 기록이다. 이런 점에서 보면 오히려 그리스 신화가 신의 이야기이다. 신이 더 적극적으로 반응하고 개입하는 이야기들이다. 그렇다면 헬레니즘이 더 헤브라이즘적일 수도 있고 헤브라이즘이 더 헬레니즘적일 수도 있다. 우리가 이처럼 하나인 헤브라이즘과 헬레니즘을 구분하는 것도 그 내용이 그렇다기보다는 이분법의 결과물일 수 있다.

인간의 이분법은 어떻게 발생하였는가?

그렇다면 인간은 왜 선악의 이분법을 금지하였는데도 먹었을까? 단순히 신의 명령을 순종하고 어긴 인간의 이분법으로 이해하기보다는 인간은 왜 이를 선택할 수밖에 없었는지, 그 의미에 관해서 생각해보려고 한다. 인간의 가장 보편적인 무의식중에 하나가 바로 이 이분법적인 사고와 선택이다. 이를 이해해야지만 인간의 여러 모순된 현상을 알 수 있으므로 선악과에 대해서 분석해보려고 한다. 성경의 신도 하나이고 창조한 생명과 자연도 하나인데, 왜 인간은 선악의 이분법을 선택하게 되었을까?

성경에서의 창조는 이분법의 시작이다. 창조주와 피조물이라는 이분법이 창조 이야기이다. 그런데 사실 창조의 과정을 자세히 살펴보면 결코 이분법이 아니다. 창조의 시작은 빛이다. 빛은 창조주의 본질이다. 창조주 자신이기도 하다. 피조물은 바로 이 빛이 주어짐으로 발생한 것이다. 피조물이지만 창조주 자신이기도 하다. 피조물중에서 생명체가 바로 이 빛으로 만들어진 피조물의 결정물이다. 자연은 빛의 결과물이다. 피조물이지만 창조주 자신이기도 하다. 인간에게 준 빛이 빛의 최고의 결정체이다.

나는 이 빛을 초고차정보라고 생각한다. 물질과 정보가 미분화된 상태라고 생각한다. 우주의 빛은 광자이고 양자이다. 나는 영성의 빛은 빛의 빛이라고 생각한다. 양자의 양자이다. 이를 나는 초양자라고 생각하고 빅뱅을 시작한 빛이라고 생각한다. 그래서 우주와 자연은 창조주의 빛과 분리되지 않고 자신의 초양자정보를 피조물에 주입함으로 생성된 것으로 볼 수 있다. 그중에 가장 고차적인 신성을 인간에게 주었고 성경은 이를 자신의 생기로 표현하는 것이다. 그래서 이를 직접 불어넣어 생령이 된 것이 인간의 인격이고 생명이다. 그래서 피조물인 자연과 생명체 그리고 인간은, 결코 이분법적 피조물이 아니다. 창조주 자신이 심겨져 생성된 피조물인 것이다. 이분법으로 분리될 수 없는 존재가 인간의 생명이고 인격이다.

그렇다고 인간과 신이 완전히 하나라고 말할 수는 없다. 피조물과 창조주는 본질이 다르다. 결코 하나가 될 수 없는 본질적인 차이가 있다. 그런데도 신은 자신의 것을 인간에게 주어서 하나가 되는 길을 열어두었다. 그래서 **인간과 신은 하나이면서도 둘**이다. 완전히 다르면서도 하나가 될 수 있는 길이 열린 존재이다. 그래서 이분법이면서도 하나인 중첩상태가 인간과 신인 것이다. 그렇다면 인간은 도대체 누구인가? **두 가지 가능성이 다 열려있는 존재**이다. 그리고 인간이 선택하는 것에 따라 자기의 모습이 달라진다고 보아야 한다. 모호한 철학이나 예술적인 표현 같지만, 사실 이는 과학적인 표현이기도 하다. 바로 양자의 세계에서 이러한 현상이 관찰되기 때문이다.

양자 속은 중첩상태이다. 현실 세계에서는 도저히 같이 있을 수 없는 일이 중첩적으로 일어난다. 입자와 파동이 중첩되어 있다. 현실에서는 있을 수 없는 일이다. 그리고 슈뢰딩거의 고양이처럼 어떠한 상태도 결정되지 않고 중첩되어 있다. 그 고양이는 죽음과 생명이 중첩되어 있다. 그리고 운동과 위치가 결정되지 않고 중첩되어 있다. 여기에도 있을 수 있고 저기에도 있을 수 있다. 무슨 마술 같은 일이 양자 안에서는 일어난다. 그러나 그 양자 속을 측정하려고 하면 이러한 양자의 중첩은 사라지고 현실의 물질처럼 그 모습과 위치가 확정된다. 양자 상태에서는 같이 있을 수 없는 것이 중첩되어 있지만, 현실의 법으로 이를 알아보려고 하면 그 양자는 붕괴되어 현실의 모습으로 나타나는 것이다.

이것이 바로 창세기 선악과 이야기이다. 세상이란 선악이다. 선악은 윤리의 개념만이 아니다. 선악은 2차원적 알고리즘의 세계를 말한다. 이분법적 세계관이다. 선이란 인간에게 유익하고 좋은 것을 말하며 악이란 그 반대이다. 인간이 사는 세상은 이렇게 움직이고 발전한다. 좋은 것을 더 많이 취하고 나쁜 것을 멀리하고 버리는 것이 세상의 가치관이다. 이를 잘하고 많이 할수록 발전한다고 말한다. **인간의 문명이 바로 선악과의 결실**이다. 인간이 세상에서 이를 잘 할 수 있도록 돕는 것이 바로 뇌이다. 뇌는 선악을 아주 효율적으로 계산하고 시행함으로 현실에 잘 적응하도록 도와준다.

뉴턴Issac Newton (1642-1727)의 과학 법칙도 선악의 법이다. 뉴턴의 알고리즘에서 맞고 틀리는 선악의 이분법이 나온다. 그 법칙이 알고리

선악과를 먹음으로 고차원적 중첩의 생명이 이분법적 생명이 되어 고통과 죽음이 오게 되었다. 인류의 문명은 바로 이 이분법과의 싸움이라고 볼 수 있다. © Michelangelo_Buonarroti/wikipedia

즘이 되어 세상은 움직인다. 양자를 이 알고리즘의 법으로 측정하면 양자는 그 법에 따라 뉴턴의 고전 법칙에 적용받는 물질이 되고 만다. 양자를 양자의 상태에서 보면 늘 중첩적인 상태를 유지하지만, 고전의 물리법칙으로 보려고 하면 그 양자는 고전적인 물질이 되고 마는 것이다. 이를 차원적인 이야기로 풀어서 하면 양자는 적어도 4차원 이상인데, 이를 그 이하의 법으로 보려고 하면 그 양자는 그 낮은 차원의 물질로 붕괴되어 버린다는 것이다.

  이를 인간에게 적용해볼 수 있다. 인간은 신과 피조물이 중첩된 고차원의 상태인데 이를 낮은 선악의 법으로 보려고 하면 인간은 낮은 차원의 물질이 되고 만다는 뜻이다. 인간은 원래 그대로인데 어떻게 보느냐에 따라 인간이 드러나지는 것이다. 선악의 알고리즘의 법으로 보면 인간은 그 현실의 인간이 된다. 이분법의 인간인 피조물이 되는 것이고 그 인간은 이분법의 세계에서 살 수밖에 없다. 그래서 성경에서 신은 인간에게 선악과를 먹지 말라고 한 것이다.

신은 선악과 대신에 생명나무를 먹으라고 했다. 생명은 바로 고차원이기 때문이다. 생명은 주로 양자로 되어있다. 생명은 물론 고전적 물리법칙을 따르지만 대부분 양자역학으로 움직인다. 현대과학은 이것이 생명이라고 밝히고 있다. 그래서 생명을 고전 법칙과 양자 법칙의 경계에 있다고 볼 수 있다. 생명에서 양자의 법이 깨어지면 생명은 죽고 병든다. 생명 가운데 있으면 양자의 중첩상태를 유지할 수 있지만, 선악과를 먹으면 생명을 유지할 수 없으므로 죽음이 오는 것이다. **인간은 생명의 중첩을 유지하면 유한한 피조물이면서도 무한한 창조주의 신성 가운데 있을 수 있다.** 인간의 고차원적 상태를 유지할 수 있는 것이다. 그리고 생명과 신성에서 올라오는 무한한 지혜와 힘을 받아 큰 발전을 이룰 수 있다. 그러나 인간은 선악을 선택하여 현실의 고전적 물질의 존재가 되고 말았다. 신과의 중첩을 상실한 것이다. 중첩을 상실함으로 생명을 잃고 선악 이상의 차원도 상실하였다. 고차원적인 신과 하늘과도 단절된 것이다.

문명의 흥망성쇠를 결정하는 핵심적 힘은 무엇인가?

물론 알고리즘으로 인한 선악의 차원도 인간에게 유익한 면도 있다. 세상을 지배하는 과학과 질서 그리고 도덕의 힘도 선악의 법이다. 이는 모두 알고리즘 정보이다. 과학은 뉴턴의 알고리즘으로 움직인다. 조직과 법으로 질서를 유지하는 것도 알고리즘이다. 도덕도 선악을 규정하여 인간을 강력하게 통제한다. 법과 도덕은 하나가 되어 더욱 강력한 힘으로 인간과 사회를 통제하고 감시한다. 그리고 가장 강력한 힘은 무력과 권력의 힘이다. 이것 역시 강한 것과 약한 것이라는 알고리즘의 법이다. 무력과 권력은 가장 강한 힘이다. 그리고 그 앞에서 인간은 무력하기에 그 법과 힘으로 인간을 효율적으로 통제할 수 있다. 이를 무시하면 죽고 이를 받아들이면 사는 이분법의 알고리즘이다. 세상은 바로 이 힘으로 작동되고 발전한다. 겉으로 보면 이 힘은 아주 막강하다.

그러나 문제도 많다. 인간은 이분법으로 편리하게 살 수 있지만, 그 존재가 행복할 수는 없다. 그 속에서 인간은 소외된다. 인간은 이분법 이상의 존재이기 때문이다. 그래서 언젠가 인간은 반발하고 그 체제를 거부하게 된다. 이것이 인간 문명의 역사이다. 결국 선악의 이분법으로만 살 때, 멸망하여 죽을 수밖에 없는 것이 인간의 본질이다.

그래서 인간의 문명이 알고리즘만으로 발전하는 데는 한계가 있다. 그 이상의 차원이 같이 있어야 한다. 그래야 그 문명이 견실하고 지속적인 발전할 수 있다. 그 이상의 차원의 법은 무엇일까? 이는 선악을 넘어선 생명의 고차원적 법이다. 창의성, 예술성, 초월성 등의 고차원적 법이다. 이는 생명의 중첩적인 차원에서 발생하는 지혜와 힘이다. 겉으로는 무질서하고 알고리즘으로 이해되지는 않지만, 신비한 힘으로 인간의 발전을 이룬다. 알고리즘 자체인 과학도 알고리즘만으로는 발전할 수 없다.

인류의 중요한 과학적 발견은 알고리즘이 아니라 알고리즘이 해체되는 가운데 불연속적으로 갑자기 주어졌다. 이를 창조성 혹은 천

재성이라고 한다. 쿤Thomas Kuhn(1922-1996)은 과학혁명은 과학의 연속적 축적으로 일어나는 것이 아니라, 불연속적 변칙을 통해 혁명적 패러다임paradigm이 발생한다고 했다. 그리고 거대한 제국도 작고 보잘것없는 집단에 의해 붕괴되었는 데, 이러한 것을 결코 알고리즘의 법으로는 설명하기 어렵다. 그 이상의 고차원적인 법이 개입된다는 증거이기도 하다. 그래서 문명을 이해하고 설명할 때, 다양한 차원으로 보아야지 이해할 수 있다.

  그래서 인간의 문명을 이해할 때 알고리즘적 선악의 법만으로는 부족하며, 이를 넘어선 고차원적 생명의 법으로 같이 보아야 이해할 수 있다. 그런데 저차와 고차의 법은, 서로 모순적이라 갈등하는 것이 문제이다. 알고리즘의 선악으로 보면 생명의 법은 무질서하고 약해 보인다. 그래서 알고리즘으로 생명의 인간을 통제하고 억압하려고 한다. 그러나 생명의 법은 일방적으로 당할 수 없어서, 알고리즘에 대해 저항하고 반발한다. 이처럼 두 법칙은 서로 싸우고 갈등한다. 이러한 현상이 문명 속에 늘 나타난다.

  그러나 문명이 발달하기 위해서는 이 두 법이 조화를 이루며 통합되어야 한다. 갈등하거나 한쪽을 치우치면 문명의 발달에 문제가 생긴다. 알고리즘의 저차로 가게 되면 처음에는 발전하는 것 같지만, 곧 멸망으로 간다. **문명이 지속해서 발전하기 위해서는 저차와 고차의 법이 조화와 통합**을 이루어야 한다. 결국 이 두 법이 문명의 흥망성쇠를 결정하는 것이다. 그 대표적인 현상이 로마제국이다. 로마의 부흥은 저차적인 합리성과 고차적인 개방성의 조화였고, 로마가 무력과 권력의 저차로 가게 되었을 때, 멸망할 수밖에 없었다. 앞으로 이러한 현상을 서양문명 발달사에서 자세히 살펴볼 것이다.

헤브라이즘과 헬레니즘은 상호 보완적이다

헤브라이즘은 바로 고차원의 생명과 신성을 지속하는 법과 힘이다. 선악과와 생명나무의 갈등에서 어떻게 고차원의 생명을 유지하고 발달시켜나갈 수 있는가를 말하는 것이 성경이고 헤브라이즘의 핵심적 내용이다. 그러나 유대 백성들은 고차원의 정보와 법을 저차원의 법으로 만들고 말았다. 유대인들이 만든 저차원의 법이란 율법과 종교적인 전통을 말하는 것이다. 선민사상도 선민과 이방을 나누는 저차원적 선악의 이분법이다. 고차원의 생명의 법이 저차원의 선악으로 변하고 말았다. 유대인들은 생명 나무보다는 반복적으로 선악과를 먹었다. 물론 이 율법은 모세를 통해 신이 준 것이다. 물론 율법은 세상을 살아가는 선악의 법이지만, 이를 통해 고차원의 생명에 열리게 하는 고차원성도 있다. 율법은 고차원을 회복하는 성막의 제사로 가는 길이기도 했다. 그러나 그들은 율법으로 고차원으로 들어가지 못하고 저차원의 알고리즘에 머물고 말았다. 그래서 그 결과 엄청난 고난의 역사를 반복해야 했다. 이러한 고난은 신이 벌로서 준 것이 아니라 선악의 법을 선택함으로 주어진 결과로 보아야 한다.

성경에서는 인간이 어떻게 저차원적 선악에서 고차원적 생명으로 갈 수 있는지를 끊임없이 예언자들을 통해 말했지만, 그들은 끝내 저차원의 법에 머물고 말았다. 이것이 성경과 유대인의 역사이다. 이처럼 헤브라이즘을 깊이 들어가 보면 그렇게 단순하지 않다. 이를 보편적인 뇌정보로 이해하면 더욱 문제가 선명하게 보인다. 그러나 앞서 말한 대로 헤브라이즘에는 이미 인간의 본질과 세상의 삶이 적나라하게 노출되고 있다. 즉 헤브라이즘에는 헬레니즘 이상으로 인간의 본질을 그대로 볼 수 있는 데도, 왜 헬레니즘이 필요했을까?

  이를 이해하기 위해서는 헬레니즘의 진정한 의미를 알아야 한다. 헤브라이즘에 이미 인간의 참모습이 있는 것처럼 헬레니즘에도 신성과 초월성이 있다. 헤브라이즘 전통에서는 헬레니즘의 신성을 참신이 아니며 우상이나 이방 신이라고 말한다. 즉 인간이 만든 신이라고 하는 것이다. 그 본질이 어떠하든, 헬레니즘에 나타난 신성과 초월성을 인간이 만든 신이라는 이분법으로 무시해서는 안 된다. 인간을 바로 이해하는데, 중요하기 때문이다. 인간을 바로 알아야 신성을 바로 알 수 있으므로 헬레니즘에 나타난 신성 역시 중요하다.

  헤브라이즘의 전통에서 나온 유대인과 기독교는 많은 문제를 초래하였다. 이를 바로 이해하기 위해서는 또 다른 인간의 이야기인 헬레니즘이 필요하다. 그리고 헬레니즘의 전통에서 드러난 문제를 해결하기 위해서는 헤브라이즘 역시 필요하다. 그래서 서로를 보완적인 관계로 보아야 한다. 서양문명의 발달에서 이러한 두 전통의 갈등과 만남이 어떻게 일어나고 보완되어 가는지를 살펴보는 것은 바른 인간과 신을 이해하는 데 아주 중요하다. 이는 인류 미래의 바른 문명의 발달을 위해서 아주 중요하다. **헬레니즘을 통해 헤브라이즘의 문제를 극복하고, 헤브라이즘을 통해 헬레니즘의 문제를 극복하는 것이 필요한 것이다.**

4
유럽의 기초를 닦은 그리스

약했지만 강했던 신비의 나라 그리스

헬레니즘이 발생한 그리스는 어떠한 지역인가? 일반적으로 고대 문명이 발달한 지역은 강이 있고 넓고 비옥한 토지가 있다. 메소포타미아가 그랬고 이집트도 그랬다. 중국의 황하문명과 페르시아도 그랬다. 그런데 그리스는 이러한 자연조건을 가지지 못했다. 물론 헤브라이즘이 발생한 유대지방도 열악한 환경이었다. 그러나 그리스는 이보다 더 끔찍한 자연환경이었다. 평지는 거의 없고 산악과 골짜기로 가득한 지역이다. 방어하기는 좋지만 발전하기는 어려운 환경이다. 그래도 작은 도시국가는 가능했지만, 더 크고 강한 나라를 이룰 수 없었다. 먹을 것도 부족했고 주로 해상을 통해서 살아갈 수 있었지만, 그것도 쉬운 일은 아니었다. 이런 조건에서 로마와 유럽 문명의 기초가 되는 그리스 문명을 발전시켰다는 것은 기적에 가까운 일이었다.

그들은 작고 약했다. 약하기에 두려웠고 그래서 자신을 지켜줄 여러 신을 가까이 의지하였다. 그래서 그들이 사는 곳의 가장 높은 산에 신전을 세우고 신을 모시며 살았다. 그들은 하나의 신으로 만족할 수 없어 여러 신을 의지했다. 그리고 아주 가까이 대화하고 교류할 수 있는, 사람과 같은 인격을 가진 신이었다. 다양한 그들만의 신화와 신전을 가진 것은 그들이 그만큼 약하고 두려웠기 때문이다. 그들은 신을 의지하고 신 안에서 서로 단결하며 자신을 강하게 연마하였다. 강한 주위의 국가들로부터 자신을 지키려면 스스로 강하게 연단하지 않으면 안 되었다. 작은 도시국가이지만 시민들이 아고라에 모여 서로 대화하며 하나로 단결했다. 그들의 힘은 바로 하나가 되는 힘이었다. 신과 하나 되고 주민이 하나가 되는 것이었다. 그래서 약했지만, 그 어떤 국가보다 강하게 자신을 지켜나갈 수 있었다. 그 덕분에 강대한 페르시아의 공격도 물리쳤다. 더 놀라운 것은 가장 약한 한 도시국가에서 나온 젊은 알렉산더라는 왕이 거대한 제국을 이루었다는 것이다. 정말 신비로운 나라이다. 이 나라에서 출발한 것이 바로 헬레니즘 문명이다.

그들을 강하게 만든 하나의 책 – '일리아드와 오디세이'

모든 것이 약하고 열세임에도 그들을 하나 되게 한 또 다른 힘이 있었다. 그들의 경전과 같은 하나의 책 때문이다. 그것이 바로 호메로스Homeros(BC 8세기)의 '일리아드Iliad와 오디세이Odyssey'이다. 이 책은 단순히 문학작품이 아니다. 그들이 모이고 배우는 모든 곳에 이를 배치해놓고 읽고 이야기하는 국민적 이야기책이다. 그들에게는 단순한 옛날이야기 책이 아니라 종교적인 경전이었다. 위기 가운데서도 그들을 강하게 하고 결속하는 힘이었다. 히브리인에게서 성경과 같은 책이었다.

'일리아드'는 트로이Troy 전쟁영웅들의 이야기이다. 주인공은 아킬레우스Achileus이다. 그리고 '오디세이'는 전쟁에서 살아남은 영웅 오디세이가 10년에 걸쳐 귀향하며 자기 가족과 성城을 회복하는 모험 이야기이다. 신화적인 영웅담만으로도 사람들에게 큰 힘을 주기에 부족함이 없지만, 이 작품의 위대함은 이를 넘어선 내용에 있다. 고대의 문학작품으로 보기에는 인간에 대한 이해가 아주 깊다. 인간의 행동을 기술하기보다는 내면을 깊이 그리고 있기에 현대의 뛰어난 작품으로도 손색이 없을 정도이다.

일리아드는 영웅들의 싸움보다는, 그 싸움의 배경이 되는 분노로 시작한다. 책의 서두는 '분노를 노래하소서, 여신이여, 펠레우스의 아킬레우스의…'라고 시작한다. 싸움의 발단만이 아니라 모든 싸움을 분노로 설명한다. 아킬레우스와 아가멤논Agamemnon 그리고 헥토르Hector가 각기 싸우는데, 다른 외적인 이유보다는 분노 때문이라고 이야기하고 있다. 작품 속에 여러 신이 등장하는데, 신들 역시 분노로 반응하고 있다. 분노는 좋은 것이 아니기에 대부분 억압되어야 하는 감정이다. 고대에는 더욱 그랬다. 특히 영웅들은 이러한 감정을 잘 억압할 수 있어야 했다. 그런데 이 작품에서는 억압하기보다는 이를 노출하고 영웅들의 삶의 중심으로 가지고 온다. 분노로 모든 것을 설명한다. 거의 현대의 정신분석적 고찰이 아니면 어려운 설명이다. 그 당시로는 정말 상상하기 어려운 내용이다.

가장 인간적인 것은 마음과 인격이 있다는 것이다

분노는 무엇인가? 인간의 깊은 마음의 표현이다. 생명과 인격이 살아있기에 이처럼 섬세하고 강한 감정이 표출되는 것이다. 생명과 인격 속의 자신을 느낄 수 있어야 분노한다. 자기가 눌리고 죽어있으면 분노도 느끼지 못한다. 보통 분노는 미성숙하고 남을 해치는 것이므로 절제되고 조절되어야 하는 나쁜 감정으로 생각한다. 그래서 이를 노출하면 미성숙하고 나쁜 사람이 된다. 위대한 영웅들에게는 더욱더 그렇다. 그런데 호메로스는 민족적인 영웅들의 분노 이야기를 서슴지 않고 드러낸다. 어쩌다 한 번쯤 생기는 분노가 아니라 아주 다양한 분노를 계속 보여준다.

그리고 냉정한 신들도 인간의 분노에 동참한다. 위대한 영웅과 신이 보통의 사람과 달리 멀리 있는 게 아니라, 보통 사람처럼 느끼고 반응하며 싸우는 것이다. 우리와 가까운 가족과 같은 영웅이고 신이다. 이처럼 그들은 영웅과 신을 가까이 삶에서 만난다. 히브리인의 신처럼 거대하고 멀리 있지 않고 다른 페르시아나 메소포타미아의 신처럼 제물을 받쳐야 반응하는 신이 아니고 늘 가까이 있는 신인 것이다. 인간의 마음을 나누는 인격적인 마음의 신인 것이다.

　헬레니즘은 인간의 발견으로 시작된 인간이 주인인 문명이다. 그렇다면 헬레니즘에서 보는 인간은 누구인가? 그 본질과 핵심은 무엇일까? 자식이 부모보다 능력은 부족하지만, 그래도 큰소리칠 수 있는 것이 있다. 인간의 복잡한 마음과 인격이다. 부모가 원하는 대로 하고 싶지만, 그렇게 되지 못하는 자식의 복잡한 마음이 있다. 자식은 이러한 마음을 부모가 알고 있냐고 큰소리칠 때가 있다. 자식이 연약하고 부족하지만, 그 안에 인격이 있어서 인격이 느끼고 경험하는 복잡한 마음을 내세울 수 있다. 이것이 부모가 자녀의 사춘기 때 만나는 자식의 마음이다.

　이처럼 인간도 신에 대해서 느끼는 복잡한 마음이 있다. 잘하고 싶으나 잘되지 않는 마음이 있다. 선악과를 먹지 말라고 했지만, 먹고 싶고 이를 억제할 수 없는 마음이 있었고, 그 이후 낙원에서 쫓겨났을 때 느끼는 여러 마음이 있었다. 인간은 단순한 로봇이 아니다. 그 마음은 단순하지 않다. 바로 이것이 인간의 가장 소중하고 핵심적인 본질이다. 이처럼 인간에게는 마음과 인격이 있는 것이다.

　신 앞에서 능력으로는 내세울 것이 없지만, 마치 자식처럼 신 앞에서 당당하게 자신의 마음을 느끼고 표현할 수 있는 것이다. 바로 이를 발견하고 표현하기 시작한 것이 헬레니즘의 삶이고 문명이다. 실존철학처럼 실존 앞에 비록 무력하고 두렵지만, 자유로이 도전하는 그러한 인간처럼, 신 앞에서 열등하고 없지만, 자신을 당당하게 인정하고 찾아가는 것이 바로 헬레니즘의 핵심이다. 그래서 헬레니즘의 중심은 인간의 마음과 인격이다. 그래서 호메로스의 서사시의 주제도 인간의 마음이다.

영웅에서 평범한 한 인간으로 돌아가는 항해

그렇다면 오디세이에서는 인간의 마음을 어떻게 표현하고 있는가? 어느 문명권이든 영웅은 항상 등장한다. 인간은 무력하고 힘이 없으므로 항상 그들의 환상과 이상이 되는 특별한 영웅을 만들어 그 환상으로 자신들의 두려움을 방어하려고 한다. 이는 어느 시대를 막론하고 인간에게는 늘 있어 온 일이다. 요즈음은 스포츠와 연예계에서 이러한 스타를 만들어 낸다. 인간은 자신의 열등하고 부족한 것을 항상 특별한 능력을 갖춘 스타나 영웅을 통해 보상하고 방어하려는 것이다. 현대에도 그러했다면 고대에는 더욱 그러했을 것이다. 그런데 호메로스의 일리아드는, 기원전 8세기임에도 불구하고, 영웅의 이러한 면을 부각하기보다 보통 사람과 같은 마음을 다루고 있는 점이 놀랍다. 그리고 신도 이러한 마음을 같이 느끼고 공감하는 존재로 표현하고 있다.

그렇다면 오디세이에서는 인간의 마음을 어떻게 표현하고 있는가? 일리아드와 오디세이가 비슷하지만 약간 다른 각도에서 그려낸다. 일리아드에서도 인간의 마음을 아주 깊고 세밀하게 표현하고 있다. 그러나 일리아드에서는 영웅의 모습은 영웅대로 표현하면서 마음도 같이 표현하고 있다. 그런데 오디세이에서는 영웅의 모습까지 다 허물고 영웅을 이름도 없는 무명 no body 으로 완전히 해체한다. 아킬레우스도 죽이고 트로이 목마를 통해 대승을 거둔 전쟁영웅을 개선장군으로 금의환향해도 부족할 마당에, 여러 시련을 통해 영웅보다는 초라한 한 인간으로 만들어 버린다.

 일리아드에서는 평범한 인간이 도저히 따라갈 수 없는 위대한 영웅과 신의 이야기를 하면서도 이를 환상으로만 다루지 않고, 그들 속으로 들어가 그 실체를 해부한다. 그 속에는 놀랍게도 대단한 것이 아닌, 모든 인간이 느끼고 반응하는 분노가 있었다는 것을 폭로한 것이다. 이를 통해 결국 **거대한 것도 초라하게 해체**된다. 그러나 그들은 분노로 인해 모두가 죽고 멸망하고 말았다. 승자가 없이 모두가 멸망한 패자들이다. 분노가 그렇게 만들었다. 분노는 모두를 파괴하는 힘이었다. 놀라운 통찰이다.

 그러나 오디세이에서는 분노라는 부정적인 마음이 아니라 지혜와 애국심 같은 긍정적인 마음으로 전쟁에서 승리한 위대한 영웅 오디세이의 이야기이다. 부정적인 분노가 아닌 긍정적인 힘으로 승리한 영웅 이야기를 서로 비교하며 긍정적인 마음과 힘을 내세우며 찬양하고 끝내도, 그 작품성에는 전혀 흠이 되지 않을 것이다. 그러나 놀랍게도 호메로스는 이러한 위대한 영웅마저도 무참하게 해체하였다. 정말 21세기의 현대 작품을 능가한다.

 전쟁영웅 중에서 승리한 이후에 타락하며 스스로 파멸의 길을 간 경우가 있다. 대표적으로 로마의 시저가 그랬고 프랑스혁명의 로베스피에르와 나폴레옹도 그랬다. 공산당을 세운 지도자들도 그랬다. 초심을 잃고 과거의 권력자보다 더 심한 독재자가 되었다. 호메로스는 이러한 영웅을 미리 해체시켰다. 인간의 마음에 있는 것들이 어떻게 그들을 자멸의 길로 가게 하는지를 오디세이의 여러 사건을 통해 자세히 보여주었다.

　권력을 갖게 되면 여러 유혹을 받는다. 이러한 유혹의 소리에 자신의 두려움, 욕심과 분노들이 반응하게 되는데, 이를 이겨내지 못하면 독재자가 된다. 권력의 자리에 앉게 되면 편안하기보다는 불안하다. 그리고 그동안 억눌러 왔던 욕심과 분노도 올라온다. 이를 스스로 보고 해결하지 못하면 보통의 독재자처럼 자기의 권력을 더욱 강화하며 자기 말을 안 듣는 사람을 정적으로 몰아 처단해버린다. 그리고 유혹의 소리에 귀가 멀어 충신의 소리를 듣지 못한다. 그래서 자기를 극도로 결박하지 않으면 그 유혹의 소리에 그 어떤 영웅도 타락할 수밖에 없다. 그 소리는 결국 마음의 소리이고 마음의 유혹이다.

　그리고 귀만이 아니라 눈도 멀게 되어 사물을 바로 입체적으로 보지 못하고 한 면만 보는 외눈박이 괴물이 되어버린다. 자기가 보고 싶은 것만 보고 듣고 싶은 것만 듣는 그러한 지도자가 되어버린다. 바른말을 하고 사건을 바로 보지 못하는 병든 군주가 되는 것이다. 결국 마음이 병들어 그렇게 되는 것이다. 겉으로는 양을 키우며 백성에게 선대를 베푸는 것 같지만, 그 속은 괴물이 되어 백성과 신하를 하나하나 잡아먹는다. 우리는 이러한 영웅을 역사를 통해서 수없이 보아왔다. 호메로스는 영웅의 겉만 보지 않고 그 마음의 실체를 이토록 날카롭게 드러내며 경고하였다. 지도자는 본질적으로 자기의 능력이나 자격 때문이 아니고 사실 부하와 백성의 희생을 통해서 존재한다. 그들이 대신 싸워주고 죽어주기 때문에 존재한다. 항상 그 희생을 기억하며 겸허해야 한다. 그러나 많은 지도자는 이를 고마워하

호메로스는 '일리아드와 오디세이'를 통해 인간이 마음을 통해 신을 어떻게 만날 수 있는지를 보여주었다. 이를 통해 그리스인들은 놀라운 헬레니즘 문명의 꽃을 피울 수 있었다. 그리고 헤브라이즘과도 하나 될 수 있는 길을 열었다. ⓒ JW1805/wikipedia

기보다는 당연하거나 어쩔 수 없는 것처럼 넘어간다.

권력자의 마지막 유혹은 자신의 권력이 영원할 것 같은 착각에 빠진다. 권력을 내려놓고 떠날 수 없는 두려움과 집착에 빠지는 것이다. 영원한 젊음과 건강 그리고 영원한 사랑의 유혹을 받는다. 그리고 독재자는 이를 어느 정도 이루고 누릴 수도 있다. 그리고 자신의 영원성에 대한 유혹의 제안을 받는다. 그러나 오디세이는 이 유혹을 거부한다. 영웅이 아닌, 권력자가 아닌 한 인간을 선택한다. 바로 자신을 찾는 것이다. 그전까지는 자신을 잃어버리고 자신이 성취한 것이 자신인 줄 알았다. 결국 인간은 늙고 병들어 죽어가는 존재라는 것을 거부하고 다른 허상을 좇으며 산다.

오디세이는 유한한 인간을 선택한다. 자기의 고향이 있고, 자기의 고향으로 돌아가야 하는 유한한 존재임을 인정하고 이를 받아들인다. 이 고향이란 바로 자신이 태어나고 죽어가는 인간이라는 존재이다. 여기서 오디세이는 자기의 이름을 찾게 된다. 바로 참인간이 되는 것이다. **허망한 환상을 좇는 거짓된 존재에서 자신을 바로 아는 참 인생**이 되는 것이다.

고향은 무엇인가? 내가 태어난 곳이고 죽어서 묻혀야 할 곳이다. 사랑하는 가족이 있는 곳이다. 그래서 고향은 곧 사랑이고 모성이다. 자신을 바로 찾은 오디세이는 이제 사랑을 기다리고 있는 고향을 향해 항해한다. 오디세이에게 사랑은 처음이 아니다. 전쟁영웅으로서 엄청난 사랑이 있었다. 백성들의 사랑, 권력자로서의 사랑, 그것도 영원한 모든 것을 소유할 수 있을 것 같은 사랑의 유혹이 있었다. 그러나 그 모든 사랑은 조건적 사랑이었다. 자신이 영웅이고 힘과 권력이 있어서 받는 사랑이었다. 그러한 사랑은 결코 진실할 수 없다. 그 조건이 허물어지면 결국 더 떠나고 마는 사랑이기 때문이다. 오디세이가 찾는 사랑을 그러한 조건적인 사랑이 아니었다.

전쟁에 싸우러 간 지, 20년이나 된 오디세이였다. 그동안 돌아오지 않으면 죽었다고 생각해도 되었다. 주위에서는 엄청난 유혹들이 있었다. 가족들이 더 이상 기다릴 필요가 없었다. 이것이 조건적인 사랑이었다. 잘못된 것은 아니지만 이는 진정한 사랑이 아니었다. 그런데 가족들은 아버지와 남편을 아직도 기다리고 있었다. 엄청난 유혹과 협박 속에서도 죽었는지도 모르는 사람을 기다리고 있었다. 그리고 엄청난 유혹 속에서도 자기를 기다리고 있을지 모르는 가족을 찾으러 가는 오디세이의 사랑도 결코 조건적인 사랑일 수 없었다. 그래서 마지막으로 그 사랑을 향해 항해해가는 것이었다. 이것이 인간이 죽음을 향해 준비해야 할 가장 소중한 것이었다.

헬레니즘과 헤브라이즘은 어떻게 하나가 될 수 있는가?

그런데 이 사랑을 방해하는 수많은 것들이 있다. 유혹하고 협박하는 것들이 있다. 이러한 모든 것을 모두 물리치고 가장 순결하고 고결한 사랑을 얻어야 한다. 이것이 인생의 가장 소중한 마지막 항해이다. 오디세이는 이 항해를 성공적으로 이루고 그 사랑으로 들어간다. 이 사랑 이야기는 그냥 낭만적인 사랑 이야기가 아니다. 인간은 누구인가를 이해하는데 아주 핵심적인 이야기이다. 바로 헬레니즘의 정점인 것이다. 이처럼 호메로스의 작품은 헬레니즘의 시작인 동시에 정점을 이루는 모든 것이다. 이것이 곧 헤브라이즘에서 찾지 못하던 신과 인간의 간극을 극복하게 하는 놀라운 해답이다.

이 사랑은 결국 신의 은총의 사랑과 연결된다. 오디세이도 아내의 사랑을 찾은 후 큰 위기에 빠진다. 또 분노의 사슬과 싸움의 회로에 빠질 수밖에 없는 위기에 빠진다. 어떻게 보면 일리아드로 시작된 인생의 항해가 다시 분노의 일리아드로 회귀할 수도 있었다. 그래서 인생은 영원한 회귀의 회로에서 벗어나지 못할 수도 있었다. 그러나 신의 은총으로 거기서 벗어나게 된다. 더 이상 분노의 사슬에 메이지 않고 영원한 사랑으로 들어가는 것이다. 그래서 호메로스의 작품은 인간으로 시작되었지만, 신으로 막을 내리고 있다. 여기서 헬레니즘과 헤브라이즘이 하나가 될 가능성이 열리는 것이다. 이를 통해 서로 부족한 부분을 보충해줌으로 더욱 큰 하나의 사상으로 발전될 수 있게 해주었다. 그래서 이 사상이 거대한 서양사상과 문명의 가장 깊은 기초가 될 수 있었다.

헤브라이즘과 헬레니즘은 유럽 문명의 거대한 두 뿌리이지만, 하나의 뿌리이기도 하다. 이를 이분법으로 보면 그 문명은 이분법의 갈등과 고통에서 벗어날 수 없다. 그러나 이를 하나로 보면 그 문명은 하나가 되어 발전할 수 있다. 이제 이 두 사상 속에 있는 내용이 앞으로 진행될 유럽의 문명과 역사에서 어떻게 반복적으로 드러나고 해결될지 보게 될 것이다. 인류의 역사는 참자기를 찾아 떠나는 여정과 같다. 사람들은 세상을 정복하고 세상에서 자신을 성취하여 명예와 권력을 얻음으로 자신을 찾으려고 한다. 세상 사람의 인정과 환호를 받으면 자신이 있을 것으로 생각하며 열심히 사람을 만나고 일을 한다.

그러나 세상의 이상한 회로인 이분법에 빠지게 되면, 모든 것이 갈등하며 허물어진다. 세상은 환상이 되고 만다. 그 폐허 속에서 자신이 가장 싫어하는 괴물 같은 자기의 모습을 보게 된다. 그리고 더욱 낙심하고 좌절한다. 이것이 유럽의 문명사이다. 이제 이러한 헤브라이즘과 헬레니즘의 지혜와 경고가 역사 속에서 어떻게 반복되는지를 보게 될 것이다. 이를 통해 인간은 무엇을 알고 찾아가야 하는가? **오디세이의 여정처럼 참 자기를 알아가고 더 진실한 자신과 고향을 찾아가는 것이 인류의 문명사가** 아닌가 생각된다.

그리스인들은 어떻게 강해질 수 있었는가?

그렇다면 이 작품을 통해 그리스인들은 과연 무엇을 찾았을까? 어떻게 그들은 이 작품이 그들을 하나 되게 하고 그처럼 강하게 만들었을까? 작품 속의 영웅들 때문일까? 일반적으로 신화는 영웅적인 이야기이고 이를 이상화함으로 힘을 키운다. 물론 어떤 그리스인들은 이 책에서 주인공들의 영웅적 모습을 통해 힘을 얻을 수 있다. 그러나 작품 속의 인물들이 평범한 모습도 보인다. 그렇다면 그들은 무엇으로 강해졌을까? 주인공들이 만난 신들 때문이다. 이 작품은 인간만의 이야기가 아니라 인간이 신을 어떻게 만났는가가 더 핵심적인 내용이다. 그들은 가장 진실하고 솔직한 마음과 인격으로 신을 만났다. 그들의 가장 어려운 삶에서 신을 만난 것이다.

  강하고 완전한 모습으로 신을 만날 수 있다면, 보통의 사람은 신을 만나기 어려울 것이다. 히브리인들은 자기의 신을 그렇게 어려워했다. 선악의 이분법이 그렇게 인간과 신을 갈라놓은 것이다. 그들은 죄인인 인간과 완전한 신으로 나누고 신을 어려워했다. 물론 모세의 율법은 신과 인간을 완전히 분리하였다. 그러나 성막을 통해 누구든지 신을 만날 수 있는 길을 열어놓았다. 그래서 히브리인의 신도 그리스의 신 이상으로 아프고 어려운 그들의 마음을 만나기를 원했다는 것이 구약 성경 여러 곳에 나온다. 그러나 그들은 완전한 율법과 종교로만 신을 만나려 하였고, 그리스인처럼 아프고 힘든 마음과 인격으로 만나지 못했다. 오히려 그리스인들이 그렇게 신을 만난 것이다.

  그래서 평범한 그리스인들도 자기의 삶 가운데서 영웅들이 만난 신을 가까이 만나고 그와 하나 되어 강한 전사로 뭉치며 살아갈 수 있었다. **헤브라이즘의 멀리 있는 신이 헬레니즘에서 그들의 연약한**

평범한 마음속으로 가까이 온 것이다. 그래서 그들은 신을 늘 만나며 신과 하나 되어 그러한 놀라운 기적들을 보인 것이다. 그래서 헬레니즘과 헤브라이즘이 하나가 될 수 있었다.

이미 시작된 자기 찾기

처음의 그리스인들은 고난 속에서 호메로스를 통해 신을 만나고 신과 하나 되어 역경을 이겨나갔다. 그러나 시간이 지나고 안정이 되면서 후대의 그리스인들은 호메로스의 책을 가까이는 두었지만, 책의 참뜻을 지속해서 깨닫지는 못했다. 그 책을 통해 위대한 조상을 기억하며 그들이 신과 함께 영웅적으로 산 이야기 정도로 받아들였다. 대부분 그들은 호메로스가 제시한 인생의 진리보다는 세상의 좋을 것을 향유하는 세속적 삶을 살았다. 그래서 이를 안타까워 하며 고뇌한 철학자가 나타났는데 바로 소크라테스Socrates (BC470-399)였다.

그래서 소크라테스는 그들을 깨우치기 위해서 거리에서 진리를 전하였다. 그의 철학을 한마디로 말하면 '너 자신을 알라'라는 말속에다 포함되어 있다. 이 말은 그가 처음 한 말은 아니다. 델포이의 아폴론 신전 현관 기둥에 새겨진 말이다. 이 말이 신전에 새겨진 것을 보면 이 말이 이미 고대 그리스의 중요한 주제가 되어있었다는 뜻이다. 이 말은 호메로스 사상의 핵심이기도 하다. 호메로스는 영웅의 허구를 파헤쳐 인간 본연의 자신을 바로 보도록 하였다.

소크라테스는 허구적인 세상이 자신인 줄 착각하며 사는 사람들을 향해 '너 자신을 알라고' 외치며 인간이 생각할 수 있는 능력을 통해 진리와 초월의 세계로 갈 수 있는 길을 열었다. 이를 통해 호메로스의 정신을 인간의 삶에서 더욱 확장할 수 있었다. ⓒ Sting/wikipedia

소크라테스는 사람들이 자신 속에 있는 두 가지의 자기를 깨우고 찾도록 하였다. 하나는 자신이 얼마나 무지한 존재인 것을 알게 하고 또 하나는 이를 생각을 통해 밝혀냄으로 자신 속에 있는 생각하는 자신을 찾게 한 것이다. 소크라테스는 질문과 논박을 통해 인간의 허구로부터 진리를 찾는 일을 철학의 핵심적 과제로 생각했다. 당시 아테네의 사람들은 보이는 좋은 것을 통해 자신을 찾으려고 하였다. 그것이 자신인 줄 알고 착각하며 살았다. 이것이 허구이며 거짓이라고 소크라테스는 질문과 논박을 통해 벗겨내려고 한 것이다.

고대에 이미 '자신을 알라'는 말할 수 있었다는 것은 의미심장하다. 유럽 문명사에서 자기란 말이 중요하게 대두된 것이 근대였다. 근대의 데카르트Rene Decartes(1596-1650)가 자기를 사상과 삶의 중요한 주제로 삼았고, 유럽의 인격발달에서도 자기를 깨우치기 시작한 것이 르네상스였다. 고대에 이미 자기라는 말이 신전에 새겨지고 소크라테스가 말할 정도였다면, 이는 그냥 우연한 일로 넘어갈 수 없다. 그것도 신전에 그러한 말이 새겨져 있다는 것은 어떻게 보면 유럽이 신 앞에서 진정한 자기를 찾아가는 긴 여정을 떠나리라는 것을 이미 암시하였다고 볼 수 있다.

  소크라테스는 3번의 치열하고 잔혹한 전쟁에 참여하였고 또 아테네 인구의 1/4이 죽는 참혹한 전염병을 겪기도 했다. 가장 화려하고 부유하다고 한 아테네와 그 속에 있는 세상과 인간의 실체를 너무도 잘 보아왔다. 그런데도 사람들은 인간과 세계의 참모습을 직면하지 않고 다시 밖의 화려하고 재미있는 것에 몰두하며 살아가고 있었다. 소크라테스는 이러한 그들을 안타까워하며 깨우치려고 하였다. 그러나 그들은 자신들의 부끄러운 본질을 건드리는 소크라테스를 눈엣가시처럼 여겼다. 그래서 결국 소크라테스는 그들에 의해 억울한 죄목으로 고소를 당하고 충분히 살 수 있는 길이 있었음에도 죽음의 길을 택하였다.

  일리아드와 오디세이의 주인공들은 삶의 처절한 격랑과 고통을 통해서 인간을 바로 알고 그래서 신을 만날 수 있었다. 소크라테스는 삶의 고난을 통해 이를 깨우치기 전에 생각을 통해서도 미리 자신을 볼 수 있는 길을 제시하였다. 이것이 이성과 지성의 힘이다. 그래서 그는 인간 속에 있는 이성과 지성의 힘을 발견하여 깨우쳐준 위대한 스승이었다. 그러나 그가 더 위대한 것은 이러한 이성도 결국 허망하다는 것을 알고 직접 몸으로 진리를 산 사람이었다. 그는 이성이라는 생각으로 진리를 도피하지 않고 몸으로 죽음을 택하였다. **후세 철학자들이 만나게 될 이성의 한계를 예견하고 이성이 아닌 몸으로 실존을 직면한 것이었다.** 그래서 그는 더욱 위대한 스승인 것이다.

이데아를 통해 이분법이 다시 살아나다

이러한 소크라테스의 사상을 더욱 철학적인 이론으로 발전시킨 사람이 그의 제자인 플라톤Platon(BC427-347)이다. 플라톤은 그의 스승이 남긴 거짓과 진실에 대한 사상을 동굴 이야기와 이데아와 같은 철학적 사상으로 발전시켰고, 소크라테스가 못다 한 사회와 국가의 개혁을 국가론을 통해 발전시켰다. 그는 기본적으로 국가가 권력이 한 군주에 집중되는 것을 바람직하지 않다고 생각했다. 그렇다고 완전한 민주적 공화정을 이상적으로 본 것은 아니다. 백성들은 거짓에 쉽게 유혹을 받을 수 있으므로 완전한 민주주의는 우민정치로 갈 수 있다고 생각하였다. 대신 진리를 깨우친 현자들이 지도자가 되어야 한다고 보았다. 그리고 국가의 수호자와 시민이 각자의 위치에서 자신의 역할을 바로 할 때 정의를 이룰 수 있다고 하였다.

플라톤은 이처럼 인간이 이성의 힘으로 구체적인 삶 속에서 어떻게 살아갈 수 있는가를 밝혔다. 소크라테스는 이성의 힘을 깨우친 철학자라면 플라톤은 이성이 삶 속에서 얼마나 구체적으로 살아 움직일 수 있는지를 보여준 학자이다. 그러나 플라톤은 이데아와 현실을 이분화하였기에 그의 이론은 너무 이상적인 경향이 있다. 그래서 그의 제자인 아리스토텔레스Aristoteles(BC384-322)는 플라톤의 사상을 현실 속에서 어떻게 가능할 수 있는지를 더욱 구체적으로 밝힌 학자이다. 그리고 그는 이를 제자인 알렉산더 대왕을 통해 현실에서 이루었고 천년 후 유럽이 성인으로 성장해나가는 데, 지대한 영향을 미친 학자였다.

그리스에서 로마로 넘어가기 전에 그리스를 한 번 더 정리하는 것이 필요하다. 그리스는 호메로스를 통해 헤브라이즘의 이분법으로 멀리 있는 신을 인간의 마음과 인격 속으로 끌고 들어와 하나 되는 길을 열었고, 이를 통해 그리스는 어려운 현실에서도 부강해질 수 있었다. 그리고 소크라테스와 플라톤은 여기서 한발 더 나아가 **신을 신전이 아닌 자신 속에서 생각을 통해 만날 수 있는 길을 열었**다. 초월적 신을 이데아란 보편적

플라톤은 신성을 인간에서 찾을 수 있는 길을 열었다. 이로 인해 유럽은 먼 여정의 자기 찾기를 시작할 수 있었다. 그러나 높은 이상으로 인해 인간의 마음을 억압함으로 후손들에게 이분법적 자기 찾기라는 난제와 고통을 남겼다. ⓒ Silanion/wikipedia

인 진리로 인간 속에서 만날 수 있도록 한 것이다. 인간 속에서 신성을 찾을 수 있는 길을 연 것이다. 인간의 위대한 진전이다.

그러나 이를 통해 잃어버린 것도 있다. **신과 인격적으로 하나가 되는 마음을 잃어버리고 이데아를 통해 인간과 초월이라는 이분법이 재현**된 것이다. 헤브라이즘이 만든 신과 인간의 이분법을 어렵게 허물었는데, 플라톤에 의해 다시 이분법이 살아난 것이다. 그리고 신과 인간을 연결하는 마음을 잃어버렸다. 불확실한 감정의 마음보다 이성의 바른 생각으로 전환됨으로 호메로스로 인해 어렵게 찾은 마음을 잃어버린 것이다. 플라톤은 이러한 마음을 중시한 호메로스의 작품을 허구적인 상상이라고 비판하였다. 그는 상상하는 인간의 자

유로운 마음을 바른 생각 즉 이성 아래에 두고 억압한 것이다. 플라톤이 찾은 생각하는 존재가 로마로 이어져서 큰 발전을 이루었지만, 마음을 잃어버린 것은 결코 작은 사건은 아니었다. 이 마음을 다시 찾는데 아주 오랜 시간이 걸렸기 때문이다. 이처럼 작은 사건이 문명사에 큰 영향을 미치는 경우가 적지 않다.

그리스와 로마의 사이 – 알렉산더 대왕

고대 로마가 시작된 것은 기원전 8세기경이다. 작은 도시국가로 출발하였다. 처음에는 왕정국가로 출발했지만, 기원전 6세기부터 공화정으로 발전되었다. 계속 국력을 키우면서 기원전 3세기에는 이탈리아를 통일하고 곧이어 지중해의 가장 강한 국가인 카르타고와 3차에 걸친 포에니 전쟁에서 승리함으로 지중해 동부의 패권을 차지하였다. 그 후 기원전 2세기에 서쪽 그리스의 마케도니아까지 정복함으로 지중해 모두를 지배하는 패권 국가로 자리 잡게 되었다. 이것이 로마제국의 기초가 되어 거대한 제국을 형성하게 되었다. 어떻게 작고 미개한 한 작은 도시국가가 지중해를 정복하는 큰 국가가 되었을까?

그 이전에 그리스가 어떻게 흥하고 쇠하였는지 먼저 살펴보자. 그리스가 도시국가로 일어난 것은 기원전 8세기이다. 이때 호메로스가 '일리아드와 오디세이'를 쓴 것으로 알려져 있다. 그리고 기원전 6~4세기가 이들의 전성기였다. 그러다가 기원전 4세기에 마케도니아의 알렉산더 대왕이 그리스를 통일하고 동방 원정을 승리로 이끌며 대제국을 건설하였다. 알렉산더 대왕이 죽고 제국이 분열하면서 그리스 마케도니아도 약해지기 시작하다가, 결국 기원전 2세기에 떠오르는 태양인 로마에 멸망하고 말았다. 이것이 그리스와 로마의 사이에 일어난 일들이다.

어떤 문명도 스스로 모든 것을 이룰 수 없다. 로마도 그 위대한 문명을 자신들만의 힘으로 이룰 수 있었던 것은 아니다. 먼저 것이 있어야 다음 것을 이루는 것이 성장과 발달의 원리이다. 로마의 앞 문명은 그리스이다. 과연 그리스의 어떠한 것이 로마의 발달에 영향을 미치었을까? 많은 것들이 알게 모르게 영향을 주었겠지만, 그중에 알렉산더 대왕이 가장 직접적인 영향을 주었을 것이다. 그래서 알렉산더 대왕에 대해서 잠깐 생각해보려고 한다.

로마는 여러모로 알렉산더 대왕의 조국인 마케도니아를 닮았고 그를 벤치마킹한 것으로 보인다. 알렉산더가 제국을 정복할 당시 로마는 아직 이탈리아를 통일하기 전이다. 그들에게는 알렉산더의 소식은 충격 자체였을 것이다. 어떻게 작은 도시국가가, 그것도 어린 왕이 그 위대한 일을 할 수 있었을까 궁금하지 않을 수 없었을 것이다. 그들은 통일과 제국을 꿈꾸며 자연히 알렉산더의 이야기에 귀 기울였을 것이다. 로마는 과연 알렉산더의 어떠한 점을 벤치마킹하였을까?

알렉산더 대왕은 20대에 모든 전투의 선봉에 서서 스스로 힘으로 모든 것을 이루었다. 그렇지만, 어린 나이에 이 정도의 성과를 이룬다는 것은 스스로 쌓은 것이라기보다는 보이지 않는 부모의 영향력을 무시할 수 없을 것이다. 먼저 아버지 필리포스 2세의 영향력이다. 마케도니아는 그리스 도시국가 중에 가장 약했고 후발주자였다. 그들이 살아남기 위해서는 힘만으로는 부족하였다. 그래서 아버지는 군사의 조직, 전략과 전술이 중요한 것을 깨닫고 이를 열심히 배우고 연마하여 그 힘으로 그리스를 통일하였다. 그리고 이를 그의 아들 알렉산더에게 물려주었다. 그리고 군인은 무술의 힘만으로는 부족하며 많은 것을 알고 **생각할 수 있는 능력**을 갖추어야 한다는 것을 알고 일찍 당대의 최고 학자인 아리스토텔레스를 아들의 스승으로 어렵게 모셔왔다.

그리고 아버지는 이미 그리스의 통일을 이루었으니, 아들이 그리스에 안주하지 않고 그리스를 떠나 더 큰 세계를 정복하는 꿈을 갖도록 독려하였다. 그래서 그는 어린 나이임에도 불구하고 당시 가장 큰 세계이고 땅끝인 동방을 향해 정복의 길을 떠났다. 어떻게 보면 아주 당돌하다. 어린 나이에 어떻게 천하를 향해 그러한 용기와 기백을 가질 수 있었을까? 이러한 호연지기浩然之氣는 어디에서 나올 수 있었을까?

아마도 그의 스승 아리스토텔레스와 어머니의 영향이 아닌가 생각된다. 아리스토텔레스는 플라톤의 제자이다. 플라톤의 이데아 사상을 전수받았지만, 보이는 세계를 모두 그림자의 허상으로만 보지 않고 이를 보이는 세계에서 찾으려고 한 철학자이다. 이를 제자 알렉산더에게 그대로 전수하였고 그래서 삶에서 이데아를 찾을 수 있는 지혜와 능력을 배양하게 되었을 것이다. 그는 단순히 강자가 약자를 약탈하는 그러한 야만적 정복 전쟁이 아니라, 이를 통해 세계를 헬레니즘의 문화로 통일하고 그 속에서 **이데아를 실현하는 그러한 고차원적 정복 전쟁**을 실현하고자 했던 것이다. 이는 마치 기독교가 복음을 전하기 위해 땅끝까지 달려가는 것처럼 그는 헬레니즘의 이데아를 전파하기 위해 땅끝까지 달려갔던 것이다. 거기에다 그의 어머니 올림피아스는 알렉산더가 제우스의 아들이라는 신탁까지 부여하면서, 그에게 신성에 가까운 자신감을 심어주었다. 이러한 훈련과 지지를 통해 그는 전쟁이 단순히 개인의 욕망과 꿈을 실현하는 차원이 아니라, 초월적인 힘에 대한 확신을 가질 수 있었고, 그래서 어떠한 불가능한 상황에서도 두려워하지 않고 도전할 수 있었을 것이다.

자기 찾기의 모형으로써 알렉산더

알렉산더는 한 개인의 정복 이야기로만 끝날 수 없는 큰 의미를 지닌다. 그는 부모를 떠나 자기 속에 있는 것들을 삶에서 실현하는 **자기 찾기의 원조**이다. 앞으로 유럽이 가야 하는 길을 보여준 모형이기에, 유럽의 후손들은 그를 벤치마킹할 수 있어야 한다. 이에 앞서 로마가 그를 벤치마킹하였다. 앞으로 로마와 유럽의 자기 찾기에서 이를 다시 설명하겠지만, 그 원형으로써 자기 찾기를 알렉산더에서 먼저 찾아보려고 한다.

그는 어떠한 자기 찾기를 했을까? 그는 먼저 그의 정신적인 능력 속에 있는 자기를 찾아 개발하였다. 생각할 수 있는 **지적이고 이성적인 능력**이다. 그리스의 세 스승으로부터 직간접으로 생각할 수 있

알렉산더 대왕이 젊은 나이에 거대한 제국을 이룩할 수 있었던 것은 무력의 힘만은 아니다. 시대를 앞서 지성, 감성과 초월성이라는 세 자기를 모두 찾은 자기 찾기의 결과로 볼 수 있다. 앞으로 유럽이 가야 할 자기 찾기의 모형을 미리 보여준 위대한 인물이다. ⓒ Brandmeister~commonswiki/wikipedia

는 능력을 배웠고 특별히 아버지로부터 전쟁에 필요한 전략과 전술의 능력을 배웠다. 그리고 이를 응용하여 자신도 군대의 조직과 전술을 향상시켰다. 이러한 지성과 이성의 능력으로 강력한 페르시아 대군을 이길 수 있었다. 앞으로 유럽은 이러한 지성과 이성의 자기를 찾고 개발함으로 발전할 것이다. 그 모형을 미리 보여준 것이다. 역사에서는 이러한 모형들이 먼저 형성되고 나중에 이를 반복하면서 발전하는 것을 보게 된다.

두 번째 자기 찾기는 마음속에 있는 자기였다. 아버지가 못다 한 위대한 일을 이루어 아버지를 이기고, 또 이를 통해 자신의 능력을 인정받고 싶은 욕구가 있었다. 그리고 어머니는 대부분 어머니처럼 아들에 대해 양가적이었다. 아들을 사랑하고 제우스의 아들로 축복하였지만, 엄청나게 집착하였다.

그래서 그도 어머니에 대해 양가적일 수밖에 없었다. 어머니를 사랑하였지만, 어머니 옆에서는 자신의 존재가 사라지는 것을 아는지라 두려운 어머니로부터 자기를 찾기 위해 멀리 떠날 수밖에 없었다. 그래서 이러한 마음이 또 다른 정복의 힘이 되었다. **마음속 자신의 문제를 인정하며 자기를 실현하는 힘으로 승화시킨 것이다.** 유럽도 나중에 이러한 마음과 감정 속에 있는 자기를 찾게 되는데, 처음 이성의 자기에서 두 번째 마음의 자기로 가는데, 엄청난 오랜 시간이 소요되었다. 그리고 그 안에는 엄청난 아픔과 방황이 있었다.

그리고 세 번째 자기는 더 심연 속에 있는 자기이다. 알렉산더는 상기한 두 가지 자기의 힘만으로 그 위대한 정복을 수행할 수 없었다. 그 이상의 **초월적 자기와 힘**이 뒷받침되어야 했다. 그는 스승으로부터 받은 이데아의 힘과 어머니로부터 받은 신성의 힘에 대한 확신이 있었다. 그리고 그는 호메로스의 책을 진정으로 이해하는 사람이었을 것이다. 아마 스승으로부터 그 책의 참 의미에 대해 배웠을 것이다. 그래서 그는 과거의 영웅들처럼 신과 하나 되어 미지의 세계를 향해 도전할 수 있었다. 그는 항상 호메로스의 책을 경전처럼 지니고 다녔다. 이처럼 그는 인간 심연의 내적 자기를 알고 그 힘으로 진군하였다. 유럽이 나중에 이를 발견하는데, 정말 오랜 방황의 시간이 필요했다. 그러나 알렉산더는 **이 세 가지 자기를 모두 찾아 현실에서 실현함으로 그 위대한 제국을 이루었고 그래서 자기 찾기의 중요한 모형이** 되었다.

물론 완전하지는 못했지만, 그는 정복한 세계가 헬레니즘의 이상으로 하나가 되도록 노력하였다. 서로가 혈연으로 하나 되고 서로의 문화를 개방하여 교류할 수 있도록 하였다. 이러한 개방성이 나중에 로마제국을 이루는 데 큰 역할을 하였다. 그러나 그는 땅끝까지 달리는데 너무 집착한 나머지 그 땅을 어떻게 다스릴 것인지 구체적인 정치모형은 개발하지 못하였다. 그래서 그의 급작스러운 죽음 이후 그 위대한 제국이 순식간에 붕괴되고 말았다. 이것 역시 로마와 유럽에 중요한 교훈이 되었다.

5
로마는 어떻게 위대한 아버지가 되었는가?

그리스의 장점을 배우고 문제점을 개선하다

로마도 그리스처럼 아주 작은 나라로 출발했다. 로마보다 강하고 큰 나라들이 있었지만, 후발 국가로서 작은 로마가 지중해의 패권을 쥘 수 있게 된 이유는 무엇이었을까? 앞에서 말한 대로 그리스 문명이 적지 않은 역할을 했다. 작은 도시국가인 그리스가 끊임없는 외국의 침략을 이겨내고 거대한 제국을 이룬 것만으로, 그들의 롤 모델이 되기에 충분하였다. 그리고 그리스의 발전된 학문과 헬레니즘 문명 그리고 알렉산더 대왕은 그들의 이상과 꿈이었다. 그러나 아쉽게도 알렉산더가 이룬 대제국은 너무 허망하게 무너지고 말았다. 이것도 그들에게 중요한 교훈을 주었을 것이다.

과연 그들은 그리스를 통해 무엇을 배우고 무엇을 보충했을까? 그들이 그리스로부터 배운 것은 **생각하는 능력과 힘**이 얼마나 큰 것인가를 알게 된 것이다. 지금은 생각하는 것이 당연하지만, 당시의 문명의 수준에서 보면 생각하는 교육이나 훈련은 거의 받지 못하고 살았기에 생각하는 능력은 그들에게 새로운 도전이었다. 그리스의 스승인 소크라테스, 플라톤과 아리스토텔레스가 남긴 위대한 학문을 통해 그 속에 있는 사고의 능력을 배양할 수 있었다. 그리고 알렉산더를 통해 군사를 조직하고 새로운 전략과 전술을 배울 수 있었다. 이를 통해 전쟁은 단순히 힘만 가지고 싸우는 것이 아니라, 생각의 능력이 얼마나 큰 영향을 미치는지를 알게 되었다. 이것이 그리스가 로마에 준 가장 큰 선물이다.

그러나 헬레니즘 문명은 그렇게 오래가지 못했다. 알렉산더가 정복한 그 위대한 제국도 그가 죽음으로 허물어지고 말았다. 이에 대해 로마도 많은 생각을 했을 것이다. 왜 그렇게 되었을까? 그것은 헬레니즘의 장점이기도 하지만, 단점이기도 한 높은 이상 때문이었다. 앞에서 분석한 대로 알렉산더가 그렇게 짧은 시간에 그 많은 영토를 정복할 수 있었던 것은 단지 무력적인 힘이나 군사적 전술 때문만은 아니었다. 이데아와 같은 초월적인 힘과 그 세계에 대한 높은 이상이 있었기 때문이었다. 그래서 그러한 제국을 세우고 싶어 그렇게 달려갔다. 그러나 이상만 높았지, 현실적으로 이를 어떻게 할 수 있을지 구체적인 계획과 준비는 부족하였다. 즉 이를 뒷받침할 수 있는 구체적인 정치체제에 대한 현실적인 대안이 부족했다. 그래서 그 거대한 제국도 알렉산더의 이상과 함께 사라질 수밖에 없었다.

이는 이데아 사상의 문제이기도 하다. 이데아는 순수하지만, **현실**

과 이상을 이분화하고 이데아를 이상화하는 반면 현실을 허구로 보았기 때문에 이상만 실천하면 현실은 그냥 따라올 것으로 생각했다. 그래서 전쟁에서 승리할 수 있었다. 그러나 현실정치와 권력은 전쟁과는 달랐다. 이러한 이분법은 헤브라이즘에서 시작된 것이다. 이에 대한 반발로 인간을 소중히 여기는 헬레니즘이 발전되었지만, 헬레니즘도 결국 헤브라이즘의 길을 가고 말았다. 그래서 플라톤 사상의 이분법은 늘 서양 철학사에서 문제가 된다. 물론 아리스토텔레스가 이를 보완하여 현실의 법을 강조한 덕분에 알렉산더라는 위대한 대왕이 탄생하였지만, 그의 사상도 결국 이분법에서 아주 자유로울 수 없었다. 이 문제를 극복하고 그리스가 이룰 수 없었던 위대한 제국을 이룬 것이 바로 로마이다.

유럽 문명사를 보면 이러한 이분법은 하나의 패턴처럼 반복된다. 한 지역에서의 문명이 발달하게 되면 다른 지역은 야만이 된다. 비교의 이분법이다. 문명이 없을 때는 다들 비슷하지만, 한 곳에서 문명을 꽃피우면 그렇지 못한 곳과 뚜렷한 차이가 생긴다. 그리고 문명국은 그렇지 못한 지역을 야만이라 하며 그들을 무시하고 멸시하였다. 그리고 그곳을 식민지로 만들고 그들을 노예로 삼아 착취하였다. 반면 소위 야만 지역은 문명국에 대해 엄청난 열등감과 부러움을 갖기도 하고 분노하기도 했다.

그러나 로마는 이러한 이분법의 패턴을 단순히 반복하지 않았다. 그랬으면, 로마도 한번 반짝하고 사라졌을지 모른다. 그러나 로마는 과거에 출현한 문명과는 달랐다. 로마가 어떻게 하였기에 그 반복에서 벗어나서 위대한 제국이 되었을까?

로마의 첫 번째 힘은 현실적 합리성이다

　로마는 그리스의 합리적인 사고의 힘을 배웠지만, 그 이전의 문명과 달리 적극적으로 이분법에서 벗어나려고 하였다. 물론 그리스도 이분법에서 벗어남으로 강해질 수 있었고 알렉산더도 그래서 위대한 제국을 이룰 수 있었다. 그러나 그들의 노력은 소극적이었다. 그 뜻은 현실을 중요하게 여겼지만, 여전히 이상이 우세했다는 것이다. 그들의 전체 가치관은 여전히 이상주의였다. 그러나 로마는 이상보다 현실에 대해 더욱더 적극적이었다. 물론 그렇다고 그들이 이상을 포기한 것은 아니었다. 그런데 그들의 이상은 이상과 현실의 이분법에서 나온 것이 아니다. 현실의 합리성에서 나온 이상이었다. **현실을 합리적으로 추구하고 실험하게 되면 그 속에서 이상적인 것을 찾을 수 있었던 것이다.** 그래서 자연스럽게 현실의 법과 이상이 공존할 수 있게 되었다. 이것이 로마가 이룬 가장 위대한 가치관의 전환이었다.

　그래서 로마는 그리스를 카피했지만, 더욱 현실적이었다. 너무 순수하고 이상적인 면을 거부하였다. 이는 로마의 건국신화에서부터 잘 나타난다. 로마의 건국 신화인 베르길리우스Publius Vergilius Maro (BC70-19)의 아이네이스Aeneid를 보면 호메로스의 오디세이를 거의 복사한 듯한 모험 이야기이다. 그러나 자신들의 조상을 그리스인으로 여기지 않았다. 그리스보다 더 강했지만, 그들에게 억울하게 멸망당한 트로이 왕족을 자신의 조상으로 삼았다. 그리스의 정신은 인간을 사랑하지만, 인간을 해체함으로 찾는 이상적인 힘을 추구하였다. 그래서 호메로스도 영웅들을 한 인간으로 해체시키는 작업을 하였다.

그러나 로마의 건국 신화는 그렇지 않았다. 전쟁에 패한 전쟁 유민에서 시작하여 모험과 위기를 극복하는 영웅적 인간을 그려내고 있었다. 그리스는 인간의 부정적인 면을 끄집어내어 초월적인 이상을 그려내지만, 로마는 부정적인 상황에서 인간의 긍정적인 면을 집결시켜 영웅으로 승화시킨다. 이것이 같은 모험이지만, 그리스와 로마의 차이인 것이다. 이처럼 인간을 신이라는 이상 앞에서 부정적인 존재로 보는 것이 아니라, 신만큼이나 당당한 **긍정적인 존재**로 본 것이다. 이것이 로마의 시작이었다.

그리고 그리스에서 배운 합리적인 사고에서도 로마는 현실적인 면을 중시하였다. 그리스인들의 합리적인 사고는 대부분 이상을 추구하는 과정에서 작동되었다. 현실이 과연 이상의 가치관에 합당한지를 합리적으로 질문하고 답하는 그러한 이상적 합리성이었다. 아리스토텔레스는 현실을 아주 중요하게 여긴 철학자이지만. 그의 사상은 그리스와 로마에 많이 알려지지 않았다. 그의 사상은 거의 묻혔다가 중세기나 되어서 유럽에 영향을 주었다. 그래서 그리스인들은 현실을 중요하게 여기기는 하였지만, 이상적 가치관 안에서의 합리성이었다.

그러나 로마는 현실의 법을 중요한 가치로 받아들였기 때문에, **합리성을 현실에 적용한 실용성과 효율성**을 중요하게 여겼다. 그리고 **현실에서 이를 실험하고 검정하는 경험**을 중시하였다. 그래서 이를 **과학적 사고**로 발전시킬 수 있었다. 그들은 과거에는 상상할 수 없는 토목과 건축기술을 발전시켰다. 그들의 과학적 정밀성은 수로를 건설하는 기술에서 볼 수 있다. 중력만으로 물을 산에서 도시까지 흐르게 하는 과학성은 놀랍기만 하다. 아직도 건재한 높은 수로와 콜로세움의 건축술도 정말 놀랍다. 그리고 광물을 채굴하는 방식과 야외극장의 음향 역시 당시의 과학적인 실험과 경험이 어떠한 수준이었는지를 짐작할 수 있다.

그들은 이러한 합리성을 그리스로부터만 전수받은 것은 아니었다. 지중해의 해상무역을 통해 얻은 경험이기도 했다. 무역하려면 가장 필요한 것이 정확한 계산이고 합리적인 거래이다. 그리고 이를 기반으로 한 신용이 아주 중요하다. 합리적이고 꾸준해야 신용이 생기고 지속적인 거래가 가능하다. 그래서 이를 가능하게 하는 숫자와 글도 지중해에서 나왔다. 이처럼 지중해의 상거래는 로마의 현실적인 합리성을 키우는데, 중요한 역할을 하였다.

현실에 따라 변하는 로마의 정치

현실적인 합리성은 그들의 법과 정치체제에도 잘 나타난다. 큰 제국을 효율적으로 통치하기 위해서는 지도자의 권위와 무력의 힘만으로는 부족하다는 것을 알았다. 그래서 모두 다 이해하고 받아들일 수 있는 합리적인 법과 정치체제가 필요했다. 그리고 이 법으로 로마를 통치하였다. 그래서 로마법은 지금도 '로마에 가면 로마법을 따르라'라는 말로 유명하다. 가능한 법을 합리적이고 평등하게 적용하려고 하였지만, 법의 권위만으로는 부족하기에 그 뒤에 강력한 군사와 무력을 배치하였다. 그래서 군사가 얼마나 중요한 것을 알았기에 군인으로 싸우는 평민들을 우대하였고 그들의 복지를 중요하게 여겼다. 그래서 문인보다 무인을 대접하였고 그들을 중용하는 정치체제를 만들었다. 무인을 우대하는 전통은 그 이후 유럽에 계속되는 전통이 되었다. 그래서 유럽의 왕은 항상 칼을 차고 다니며 전장의 최전선에 직접 참여했다. 문인을 우대하고 무인을 무시하는 우리나라의 정치체제와는 아주 다른 점이다.

로마는 하나의 정치 시스템에 안주하지 않았다. 로마는 그때마다 가장 적합한 정치 시스템을 찾았다. 막강한 권력 시스템을 바꾼다는 것은 쉬운 일은 아니다. 그러나 로마는 이를 시대와 상황에 따라 바꾸었다. 그들은 먼저 왕정으로 출발하였다. 그들은 그리스를 통해 공화정을 잘 알고 있었지만, 처음 견고한 국가로 자리 잡는 데는 공화정이 적합하지 않다고 생각했다. 그리스는 개인과 자기가 사는 도시가 중요했다. 그 도시의 힘만으로 충분히 생존해나갈 수 있었다.

그러나 로마는 개인과 자기 지역의 힘만으로 생존하고 발전해갈 수 없었다. 단합해야 했다. 그래서 로마는 강한 공동체 의식이 필요했다. 그들이 힘을 모으기 위해 강한 지도자가 필요했지만, 그 지도자에게 절대 권력을 주지는 않았다. 이것이 다른 나라의 왕권과 다른 점이다. 공동체와 시민 그리고 법을 중요하게 여겼다. 그래서 왕권 시대에도 시민의 민회와 원로원의 의견을 중요하게 여겼다. 그들의 왕권은 이미 입헌군주제 같은 모습이었다. 이러한 현실에 대한 합리성이 로마를 하나로 결집할 수 있게 한 것이다. 그래서 작은 군사력으로 지중해의 패권 국가가 될 수 있었다.

그러다가 그들의 영토와 국력이 급증하게 되자 실력 없는 왕권만으로는 이를 유지할 수 없다는 것을 인지하고 아래부터의 자연스러운 혁명이 일어났다. 그래서 본격적인 공화정 시대로 접어들었다. 더욱 능력과 덕망이 높은 자를 집정관으로 선출하는 공화정체제로 전환한 것이다. 그리고 집정관에게 권력이 집중되는 것을 막기 위해 원로원은 매년 2명의 집정관을 선출하였고 약화하는 민회를 보호하기 위해 호민관제도를 도입했다. 그러나 집정관을 서로 하려는 권력 쟁취의 수위가 점점 높아가고 있었다. 그리고 로마는 이미 너무도 큰 제국으로 발전되었다. 이런 현실에 지금의 공화정이 과연 가장 적합하고 합리적인 정체체제인가를 고민하는 사람이 있었다.

그는 작은 수이지만, 조직적인 군대로 갈리아 대군을 물리친 카이사르 시저Gaius Caesar(BC20- AD4)였다. 그의 합리성으로 보면 공화정은 이미 낡은 유물처럼 보였다. 그래서 카이사르는 로마의 힘을 더 집중하여 로마 공동체와 시민의 공공선을 이룰 수 있는 길을 찾아야 한다고 판단하고 스스로 영구집정관 곧 황제로 등극하였다. 그러나 공화정을 수호하려는 원로원의 세력에 의해 살해당하고 말았다. 그러나 그 후 로마는 다시 공화정으로 복귀하지 못하고 황제의 제정으로 넘어가고 말았다. 그리고 공화주의자인 키케로Marcus Tullius Cicero(BC106-43)도 살해되면서 진정한 공화정은 막을 내리게 되었다.

사실 공화정이란 어떠한 정치체제만을 뜻하는 것은 아니다. 공화정의 참뜻은 공동체의 공공성과 동등성을 중시하는 사람들의 만남을 의미한다. 그러한 사람들이 모여 어떤 정치든 할 수 있다. 형식보다 백성의 공익을 위한 시민적 덕성을 쌓고 나누는 만남이 중요한 것이다. 로마의 정신은 현실적으로 공화정에 살아 있었다. 그들이 추구하는 최고의 가치인 현실적 합리성은 공화정과 원로원의 대화를 통해 현실과 이상의 조화를 이룰 수 있었다. 그러나 로마의 공화정체제는 진정 시민공동체를 위한 만남의 모임이 되지 못했다. 현실의 합리성보다 자기의 이익과 세력의 확장이 더 중요하였다.

그래서 진정 로마 시민들의 공익을 위한 좋은 황제가 있다면 제정을 거부할 이유가 없다고 생각한 것이다. 그래서 로마는 덕성이 높은 황제에 의해 로마의 황금시대를 이루었다. 그들은 진정 공익을 위한 좋은 황제들이었다. 그들을 5현제라고 한다. 제정 이후에도 원로원과 민회 등이 존속하였지만, 과거처럼 적극적 역할은 할 수 없었다. 좋은 황제는 5명으로 끝나고 말았다. 그 후 잘못된 황제로 인해 몰락의 길을 갔고, 로마의 합리성도 더 이상 큰 힘을 발휘하지 못했다.

로마의 두 번째 힘은 개방성이다

현실의 합리성이란 현실에 가장 적합하고 효율적인 방법을 찾아내는 것이다. 현실적이라고 해서 우리는 항상 이상과 갈등하는 것으로 생각하는데, 이런 생각 자체가 이분법에서 나온 것이다. 사실 현실과 이상은 결코 반대가 아니다. 이상은 항상 현실을 무시하는 것은 아니다. 이상도 현실을 위해 있고 현실이 잘 되기 위해서는 이상적인 것이 필요하다. 그래서 현실과 이상은 보완적이다. 그런데 이상의 문제가 있는 것은 현실을 외면한 채, 너무 가상적이거나 환상적인 이상을 추구하기 때문이다. 현실 안에서 이상을 추구한다면, 상호 보완적일 수 있다. 그리고 현실에 대해서도 더 현실적인 생각이 필요하다.

현실은 복잡하다. 어떠한 현실에 초점을 맞추는가에 따라 결과가 달라진다. 현실도 현실에 따라 상호 충돌할 수도 있다. 이러할 때는 더 큰 현실 즉 전체적인 현실을 생각해야 한다. 충돌을 해소하고 큰 현실에 도움이 되는 방향으로 현실의 문제를 합리적으로 생각한다면, 현실의 문제도 해결할 수 있다. 이러한 생각을 하는데, 이상의 도움이 필요하다. 이상은 단기적이고 국소적인 문제보다는 장기적이고 전체적인 차원에서 현실에 가장 도움이 되는 길을 제시하기 때문에, 현실적인 합리성과 이상이 보완적일 수 있다. 그리고 현실을 깊이 합리적으로 보게 되면, 전체를 보는 이상이 반드시 따라온다. 그래서 현실과 이상은 이분화되지 않고 하나의 조화로 갈 수 있는 것이다.

이러한 **현실과 이상의 보완에서 나온 것이 바로 개방성**이었다. 개방성은 단기적으로 보면 불안해져서 해로울 수도 있다. 그러나 멀리 전체적으로 보면 현실에 도움이 된다. 로마는 이처럼 균형적인 합리성을 추구하였다. **로마는 한쪽으로 기우는 이분법을 선택하지 않았다.** 자신들만의 성을 쌓고 자신만을 이상화하지 않았다. 신분과 지역이 어떠하더라도 그 속에 장점과 능력이 있으면 이를 수용하고 극대화하였다. 인간의 능력을 끄집어내어 극대화할 수 있는 인간 개발과 확장의 문명을 확립해나갔다. 이로써 로마는 힘을 더 키워나갈 수 있었고 빠르게 영토를 확장하고 유지할 수 있었다.

이 개방성도 사실 알렉산더 대왕에게서 온 것이지만, 로마는 이를 더욱 현실적으로 발전시켰다. 개방은 말만 한다고 되는 것은 아니다. 구체적인 현실로 뒷받침되어야 한다. 그들은 먼저 정치를 개방하였다. 평민도 정치에 참여할 수 있게 하였다. 민회를 통해 평민들이 정치에 참여할 수 있게 하였고, 귀족만의 공화정이 아니라 평민 출신도 최고의 권력인 집정관이 될 수 있었다. 식민지의 사람이라도 능력이 있으면 로마시민이 되고 정치를 할 수도 있었다. 식민지 사람이 황제가 된 경우도 적지 않았다.

사실 이 개방성이 로마의 가장 큰 힘이었다. 그들은 식민지에 도시를 세우고 도시의 인프라를 로마와 차별 없이 건설하였다. 특히 수로를 건설하는 것은 엄청난 공정과 비용이 드는 일이었다. 그래서 수원水源이 아무리 멀어도 이를 건설하여 도시의 문명을 누릴 수 있게 하였다. 문명과 야만을 이분법으로 나누지 않고 로마의 문명을 개방하여 어디서든 누구든 차별 없이 로마를 향유하고 사랑할 수 있게 하였다. 그래서 그들은 식민지에서도 로마의 정체성을 가지고 살았고 로마를 위해서 싸우고 죽을 수도 있는 진정한 로마시민이 되었다. 개방성의 놀라운 힘이다.

로마의 개방성을 유지할 수 있게 하는 현실적인 가장 큰 힘은 도로였다. 그들은 자신을 방어하고 보호하는 성을 쌓지 않고 도로를 통해 서로 자유롭게 왕래할 수 있게 하였다. 바로 이 이동성mobility이 개방성의 가장 큰 힘이었다. 도로를 통한 이동성은 로마의 개방성을 유지하는데, 큰 힘이 되었다. 그리고 지중해를 통한 해상 통로도 개방성을 유지하는데, 중요한 역할을 하였다. 로마가 경제적인 풍요로움을 유지하는데, 농업도 중요하였지만, 교역과 상업을 무시할 수 없

로마의 수로는 그들 철학의 상징이었다. 현실에 대한 합리성에서 나온 과학성과 모든 지역을 로마화하여 평등한 국가로 개방하려는 그들 정신의 결정물이기도 하다. ⓒ Bernard bill5~commonswiki/wikipedia

었다. 농업은 한 곳에 오랫동안 머물러야 한다. 그곳을 떠나면 안 된다. 그러나 교역은 한곳에 있으면 안 된다. 늘 움직이고 생각을 바꾸어야 한다. 어디서 좋은 물건이 싸게 나오는지를 알아야 한다. 당시 최대 교역의 이익은 역시 동방과의 교역이다. 동방과의 교역도 지중해를 통해 가능하였다. 로마를 유지하는데, 군사력도 중요하지만, 군사력을 뒷받침하는 것은 경제력이다. 군사력과 경제력을 유지하는데, 이동성이 아주 중요하였던 것이다. 이를 통해 다양한 정보와 이야기들도 오고 가며, 새로운 변화가 일어날 수 있었다. 그래서 로마는 항상 열려있고 정체될 수 없었다.

로마는 왜 허물어졌는가?

　이처럼 잘 나가던 로마가 허물어지기 시작했다. 그 이유는 무엇일까? 로마를 유지하던 힘은 절묘한 균형이었다. 현실적인 합리성과 개방성이 갖는 균형이었다. 한쪽으로 치우칠 수 있는 것을 막아주는 균형의 힘이었다. 이분법이 아닌 두 법의 조화와 균형을 이룰 수 있게 하는 것이 로마의 가장 큰 힘이었다. 현실적인 합리성은 현실의 법이 되고 개방성은 이상주의의 힘이 되어 이를 잘 조화함으로 로마가 번영할 수 있었다. 로마가 허물어져 갔다는 것은 결국 이 균형이 깨어지기 시작했다는 것이다.

　몸의 병도 균형이 깨어지므로 발생하는 것처럼 로마의 생명력도 이 균형이 한쪽으로 기울기 시작함으로 쇠하여 간 것이다. **그리스는 균형의 힘이 이상으로 치우쳐서 쇠하여졌다면, 로마는 그 반대이다. 너무 현실의 법이 강해지면서 문제가 생기게 되었다.** 로마는 오현제를 끝으로 내리막길을 가기 시작했다. 그때까지는 제정국가이기는 하지만, 황제가 한쪽으로 치우치지 않고 합리성과 개방성을 잘 유지하였다. 혈육으로 후계자를 선택하지 않고 가장 실력 있는 사람을 후계자로 삼았다. 로마는 놀랍게도 정치의 안정에 가장 중요한 후계자를 법으로 정하지 않았다. 후계자를 개방한 것이다. 누구든지 실력이 있으면 후계자가 가능하다는 것이다.

　후계자는 로마의 합리성과 개방성의 대표적인 정신이었다. 후계자의 개방성이 로마의 정신이 살아 있을 때는 가장 합리적인 후계자를 선정할 수 있게 해주었지만, 그렇지 못할 때는 혼돈의 제일 원인이 되었다. 오현제까지는 가장 합리적인 후계자가 결정되었지만, 이후 후계자는 늘 문제가 되었다. 로마의 정신이 쇠하여지면서 후계자는 전체적인 합리성보다는 단기적으로 가장 강력한 힘인 무력으로 결정되었다. 이때부터 로마의 이상은 무너지고 무력이라는 가장 저차원인 힘이 지배하게 되었다. 그래서 3세기 로마는 무력의 힘으로 49년간 황제가 26번 바뀌었다. 정치가 무너지니 경제도 건강할 수 없었다. 경제의 개방성도 무너지기 시작했다. 부의 순환이 이루어지지 않고 빈부 차이가 극심해지고 중산층이 무너졌다. 필요 이상으로 군대를 유지하기 위해 많은 세금을 걷게 되고, 화폐제도의 실패로 인플레이션이 오면서 경제가 무너지게 되었다. 개혁이 필요한 때인데, 귀족들은 자기의 부를 지키기 위해 개혁을 요구하는 사람을 박해하고 죽였다. 그래서 **이상주의는** 급격히 무너지고 **현실의 힘만이** 지배하는 그러한 사회가 되고 말았다.

그들은 합리성과 개방성의 정신으로 문화도 놀랍게 발전시켰다. 문화는 합리적 법에 눌린 사람들의 마음을 풀어줌으로 이 역시 개방성에 중요한 일조를 하였다. 특히 예술은 사물을 합리적으로 재현하면서도 이상적인 아름다움을 아울러 표현함으로 로마의 정신인 합리성과 이상을 향유하게 해주었다. 문화는 이러한 기능만 있는 것은 아니다. 생명체가 에너지 생산과 함께 배설이 중요하듯, 문화는 감정을 사회적으로 배설할 수 있게 해준다.

문명에서도 배설의 기능은 아주 중요하다. 대개 문명에는 세 종류의 배설 기능이 있다. 첫 번째가 종교와 신이고 두 번째가 예술이다. 그리고 세 번째는 세속적인 문화이다. 종교는 일반적으로 긍정적이고 초월적인 도덕성과 생명력의 원천으로 생각한다. 그러나 긍정적인 힘을 얻기 위해서는 반드시 있어야 할 것이 부정적인 것을 배설하고 정화해야 한다. 그래서 고등종교일수록 후자의 기능이 강하다. 종교가 배설과 정화를 감당해주어야 인간과 사회가 회복할 수 있다.

그리스는 자신을 부정하는 문화가 조성되어있기에 신 앞에서 자기를 있는 그대로 배설한다. 일리아드와 오디세이에서도 인간의 부정성을 배설하고 정화함으로 신성의 은총을 입는다. 그런데 로마는 이러한 그리스의 부정성을 거부하고 긍정성에 초점을 맞추었다. 그래서 엄청난 현실적인 발전을 이루었다. 그러나 인간을 긍정한다는 것은 그만큼 인간의 부정성을 억압하는 것이다. 긍정한다고 부정적인 것이 사라지는 것은 아니다. 속에 숨어있게 된다.

그리고 선악의 알고리즘이 강화되면 인간 속에 안 좋은 것들이 더 심하게 억압받는다. 로마에서 법과 합리성이 강화되면서 인간 속에 있는 비합리적인 욕구들은 심하게 억압받는 것이다. 이는 어떤 문명에서든 마찬가지이다. 선하고 바른 알고리즘이 발달하고 강화하면, 그 반대의 것이 없어지는 것이 아니라 음지와 무의식에 숨게 되고 이것을 배설하지 않으면 안 된다.

합리적인 로마의 사람들이 이를 모를 리 없다. 그들은 종교보다는 문화의 힘을 의지했다. 그들은 가는 곳마다 문화의 콘텐츠를 개발하고 이에 엄청난 투자를 하였다. 로마는 도로와 수로만 세운 것이 아니다. 그들이 가는 곳마다 원형극장을 세우고 콜로세움도 세웠다. 거대한 건설공사이고 이 유적은 아직도 많은 곳에 건재하게 남아 있다. 이는 로마의 상징물이기도 하다. 그들이 예술과 문화를 사랑한 동기도 있겠지만, 긍정과 알고리즘에 억압된 부정적인 감정을 해소하는 화장실 같은 기능이었다.

그중에 검투사 경기는 이러한 문화의 극치이다. 그리고 그들은 쾌락과 유흥의 문화도 엄청나게 발전시켰다. 본능을 욕구를 푸는 쾌락적인 유흥이다. 심하면 퇴폐와 타락의 현상이 되기도 한다. 특히 목욕탕과 음식 문화가 그러했다. 이러한 배설 기능이 존재함으로 거대한 로마는 긍정과 현실적 알고리즘이 유지될 수 있었다. 그런데 문제가 생긴 것은 로마의 이상과 개방성이 허물어지면서 저차적인 쾌락 문화가 사회를 부패와 타락의 길로 가게 하였다. 현실적 합리성과 개방성의 이상의 균형이 깨어지고 저차원적 현실의 법과 쾌락이 지배하는 사회가 되는 것이다. 로마는 이렇게 이상의 힘을 잃게 되었고, 이러한 치우침이 로마를 멸망으로 몰아갔다.

로마가 강대한 제국을 이루고 유지할 수 있었던 것은 무력의 힘만은 아닐 것이다. 로마처럼 거대한 제국과 권력을 오랫동안 유지할 수 있는 것은 로마의 정신이 있었기 때문이다. 긍정과 합리성으로 기초로 한 현실주의, 그리고 개방성과 평등에서 오는 이상주의를 잘 조화하는 지혜가 그들의 정신이었다. **로마의 정신은 로마의 지혜로운 아내**와 같았다. 밖으로 부강한 로마를 남편이라고 한다면, 겉으로는 잘 드러나지는 않지만, 로마를 지혜롭게 내조한 아내가 있었는데, 바로 그 아내가 이 정신이었다. 이 아내 때문에 로마가 흥했다면, 이 아내가 병들고 약해지면서 쇠하기 시작했다고 볼 수 있다. 그리고 이 아내가 죽음으로 로마가 멸망하게 된 것이었다.

로마로부터 무엇을 배울 수 있을 것인가?

한 문명과 국가가 발전할 때와 쇠망할 때 이를 외적인 현상으로만 설명하지 않고 그 속에 있는 마음의 과학까지 설명할 수 있다면, 이를 더욱 깊고 분명하게 이해할 수 있을 것이다. 문명국 옆에는 항상 야만국이 있었다. 문명의 이분법이 자신들을 야만으로 규정하게 한다. 그래서 야만국은 문명국 옆에 살면서 열등감과 좌절된 욕구와 멸시받은 것에 대한 분노의 부정적인 감정 즉 반생명이 생기게 된다. 이러한 부정적인 감정이 야만을 벗고 문명으로 발전하게 하는 아주 중요한 동기가 된다. 우리가 가난하고 어려울 때, 옆에 잘 사는 나라와 사람을 보면서 느끼는 감정과 같은 것이다. 그래서 나도 열심히 해서 잘살아 큰소리치고 싶은 것이다. 억울하게 당한 것에 대한 복수심, 열등감, 잘 살고 싶은 욕심 등이 오히려 삶의 원동력이 된다. 이를 기초로 하여 야만에서 문명으로 발돋움할 수 있다.

그러나 이런 부정적인 힘만으로 모든 문명이 발전하는 것은 아니다. 또 다른 힘이 필요하다. 부정적인 감정은 시작할 수 있게 하는 계기와 힘은 되지만, 어려울 때 이를 극복하는 힘으로는 부족하다. 아무리 열등감과 치욕을 벗어나고 싶어도 늘 놀고먹으면 아무 일도 일어나지 않는다. 이를 뒷받침하는 강력한 알고리즘의 법이 필요하다. 남보다 더 성실하게 배우고 일해야 한다. 그리고 피눈물 나는 훈련도 필요하다. 이러한 모든 것이 알고리즘의 선악의 법이다. 그리고 이를 뒷받침하기 위해 무기와 돈도 있어야 하고 사람들이 단결해야 한다. 이러한 모든 것이 강하고 부유하고 아름다운 것을 추구하는 세상의 알고리즘의 법이다. 이것으로 야만이었던 로마제국도 일어났다.

그리스를 동경하면서도 그들에 대한 열등감과 치욕, 좌절, 분노 (로마의 조상을 그리스에 억울하게 멸망한 트로이 왕족이라고 밝힌 베르길리우스의 건국신화에 잘 나타나 있다)가 그들을 움직이게 하는 큰 힘이 되었다. 그리고 알고리즘의 법과 부정적인 감정이 결합하였다. 실질적인 로마의 조상인 로물로스Romulus는 작은 로마를 강력한 군사국가로 키웠다. 로마제국의 가장 강력한 힘의 상징인 제10군단의 훈련이 얼마나 혹독하고 강력했는지 이미 잘 알려져 있다. 이와 함께 그들의 막강한 전투력의 배경에는 군대의 조직과 전술이라는 알고리즘이 뒷받침되어야 했다.

그러나 이것만으로 로마제국의 그 거대한 영토와 힘이 유지될 수 있는 것은 아니었다. 그리스의 스파르타도 로마 이상으로 강력한 군사와 훈련의 힘으로 거대한 페르시아의 군사를 격파하였지만, 결국 용맹함으로만 그리스를 통일할 수는 없었다. 거대한 제국으로 뻗어 나가는 데는 또 다른 힘이 필요했다. 알렉산더 대왕이 거대한 동방으로 뻗어 나가는데, 열등감이나 어머니의 집착으로부터 벗어나려는 부정적인 감정만 있었던 것은 아니었다. 그리고 그의 용맹함과 전술의 힘만으로 가능한 것도 아니었다. 그 이상의 헬레니즘의 거대한 고차정보의 힘이 필요했다. 이를 쉽게 표현하면 생명력이라고 말할 수 있을 것이다. 물론 그 이상의 거대한 초월적인 고차적인 힘이 필요하다. 이처럼 작은 나라가 대제국으로 확장되어가는 데는, 인간의 아픔이나 알고리즘만으로는 불가능하다. 그 이상의 생명력과 같은 고차적인 힘이 필요한 것이다.

그리스에서는 호메로스와 플라톤이 제시한 대로 인간의 해체를 통해서 초월의 힘을 얻었다. 그러나 로마는 부정보다 긍정의 힘으로 자신들의 능력을 극대화하였다. 인간의 힘은 대부분 저차적 알고리즘의 힘이다. 로마가 이 힘으로 급속한 발전을 이루었지만, 대제국은 알고리즘의 힘만으로 통치될 수는 없었다. 로마도 고차적인 생명을 여는 힘이 있었기 때문에 제국을 정복하고 통치할 수 있었다. 그렇다면 로마만의 힘은 무엇이었을까?

카이사르 시저는 로마를 상징하는 인물이다. 공화정이 원래의 공공선 정신을 잃게 되자 새로운 황제 제정을 시도하였다. 그 이후 로마는 제정의 효율과 합리성으로 전성기를 맞이하는 듯했지만, 결국 개방성과의 조화가 깨어짐으로 쇠망의 길을 가고 말았다.
ⓒ Andrew Bossi/wikipedia

그 힘은 앞서 말한 대로 개방성이었다. 개방은 알고리즘의 저차정보를 견고하게 하기보다는 불안하게 한다. 알고리즘은 자신의 정보를 보존하려는 강력한 힘이 있어서 개방하지 못한다. 개방이란 알고리즘에 맞지 않아도 수용하고 기다리고 존중하는 것이다. 일시적인 혼돈과 갈등이 있더라도 더 큰 안정을 바라보며 그렇게 하는 것이다. 로마가 정복지를 그들의 문명과 야만 그리고 정복자와 노예라는 이분법의 알고리즘으로 대하였다면, 거대한 제국을 유지할 수 없었을 것이다. 야만인 그들에게도 로마가 될 수 있는 길을 열어두었다. 이분법으로 가르지 않고 기회를 준 것이다. 그리고 로마의 권리와 특혜를 나눌 수 있는 길을 열어둔 것이다.

그리고 현실적 합리성도 단기적인 합리성이 아니라 멀고 큰 영역의 합리성을 추구하다 보면 작은 알고리즘을 버리고 더 큰 알고리즘을 추구할 수 있었다. 그래서 로마는 개방성과 함께 유연하고 전제적인 통 큰 합리성을 추구하였다. 이것이 로마가 정체되지 않고 늘 새로워지는 힘이었다. 그들은 과거의 것에 머물지 않고 새로운 것에 향해 자신을 열어두었다. 잘못된 것이라면 과감히 고칠 수 있었다. 이것이 저차정보의 해체력이다. 자기보존성이 강한 알고리즘을 과감히 해체하고 새로운 고차정보와 창의적이고 더 효율적인 것을 과감히 받아들이고 변화시켜 나갈 수 있었다. 이것이 현실적 합리성이었고 또 개방성이었다. 저차와 고차가 서로 열려 하나로 흘러갈 수 있는 균형과 조화의 힘인 것이다.

로마를 이끄는 가장 강력한 힘은 정치, 군사와 경제이다. 군사는 가장 강력한 알고리즘의 힘이다. 무력은 아주 단순하다. 힘이 강한 자가 지배하고 약한 자가 지배당하는 알고리즘의 강력한 힘으로 현실을 통제한다. 가장 저차적이지만 가장 강력한 자기보존의 힘이다. 그러나 무력도 상대적이다. 정치와 경제가 뒷받침되어야 한다. 정치와 경제가 고차정보에 열린 개방성을 유지해야 한다. 알고리즘도 더 크고 장기적인 합리성으로 유연하게 열려야 한다.

그러나 정치와 경제가 닫히게 되면 그 사회는 급속하게 저차적으로 달려갈 수밖에 없다. 로마가 그러했다. 공화정은 로마의 가장 열린 체계였다. 공화정이 문을 닫고 제정으로 변하면서 겉으로는 일사불란하게 잘 움직여가는 것처럼 보였지만, 결국 저차적인 정치로 가고 말았다. 거기에다 경제마저도 제대로 순환하지 못함으로 저차정보의 자기 보존적 폐쇄성에 갇힐 수밖에 없었다.

이처럼 **자기 보존력이 강하면 일시적으로는 안정이 오지만, 서로의 자기 보존력끼리 충돌하면서 스스로 붕괴된다.** 그러나 부자가 망해도 3대는 간다는 말처럼 겉으로의 로마는 그런대로 유지되고 있었다. 로마는 아직도 너무도 막강한 문명국이고 그 주위는 약한 야만국들이기 때문에 감히 로마를 넘볼 수 없었다. 그들 스스로 로마의 국경을 넘을 생각을 할 수 없었다. 그러다가 그들이 훈족의 침략 때문에 어쩔 수 없이 로마의 국경을 넘게 되었다. 이를 게르만 대이동이라 한다. 그들이 로마로 넘어온 것은 생존을 위해서이지, 로마를 멸망시키기 위한 것은 아니었다.

그래서 게르만의 이동은 어떻게 보면 로마에는 회생의 기회가 될 수도 있었다. 로마 자체의 해체력이 부족했는데, 게르만이 해체의 기회가 될 수 있었다. 그들이 과거처럼 그들을 로마인으로 수용했으면, 그들이 로마의 새로운 힘이 될 수 있었을지 모른다. 죽어가는 로마에 새로운 고차적 활력이 될 수 있었을 것이다. 그러나 로마는 예전의 로마가 아니었다. 로마는 그들을 포용하지 못했다. 오히려 저차적인 보존력으로 그들을 배척하고 학대했다. 그러다 보니 그들도 살기 위해 저항하게 되고 로마의 용병으로 온 자들까지 가세하면서 대로마제국이 종말을 맞게 된 것이다. 이것이 서로마제국의 멸망이었다. 그들이 멸시하던 야만족에 의해 로마 문명국이 종말을 맞게 된 것이었다.

로마의 흥망성쇠는 역사학적으로 아주 중요한 학문적인 주제이다. 이에 대한 많은 저술과 연구가 있다. 앞서 말한 대부분의 이야기는 로마가 흥하고 망하게 된 여러 연구의 공통된 결론이다. 이를 마음의 과학을 도입하여 좀 더 객관적으로 설명해보았다. 로마를 문명사적으로 볼 때, 가장 큰 의미는 인간의 긍정성과 합리성을 현실 속에서 개발한 점이다. **로마는 인간의 가장 큰 능력인 지성과 이성을 개발하게 하는 기초를 쌓았다.** 로마의 이러한 능력의 개발 덕분에 적어도 보이는 문명의 발달에서는 서양이 동양을 앞서갈 수 있게 되었다. 이것이 로마가 후세 유럽에 남겨준 가장 큰 긍정적인 유산일 것이다.

그러나 로마가 후세의 유럽에 끼친 또 다른 교훈이라면, 어떻게 하면 문명이 흥하고 쇠하고 망하는지를 분명하게 보여준 것이다. 보존성과 해체력이 균형을 이루든지 약간 해체력이 우세한 것이 당장은 불안정해 보일지라도 미래의 발전적인 동력이 될 수 있다. 해체와 혼돈이 없는 안정은 그들의 블랙홀이 된다. 그들은 현실의 안정에 너무 매몰되어 이상의 불안정을 수용할 수 없어 결국 블랙홀로 빠져들었다.

로마가 개방성과 해체성을 상실하게 된 또 다른 이유가 있다. 그들의 개방성과 고차성은 그리스처럼 신성이나 초월성에 기초를 둔 고차성이 아니었다. 인간에 대한 긍정성과 현실의 합리성에서 나온 고차성이기 때문에 한계가 있었다는 것이다. 그래서 개방성과 해체성이 무너지니 쉽게 저차적인 사회로 허물어지게 된 것이다. 그리스는 초월적 고차성으로 인한 이분법 때문에 멸망하였다. 그래서 로마는 그리스의 초월성을 거부하고 그들의 이분법을 현실적 합리성으로 극복함으로 오랜 기간 현실과 이상의 균형을 맞출 수는 있었다.

그러나 초월적 기초가 없었기에 그들의 합리성만으로는 늘 불안하였던 것은 사실이었다. 그래서 로마는 국가의 더 깊은 초월적 기초를 다지기 위해 나중에 기독교를 받아들였다. 그러나 로마는 기독교의 초월성을 받아들일 내적 역량이 준비되지 않아, 로마가 기독교화되지 못하고 오히려 기독교를 로마화시켰다. 그래서 그리스가 겪은 이분법의 문제를 중세기에 다시 겪을 수밖에 없었다. 이에 대해서는 중세 편에서 다시 자세히 다룰 것이다. 그리고 그들은 나중에 르네상스에서 그리스의 초월성을 다시 추구하였지만, 그들의 한계로 인해 깊은 초월성의 기초를 다지지는 못하였다. 이것이 로마의 장점이고 한계라고 볼 수 있다.

로마는 앞으로 진행될 모든 유럽 문명에 대해 이러한 메시지를 분명히 던지고 있다. 헤브라이즘과 헬레니즘이 유럽 문명의 근원적인 기초를 마련해주었다면, 로마는 그들이 현실에서 살아갈 때 부딪히는 모든 문제를 미리 볼 수 있게 해주었다. 그리고 그들의 장점과 한계도 보았다. 이로 인한 흥망성쇠의 원리도 볼 수 있었다. 이를 마음의 정보이론으로 과학적으로 설명해보았다. 이제 자식들이 이를 보고 배워나가야 한다. 이러한 로마의 교훈을 제대로 보고 받아들이는 자식이 얼마나 있을까? 아니면 그들도 이를 다시 반복할 것인가? 아니면 고생은 고생대로 한 다음 겨우 다시 깨우칠 것인가? 이제 이러한 관점에서 후손들이 살아가는 이야기를 해보자.

2부

소아와 사춘기
아픔의 시절을 이겨낸 성장기
(5~15세기)

1
잘못된 결혼, 로마와 기독교

기독교와 로마의 만남

 만남에서 서로를 선택할 때는 분명 좋은 것을 기대하기 때문이다. 그리고 만남은 서로에게 도움이 되는 상생을 목표로 한다. 그래서 로마와 기독교의 만남을 부정적으로 보기 이전에 그들이 서로를 선택하게 된 이유를 먼저 살펴보려고 한다. 겉으로 보면 로마가 기독교를 국교로 받아들인 것이기에 로마의 일방적인 프러포즈로 볼 수 있을지 모른다. 그러나 사실 기독교가 오래전부터 로마를 원했다. 처음에는 짝사랑이었는지도 모른다. 기독교인들은 땅끝까지 복음을 전파하라는 예수의 지상명령을 받들어 로마에서 순교하면서까지 그 땅이 복음화되길 원했다. 로마가 세계의 중심이므로 로마만 복음화하면 복음이 세계로 뻗어 나갈 수 있기 때문에 로마를 가장 중요한 선교 거점으로 생각했다. 사도바울도 로마로 가서 복음을 전하였고 '로마서'란 편지를 통해 로마가 복음화되길 간절히 원했다.

이제 모두가 기도하고 바라던 로마의 복음화가 이루어졌는데, 그 누가 반대하고 주저할 수 있었겠는가? 모두가 기뻐하며 환영할 일이었다. 무엇보다도 기독교 박해가 사라져, 더 이상 희생을 감수하지 않아도 되고 숨어서 예배를 드리지 않아도 되었다. 그동안 기도한 것이 이루어진 것이기에 감사하고 기뻐해야 할 일이었다. 예상한 대로 기독교가 로마의 국교가 된 덕분에 로마 전체와 유럽에 기독교를 쉽게 전파할 수 있었고, 그 이후 유럽 문명과 함께 전 세계로 전파될 수 있었다. 그래서 많은 영혼을 구원할 수 있었다. 부작용이 설사 있었다 하더라도 기독교의 가장 중요한 선교와 영혼 구원이 가능할 수 있었다면, 로마와 기독교의 만남을 기독교 입장에서는 그 누구도 부정적으로 평가할 수 없을 것이다. 그리고 유럽도 기독교를 통해서 신속하게 문명화되고 안정과 질서를 찾을 수 있었다. 기독교로 인한 높은 수준의 학문과 문화 예술을 이룰 수 있었기에 전체적으로 볼 때 긍정적으로 평가할 수 있을 것이다.

그러나 여기서 문제로 삼는 것은 기독교와 로마의 만남 자체에 대한 것이 아니다. 그 만남의 내용에 대한 것이다. 기독교가 로마의 국교가 되고 정치 권력으로 들어가는 것과 하나의 종교로 인정받는 것과는 별개로 생각해야 한다는 것이다. **로마와 기독교의 단순한 만남이 아니고 결혼과 같이 밀착된 만남이** 문제라는 것이다. 결혼이란 대상의 가장 깊은 곳으로 들어가 사는 것을 의미하며 이로써 서로가 한 몸과 마음이 되는 것이다. 그래서 로마와 기독교가 한 몸이 되었다는 것이 문제라는 것이다. 기독교가 로마가 아니라 권력의 심장부인 안방으로 들어가 아주 거기에 뿌리를 내리고 살게 된 것이 문제라는 것이다. 그래서 결혼으로 표현하였고 결혼이라는 자체가 잘못된 것이라고 이야기하는 것이다.

로마와 기독교가 하나 될 수 없는 이유

기독교는 로마가 이해할 수 없는 것들 천지였다. 유대에서 시작되었지만, 유대인과는 별로 관계가 없다. 오히려 유대인으로부터 배척받아 민족과 관계없이 퍼져 나갔다. 엄청난 박해 가운데서도 살아남았다. 이를 견딜 수 있는 세상의 힘이라고는 거의 없었다. 누구도 도와주지 않았다. 그들은 어떠한 형태의 조직도 없었다. 개인적 관계로 공동체를 형성해갔다. 죽음도 두려워하지 않고 그들은 믿음을 지켰고 무서운 속도로 성장해갔다. 그래서 그들은 점차 로마의 깊숙한 곳까지 침투해갔다. 로마의 귀족, 심지어 왕족들까지도 믿기 시작했다. 어떠한 힘으로도 그들을 막을 수 없었다.

로마는 현실의 합리성과 개방성으로 위대한 제국을 이루었지만, 고차적인 개방성과 평등성을 잃게 되어 저차적인 로마로 멸망해가고 있었다. 게르만의 이주가 자신의 보존성을 허물고 개방성을 회복할 수 있는 좋은 기회였는데, 그들은 이를 놓치고 말았다. 그런데 로마에 또 다른 기회가 찾아 왔다. 그것은 기독교였다. 그들은 기독교를 수용할지 거부할지의 갈림길에 서 있었다. 게르만처럼 거부할 수도

기독교를 공인한 콘스탄티누스 황제가 신의 계시로 정적을 물리친 것을 기념하고 고대 로마의 종말을 고하고 새로운 기독교 로마를 상징하기 위해 세운 개선문이다. 로마와 기독교의 만남은 축하할 일이지만, 이로 인해 기독교가 로마의 심장부로 들어가 정치화되는 것은 기독교의 생명과 정신을 상실하는 슬픈 일이다. ⓒ 21세기북스

있었다. 그러나 그들은 기독교를 수용하였다. 사실 게르만보다 기독교가 더 로마에는 이질적이고 해체적인 요소가 강했다. 그런데 어떻게 로마는 그들을 수용할 수 있었을까?

로마는 기독교의 내용보다 기독교가 걸어온 길을 보며 그 힘을 의지하고 전달받고 싶어 했다. 그들은 이상주의자들이 아니다. 현실적으로 볼 때 기독교인들은 아무것도 없던 예수를 믿으며 어떤 장애와 핍박에도 사라지지 않고 하나로 뭉치는 그 힘을 원했던 것이다. 그래서 그 배후의 신도 받아들일 수 있었다. 그래서 그들은 기독교의 진리와 이상이 아니라 현실적이고 실용적인 힘을 원했던 것이다. 그들은 해체적이고 비알고리즘적인 기독교의 본질보다 알고리즘적 로마의 사고로 기독교를 받아들인 것이다. 이것이 로마 기독

교의 본질이다.

물론 처음 기독교를 받아들인 콘스탄티누스 황제는 기독교에 대한 깊은 체험적 신앙이 있었다. 그리고 그 체험으로 전쟁에서도 승리하여 이를 기념하는 개선문을 로마에 세우기도 했다. 그리고 로마가 이렇게 약해진 것은 그동안 너무 현실적인 힘만 의지하였기 때문이라고 생각하여 기독교의 초월성을 로마의 기초로 삼고 싶어 했다. 그러나 로마의 뿌리는 현실성이었기 때문에 갑자기 기독교의 초월성이 로마에 이식될 수 없었다. 로마는 그러한 내적 역량도 없었다. 그리고 로마가 아무리 기독교를 받아들인다고 해도, 본질적으로 정치와 기독교는 동행할 수 없었다. 그래서 로마는 기독교를 기울어져 가는 로마의 권력을 유지하기 위한 현실적인 도구와 힘으로 이용할 수밖에 없었다. 그리고 이를 위해 성경의 내용을 왜곡하고 변용하였다. 그래서 그들의 만남은 사랑이 없는 조건과 정략적 결혼이었다. 이것이 기독교가 로마를 만나서 안 되는 이유였다.

이러한 결혼은 겉으로 보면 그럴듯해 보일지 몰라도, 속으로는 엄청난 아픔의 시작이었다. 종교지도자들은 로마를 기독교화할 수 있다고 안일하게 생각했다. 그러나 그 반대가 되었다. **로마가 기독교를 로마화**한 것이다. 기독교의 생명을 잃으니 거대한 로마를 이기고 로마를 진정 기독교화할 수 없었다. 겉으로만 로마가 기독교화된 것처럼 보일지 모르나, 속으로는 모든 것이 로마였다. 그것도 허물어진 저차적인 로마였다. 겉으로는 서로를 존중한 것처럼 보일지 모르지만, 내용상으로는 로마의 일방적인 만남이었다. 이것이 문제였다. 그래서 잘못된 만남이고 결혼이었다.

예수가 활동할 당시 제자를 비롯한 많은 사람이 그를 메시아로 받아들여 로마로부터 정치와 군사적으로 해방되길 원했다. 그러나 그는 하나님의 나라와 세상의 나라를 구분하였고 자신은 하나님의 나라를 위해서 왔다고 했다. 그래서 가이사의 것은 가이사에게 하나님의 것은 하나님의 것으로 구분하였다. 그렇다고 기독교는 세상과 정치를 등지고 살아야 한다는 뜻은 아니다. 진리와 세속을 이분화하는 것도 결코 아니다.

기독교 진리는 아주 고차적이다. 어떠한 논리나 교리에만 의존하는 저차적 종교가 아니다. 이들을 해체하고 고차적인 진리, 즉 용서, 믿음과 사랑 같은 고차적인 정보가 핵심을 이룬다. 그래야 고차적인 생명을 치유하고 구원할 수 있기 때문이다. 고차적인 생명을 결코 저차적인 알고리즘으로 구원할 수 없다. 기독교가 저차적인 권력으로 들어가면 고차적인 생명이 억압되고 고통받기 때문에, 그 생명과 진리를 지키기 위해서는 세속적인 것과 분리되어야 한다는 뜻이다.

세속과 분리되어야 한다는 것은 속세를 떠나야 한다는 뜻은 아니다. 단지 순수한 진리와 생명이 품어지고 자라야 하는 환경을 말하는 것이다. 자식이 어려서 따뜻한 가정을 떠나 세상의 험한 곳에서 자라면 병드는 것과 마찬가지이다. 그러나 진리와 생명이 충분히 성장한 다음에는 어디든지 갈 수 있다. 정치도 할 수 있고 세상 한복판으로도 갈 수 있다. 그리고 그들을 변화시킬 수 있다. 그러나 진리의 중심이 있어야 하는 곳은 세상이나 권력이 있는 곳이어서는 안 된다는 것이다.

그래서 예수도 늘 변방에서 소외된 자들을 통해 진리를 전파하였다. 종교 생활과 규범적인 전통을 거부하고 자유로운 상황에서 소외되고 아픈 자들을 찾아 위로하며 그들과 함께 지냈다. 그래서 **기독교는 태생적으로 변방과 경계에 있는 소외되고 가난한 자들을 중심으로 성장해왔다.** 핍박이 있어도 서로 위로하고 사랑하며 그 아픔을 견디며 성장해왔다. 이것이 기독교의 핵심적인 진리이다. 그래서 **기독교는 세상과 권력의 중심으로 들어가게 되면 그 핵심적인 진리를 상실할 수밖에 없다.** 로마의 가치관은 철저하게 세속적이고 현실적이다. 앞서 분석한 대로 알고리즘적 저차정보로 뭉친 나라이다. 기독교와는 상극이다. 예수는 바로 이러한 로마로 인해 죽었다. 서로에게는 본질적으로 하나가 되기 어려운 이질성이 있는 것이다. 그래서 만나서는 안 되는 만남이라는 것이다.

종교지도자에게는 기독교의 생명과 핵심적 진리에 대한 고뇌보다는 눈앞에 보이는 기독교의 부흥이 더 우선적인 논리였다. 요즘으로 말하면 진리보다 교회와 교세의 확장을 더 우선으로 하는 논리와 같을 것일 것이다. 구박받고 가난하던 교회가 로마에 입성하며 대접을 받으니 이를 누가 거부하겠는가? 거기에다 종교지도자들에게 주어진 혼수품도 대단했다. 그들이 로마로 들어가 부와 권력을 쥘 수 있게 되었으니 이 결혼을 누가 마다하겠는가? 문제는 이를 알면서도 진리를 지키지 못한 교회 지도자들이 더 큰 문제이다. 그들의 무지와 탐욕 때문일 것이다. 겉의 안정과 부흥보다 속의 진리와 생명이 더 소중한 것인데, 지도자들은 이를 생각하지 못한 것이다.

그러나 이를 안 **일부 선각자나 사제들은 교회를 떠나 사막**으로 갔다. 그래서 사막에서 수도원을 세우고 그곳에서 진리와 생명의 빛을 지켜나갔다. 이것이 수도원의 시작이다. 그러나 대부분 지도자는 외적으로 교회가 성장하고 자신의 권위가 커지는 것에 만족하였다. 그래서 로마와 교회가 서로 협력하며 외적인 상생효과를 누리고 있었다. 그렇지만 서로마는 끝내 버티지 못하고 멸망하고 말았다. 그러나 로마가 사라진 것이 아니었고, 그 자리를 교회와 교황이 대신하였다. 그래서 교회가 로마를 대신하여 유럽을 계속 지배하였다. 그러나 동로마는 기독교 덕분에 그 이후 거의 천년을 더 버텨냈다.

그래도 기독교가 로마를 만나서 기독교를 쉽게 전파할 수 있지 않았냐고 반문할 수 있을 것이다. 그러나 기독교는 로마가 그렇게 박해해도 죽지 않고 로마의 중심부로까지 들어갈 정도로 강력한 생명력을 가지고 있었다. 어떤 권력과 정치, 제도의 힘이 아닌 오직 복음과 진리의 힘만으로 엄청난 전파력을 가지고 부흥하고 있었다. 로마의 도움 없이도 얼마든지 스스로 진리의 힘으로 전파될 수 있었다. 단지 박해만 풀고 종교의 자유만 얻으면 되었지, 권력의 중심부로 들어갈 이유가 없었다. 정치와 종교는 분리되어야 했다. 역사적으로 모든 종교가 정치권력으로 들어가면 타락하였다. 이는 만고불변의 진리이다. 로마의 권력으로 들어간 기독교는 겉으로는 화려하였을지 모르지만, 중심의 생명력을 잃고 말았다. 팥죽 한 그릇에 장자의 명분을 판 에서와 같았다.

기독교는 본질적으로 집단이나 대중으로 전파될 수 없는 진리이다. 그래서 예수는 대중 집회를 절제하였고 개인적으로 제자를 키우는 데 집중하였다. 기독교 진리는 일대일의 인간관계를 통해서 인격적으로 전파되어야 한다. 기독교의 본질은 용서와 사랑이기 때문에,

이는 집단으로 전파될 수 없고 반드시 인격적인 만남을 통해서만 전달되고 깨달을 수 있다. 권력이 주도하는 집단 속에서는 기독교의 본질이 결코 살아남을 수 없다. 로마로 인해 종교적인 기독교인이 많이 늘어날 수는 있을지 모르지만, 그 속에 참 진리와 생명을 가진 성도가 얼마나 되느냐는 것은 또 다른 문제이다. 형식적인 종교인과 진리와 생명을 아는 성도와는 구별되기 때문이다.

결과적으로 볼 때도 잘못된 만남이라는 것을 너무도 분명히 볼 수 있다. 기독교가 지배한 유럽을 중세라고 하고 이 시기를 암흑기로 표현한다. 암흑이란 상대적인 개념이다. 중세를 전후로 한 문명에 비하면 생명력이 없이 정체되어 있었다는 이야기이다. 그리고 또 하나의 문제는 이 시기가 너무나 길었다는 것이다. 천 년 동안이나 죽어있었다. 그리고 정체된 것만 아니라 기독교로 인하여 많은 사람이 고통받으며 병들어갔다. 유럽에 일어난 수많은 전쟁과 학살의 원인이 되었다. 이러한 현상의 결과로 볼 때 그 만남을 잘못되었다고 볼 수밖에 없는 것이다. 앞으로 이를 더 구체적으로 살펴볼 것이다.

잘못된 결혼의 피해

잘못된 결혼의 피해는 자식들에게 고스란히 돌아간다. 부모는 그럭저럭 적응하며 살아간다고 하지만, 그 속에서 자란 어린 자식들은 이유도 모르게 고통을 받는다. 그 이후 유럽의 자식들은 이런 부모로 인해 수없이 전쟁의 고난을 겪어야 했고 교회의 횡포로 인한 고통은 상상을 초월할 정도였다. 종교 때문에 먼 나라까지 가서 잔인한 전쟁과 약탈을 감행한 십자군 전쟁을 위시하여 그 이후 있었던 독일의 30년 전쟁, 프랑스의 위그노 전쟁 그리고 영국의 내전 등이 바로 종교로 인해 일어난 대표적인 전쟁들이다. 그리고 그 외 종교로 인한 전쟁과 약탈은 끊임없이 계속되었다. 물론 기독교가 모든 전쟁의 원인이라는 뜻은 아니지만, 적어도 종교로 인해 촉발된 것임은 분명하다. 그런데 종교로 인한 전쟁들은 다른 전쟁에 비해 더 잔인하고 참혹했다. 그리고 가장 잔인하고 야만적인 것은 마녀사냥과 종교재판이었다. 인간이 이렇게까지 악하고 잔인할 수 있을까? 질문하지 않을 수 없는 정말 잔혹한 사건이었다. 이러한 전쟁들은 주로 프랑스, 독일과 영국에서 일어났다.

그렇다면 이탈리아와 스페인은 조용했을까? 결코, 그렇지 않다. 이탈리아는 로마의 직계후손이다. 로마의 장남이다. 그들이 기독교로 받은 혜택이 없는 것은 아니지만, 작은 혜택에 비해 받은 피해는 이루 말할 수 없이 크다. 거대하고 찬란한 로마제국의 후손인 이탈리아는 서로마가 멸망한 다음 다시는 그 영광을 찾지 못했다. 다른 유럽의 국가들은 조금씩 부강해져 갔지만, 이탈리아는 늘 침략과 약탈만 당하고 힘이 없어 가난하였다. 몇 도시국가들은 나름 부강하였지만, 서로 싸우기만 하고 협력하여 힘을 하나로 모으지 못했다. 여러 이유가 있겠지만, 가장 큰 이유는 교황청이다. 여러 번 통일의 기회가 있었음에도, 교황이 이를 교묘하게 막았다. 자신들의 권력을 유지하기 위해서는 이탈리아에 절대적인 정치 권력이 생기면 안 되기 때문이다. 그리고 유럽의 강국들이 교황과 문제만 생기면, 이탈리아를 침공하여 이탈리아를 황폐화시켰다. 또 남은 로마의 유물을 탐내어 약탈당한 경우도 많았다.

물론 이탈리아가 교황의 덕을 본 것도 있다. 강대국 사이에서 그만큼 유지하고 사는 것은 교회의 덕으로 생각하는 사람도 있었다. 그러나 그들은 분명히 더 발전할 수 있었으나, 교황의 그늘에 머물며 가장 힘없는 나라로 살아가야 했다. 부모의 과잉보호 덕에 무기력하게 사는 자식과 같다.

이탈리아 다음으로 로마의 정체성을 가지고 산 둘째 아들인 스페인은 어떠했을까? 스페인도 이탈리아처럼 부강한 나라로 살지 못하고 있다. 물론 한때는 식민지 경영과 무적함대를 통해 세계최강으로 살았지만, 그 부유함을 축적하여 더 크게 발전하기보다는 밑 빠진 독에 물 붓듯 곧 빈곤으로 가고 말았다. 이를 모두 기독교의 잘못이라고 지적할 수는 없지만, 분명 종교와 정치를 분리하지 못한 영향을 무시할 수 없다.

또 하나의 비극은 바로 유럽의 유대인에 대한 것이다. 나라를 잃은 것도 서러운데, 그들은 유럽의 전 역사를 통해 박해받아 왔다. 나라도 없는 그들이 얼마나 잘못했다고 그렇게 박해를 받아야 하는가? 그것도 기독교의 유럽에서 말이다. 나라가 없으니 스스로 자신들을 보호하기 위해 서로 단결하며 열심히 산 죄밖에 없는데, 왜 그렇게까지 박해를 받아야 했을까? 그리고 끝내는 가장 문명국이었던 독일에 의해 인류역사상 가장 잔혹한 대량인종살상의 고통을 겪어야 했다. 이유가 무엇이든 인류는 이에 대해 두고두고 부끄러워하고 사죄해야 한다. 유대인은 정말 유럽 문명사의 가장 큰 미스터리

중의 하나다.

　유대인이 박해받는 가장 큰 이유 중의 하나가 그들이 예수를 처형했다는 것이다. 그러나 실제로 처형한 실세는 로마이다. 로마가 유대인을 동원하여 불안한 잠재적인 요인을 제거한 것이다. 그런데 교묘하게도 그 책임을 유대인이 지도록 유도했다. 그래서 예수를 죽인 책임이라면 유대인만 있는 것이 아니라 로마도 같이 져야 한다. 그 원인적 실세는 로마이다. 물론 로마는 기독교를 받아들여 이 죄를 면죄 받았다고 생각할지 모르겠지만, 이런 면에서는 유대인도 할 말이 많다. 그들의 조상이 한 일을 후손이 책임질 이유가 없다. 그리고 그들은 나라를 잃는 등 이미 충분한 죄의 값을 치렀다. 그런데도 그렇게 끈질기게 박해를 받아야 할 이유가 도대체 무엇이란 말인가? 로마도 용서받았는데 유대인은 왜 용서받지 못했는가?

　로마는 사실 유대인보다 더 큰 죄를 지었다. 예수를 죽인 죄만이 아니라 예수를 믿는 사람을 잔인하게 죽이고 핍박했다. 그러나 그들은 자신의 죄를 인정하고 진정으로 사과하지 않았다. 아무리 결혼예단을 많이 준다고 해도 부모를 죽인 원수의 자식과 무조건 결혼할 수는 없다. 정식 사과를 하고 용서받아야 한다. 기독교의 가장 큰 핵심 진리는 용서이다. 용서하고 받음으로 결혼이 성립할 수 있다.

　그리고 교회가 로마를 용서하였다면, 로마와 교회도 유대인을 공개적으로 용서해야 한다. 유대인들이 과거의 일로 박해받는다는 것은 교회가 공개적으로 용서하지 않았기 때문이다. 성경에 용서받은 자는 용서한다고 했다. 스스로 진정한 용서가 없었기 때문에 그들은 그 죄를 유대인에게 투사하였고 그 결과 유대인들은 2천 년 동안 억울하게도 그 죗값을 대신 치루어야 했다. 어떻게 보면 유대인이 예수가 된 것이다. 유럽의 용서받지 못한 죄를 대신하여 죽은 어린양이 된 것이다. 기독교가 예수의 삶을 산 것이 아니라, 예수를 죽인 유대인이 어린양 예수의 삶을 산 아이러니이기도 하다.

우리는 비참한 유대인과 기독교의 역사를 보며 기독교의 신을 떠올리지 않을 수 없다. 기독교와 로마의 만남이 잘못된 것이라면 왜 신은 이를 말리지 않았을까? 그리고 그 이후에 기독교로 인해 잔혹한 전쟁과 살상이 일어나는 것을 왜 신은 방치하였는가? 하는 등의 질문이 생긴다. 참 신이라면, 정의롭고 선한 신이라면 어떻게 자신의 선민이었던 그들이 그토록 고통당하며 죽어가는 것을 방치할 수 있을까? 이러한 신이라면, 믿지 않겠다고 기독교를 떠난 사람도 적지 않다. 심하게는 '신은 죽었다'라고 말하기도 한다.

이런 깊은 신학적 문제를 이 글에서 다루는 것은 적당하지 않지만, 전체적인 흐름에서 그냥 넘어갈 수만은 없기에, 이 글의 전체적인 흐름 안에서 한번 생각해보려고 한다. 앞서 말한 대로 헤브라이즘의 신은 침묵의 신이다. 가능한 인간의 일에 개입하지 않는다. 그렇다고 이것이 인간에 대해 무관심하거나 방치한다는 뜻은 아니다. 기독교의 신은 자신의 아들을 인간의 대속물로 줄 정도로 인간에게 적극적으로 개입하였다. 이런 사랑의 신이 어떻게 인간의 고통을 외면할 수 있겠는가? 그리고 거룩한 신이 인간의 불의를 침묵만 할 수 있겠는가?

침묵과 사랑은 모순적이다. 동시에 일어날 수 없는 일이다. 그런데 신은 침묵하면서 사랑한다고 말한다. 정말 큰 모순이다. 사랑하면 침묵해서는 안 된다. 그렇지만 침묵이 사랑일 수도 있다. 어떤 부모는 사랑한다고 하며 자식의 일에 너무 개입하여 자식을 병들게 한다. 이를 과잉보호라고 한다. 과잉보호는 자식을 버리는 것보다 더 큰 상처를 준다. 그래서 침묵도 필요하고 개입하는 사랑도 필요하다. 그래서 집을 나간 탕자에게 아버지는 침묵하며 돌아올 때까지 기다리기만 했다.

　신은 인격의 존재이다. 인격은 독립성과 자율성이 그 본질이기에 자신의 성품을 닮은 인간에게 이를 가능한 끝까지 지켜주려고 한다. 그래서 우리가 이해하기 어려운 선악과도 자율에 맡기었고 구약성경의 무수한 사건들에서도 인간이 스스로 선택하는 자유를 허락하였다. 기독교는 인간이 스스로 자신을 알고 깨달아 돌아오는 것을 핵심적인 진리로 삼는다. 신은 피조물인 인간을 종으로 대하지 않고 자신과 같은 하나의 인격으로 대한다. 그래서 이러한 모순이 존재하는 것이다. 과잉보호로 병든 자식을 치유해본 부모라면, 이런 심정을 충분히 이해할 수 있을 것이다.

　그렇다면 신은 아무것도 안 하고 그냥 기다리기만 하는 것인가? 우리는 저차정보인 알고리즘으로 고차적인 신을 생각하기 때문에 이러한 모순과 갈등에 빠진다. 고차정보인 신은 알고리즘적 이분법이 아니다. 저차정보에서는 침묵과 사랑이 분리되지만, 고차정보에서는 모순된 것이라도 중첩될 수 있다. 저차에서는 불가능하지만, **고차에서는 사랑과 침묵이 하나가** 될 수 있다. 그래서 양자의 중첩처럼 중첩의 상태에서 내가 무엇을 선택하느냐에 따라, 그 결과가 결정되는 것이다. 사랑을 믿으면 사랑의 문이 열리고 버림받음을 믿게 되면 그렇게 된다. 성경에 인간에게 하늘의 열쇠를 준다고 했는데, 이것이 바로 그 열쇠이다. 믿음의 열쇠에 따라 결과가 달라지는 것이다. 그래서 버림받음을 열게 되면, 침묵은 계속된다. 결국 중첩성에 대한 믿음이다. 자유는 바로 이 중첩성을 선택할 주체성이 인간에게 있는 것을 의미한다.

서로마와 다른 길을 간 동로마 교회

그러나 동로마의 교회는 서로마의 가톨릭교회와 조금 다른 길을 갔다. 서로마의 교회가 정통 기독교 신앙에서 벗어난 것을 보며 그들은 고유의 신앙을 지키려고 노력하였다. 그리고 서로마의 가톨릭교회가 정통 신앙에서 벗어난 것을 지적하고 이를 고치기를 요구했으나 거부당하자, 자신만이라고 정통적 신앙을 찾겠다는 뜻으로 동방 정교회Eastern Orthodoxy란 이름으로 교회를 분리하였다. 동방정교회의 동로마가 서로마보다 천년을 더 오래 버티면서 비잔틴 문명을 꽃피운 것에 비해, 로마의 가톨릭교회가 지배한 유럽은 암흑기였던 것이 이러한 교회의 영향을 무시할 수 없을 것이다.

그렇다면 기독교가 로마화되었다는 것은 구체적으로 무엇을 의미할까? 먼저 로마는 니케아 종교회의에서 당시 예수의 인성을 주장하는 아리우스파Arius(250년 또는 260-336)와 신성을 강조하는 아타나시우스파Athanasius(293경-373)의 논쟁 끝에 3위 일체의 아타나시우스파의 손을 들어주었다. 그리고 예수의 인성을 주장하는 사람들을 이단으로 몰아세웠다. 그 출발이 이분법이었다. 예수의 신성이 중요한 만큼 인성도 중요하다. 삼위일체를 주장한다고 해서 인성을 강조하는 사람들을 이단으로까지 몰아갈 이유는 없다. 서로 공존해야 기독교의 참 신앙을 지킬 수 있다. 신이 예수라는 인간의 몸을 입고 성육신하였고, 인간 속의 신성을 회복하려는 것이 십자가의 참뜻이다. 그래서 신성과 인성이 하나로 결합되기를 원한 것이다. 그래서 예수의 인성은 복음의 핵심이다.

  인성을 강조하면서 예수의 신성을 거부하는 것은 잘못된 것이지만, 예수에게 분명 신성과 인성이 중첩된 것은 사실이다. 이러한 가톨릭 신앙은 선악의 이분법적 사고에서 나온 것이다. 성경은 생명에서 나오는 비알고리즘적 사고로 이해해야 한다. 로마는 자기들의 필요로 강력한 신성을 원했고, 그래서 그리스도의 신성을 강조해야 했기에 인성을 거부한 것이다. 이러한 합리적이고 이분법적 사고로는 성경의 중첩적이고 비알고리즘적인 뜻을 이해할 수 없다. 로마는 예수를 신으로 받아들이고 인간을 중보하는 예수의 역할을 마리아에게 맡겼다. 인간의 중보도 중요하지만, 예수의 중보가 없이는 어떠한 인간의 중보도 의미 없다. 그리고 예수가 아닌 사제에게 중보의 역할과 권위를 부여함으로 교회가 타락할 수 있는 길을 열어둔 것이다. 로마의 질서와 통일에 대한 압박감 때문에 교회의 다양한 전통과 해석을 수용하지 못하고 인위적으로 통일을 강조한 점이 고차원적인 신앙을 저차화시킨 결과가 되었다. 그중에 가장 문제가 되는 것은 다양한 신약 외경 New Testament apocrypha 을 너무 인위적으로 배제한 점이다.

  그리고 기독교를 종교로써 보다는 이를 정치적 힘으로 활용하려고 하였다. 거대한 제국을 황제가 혼자 감당하기에는 역부족이었다. 무력으로 수없이 바뀌는 황제를 보았고 결국 디오클레티아누스Gaius Aurelius Valerius Diocletianus(245-316)에 의해 황제가 안정적으로 자리 잡게 되었지만, 혼자는 힘들어 4인 정의 정황제와 부황제를 두었고 결국 나라를 넷으로 나누어 각각을 다스리게 했다. 그러다가 콘스탄티누스Flavius Claudius Constantinus(미상-411)에 의해 로마가 하나로 통일되었지만, 황제의 역량과 권위도 예전 같지 않았다. 그래서 콘스탄티누스는 기독교의 공인을 통해 정치에 신의 권위와 함께 종교적인 결속과 충성심의 도움을 받으려고 하였다. 그러다 보니 종교법이 중요했고 종교법이 곧 국법이 되고 말았다. 나라를 다스리는 종교가 되려다 보니 명확하고 확실한 알고리즘적 종교가 되어야 했다. 이로써 **비알고리즘적인 복음은 사라지고 알고리즘의 교리와 종교**만 남게 된 것이다. 유대인들이 간 길을 그들도 가고 있었다. 이것이 유럽 기독교의 문제였다.

서로마에서 기독교의 정치화가 더 빨랐다. 그래도 콘스탄티누스 때에는 종교의 힘을 이용했지만, 황제가 교회 위에 있었다. 그러나 교황이 황제보다 백성의 신임을 받게 되면서 교황의 힘이 점점 강화되기 시작하였다. 그러다가 서로마 데오도시우스Theodosius(346-395) 황제 때에는 드디어 교황이 황제를 앞서기 시작했다. 밀라노 교부인 암브로시우스Sanctus Ambrosius(340-397)가 교회의 교리로 황제를 굴복시킴으로 드디어 정치 권력을 손에 쥐게 되었다. 그 후 서로마가 몰락하고 정치 권력에 공백이 오면서 교황의 권력이 약화되기 보다는 더 강력한 독주체제로 들어가게 되었다. 그러나 교황은 무력이 아닌 종교적인 권위로만 다스리는 데 한계가 있었다. 그 후 서유럽에 프랑크 왕국과 신성로마제국이 세워지면서 황제의 충성과 지원까지 받게 되자, 이제는 누구도 넘볼 수 없는 유럽 최고의 권력이 되었다.

이때부터 교회는 고차적인 종교집단이라기보다는 저차적인 정치집단이 되었다. 기독교 교리를 내세우며 인간을 억압하고 통제하는 정치를 한 것이다. 그래서 인간의 고차성은 말살되고 암흑의 중세가 온 것이다. 겉은 기독교이지만 속은 로마 때부터 시작된 저차적인 정치였다. 황제보다 더 큰 신성의 권위로, 이를 사람을 돌보는 데 쓰지 않고 억압하고 통제하는데 사용한 것이다. 이는 기독교의 신과 아무런 관계가 없는 신으로 위장된 정치적인 힘이었다.

그러나 동로마 제국은 서로마와 다소 다른 길을 갔다. 그들의 언어는 라틴어가 아니고 헬라어였다. 그리고 로마보다는 그리스의 영향을 많이 받았다. 그리고 동방과의 교역을 통해 로마보다는 비잔티움이라는 새로운 문화를 발전시켰다. 로마의 합리성보다 비알고리즘적인 문화에 더 익숙하다. 서로마도 다양한 민족이지만, 출신이 어디든 모두가 오랫동안 라틴화된 민족이었다. 그러나 동로마는 서로 동화되지 않은 다민족을 이루고 있었다. 특히 슬라브계의 민족이 많았다. 이러한 상황들 때문에 서로마처럼 획일적으로 통제되고 하나가 될 수 없었다. 서로의 다른 점들을 인정하고 평등하고 수평적으로 관계하지 않을 수 없었다. 그래서 정치와 기독교도 그러했다. 교구가 있고 조직이 있지만, 서로마처럼 수직적이지는 않았다. 그래서 일관된 알고리즘으로 통제되는 문화라기보다는 고차적인 다양성에 열리는 구조와 문화였다.

그래서 기독교도 획일적인 알고리즘으로 통제되지 않고, 각자와 교구별의 신앙의 전통이 존중되었다. 그리고 동로마는 정치와 종교가 밀접하였지만, 서로마보다 많이 분리되어 발전되었고 교황의 권위가 서유럽보다 그렇게 막강하지 않았다. 그래서 그들은 과거 로마제국의 힘인 합리성과 개방성을 나름 유지할 수 있었고, 그래서 서로마보다 천 년 이상 지속할 수 있었다. 이러한 데는 동로마 교회의 힘이 컸다고 볼 수 있다. 물론 그들도 로마라는 정치의 영향을 완전히 벗어날 수 없었지만, 그래도 서로마보다는 성경의 진리와 순수한 신앙을 지키려고 노력하였다. 이를 통해 저차적 정보와 고차적 정보의 균형이 어느 정도 유지될 수 있었다.

겉으로 보면 강력한 서로마의 후예인 프랑크 왕국이나 신성로마제국보다 약할 수밖에 없었다. 이슬람의 침략도 자주 받게 되고 이를 획일적으로 대처하지 못함으로 국력이 약해질 수밖에 없었다. 그래서 나중에 동로마에서 신성로마제국에 십자군을 요청하기도 하였고 처음에는 큰 도움을 받기도 하였다. 그러나 이미 그들의 기독교적인 신앙과 전통이 많이 달라 갈등을 빚게 되고 결국 11세기에 이르러서는 교회가 동서로 나누어지게 되었다.

기독교를 정화한 사람들

이처럼 로마와 유럽의 기독교는 그 태생에서부터 많은 문제를 가지고 있었다. 과연 그들의 기독교가 참 기독교인가? 유대교가 기독

중세기 기독교의 타락에도 불구하고 기독교가 2천 년 이상을 지속할 수 있었던 것은 수도원이 순수한 영성과 신앙의 전통을 지켜왔기 때문이다. 기독교는 인간의 긍정적인 힘과 합리성을 추구하는 로마를 따라갔지만, 수도사들은 인간의 부정적인 죄와 아픔을 찾아 고행과 기도를 통해 비알고리즘적 신앙의 전통을 계승해 갔다. 아일랜드의 던브로디 수도원 전경. ⓒ John Armagh/wikipedia

교와 다르듯이 로마의 기독교는 초대 기독교와 다를 수밖에 없었다. 그래서 로마에 의해 왜곡된 기독교가 유럽에 엄청난 고통과 재난을 가져왔다. 그런데도 유럽의 기독교가 망하여 사라지지 않고 2천 년 이상을 유럽과 세계의 주요 종교로 자리 잡을 수 있게 된 것은 과연 무슨 힘일까? 로마의 알고리즘은 서로마의 멸망에서 본 것처럼, 기독교도 로마화되면 그렇게 멸망할 수밖에 없다. 유대민족도 그렇게 멸망하고 흩어졌다. 그런데도 기독교가 맥이 끊어지지 않고 유럽의 핵심적인 힘으로 지속할 수 있었던 이유는 무엇이었을까? 교회가 그렇게 저차적인 정치로 타락하였는데도, 이를 정화시킬 수 있고 고차성을 나름대로 유지할 수 있었던 힘은 도대체 어디서 나온 것인가?

바로 수도원의 전통 때문이다. 수도원은 초대 기독교 이집트에서부터 시작되었다. 그 전통 때문에 동방 교회의 수도원이 더욱 발전되었다. 라틴 수도원은 그보다 늦게 발전되었다. 물론 라틴 수도원들은 중도에 많이 세속화되고 사제들이 타락하기도 했지만, 그래도 스스로 정화할 수 있는 힘이 있었다. 그래서 **수도원 덕분에 교회의 타락에도 불구하고 순수한 영성과 신앙의 전통을 유지**할 수 있었다. 이는 전적으로 수도사들의 고행과 기도 덕분일 것이다. 겉의 기독교는 인간의 긍정적인 힘과 합리성을 추구하는 로마를 따라갔지만, 수도사들은 인간의 부정적인 죄와 아픔을 찾아 **고행과 기도의 수행을 통해 기독 신앙의 비알고리즘적 전통을 계승**해갔다. 이러한 로마의 전통 속에서 기독교의 순수한 전통을 찾아 발전시킨 사람이 있었는데, 그가 바로 성 아우구스티누스였다.

아우구스티누스의 자기 찾기

아우구스티누스Sanctus Aurelius Augustinus(354-430)는 로마의 영토인 북아프리카에서 태어나서 카르타고에서 공부하였다. 당시 4세기는 로마의 혼돈기였다. 그리고 기독교가 공인되었지만, 기독교 신앙과 교리가 확고하게 자리 잡지 못한 시기였다. 거대한 로마의 이상과 권위는 허물어지고 기독교가 로마의 새로운 가치관으로 떠오르고 있었다. 이런 시대말적인 분위기 때문인지 너도나도 신앙과 초월세계에 관심 가지게 되었다. 그도 역시 이러한 세계에 관심은 있었지만,

로마의 합리적인 가치관에 익숙한 그에게는 초월세계를 이해하기가 쉽지 않았다. 그래서 이를 가장 합리적으로 설명한다고 알려진 마니교에 입교하여 열심히 공부하였다. 마니교는 이성적인 이분법으로 신성의 세계를 설명하고 있었다. 그러나 만족스러운 답을 얻지 못하고 마니교를 떠났다.

그 후 플라톤적 이상 세계와 합리적인 로마의 정신을 잘 융합한 키케로의 사상에 몰두하던 중 이를 잘 살릴 수 있는 수사학을 공부하게 되었다. 직업과 더 큰 진리를 찾으려 로마로 갔으나 실망하고 당시 종교와 학문이 가장 발달하였던 밀라노로 수사학을 가르치러 가게 되었다. 거기서 신플라톤주의를 공부하게 되고 황제까지 굴복시킨 당대의 가장 저명한 암브로시우스 교부를 만났다. 그의 설교에 감동받아 세례를 받았다. 아우구스티누스는 거기서 회심하고 사제가 되어 아프리카 작은 히포Hippo라는 곳의 감독이 되었다. 그 후 그는 수도사와 같은 생활을 하면서 '하나님의 도성'과 '고백론'이란 위대한 책을 저술하였다. 이 두 책은 기독교 신학에서 아주 중요한 기념비적인 책이기도 하다. 이들은 로마에서 교회의 바른 방향을 알리는 아주 중요한 책이다. 그래서 이를 잠깐 언급하고자 한다.

이미 로마의 기독교는 다른 길을 가고 있었다. 기독교는 바른 종교와 신앙의 길로 가지 않고 정치의 길로 가고 있었다. 그러나 기독교는 이것으로 끝나지 않았다. 끊임없이 인간과 진리를 추구하는 바른 신앙인들과 사제들에 의해 진리가 선포되고 있었다. 그중에 아우구스티누스도 있었다. 그는 진리를 로마의 정신 안에서 추구하던 키케로의 정신과 열정을 물려받았다. 로마가 허물어지고 있었다. 거기서

로마의 원정신이었던 플라톤을 다시 찾았다. 그리스의 정신은 인간을 바로 찾는 것이었다. 그래서 그는 열심히 인간이 누구인지 자기가 누구인지를 찾았다. 그리고 자기를 찾기 위해 자신이 원하는 대로 살아보았다.

마니교도 공부하고 사랑하는 사람을 찾아 동거도 하였다. 자신의 욕망을 누르지 않고 끝까지 가보았다. 인간을 그대로 실험하고 탐구한 것이다. 이것이 로마의 정신이다. 자신 속에 끊임없이 올라오는 죄성과 탐욕을 회피하지 않고 지켜보며 자신을 실험하였다. 그 결과 자신에 대해 실망할 수밖에 없었고 인간의 본질이 죄성과 아픔이라는 것을 알게 되었다. 그리고 회심을 통해 신의 은총으로 새로운 존재가 되는 경험하였다. 그리고 이를 자기 몸과 마음에서 이루기 위해 고행하며 수도 생활을 하였다. 그래서 그의 이러한 실험 결과를 가장 솔직하게 고백한 것이 그의 고백론이다.

그는 소크라테스가 말한 인간의 본질을 보았고, 그림자와 이데아가 무엇인지를, 로마의 정신인 삶의 실험을 통해 보고 경험하였다. 로마정신은 거짓으로 도망가지 않고 진실을 바로 보고 진실을 두려워하지 않는 것이다. 그래서 인간의 끝에서 신을 만나고, 신은 은총과 사랑을 통해서만 만날 수 있다고 고백한 것이다. 물론 이는 한 개인의 실험보고서이고 체험이다. 한 로마인의 이야기이다. 그러나 이것이 왜 그처럼 위대한 것인가? 바로 인간의 헬레니즘과 신성의 헤브라이즘을 로마의 정신을 통해 하나로 만났기 때문이다. 그래서 천년 아니 수천 년간 방황해온 인간의 문제를 풀어낸 위대한 작품이 된 것이다. 로마의 기독교가 정치로 잘못 가고 있었지만, 그 어둠 속에서 진리를 탐구하는 한 로마인에 의해 기독교의 바른 방향이 제시되었다.

 한 개인의 삶과 고백이지만, 같은 자기 찾기를 해나가고 있는 유럽의 모습이기도 했다. 앞으로 살아갈 유럽의 모습을 아우구스티누스가 미리 보여주고 있었다. 그래서 미래의 유럽의 자녀들이 겪을 삶을 미리 보여주고 그 속에서 진리의 길을 예시해주는 선지자적인 예언이기도 했다. 그가 경험한 자기 찾기의 실험을 유럽의 후손들도 할 것이고 그들이 이를 통해 그들은 과연 어떠한 실험 결과와 결론을 내릴지 두고 보아야 할 것이다. 그의 예언이 얼마나 적중할지도 살펴보아야 할 흥미로운 점이기도 하다. 그리고 그는 하나님의 도성이라는 책을 통해 로마라는 나라와 기독교가 추구하는 하나님의 나라가 어떻게 다른지를 분명히 밝힘으로 앞으로 교회가 가야 할 바른 길을 제시하였다.

 정치적인 기독교는 대로大路로 흘러가지만, 참 진리의 길은 또 다른 작고 험난한 길로 흘러가고 있었다. 그러다가 큰 길이 병들고 방황할 때마다 이 작은 길의 진리는 치유와 구원이 되어주었다. 이 진리는 수도원을 통해 유럽을 관통하게 되고 정치적인 기독교로 병들어 갈 때마다, 이를 바로 잡아주는 참 길이 되었다. 이는 작은 하나의 샘물로 골짜기를 흘러가 적지 않은 신앙인, 철학자, 예술가 그리고 정치인에 감동을 주면서 유럽을 지키고 발전시켜온 숨어있는 힘과 지혜이기도 했다. 이제 이 작은 진리가 세상을 지배하는 정치가 기독교에 어떻게 숨어 들어가 정화하고 살리는지를 앞으로의 유럽 역사와 문명을 통해 살펴볼 것이다. 이것이 이 책이 유럽 속에서 찾고자 하는 흐름과 힘이다.

2
중세 기독교의 병리적 회로

로마의 망령이 지배한 기독교

　중세기를 흔히 암흑기라고 말한다. 문명사적으로 보면 아무것도 없다는 이야기이다. 그렇다면 그냥 패스하고 넘어가야 한다. 그리고 르네상스의 문명부터 시작하는 것이 맞다. 왜 르네상스이고 어떻게 시작되었는지를 설명하기 위해 중세기의 부정적인 이야기를 조금 하면 된다. 그러나 이글에서 문명을 분석하고 이해하는 방식은 보이는 현상만이 아니다. 보이는 것은 암흑이지만 그 암흑의 뿌리는 더 중요할 수 있다. 인간의 마음은 있다고 있는 것이 아니고, 없다고 없는 것이 아니기 때문에, 겉으로 드러난 마음의 현상과 심층적인 사건은 전혀 다를 수 있다. 그래서 중세기가 겉으로는 다룰 것이 별로 없을지 모르지만, 마음의 차원과 마음의 과학으로는 중요하게 다루지 않을 수 없다. 마음의 차원에서는 모든 사건이 중요하고 의미가 있다. 그런 뜻에서 중세기의 이야기를 풀어보려고 한다.

거대한 공룡이었던 로마제국이 죽어가면서 마지막으로 수혈을 받고 반짝 살아나게 되었는데, 그 피가 바로 기독교였다. 기독교를 죽은 로마에 이식하였다고 볼 수 있다. 그래서 기독교로 사는 듯했지만, 결국 서로마는 그 수명을 다하고 말았고 동로마는 그런대로 버티고 있었다. 이제 그다음 이야기가 중세기이다. 겉으로는 로마가 사라졌지만, 워낙 막강하게 각인되어 있었기에 마음속에서는 지워질 수 없었다. 강력한 부모는 돌아가셔도 자식의 마음에 늘 살아 있다. 죽었지만 살아 있는 것을 우리는 귀신 혹은 망령ghost이라고 한다. 어떻게 보면 중세기는 죽은 로마가 망령이 되어 지배하던 시기라고 볼 수도 있다. 그 망령은 바로 기독교였다. 망령을 퇴치해야 할 기독교가 오히려 망령이 된 것이 역사의 아이러니이다. 망령이 지배한 시기가 그래서 암흑기이다.

물론 망령은 실제로 존재하는 것이 아니다. 살아 있는 사람이 필요해서 만든 것이다. 필요하기에 존재하는 것이다. 그러나 내가 망령을 만들어 불러내면 망령은 진짜 살아 있는 것처럼 나를 지배하게 된다. 그것이 종교의 병적인 힘이다. 인간이 자기 필요로 자신의 신을 만들어 놓고 그 신이 자기들을 지배하도록 만들어 갈 수 있다. 도킨스는 이를 종교적 망상이라고 했다. 그렇다고 도킨스가 말한 종교와 신이 모두 인간이 만든 망상이라는 뜻은 아니다. 진짜 신은 분명히 있지만, 감추어져 있다. 이와는 상관없이 인간이 만든 망상도 분명히 있다. 이제 이러한 종교의 진짜와 가짜의 이야기를 해보려고 한다.

로마와 기독교가 결혼했다고 했는데, 이제 남편인 로마가 죽게 되니 황후가 남편을 대신해서 유럽을 통치하게 되었다. 그런데 왕후는 실제 군사력이나 신하도 없다. 그런데도 남편보다 더 큰 힘을 가지고 더 오랫동안 유럽을 지배하였다. 그 비결은 무엇일까? 그것은 왕후가 잘나서 그런 것이 아니다. 남편이 워낙 대단했기 때문이었다. 마치 선왕의 유훈 통치처럼 왕후를 통해 그들의 자식인 유럽을 통치하는 것이다. 겉으로는 왕후인 기독교가 통치한다고 하지만, 속으로는 남편의 힘이다. 로마는 죽었지만, 그 망령이 왕후에게 들어가 유럽을 통치한 것이다. 이처럼 로마는 유럽에 절대적이고 위대했다. 그 누구도 로마를 넘어설 수 없을 정도로 로마의 영향은 대단했다.

어떻게 이렇게 로마가 대단할 수 있었을까? 그것은 상대적이다. 로마가 대단한 것도 있지만, 유럽의 상대적인 야만성 때문이기도 하다. 비슷한 수준의 나라라면 이렇게 로마를 숭상할 필요가 없다. 그 주위가 워낙 야만의 뿌리가 깊었고 로마의 문명에 비해 너무도 낮은 수준의 나라와 민족이었기에 로마는 더욱 위대하고 커 보였다. 저자도 60년대 시골에서 처음 서울역에 도착하여 지금 생각하면 너무 초라하지만, 네온사인이 움직이는 광경을 보며 상대적으로 자신의 초라함에 주눅이 든 기억이 있다. 스스로 나는 시골 촌놈인데 서울 사람은 얼마나 대단할까 그런 생각이었다. 자신과 서울이 너무 비교되면서 가진 열등감과 부러움이었다. 그들이 로마에 갖는 마음은 이것과 비교할 수도 없는 극단적인 충격이었을 것이다.

그래서 로마는 그들의 영원한 환상과 망령이 되기에 충분했다. 로마가 위임해준 교황과 기독교가 바로 그 로마였다. 그렇게 기독교는 유럽을 맘껏 지배할 수 있었다. 로마가 멸망하며 다들 기뻐해야 하는데, 로마를 멸망시킨 게르만 민족마저 승전가를 부르기보다는 로마의 상실을 그리워하였다. 로마가 좋아서 그랬다기보다는 로마가 사라진 자리에 서 있는 자신의 모습이 너무 초라하고 없어 보였기 때문이다. 로마는 그들의 아름답고 품위 있는 옷이었다. 옷이 벗겨져 발가벗은 자신들의 모습이 실낙원의 아담과 이브와 같았을 것이다. 그러니 당장 자신들의 수치와 부끄러움을 감추어 줄 옷이 필요했다. 그것은 로마가 남긴 기독교였고 그 속에는 로마만 있는 게 아니고, 천지를 창조한 유일신이 같이 있었기에 더욱 그들은 스스로 교황의 권위에 복속된 것이다.

유럽은 왜 교황을 필요로 하였는가?

중앙의 막강한 힘이 붕괴되니 각 지역의 영주들이 주인이 되었다. 그들은 자신을 지키려고 서로 싸웠다. 그러나 서로 싸우기만 하면 불안하다. 더 큰 외부의 적이 쳐들어오면 다 망할 수밖에 없다. 그래서 어쩔 수 없이 각 지역을 대표하는 왕을 선출하였다. 이것이 중세기의 기본적인 정치구조였다. 이를 봉건제라고 한다. 그러나 때로는 강력한 왕이, 선출이 아닌 무력으로 통일할 때도 있다. 서로마가 무너진 후 서유럽은 각 지역의 공국들이 모여 작은 왕국을 이루고 있었는데, 그중에 라인강 하류에 있던 프랑크 왕국의 한 젊은 왕인 클로비스Clovis(466-511)가 나타나 갈리아를 통일하더니, 서유럽의 여러 왕국을 물리치고 프랑크Frank 왕국을 세웠다. 그러나 프랑크 왕족이 끊어지고 프랑크 왕국의 한 분국인 카롤링거Carolingian 왕조의 왕인 샤를마뉴Charlemagne(742-814)가 프랑크 왕국과 그 주위의 여러 영토를 정복하여 과거 프랑크 왕국보다 더 큰 유럽의 영토를 지배하였다. 그리고 그는 카롤링거 제국을 세웠다. 로마 이후에 서유럽에서 가장 큰 영토를 지배한 왕이 되었다. 그는 카롤 대제로 황제의 칭호를 얻게 되었다.

큰 제국의 정복은 힘으로 할 수 있지만, 이를 유지하기 위해서는 무력만으로는 안 된다. 큰 제국을 다스릴 어떠한 권위와 정당성이 필요하다. 이를 명분이라고 한다. 사람들에게 과거의 로마제국을 재건하는 것처럼 좋은 명분은 없을 것이다. 그들의 속은 게르만의 야만이었지만, 과거 로마인으로 동화되어 살아, 겉으로는 로마의 후손인 것처럼 살아가고 있었다. 그들은 로마의 문화와 전술 등을 그대로 답습하며 그들의 나라를 이끌고 있었다. 그들의 야만성과 열등감은 덮어주기에는 로마처럼 좋은 것이 없었다. 그래서 자신의 나라가 로마제국의 후신이 되고 자신의 왕이 로마의 황제가 된다면 대부분이 환영할 것이고, 이로써 나라가 빠르게 안정되고 발전할 수 있어서 로마와 황제라는 칭호는 그들에게 너무도 좋은 환상이었다. 그러나 스스로 그렇게 한다면 권위가 서지 않는다.

그래서 과거 로마제국의 상징인 로마에 있는 교황을 동원하였다. 로마에는 로마가 없고 지금 기독교의 교황이 있었다. 로마는 멸망했지만, 로마의 중심에 로마의 상징인 기독교 교황이 있었다. 로마의 후광만이 아니라 로마를 이기고 정복한 기독교까지 동원할 수 있

교황이 카롤링거 제국의 샤를마뉴 황제에게 제관을 수여함으로 중세의 기독교는 황제와의 밀월이 시작되었다. 이로 인해 유럽은 로마의 제국의 후손이 되는 영광을 얻게 되었고, 교황은 유럽을 지배하는 실질적인 권위를 얻게 되었다. ⓒ Friedrich_Kaulbach/wikipedia

으면 금상첨화이다. 그래서 그들은 교황을 통해 로마제국과 황제라는 권위를 인정받고 싶었다. 그런데 교황은 지금 곤궁에 처해있었다. 교황도 군사와 정치적인 힘이 필요했다. 자신의 영토도 없고 이탈리아 북부에 있는 롬바르트Lombard 왕국이 교황을 괴롭히고 있었기에 이를 막아줄 힘이 필요했다. 그런데 샤를 대제가 와서 롬바르트를 정복하고 일부 영토를 교황령으로 만들어 주었다. 이로써 교황과 샤를 대제는 상생 조건이 충족되었다. 교황은 그의 요청대로 그를 황제로 봉하고 대관식을 해주었다. 이로써 교황과 유럽의 왕과의 밀월이 시작된 것이다.

  기독교와 정치가 협력함으로 서로의 안정과 발전을 도모할 수 있게 되었다. 교황은 왕의 도움을 받아 포교와 기독교가 삶의 중심이 있도록 각 지방에 교회를 세우고 사제를 보내어 교회가 실질적으로 백성을 지배할 수 있도록 했다. 그리고 왕도 안정을 위해 이를 적극적으로 도와주며 서로의 위치와 세력을 견고하게 만들어 갔다. 그들도 땅과 재물을 가질 수 있게 하여 영주와 교회는 서로 다른 세력을 키워나가고 있었다. 어느 정도 안정이 되면 인간의 세상에 항상 발생하는 것이 세력과 패권의 다툼이다. 교황의 세력과 왕권이 주도권을 놓고 서로 싸우기 시작한 것이다. 긴 세력다툼이 이어졌다. 처음에는 교황이 왕을 굴복시켰다. 교황이 승리하는 듯하였지만, 교황과 왕의 역학관계는 그렇게 단순하지 않았다. 복잡한 변수들이 많았다.

통일 왕국이었던 프랑크 왕국이 샤를 대제가 죽은 이후 약화하다가 결국 동, 중, 서의 3국의 프랑크 왕국으로 나누어지게 되었다. 이 삼국이 현대의 프랑스, 독일, 이탈리아의 기초가 되었다. 이 중에서 서와 중 프랑크가 연합하여 신성로마제국이란 이름으로 로마와 황제를 대신하려고 하였다. 이처럼 로마제국의 망령은 그들을 끊임없이 따라다니고 있었다. 교황은 점차 절대 권력으로 힘을 키워나갔지만, 왕은 교황에 맞설 만큼 절대적인 왕권을 유지하지 못하였다. 왕이 죽으면 늘 권력투쟁이 있었고 내부 영주들의 세력과 외부 야만족들의 침략을 막아내느라 정신이 없었다. 교황은 이들을 교묘하게 이용하며 그의 세력을 유지하였고, 왕 역시 자신의 이익을 위해 교황에 붙어 있었다. 그래서 전체적으로는 교황의 막강한 힘 아래에 있었다고 볼 수 있다.

그러다가 십자군 전쟁이 터졌다. 동서교회가 다툼 끝에 분리된 지 얼마 되지 않아, 동로마가 이슬람의 투르크 공격을 받아 많은 영토를 잃게 되었다. 그래서 예루살렘 성지순례가 어려워지게 되자, 이를 회복하기 위해 동로마는 로마의 교황에게 군대를 요청하였다. 교황은 이 기회에 동로마까지 자기 손에 넣고 싶었고 전투적인 게르만족의 힘을 빼면서 서유럽을 신앙으로 단결시켜보려고 하였다. 그런 의도에서 어렵게 십자군을 결성하고 참여하였다. 처음에는 영주나 왕들의 참여가 소극적이었다. 그야말로 순수한 백성들의 신앙심과 열성으로 참전이 시작되었다. 참전하면 면죄부로 구원받게 된다는 말도 안 되는 교리로 선동하였다. 제대로 준비도 없이 참전한 군대가 고생 끝에 1차 전쟁에서 승전했다는 소식에 고무되어 2차 이후부터는 여러 정치적인 이권과 전리품에 대한 욕심으로 영주와 왕들까지 적극적으로 나서게 되었다. 그러나 번번이 내부의 분열과 전략의 실패로 전쟁에 패하고 말았다.

  교황의 세력이 늘어나면서 교회는 세속 집단 이상으로 타락하게 되었다. 그리고 엄격한 교회법으로 백성을 억압하고 조금이라도 반발하면 극형에 처하는 폭정을 서슴지 않았다. 특별히 잔혹한 마녀사냥과 종교재판으로 백성을 조종하고 통제하였다. 이를 통해 왕과 영주 그리고 백성들이 조금씩 교회를 등지기 시작했다. 계속되는 십자군 전쟁의 패배로 인해 강력하던 교황권은 추락하기 시작했다. 신이 참전하는 성전이었는데도 계속 기독교의 신이 패배하니 교황의 권위도 추락할 수밖에 없었다. 그러나 계속해서 왕들을 무리하게 통제하려다가 문제가 생기고 말았다. 신성로마제국의 프리드리히Friedrich 2세(1194-1250)와의 갈등이 그 정점이다. 그는 끝까지 교황에 반발하여 자기 마음대로 모든 것을 해버리고 또 교황과 교회를 공격하였다.

그러다가 교황의 편이었던 프랑스 국왕마저도 교황에게 반기를 들고 교황청을 프랑스 아비뇽으로 옮겨 버렸다. 그리고 자기들 마음에 드는 교황을 선출하였다. 이에 반발하는 왕들은 또 다른 교황을 세워 교회가 분열하게 되었다. 이것이 중세 교회의 타락과 붕괴 과정이다.

이와 함께 각국의 봉건국가도 십자군 전쟁과 함께 서로의 영토와 지배권을 쟁취하기 위해 끊임없는 전쟁을 하였다. 그 대표적인 전쟁이 프랑스와 영국의 100년 전쟁이다. 이를 통해 영주와 힘없는 왕권 중심의 봉건국가도 힘을 잃었다. 그리고 그 문제점이 장기간 심각하게 노출되다 보니 이를 극복할 수 있는 강력한 중앙집권적 국가의 필요성을 느끼게 되었다. 그리고 십자군 전쟁을 통해 동방무역이 활발해짐에 따라 상공업 중심의 도시국가가 강세를 보이기 시작했다. 농업 중심의 봉건제에서 길드와 한자동맹과 같은 제도를 통해 새로운 상업과 기술의 시대가 열리고 있었다. 이것이 대체로 요약해 본 중세기의 모습이다.

병리적 회로로 본 기독교

중세기의 기독교는 정말 이해하기 어렵다. 어떻게 군사력도 없는 교회가 막강한 군대를 가진 여러 유럽의 국가를 지배할 수 있었을까? 아무리 로마의 망령이라고 하고 또 종교의 힘이 크다고 하지만, 엄연히 현실정치에서 이러한 힘이 한때도 아니고 천 년 이상을 지배한다는 것이 과연 가능한 일인가? 잠깐이라면 몰라도 이렇게 오랫동안 이러한 현상이 있었다는 것은 분명히 정상적으로 볼 수 없는 일이다. 병적으로 볼 수밖에 없다. 살다가 잠깐 아플 수는 있지만, 대개 회복할 때가 많다. 그러나 스스로 회복할 수 없을 때는 병들었다고 말한다. 질병의 정의가 비가역적 상태라는 뜻이다. 그래서 중세유럽은 심각한 병에 빠져 있었기에 스스로 벗어나지 못하고 그렇게까지 오래 암흑 속에 머문 것이었다. 그래서 중세기의 기독교와 유럽의 관계를 병리적인 관계로 보고 분석해보려는 것이다.

로마의 아내이자 유럽의 어머니인 교회가 심각한 병에 걸려 있었다. 이러한 부모 아니 병든 어머니 밑에서 자란 아이도 결코 건강할 수 없었다. 아들의 병에 대해서는 다음 장에서 자세히 다룰 것이므로 여기서는 어머니의 병에 대해서만 설명해보려고 한다. 앞서 여러 번 설명한 대로 로마의 국교가 되기 전까지의 기독교는 그야말로 건강하고 생명력이 넘쳤다. 그러나 기독교가 로마로 들어오면서 안정과 부유함과 권력을 갖게 되면서, 그 속의 생명과 진리를 상실하기 시작했다. 저차정보의 보존성으로 인해 고차성을 잃어버린 것이다. 고차적인 기독교가 저차적인 종교가 된 것이다.

중세기의 기독교는 한마디로 자기를 완전히 상실한 인격과 같았다. 복음의 생명을 잃게 되니 건강한 인격을 형성할 수 없었다. 자기를 상실한 상태에서 종교와 정치의 최고 자리를 지켜야 했다. 종교가 얼마나 무거운 짐인가? 복음이 빠진 기독교의 율법은 프로이트가 지적한 대로 거대한 초자아가 된다. 거기에다 정치 권력의 힘은 얼마나 강력한가? 종교와 현실에서 가장 막강한 두 힘을 소유하게 된 교회이다. 종교인이 이를 감당할 수 있었겠는가?

이는 마치 무서운 아버지 밑에서 자란 자식과 같다. 자수성가해서 크게 성공한 아버지는 자식을 자기처럼 강하게 키워보려고 어려서부터 어린 자식에게 강훈련시킨다. 세상의 훈련만으로 부족한 것 같아 어려서부터 종교적 훈련까지 강하게 시킨다면, 그 어떤 아이가 이를 견디어 낼 수 있을까? 인격에 대한 위로와 격려는 없이 완벽한 요구와 압박만을 가한다면, 아이는 과연 어떻게 자라날 수 있을까? 겉으로는 강압에 못 이겨 잘하는 척할 것이다. 자기는 없이 오직 부모의 요구와 압박으로 자신을 만들어 갈 것이다.

생명은 누르고 압박한다고 사라지는 것이 아니다. 신음하며 반생명의 소리를 낸다. 반생명도 막강한 외부의 힘에 눌려 있다가 기회가 오면 폭발한다. 반생명은 다시 외부의 힘과 함께 병적 삼각회로를 형성하여 더욱 막강한 힘이 된다. 겉으로는 그럴듯해 보일 수도 있지만, 속에 있는 반생명이 늘 동반되어 나온다.

이러한 현상을 흔히 전형적인 종교인의 모습에서 볼 수 있다. 종교인들은 대개 완벽하고 성실하나 강박적이다. 뭐든지 청결해야 하고 흠이 있으면 안 되는 완벽주의가 많다. 실수와 부족한 것을 용납하지 못한다. 자신만이 아니라 다른 사람에게까지 이를 요구한다. 그래서 남을 판단하고 비판한다. 여기까지는 그럴 수도 있지만, 그 속에 억압된 분노가 많아 판단에 분노가 같이 묻어 나온다. 이러한 모습이 중세 기독교의 기본적인 성격이다.

엄격한 유럽과 교회법으로 작은 실수도 용납하지 않고 심한 벌로 다스렸다. 기독교의 본래 정신인 용서와 사랑을 보기 어렵다. 그리고 그 속에는 무서운 심판과 분노도 같이 있어 법을 어기는 자들을 이교

중세 기독교는 기독교의 핵심 진리인 용서와 사랑을 잃어버리고 위협을 주기 위해 조금이라도 이상하면 마녀라고 하여 화형에 처했다. 자신의 권위를 신성시하는 종교망상과 작은 저항도 견디지 못하는 피해망상의 병리 회로가 집단으로 형성되었다. ⓒ flickr.com/wikipedia

도와 마녀로 몰아 화형에 처했다. 그들은 겉으로는 종교를 내세웠지만, 종교를 이용하여 억압된 탐욕을 채우고 잔인한 학살도 감행하였다. 가장 대표적인 병리 현상이 면죄부와 마녀사냥이었다.

그러나 중세 기독교는 이 정도의 병리로 끝나지 않았다. 증상과 병리는 결국 자기가 어느 정도 형성되어 있느냐에 따라 결정된다. 자기는 용납과 사랑을 통해 형성되는데, 중세 기독교는 기독교의 본질인 용서와 사랑이 거의 없으니, 자기를 형성할 수 없었다. 대신 무서운 요구와 압박의 법과 권력만 있었다. 자기가 없으므로 자신을 보호하기 위해 현실과 진리를 차단하고 자신의 망상으로 살아간다. 자신을 방어하기 위해 환상을 갖는 정도가 아니라, 망상 체계를 만들어 비현실적 세계로 살아간다. 중세 기독교는 성경과 진리에도 없는 망상 체계를 만들었다.

성 아우구스티누스가 그의 저서 '하나님의 도성'에서 밝힌 대로 이 땅의 나라와 하나님의 나라를 분리하여야 하는데, 겉으로는 하나님의 나라를 세운다고 하면서 자신들의 나라를 세웠다. 이는 종교망상이고 과대망상이다. 자신이 하나님이 되었고 자신의 왕국이 하나님의 왕국이라는 망상을 가지게 되었다. 교황은 자신을 이 땅에 하나님의 권위와 권세를 위임받은 지상의 왕으로 군림했다. 자신도 용서받아야 하는 죄인이었지만, **자신을 하나님을 대신하여 죄를 사하고 벌할 수 있다는 망상 체계를 세우고 그 종교망상**으로 살아갔다. 그리고 유럽을 이 망상으로 통치했다. 면죄부와 종교재판은 이러한 망상 체계의 한 단면이다.

그리고 그들은 자신의 불안과 두려움 때문에 작은 차이의 의견에 대해서도 여유를 가지고 받아들이지 못했다. 그들은 자신을 지킬 수 있는 내적 확신도, 무력도 없었기에 늘 불안했다. 그 **불안은 피해의식과 망상을 만들기에 충분했다**. 그래서 조금이라도 자신에게 반대하면, 그들은 이단과 마녀로 몰아 사람들이 보는 가운데 잔인하게 화형에 처했다. 누구도 이러한 망상에 도전하거나 바른 이야기를 할 수 없었다. 심한 고문을 하고 잔인하게 죽였다. 군중심리와 거짓 증거와 고문에 의한 허위자백으로 공산당의 인민재판보다 더 악독한 종교재판을 했다. 고문에 자백해도 마녀가 되고 고문을 견디어도 악마의 힘으로 견디었다고 하여 죽였다. 과거의 어떠한 전제 정권도 이렇게 무자비하지 않았다.

세속권력도 아닌 기독교가 어떻게 이렇게 타락하고 악해질 수 있었을까? 종교의 억압 속에 눌린 이러한 인간의 야만과 잔악성은 상상을 초월한다. 그들을 현실과 진리로부터 차단된 망상 환자로 이해하는 것은 그래도 잘 봐주는 것이다. 어떻게 인간이 이렇게 악독해질 수 있을까? 이를 피해망상만으로 설명할 수 있을까? 이것이 이 책에서 계속하는 질문이고 이를 풀고 싶은 것이 이 책의 목적이기도 하다. 그렇다면 이러한 심각한 병을 보이는 어머니 밑에서 자란 아이들은 과연 어떻게 되었을까?

3
소아기小兒期로서의 암흑기

왜 유럽의 소아기는 암흑기인가?

이제 유럽 아이들의 측면에서 중세기를 보려고 한다. 그리고 이를 마음의 과학으로 이해하고 분석해보려고 한다. 인생에서 암흑기가 있다면 어느 시절일까? 보는 시야에 따라 다르겠지만, 자기라는 관점에서 보면 소아기가 될 것이다. 어떻게 보면 소아기가 가장 행복하고 밝은 시절 같은데, 암흑기라니 언뜻 이해되지 않는다. 물론 좋은 부모를 만나면 너무도 밝고 행복한 시절일 수 있다. 그러나 자녀가 자신을 찾아가는 측면에서 보면 소아는 자기가 없이 사는 암흑기라고 볼 수 있다. 아이가 아직 어리기에 부모가 주인이 되어 아이를 감시하고 판단하고 통제하는 시기이다. 그래서 아이의 생각과 감정보다 부모의 의지와 생각이 늘 앞선다. 그래서 이 시기의 아이는 부모가 시키는 대로만 하면 착하고 바른 아이가 된다.

그러나 아이의 인격과 자기의 입장에서 보면 자기가 거의 없는 암흑기라고 볼 수 있다. 사춘기가 되어야 조금 자기를 찾는 빛이 비치기 시작한다. 그런 뜻에서 중세는 자기가 없이 사는 소아기이고 르네상스는 자기를 찾아가는 사춘기의 시작으로 볼 수 있다. 이것이 일반적인 소아기의 모습인데, 거기에다 부모가 심한 병으로 자기의 생각과 망상으로만 자식을 끌고 간다면, 그 시기는 정말 깜깜한 암흑기가 되지 않을 수 없다.

중세기의 시작은 약간의 혼란은 있었지만, 광명이 비추는 새로운 소망의 시대였다. 새로운 로마제국이 유럽에 부활하는 축복의 시대였다. 교황과 황제가 서로 하나가 되어 유럽에서 잃어버린 로마제국을 부활하는 축복과 희망의 전주가 울려 퍼지는 시대가 될 수 있었다. 누가 감히 이를 암흑시대의 시작이라고 말할 수 있었겠는가? 야만과 암흑의 시대가 끝내고 이제 찬란한 로마의 문명을 계승하는 새로운 로마 시대가 열리는 시간이었다. 그런데 어떻게 이 영광과 광명의 시작이 암흑으로 끝나고 말았는가? 물론 이에 대한 현상적인 분석은 이미 많이 되었고, 앞의 장에서도 충분히 설명하였다고 생각한다. 그리고 그 핵심적인 원인인 어머니 기독교의 병리에 대해서도 분석하였다. 그래서 이 장에서는 이러한 어머니 밑에서 자란 아이의 인격과 마음을 중심으로 이를 살펴보려고 한다. 그리고 마음의 과학으로 중세의 집단적 역동과 문명을 분석해보려고 한다.

폭력과 망상 속에서 자란 아이들

　게르만이 거대한 로마를 물리친 것 같았지만, 사실 게르만이 문명화된 힘으로 물리쳤다기보다는 로마가 스스로 무너진 것이다. 그래서 로마가 멸망하고 난 다음 게르만은 기뻐하고 승리를 즐기기보다는 당황하였다. 그들은 유아와 같은 상태였기 때문이었다. 혼자 살아갈 만한 힘이 없이 거대한 부모를 잃은 아이와 같이 불안해하고 당황하였다. 그들은 아직 자신들이 무력하고 야만적이라는 것을 잘 안다. 로마라는 거대한 문명을 보았고 그 혜택을 조금 맛보았기 때문에 과거처럼 야만으로 살 수는 없었다. 그래서 **자신의 초라한 모습을 방어하고 숨겨줄 로마의 환상과 상징물이 필요했다. 그 상징물이 로마의 황제와 기독교**였다. 그래서 자신을 감추기 위해 로마의 상징물과 자신을 동일시하며 성장해나갔다.

　그런데 그 상징물은 정신분석자 라캉이 지적한 대로 허구였다. 그리스 철학에서도 이를 그림자라고 하며 허상이라고 하였다. 이는 알고리즘의 저차정보이다. 로마도 이 알고리즘의 저차정보 때문에 패망했다. 그런데 게르만도 허구적인 상징물을 자기로 동일시했으니, 그 저차정보의 폭력에 시달릴 수밖에 없었다. 저차정보는 자기 보존성이 강하다. 그리고 저차정보는 억압된 부정적인 감정과 삼각동맹을 맺어 보존성을 더욱 강화하여, 방해하고 저항하는 것에 대해 폭력을 휘둘렀다. 로마의 상징물인 교황과 황제의 두 세력은 자기보존을 위해 극렬하게 싸웠고 그 피해는 고스란히 없는 백성들에게 돌아갔다. **교회의 알고리즘의 보존성은 교회법이라는 억압적인 폭력으로**

나타나고 황제의 알고리즘의 보존성은 무력과 전쟁이라는 폭력으로 나타났다. 백성들은 이러한 폭력을 직접 혹은 간접으로 겪으며 고통 받았다. 이것이 중세의 소아기를 암흑으로 몰고 간 폭력의 실체이다.

자신들이 너무 없어서 불러들인 환상이 그들을 억압하고 학대하는 폭력이 되었다. 폭력 속에서 자란 아이들은 어떻게 될까? 건강한 자기로 성장하기가 어렵다. **용서와 사랑이 없이 오직 무서운 형벌과 폭력만을 보며 자란 아이들**이다. 자기와 생명은 억압되어 성장하지 못하고 병적인 소아기에서 벗어나지 못한다. 아이들은 어쩔 수 없이 **폭력적인 힘에 눌리면서도 그 힘과 자신을 동일시하며** 자란다. 폭력적인 가정에서 자라면 억압되어 조용하지만, 속에서는 울분과 폭력이 같이 쌓인다. 거기에다 유럽의 형제들은 대부분 게르만에다 바이킹의 후손이라 전투적이고 폭력에는 익숙하기에 그들의 야만성이 쉽게 강화된다. 그래서 그 폭력성은 기회 있는 대로 폭발하게 된다. 수많은 전쟁을 통해 서로를 빼앗고 죽이는 폭력이 일어났다.

유럽의 형제는 서로의 우애보다는 침략하고 약탈하는 역사로 발전되었다. 특히 이탈리아는 약탈의 가장 심한 피해자였다. 어떻게 보면 로마라는 허상으로부터 받은 폭력을 그의 장남인 이탈리아에 되갚아준 것인지도 모른다. 그들은 아버지와 장남에게 좋은 것이 있는 것을 견디지 못했다. 가서 빼앗아 와야 했다. 스페인, 프랑스, 독일 모두가 그랬다. 이탈리아는 동생들의 동네북이었다. 그리고 서로들도 쉬지 않고 싸웠다. 그래서 유럽의 역사는 전쟁의 역사다.

그리고 또 하나의 문제가 있다. 로마라는 환상과 허상이 주는 세속적 욕구이다. 로마의 문명은 인간의 탐욕과 최고라는 등급에 대한

환상을 유럽에 심어주었다. 자신들은 초라한 야만인들이었지만, 로마는 최고의 문명과 최고급을 향유하는 부잣집이었다. 로마의 화려하고 최고급이라는 것에 대한 동경과 이에 대한 동일시가 그들에게 깊이 새겨졌다. 이는 우리가 유럽 명품에 대한 환상을 갖는 것과 비슷하다. 그들은 로마의 명품과 귀족에 대한 환상을 가지고 있었고 그들도 기회만 있으면 이러한 세속적인 욕구를 채우고 싶어 했다. 그래서 자신이 황제와 귀족이 되어 화려한 궁정을 짓고 최고급의 의상과 음식을 먹으며 자신을 자랑하며 살고 싶었던 것이다. 이는 모든 인간의 욕망이기도 하다. 돈을 벌어 비천한 신분을 세탁하거나 상승시켜 귀족과 왕족처럼 대접받으며 살고 싶은 욕망이다.

그래서 지금도 우리는 백화점과 호텔 등에 가서 귀족 같은 대접을 받고 싶어 한다. 이는 시대를 초월한 모든 인간의 욕망이지만, 로마를 옆에서 보아온 유럽은 특히 이러한 욕망이 강했다. 그중에서도 특히 프랑스가 이러한 욕구를 가장 강하게 표출하였지만, 독일도 만만치 않아 늘 그들은 누가 더 로마다운지를 가지고 싸웠다. 물론 영국은 영국 방식대로 로마를 닮고자 했다. 그들의 방식은 달랐지만, 모두가 로마를 향한 욕구는 동일했다. 그래서 유럽은 어쩔 수 없는 로마의 자식들이다.

이러한 폭력성과 세속적인 욕구는 기독교의 가치관과 충돌할 수밖에 없었다. 그래서 그들은 이러한 자신을 속죄하기 위해 교회에서 요구하는 대로 회개하고 면죄부를 받아들였다. **교회는 그들의 폭력성과 세속적 욕망을 통해 그들을 통제할 수 있었고 교회의 면죄를 받은 그들은 더욱 맘껏 폭력과 욕망의 삶을 살았다.** 그들은 이러한 죄를 감추고 보상하기 위해 교회에 더욱 충성하고 도시의 복판에 가장 아름답고 높은 고딕 성당을 세우고 속죄의 예배를 드렸다. 진정한 용서와 사랑의 표현으로서의 예배가 아니라, 죄와 형벌에 대한 행위적인 용서로서의 위선적 예배와 신앙이었다.

그리고 어머니인 교회의 과대망상과 피해망상을 그들도 그대로 받아들였다. 그들도 서로가 자신이 최고라는 과대망상 속에 있었다. 그래서 유럽을 통일하고 자신이 **로마제국처럼 최고가 되고 황제가 되려고 하는 과대망상** 가운데 있었다. 자신의 나라로 만족하거나 서로 도우며 같이 살아가지 못했다. 늘 자신이 최고라는 과대망상에 힘이 조금만 생기면, 약한 나라를 침략해서 제국을 이루려고 하였다. 샤를마뉴 대제, 신성로마제국, 루이 14세, 합스부르크, 나폴레옹, 히틀러 등 과대망상에 빠진 자들로 인해 유럽은 엄청난 고통의 대가를 지불했다. 유럽이란 땅이 좁아 신대륙과 아프리카, 아시아의 식민지를 통해 지구 전체를 자신의 제국으로 삼으려는 제국주의 경쟁도 이러한 망상에서 시작된 것이다. 과대망상의 지도자 때문이라고 볼 수도 있지만, 대부분 그들의 백성들도 이를 열망하며 참여하였기에 사실 유럽 모두가 이런 망상에 사로잡혀 있었다고 볼 수 있다. 식민지로 인해 희생된 사람이 5천만 명으로 2차 대전의 희생자에 육박한다. 이러한 과대망상으로 얼마나 많은 사람이 억울하게 죽어갔는지 모른다.

그리고 **그들은 어머니로부터 피해의식과 망상도 물려받았다.** 서로 간에 조금만 문제가 있어도 서로를 믿고 화해하기보다는 전쟁과 힘으로 해결하려고 하였다. 형제간에 우애와 신뢰는 거의 없었다.

같은 나라 안에서도 배신은 끊임없이 일어났다. 형제 부모 안에서도 배신은 밥 먹듯이 일어났다. 늘 서로가 너무 싸우니 왕족끼리 결혼을 통해 일시적으로는 화친을 맺기도 했지만, 나중에는 더 큰 불화의 씨앗이 되기도 했다. 전쟁의 참혹함을 보면서도 전쟁과 폭력의 회로에 중독된 사람처럼 얼마 가지 않아 또 전쟁을 했다. 원래 역사와 정치라는 것이 그런 것으로 생각할지도 모른다. 그러나 얼마든지 서로 조금씩 양보하며 평화롭게 살아갈 수도 있는데, 왜 그들은 서로를 신뢰하지 못하고 그렇게 싸웠을까? 교회가 기독교의 핵심인 용서와 사랑으로 화해와 평화를 심어주기보다는, 과대망상과 피해망상이라는 무의식적 유산을 남겼기 때문이다.

십자군 가출을 통해 자기를 찾아간 아이들

이러한 폭력성과 세속적 욕구가 부분적으로 터지다가 한꺼번에 터져 나온 대사건이 있었다. 바로 십자군 전쟁이다. 그것도 종교의 이름으로 유럽 국가 대부분과 교회가 참여하였고 한 번도 아니고 모두 8회에 걸쳐 200년 동안 계속되었다. 겉으로 보면 분명히 종교적인 전쟁이고 대부분 신앙적인 동기에서 많은 어려움을 극복하고 참전한 거룩한 전쟁이었다. 그러나 이글은 그 전쟁에 참여한 무의식을 분석하기에 그들 속에 있는 억압된 폭력성과 욕구도 결코 부인할 수 없다는 것이다. 물론 그들이 이러한 동기를 의식하고 참전한 것은 아니지만, 전쟁을 통해서 자기도 모르게 이러한 무의식이 드러날

십자군 전쟁이 오랫동안 지속될 수 있었던 것은 종교적인 이유만이 아니었다. 중세의 억압된 욕구와 분노를 표출할 수 있는 허락된 사춘기의 가출과 같은 것이었기에 200년 이상 8회에 걸쳐 지속될 수 있었다.
ⓒ World Imaging/wikipedia

수 있었던 것이다.

　일차 십자군 전쟁은 순수한 신앙적 동기에서 시작되었다. 그래서 여러 가지로 준비가 부족하였으나, 순수한 신앙으로 승리하였다. 그러나 부작용도 많았다. 그래서 정상적이라면 교회는 십자군 전쟁을 취소하고 막아야 했다. 부작용을 몰랐다면 2차 정도로 충분했다. 매번 희생과 참혹상은 늘어났다. 매번 전쟁에도 졌다. 전쟁의 의미와 거룩성을 찾아보기 어려웠다. 그러나 전쟁은 8회까지 갔다. 현상적인 십자군 전쟁에 대해서는 이미 많은 분석과 설명이 있었다. 그러나 십자군 전쟁을 정신병리나 집단적 인격발달의 차원에서 이해하고 설명하는 경우는 거의 없었다. 이 글에서는 이를 내면의 원리로 분석해보려고 한다.

전쟁의 발단은 이렇다. 동로마가 이슬람 투르크의 공격을 받아 많은 영토를 잃고 위기에 빠졌다. 더욱이 예루살렘 성지순례도 어렵게 되었다. 그래서 성지순례를 핑계 삼아 로마 교황에게 유럽의 참전을 요청했다. 다들 자기 살기에 바쁜데 어떻게 동로마와 성지 회복을 위해 파병을 할 수 있겠는가? 그리고 동서교회가 갈등하며 별로 사이도 안 좋았다. 늘 동로마가 자신들이 로마제국과 기독교를 바로 계승한 정통으로 생각하고 서로마 교회와 신성로마제국을 우습게 보고 있었는데, 자기들이 급하다고 목숨을 건 군사를 파병해달라고 하는 것은 거의 불가능한 일이었다. 그런데 놀랍게도 성사되었다. 그것도 한 번도 아니고 거의 200 백 년에 걸쳐 8번이나 출정하였다. 한나라도 아니고 늘 서로 싸우고 사이도 별로 좋지 않은 그들이 어떻게 이렇게 오랫동안 하나가 되어 자발적으로 싸움에 나갈 수가 있다는 말인가? 정말 이것 역시 중세기의 불가사의한 일 중의 하나이다. 이러한 전쟁이 가능하게 된 데에는, 그들 속에 숨어 있는 무의식을 보지 않고는 충분히 이해하기가 어렵다.

먼저 로마교회의 속셈을 보자. 그들은 늘 동로마에 대해, 정통성이라는 데서 열등감을 느끼고 있었다. 그리고 교황의 위치가 점점 유럽의 왕권에 밀리는 위기에 있었다. 유럽의 무력은 점점 강해지고 있는데, 그들의 힘은 더 약해지고 있었다. 교황의 유일한 약점은 군사가 없다는 것이었다. 그래서 이러한 그들의 문제를 한꺼번에 해결할 수 있는 길이 바로 십자군 전쟁이었다. 이 전쟁에 승리함으로 동로마를 누르고 명실상부한 정통 교회와 로마의 정통후손이 되고 또 유럽을 다시 교회의 권위 아래로 두는 기회가 될 수 있었다. 그리고 유럽의 강한 군사력과 경제력의 힘을 뺄 수 있는 일석삼조의 기회가 될 수 있었다.

그렇다면 유럽의 국가와 백성들은 이런 교회의 속셈을 몰랐을까? 그들도 이를 알면서 참전한 이유는 무엇이었을까? 물론 겉으로 보면 엄청난 희생을 각오해야 하기에, 신앙의 결단이 없으면 불가능하다. 겉으로는 성지탈환과 이교도를 무찌른다는 대의명분이 크게 작용하고 있었다. 그래서 죽음을 각오하고 열심히 싸웠다. 이를 부인하는 것은 아니다. 그러나 이 글은 겉에 드러난 이유보다 무의식적 동기를 같이 찾아보고 있기에, 그들의 심층을 분석해보려는 것이다.

그들은 자신의 폭력성과 세속적인 욕구를 늘 종교성으로 억압하고 학대하며 살아왔다. 복음의 원리대로 용서와 사랑으로 해결하는 것이 아니라, 행위적이고 종교적으로 해결해왔기 때문에, 그들의 갈등과 모순은 갈수록 더 쌓일 수밖에 없었다. 그래서 그들은 이러한 복잡한 감정을 쏟아낼 좋은 건수를 찾고 있었다. 자기끼리 서로 싸우는 것이 적당하지 않다는 것도 안다. 늘 서로 복수하며 전쟁의 악순환에 빠지는 것을 그 누가 바랄 것인가? 그래서 그들은 늘 답답한 가운데 있었다. 교황과 힘겨루기 하는 것도 그렇게 마음이 편하지 않았다. 신에 대한 형벌이 자신들을 늘 무겁게 하기 때문이었다. 그러던 차에 이러한 갈등과 문제를 한 번에 풀 수 있는 절호의 기회가 온 것이었다.

바로 십자군 전쟁이 그들의 **억압된 폭력성과 세속적 욕구를 죄의식 없이 정당하게 푸는 기회가 되었다**. 이교도와의 싸움이기에 맘껏 그들의 폭력성과 세속적 욕구를 풀어도 정죄받지 않았다. 교회에서 오히려 축복하였다. 그리고 성전에 참여하게 되면 면죄를 받고 하늘나라의 축복도 약속받게 되었다. 이제 그들은 내면의 문제로 갈등하지 않아도 되었다.

물론 집을 떠나고 자기 돈을 써가며 전쟁에 참여하는 것은 많은 희생을 각오하는 힘든 일이었다. 희생된 사람도 많았고 모든 것을 잃고 돌아온 사람들도 많았다. 그런데도 오랫동안 지속된 것은 이러한 무의식적인 보상이 있었기 때문에 가능한 일이었다. 십자군 전쟁은 무척 고달픈 전쟁이었지만, 한편으로는 집에서 억압된 아이들의 신나는 놀이터이기도 했다. 이것이 십자군 전쟁의 양면성이다. 그래서 **십자군 전쟁은 병든 아이들의 가출이었다.** 부모의 억압을 떠나 맘껏 자기가 하고 싶은 대로 해본 그러한 전쟁이었다. 가출을 통해 자기를 찾는 전쟁놀이였다. 부모의 감시나 간섭없이 자기 마음대로 나가서 땅도 따먹고 자기가 하고 싶은 대로 폭력을 행사하며 욕도 마구 해보는 그런 여행이고 전쟁이었다. 이를 통해 세상 구경도 하며 아이들은 자라기 시작하였다.

물론 모두가 이러한 무의식적 동기에서 참전했다는 것은 아니다. 그 속에는 순수한 동기에서 열심히 싸우고 희생된 사람들도 많았다. 그러나 거룩한 전쟁이라도 그 안에는 이러한 무의식적 동기가 숨어 있을 수 있다는 것이다. 그러면서 부모는 늙어가고 힘이 빠지게 되었다. 아이들은 여행 중에 배운 것도 많고 돈을 벌기도 했다. 이렇게 아이들은 엉뚱한 길을 통해 커간 것이다. 그래서 **십자군 전쟁이 유럽의 사춘기인 르네상스의 씨앗이** 되었다.

겨울을 통해 자라난 생명의 씨앗

자연의 이치가 음양의 순환이듯 만물은 긍정과 부정의 순환으로 움직인다. 부정은 부정으로 끝나지 않는다. 억압은 생명과 영혼을 아프게 한다. 그 아픔은 부정과 해체의 힘이 되어 그 속에 잠재되어 있던 고차정보를 건드린다. 자신의 부정성을 바로 알면 더 깊은 곳의 긍정으로 나아가게 한다. 그리스의 소크라테스, 플라톤과 아리스토텔레스의 철학이 설파한 내용이고 이를 알렉산더 대왕이 현실에서 증명하였다. 부모의 강압성은 잠자고 있던 아이의 자기성을 건드려 자기의 고차성을 드러내는 것이 사춘기이다. 이처럼 교회와 황제의 폭력적인 억압에 눌려있던 중세는 그 속에 잠자고 있던 고차정보를 깨우기 시작하였다. 이것이 새로운 자기를 찾는 문명의 시작이 되었다. 로마제국에서는 볼 수 없는 일이다. 그들은 끝까지 저차정보로 버티다가 블랙홀에 빠졌다.

그러나 중세는 더 이상 그들의 저차정보를 유지하기 어려웠다. 십자군 전쟁과 백년전쟁으로 중세의 두 힘인 교회와 왕들의 힘이 쇠잔해져서 더 이상 자식들을 억압할 수 없었다. 그리고 중세 말에 흑사병으로 거의 종말에 가까운 상황을 맞게 되니 그 어떤 강한 부모라도 두 손을 들지 않을 수 없었다. 이는 마치 강한 부모가 늙고 힘이 빠져 자녀를 놓아주는 것과 같았다. 그 틈에 자식들은 십자군 가출을 통해 조금씩 자기를 찾아가기 시작하였다. 그리고 십자군만이 아니라 유럽이 자기를 찾게 하는 여러 가지 사건들이 연이어 일어나고 있었다.

르네상스라는 사춘기가 오기 전에 이미 중세기 속에서 꿈틀거리는 생명의 고차정보가 있었다. 먼저 종교와 신앙에서 이러한 일이 일어나고 있었다. 중세의 교회는 강력한 교회법으로 백성만이 아니라 사제와 수도사들까지 규제하고 억압하였다. 조금 저항하면 마녀사냥 하듯 죽여 버렸다. 그러나 이러한 억압 속에서도 개인의 순수한 신앙을 가르치는 오캄William of Ockham(1285-1349), 위글리프John Wycliffe(1320-1384), 후스Jan Hus(1372-1415) 등과 같이 깨어있는 사제와 교사들이 출현하여 종교개혁의 씨앗을 준비하고 있었다. 교회와 교황은 타락의 길을 갔으나, 그래도 스스로 고난을 통해 깊은 영성을 추구하는 수도원이 있었다. 경제도 변화되고 있었다. 억압적인 봉건제의 농사에서 벗어나 기술과 상업으로 새로운 개인 경제가 가동되었다. 이로써 근대의 부르주아와 산업혁명을 태동할 수 있는 기초가 마련되었다. 길드제와 한자동맹 그리고 도시경제 등이 이러한 개인 경제를 더욱 뒷받침하는 구조적인 힘이 되었다. 정치적으로는 개인의 자유에 대한 관념이 싹트게 되어 입헌군주제와 대의제도 시작하게 되었으며, 이것이 근대의 시민혁명과 입헌제 민주주의의 기초가 되었다.

학문과 사상 역시 아우구스티누스를 이어 스콜라 신학이 번창하고 위대한 신학자 토마스 아퀴나스가 아리스토텔레스의 철학을 재발견하여 이성과 신앙을 조화하는 새로운 학문으로 발전시켰다. 가장 괄목한 학문의 발전은 학문을 연구하는 훌륭한 교사를 모아 학문을 가르치는 대학과 교회 그리고 수도원이 시작된 것이다. 샤를마뉴Charlemagne(742-814) 대제는 자신은 전쟁만 하느라고 글을 배우지 못했고 당시 대부분 사람은 문맹이었다. 그러나 학문에 호기심이 많아,

좋은 선생을 모아 학문연구를 장려하고 배울 수 있는 궁정 대학을 시작하였다. 그 이후 여러 곳에서 공부를 가르치는 대학과 수도원, 성당 학교 등이 늘어났었다.

이러한 학교와 대학과 같은 교육기관이 늘어난 것은 근대 사상과 과학의 발전에 중요한 밑거름이 되었다. 그리고 억압된 가운데 눌린 영혼과 마음을 표현하기 시작하는 문학과 예술이 태동하고 침울한 로마네스크 양식의 건축에서 화려하고 하늘을 향해 치솟는 고딕 양식의 건축이 발달하였다. 이러한 건축물은 잠자고 있던 중세의 마음을 흔들기에 충분했다. 그리고 음지에서였지만 사랑을 노래하고 표현하는 저질스러운 작품들도 출현하였다. 이러한 억압된 욕구들이 모여 르네상스의 물꼬를 트는 통로가 된 것이다.

중세는 겉으로 보면 종교적 억압과 전쟁, 전염병 속에서 인간의 모든 것이 죽은 듯이 암흑의 세기였지만, 그 속에서 조금씩 자라나는 생명과 자기의 고차정보가 있었다. 로마의 긍정이 긍정이 아니듯 중세의 부정은 부정이 아니었다. 로마의 과잉된 긍정 속에서 부정이 폭발한 것처럼 중세의 부정 속에서 긍정이 싹트고 있었다. 차가운 겨울에서 봄을 기다리다가 드디어 르네상스라는 봄을 맞이하여 그 속에 억압된 생명력이 폭발하였다. 중세는 야만족 게르만의 유럽이 로마를 등에 업고 로마 흉내를 내다가 고생하는 시기이다. 그러나 그 고통과 억압 속에서 진정 자신을 발견하고 직면하며 자신만의 당당한 문명을 시작하는 시기이기도 하다.

그래서 중세는 겨울과 같이 깜깜하고 차가운 암흑기이지만, 여기서 생명이 잉태되고 응집하여 다음 세기의 봄과 여름을 준비하는 모

성의 시대이기도 하다. 중세기는 게르만이 자기의 발가벗은 몸이 부끄러워 잠시, 아니 꽤 오랫동안 로마의 옷을 입었다가 벗어던지고, 이제는 자기를 더 이상 부끄러워하지 않으며, 부족해도 자기의 옷을 소중히 여기며 자기의 옷을 입기 시작한 시대이다.

아픔의 시대이지만 게르만을 게르만 되게 한, 의미 있는 시대가 바로 중세인 것이다. 이제 이러한 흐름으로 르네상스의 봄으로 들어가 보자. 중세의 아이들은 그 춥고 긴 어둠과 고통의 시간을 견디며 자신을 이렇게 찾아가고 있었다. 정말 대단한 아이들이다. 그 추위와 고통 속에 죽지 않고 자신의 생명을 이렇게 키워나가 위대한 유럽의 시대를 향해 나아가고 있었다. 누구도 고치기 어려운 심한 병을 앓고 있는 부모 밑에서도 살아남은 대단한 아이들이다. 그러나 그 속에 여전히 부모의 병이 완치되지 않고 살아 있다. 그들은 십자군 전쟁을 통해 그들의 야만의 질병을 명백하게 드러내었다. 이제 그들이 이러한 병과 어떻게 싸우며 자신을 찾아가는지를 계속 추적해보자.

4
사춘기로서 르네상스

왜 르네상스가 이탈리아에서 먼저 일어났는가?

르네상스는 이탈리아에서 13세기 후반부터 2세기 동안 지속되었던 새로운 문화 운동을 말한다. 이탈리아의 르네상스는 15세기가 지나서야 알프스 이북의 서유럽에 확산되었다. 이 글에서는 르네상스의 자세한 내용을 소개하거나 비평하려는 것은 아니다. 우리가 설명해온 마음의 과학과 인격발달이라는 흐름에서 분석하고 추적해보려는 것이다. 이미 문명의 중심축은 로마에서 이탈리아 북부 유럽으로 옮겨진 지 천년이 흘렀다. 어떻게 보면 이탈리아는 과거의 영광을 품고 있는 유럽의 한 변방에 불과했다. 이탈리아 하면 교황과 기독교이지 하나의 국가로서는 그렇게 주목받지 못했다. 그리고 교황도 과거와 같지 않았다. 한때는 유럽 전체를 호령하고 십자군 전쟁으로 아시아까지 흔들었지만, 이제는 전쟁의 상흔만을 안고 유럽 여러 왕의 눈치만 살펴야 하는 정도로 쇠락했다. 교회도 노화 과정에 있었다.

그런데 죽은 줄 알았던 이탈리아가 그것도 무력이 아닌 문화로서 유럽의 주목을 받기 시작하였다. 천 년 만에 다시 유럽의 주 무대로 나선 것이다. 지금의 한류처럼 이탈리아의 문화가 유럽을 강타하기 시작하였다. 물론 지금처럼 통신이 발달한 것이 아니기에 그 전파력은 2백 년이나 걸렸지만, 어쨌든 그들은 문화를 통해 옛날의 영광을 다시 한번 찾게 되었다. 무력 강국에서 문화 강국으로 다시 태어난 것이다. 이것이 르네상스이다.

르네상스를 사춘기의 자기 찾기라고 했는데, 그 사춘기가 서유럽이 아니라 이탈리아에서 먼저 일어났다. 르네상스는 역사적으로 십자군 전쟁이 없었으면 일어나기 어려운 현상이다. 십자군 전쟁 특수를 가장 많이 누린 나라가 이탈리아였다. 예루살렘으로 가려면 육로보다 지중해가 안전하고 편리하였기 때문에 이탈리아의 항구는 늘 십자군들로 붐볐다. 그들은 거기서 유럽의 가출한 소년들이 자유분방하게 돈을 쓰며 욕구를 표출하는 것을 보았고, 그들이 뿌린 돈으로 부도 축적할 수 있었다.

그동안 이탈리아도 심하게 억압받으며 살았다. 교황과 교회의 본산지가 이탈리아이기에 종교적으로 억압된 삶을 살 수밖에 없었다. 그리고 그들은 가난했다. 그러니 자신을 표출할 기회도 얻지 못하고 자신을 누르며 살아야 했다. 그러나 그들은 라틴 계열이다. 감성이 뜨겁고 쉽게 분위기에 영향을 받는다. 그래서 십자군의 들뜬 분위기에 가장 쉽게 영향을 받을 수밖에 없었다. 거기에다 군인들이 뿌리고 간 돈까지 생기게 되니 그들은 달라지기 시작하였다. 눌렸던 자기를 찾고 원래 이탈리아의 감성도 찾게 되었다. 그러니 숨어 있던 재능도 다시 싹트기 시작하였다. 무역과 장사 그리고 금융업도 발전했다. 여기서 머물지 않고 더 이상의 뭔가를 표출하고 싶었다. 십자군이 잠자던 이탈리아를 200년 동안 계속해서 깨운 것이었다. 이것이 이탈리아 르네상스의 배경이다. 그러나 이것보다 더 심층적인 이유가 하나 더 있었다.

장남 이탈리아의 아픔

이제 그들이 르네상스를 일으킬 수밖에 없었던 가장 깊은 마음의 이유를 찾아보려고 한다. 이글에서는 문명을 인격의 성장 과정으로 설명하고 있다. 이탈리아의 르네상스도 이러한 맥락에서 살펴보려고 한다. 문명의 발생은 항상 그전의 부모와 같은 문명에서 출발한다고 했다. 그래서 전前문명을 동일시하며 후後문명이 발달한다. 그렇다면 이탈리아는 로마제국과 문명의 발생지인데, 그들의 위치는 무엇이었을까? 유럽 문명은 모두 로마 문명을 모태로 발생하였다. 로마제국 때까지는 문명국은 로마밖에 없었다. 그러나 로마 후 유럽은 프랑크 왕국과 신성로마제국으로 통합되는 듯했으나, 서로의 이권 다툼 때문에 하나가 될 수 없어 여러 국가로 나누어졌다. 그 이후로 지금의 프랑스, 스페인, 독일과 영국 등의 국가가 형성되었다. 이 의미는 무엇일까? 과거에는 한 문명이 한 문명의 자식을 낳았지만, 이제는 한 문명에서 여러 자식이 생겼다는 뜻이다. 과거는 패권 국가가 하나일 수 있었지만, 유럽 문명은 도저히 하나의 패권으로 통일될 수가 없어 여러 자식으로 분화된 것이다. 문명이 발달하면서 생긴 다양성이다. 다양한 문명은 하나의 공동체로 다 표현될 수 없으므로 다양한 국가로 분화된 것이다.

그래서 이제 유럽 문명을 볼 때 전체 문명이 있지만, 각 나라의 문명이 조금씩 다르게 형성되어가갔다. 한 부모에서 여러 다른 형제들이 나오는 것과 같은 것이다. 유럽은 로마를 부모로 모시고 살아가는 형제들이다. 그런데 그 형제들이 유산과 재산 다툼을 하면서 때로 필요에 따라 연합하기도 하고 적이 되기도 한다. 이것이 유럽 역사이고 문명이다. 흔히 보는 재벌가의 자식들이 싸우는 것과 비슷하다. 우리 주위에 재벌가는 아니라도 부잣집 자식들이 이렇게 싸우는 것을 자주 본다. 성경에도 노아의 세 자식이 홍수로 열국으로 흩어져 여러 민족을 이루었고, 야곱의 열두 형제가 유대의 지파를 이루었다. 유럽 문명도 이처럼 형제들이 자기를 찾아가면서 이룬 국가로 보자는 것이다.

유럽 국가들이 같은 형제라면 이탈리아가 당연히 장자이다. 르네상스는 장남인 이탈리아에서 시작되었다. 아버지인 로마제국이 망하고 나니 장남인 이탈리아가 가장 비참했다. 아버지의 후광과 과잉보호로 인해 스스로 실력을 쌓지 못했다. 장남은 아버지의 힘이 곧 자기의 힘이기에 별도로 힘을 키울 필요가 없다. 아버지의 것을 잘 관리하면 된다. 그런데 제일 가까이 지내던 둘째 스페인과 셋째 프랑스가 들어와서 자기 것이라고 아버지가 남긴 것들을 빼앗아가 빈털

터리가 되었다. 영토까지 점령했다. 이탈리아는 스페인과 프랑스가 들어와서 시칠리아와 나폴리와 이탈리아 남쪽을 점령하고, 북쪽도 게르만족이 수시로 들어와 자기 것이라 했다. 그래서 하나의 이탈리아는 여러 형제가 나누어 가지고 아버지의 상징인 로마와 교황령을 조금 남겨 두었다. 이탈리아는 형제들의 피자 판이었다. 그래서 이탈리아에 피자가 유명한지도 모르겠다. 너무 가난하고 비참한 장남의 모습이다. 그래도 아버지가 남긴 교황 덕분에 간신히 버티며 살아왔다. 그리고 큰 도시를 중심으로 자신을 지키며 어렵게 살아왔다.

그러나 항상 죽으라는 법은 없는 것 같다. 역사에는 반전의 기회가 항상 있다. 바로 십자군 전쟁이 그들의 기회였다. 북쪽 유럽의 자식들은 십자군 전쟁으로 국력이 많이 쇠하여졌다. 거기에다 끊임없는 형제들끼리의 전쟁과 전염병으로 힘을 잃어 더 이상 장남인 이탈리아를 넘볼 여유가 없었다. 반면 이탈리아는 십자군 전쟁이 전화위복의 기회가 되었다. 십자군들이 이탈리아 도시를 통과하면서 돈을 뿌리고 가고 이를 가지고 동방과 활발한 무역을 하며 부를 쌓을 수 있었다. 그리고 상업과 금융업 등을 발전시켜 부강한 도시국가를 이룰 수 있었다. 돈이 생기게 되니 충성스러운 스위스 용병들까지 고용하면서 국방도 튼튼히 하였다. 그리고 자신들을 통제하고 억압하던 교황의 힘도 많이 약해졌다. 그러다 보니 그동안 쌓여있던 억울한 마음이 솟구쳐 오르기 시작하였다. 힘들 때는 마음을 누르고 살 수밖에 없었지만, 살만하면 누르던 아픈 마음이 올라온다.

그 억울한 마음이란 무엇일까? 장남으로서 그동안 쌓였던 서러운 마음이다. 그동안 힘이 없어 조폭 같은 동생들에게 너무 서럽게 당했다. 진짜 장남을 제쳐놓고 자신들이 장남인 것처럼 설쳐댔다. 그리고 교황이 자신을 제쳐놓고 로마의 후계자인 것처럼 행세하는 것도 정말 꼴 보기 싫었다. 진짜 장남인 자신을 제쳐놓고 서로 장남 행세하려는 것이 다 보기 싫었던 것이다. 그래서 그들이 내세운 황제나 교황은 다 가짜로 생각했다. 자신들의 진짜 족보를 찾고 싶은 것이다. 자신이 장남이라는 것을 증명하고 내세우고 싶었던 것이다. 동생들의 힘이 약해지고 자신이 살만하니까, 자신이 정통 장남이라는 것을 내세우고 싶었던 것이다. 그러나 예전처럼 군사와 무력으로 이를 증명할 수는 없었다. 동생들이 도저히 따라올 수 없는 것으로 열등감을 자극할 수 있는 것이 필요했는데, 그것은 예술과 문화였다. 그래서 너희같이 야만족들이 아무리 해봐야 야만이지 우리만이 로마의 직계 손이고 정통이라고 과시하고 싶었던 것이다.

이탈리아가 가장 잘할 수 있는 것

그래서 그들은 가장 잘할 수 있는 것에 집중하였다. 동생들처럼 무식하게 그들의 재물을 군사에 투자하기보다는 문예 부흥에 투자하였다. 자신을 증명할 길이 바로 문화이기 때문이었다. 마치 이탈리아 명품을 그 누구도 따라갈 수 없듯이 그들은 다시 자신만의 명품을 만들기 시작하였다. 이것이 로마의 장남으로서의 자존심이었다. 그것이 이탈리아의 르네상스이다. **원부모가 아닌 황제와 교황을 거부하고 자신의 진짜 아버지인 로마와 할아버지인 그리스의 정신을 찾으**

려는 것이었다. **순수 혈통을 과시하려는 것이다.** 자신을 찾는 것이 정통 로마와 그리스를 찾는 것으로 생각하여 로마와 그리스의 인문주의에 몰두하였다. 그리고 인간을 회복하려고 하였다. 원래 어머니가 아닌 기독교 신과 종교에 억압되어 죽어가던 자신들의 아름다움과 욕망을 그대로 표현하려고 하였다. 이것이 곧 르네상스의 예술과 학문이었다. 이는 예술과 학문만이 아니라, 이탈리아 자신을 찾고자 하는 욕구이다. **동생들한테 눌리고 억압당한 것을 풀고 자신의 장자성과 우수성을 과시하려는 자기 찾기**인 것이다.

르네상스의 대표적인 예술가로는 레오나르도 다 빈치Leonardo da Vinci(1452-1519), 미켈란젤로Michelangelo di Lodovico Buonarroti Simoni(1475-1564), 라파엘로Raffaello Sanzio(1483-1529), 티치아노Tiziano Vecellio(1488-1576), 보티첼리Sandro Botticelli(1444-1510) 등이 있다. 건축가로는 필라레테Filarete(1400-1469), 브라만테Donato Bramante(1444-1514) 등이 있다. 밀라노 공국의 스포르차Sforza 가문이 건축가들과 다 빈치 같은 예술가를 후원하였으며, 피렌체Florence 공국의 메디치Medici 가문은 여러 예술가를 후원하면서 고문서를 모아 도서관과 플라톤 아카데미 등을 통해 르네상스를 이끌었다. 그리고 로마의 교황청도 도서관을 설립하고 여러 예술가와 건축가들을 초빙하여 작품 활동을 후원하였다. 베네치아Venice는 다른 공국에 비해 활발하지는 않았지만, 티치아노 등을 후원하였다.

그들은 과거의 예술보다 인간을 더욱 세밀하게 표현하였다. 인간의 몸을 그대로 드러내어 아름다움을 통해 인간의 욕망을 표현하였으며, 복잡하고 다양한 감정을 얼굴 표정에 담았다. 그리고 인간의 생명력과 욕망이 살아 움직이는 것처럼 근육과 몸짓을 생생하게 표현하였다. 작품의 형상만을 단순히 재현하기보다는 그 속에 인간의 이야기를 삽입하여 작품의 상황과 삶이 실제로 느껴지도록 하였다. 건축은 고딕의 불안정한 형태보다 과거 그리스와 로마풍의 안정적인 아름다움을 강조하였다. 그들은 인위적이고 허구적인 것을 추구하기보다는 자신들 내면과 삶 속에 있는 아름다움과 자신들의 이야기를 전하려고 하였다. 신성도 인간이 같이 느끼고 공감할 수 있는 인성으로서 느끼고 전달하려고 하였다.

이것이 르네상스의 정신이고 아름다움이었다. 그들이 이러한 인간을 느끼고 표현할 수 있게 되는 데는 로마와 그리스 외에 동방 즉 이슬람과 비잔틴 문화의 영향도 컸다. 그들의 개방성이 자기를 찾는 데, 큰 도움이 되었다. 이것이 원래의 로마정신이다. 그리고 그들의 작품에도 로마의 원래 정신인 현실적 합리성도 도입되었다. 그야말로 그리스와 로마정신의 부활을 이루려고 한 것이다. 물론 이는 그들이 의식적으로 의도한 것이 아니다. 자신을 찾고 싶은 무의식적 욕구에서 이러한 자신의 원형이 자연스럽게 스며 나온 것이다.

아쉬움이 남는 이탈리아 르네상스

그러나 그들의 순수하고 아담한 꿈은 다시 냉혹한 현실 속에서 깨어지기 시작했다. 자신의 자부심을 느끼고 회복하려는 그들의 꿈은 다시 유럽의 시기심 많은 동생에 의해 무참히 깨어지고 말았다. 동생들은 자기 일이 아무리 바쁘고 힘들어도, 마음은 늘 아버지와 형 집에 가 있었다. 가난하고 없다고 생각한 큰 형 집에, 좋고 값진 물건이 많다는 소식을 들은 동생들은 몸이 꿈틀거리는 것을 참을 수 없었다. 큰형이 잘되는 꼴을 못 봐주는 것이다. 조금이라도 아버지 것이 남아 있으면 자기 것이라고 소리치며 뺏고 싶은 것이 동생들의 심보이다. 특히 가까이 있는 스페인과 프랑스가 그러했는데, 프랑스가 가장 심했다.

프랑스의 앙주Anjou 왕가는 로마 아래의 남부 이탈리아 나폴리 왕국을 자신의 영토로 삼았고 그 후 발루아Valois 왕가로 넘어가면서 샤를Charles 8세(1470-1498)는 나폴리 왕국이 자신의 영토라고 하여 이탈리아를 침공하였다. 그 후 루이Louis 12세(1462-1515)와 프랑수아Fransois 1세(1515-1547)에 이르기까지 계속해서 이탈리아를 침공하며 그들의 주권을 주장하였다. 그들은 주로 알프스를 넘어오기에 이탈리아의 북부를 통과해야 했다. 오면서 그들은 그냥 넘어가지 않았다. 밀라노Milano, 볼로냐Bologna 등을 침공하며 르네상스의 값진 것들을 탈취해갔다.

특히 르네상스의 전성기에 침공한 프랑수아는 르네상스의 예술품에 욕심이 많다는 것이 알려져, 교황은 당시 최고의 예술가 3인인 다 빈치, 미켈란젤로와 라파엘로를 대동하고 나타나 결국 다 빈치를 프랑수아에 내주었다. 이를 대가로 많은 정치적인 양보를 받아내었다. 프랑스는 늘 로마의 예술품과 문화에 열등감을 느끼며 흠모하였다. 특히 프랑스와 왕이 이탈리아의 예술에 대한 욕망이 컸다. 그래서 그는 다 빈치를 노스승으로 모시면서 언제든지 만날 수 있는 비밀 지하통로까지 만들어 가며 그의 예술과 학문을 열정적으로 배웠다. 그는 다 빈치가 죽었을 때, 마치 아버지를 잃은 것처럼 슬퍼했다고 한다. 그만큼 그들은 예술적 열등감을 느끼며 로마의 고품격 예술을 흠모하였다.

다 빈치 이야기는 당시의 이탈리아의 상황을 상징적으로 보여주는 대표적인 사건이었다. 그들의 르네상스와 자기 찾기의 실체가 무엇인지를 여실히 보여주고 있었다. 그들은 문예 부흥을 통해 과거의 영광과 자기를 찾을 수 있는 절호의 기회를 얻었지만, 이를 지키고 더 이상의 로마의 영광으로 발전시키지는 못했다. 동생들의 시기심과 욕심 때문이다. 그래서 다 빈치의 사건은 장남의 영광이 동생 프랑스로 강제로 옮겨진 역사적 현실을 상징적으로 보여준다. 파리의 루브르 박물관에 전시되고 있는 다 빈치의 '모나리자' 미소 속에 중첩되어 미묘한 감정이 그들의 복잡한 마음일지도 모른다. 그래서 그들은 2세기간 반짝하더니, 다시 음울한 시절로 돌아갔다. 사춘기 때 반짝 자기를 찾는 듯하다가, 다시 자기가 없는 인생으로 돌아간 것과 비슷하다. 장남인 이탈리아는 왜 이렇게 되었을까? 이를 좀 더 심층적인 마음의 과학으로 설명해보려고 한다.

그들이 과거의 그리스와 로마를 통해 자신을 찾으려는 시도는 좋았지만, 더 깊은 곳까지 들어가지 못했다. 로마가 그리스의 깊이를 다 수용하지 못하고 긍정만을 받아들인 것처럼 그들 후손도 조상이 한 정도로만 끝났다. 더 깊은 그리스의 고차정보까지 들어가지 못했다. 자신을 바로 보고 부정을 통해 자신의 더 깊은 고차적 존재로 들어갔던 그리스의 지혜에 도달하지 못했다. 인간을 회복한다는 것은

레오나르도 다 빈치의 '모나리자'만큼 신비를 자아내는 작품이 없을 것 같다. 작품의 인물에서부터 스푸마토 기법으로 인한 모호성, 그리고 신비한 미소, 자세와 윤곽 등 모든 것이 모호하고 신비롭다. 이는 다 빈치의 르네상스와 조국 이탈리아에 대한 복잡하고 미묘한 마음일지도 모른다. ⓒ wikipedia

알고리즘을 넘어선 고차정보를 찾는 작업인데, 그들은 이를 넘어서지 못한 것이다. 그들은 문예 부흥만 한 것이 아니다. 이에 앞서 경제적 부흥이 있었다. 이를 통해 부강한 나라로 힘을 보아 과거의 영광을 회복해야 하는데, 자신들의 작은 도시 공국에 머물렀고 오히려 자기들끼리 싸웠다. 외세에 대해 하나로 뭉치거나 통일 이탈리아를 꿈꾸지 못했다. 당시 마키아벨리 Niccolò Machiavelli(1469-1527)는 이탈리아가 사는 길은 통일밖에 없다고 그렇게 주장했지만, 작은 공국에 갇혀 이 소리를 외면하고 말았다. 그래서 다시 힘을 키운 북쪽의 동생들에게 또 당하고 말았다.

그들의 문예와 경제 부흥이 한 번의 환상으로 끝난 아쉬움이 있다. 그냥 인간의 감정과 예술적인 부흥으로만 끝난 것이다. 그 이상의 고차정보인 영성과 신성으로 들어가지 못하였다. 그리스는 소크라테스, 플라톤과 아리스토텔레스를 통해 더 깊은 곳까지 들어가 그 놀라운 헬레니즘 문화로 발전해갔다. 그들은 헬레니즘 속에서 헤브라이즘의 신성으로 관통해 들어갔다. 물론 과거 로마제국은 사상과 신성의 고차는 얻지 못했지만, 개방과 이동성 그리고 공화정을 통해 고차성을 찾아 제국을 유지할 수 있었다. 그러나 **그 후손들은 자기들의 작은 도시조차 개방하지 못하고 그곳에 갇혀 살았다.** 자기들만의 뛰어난 예술성에 대한 자만심에 빠져 있었다. 그러나 예술적 고차성만으로는 그 부흥을 유지하기가 어려웠다. 더 큰 현실적인 개방성이 필요했지만, 그들은 자신들의 도시와 자존심에서 빠져나오지 못했다.

그리고 르네상스는 헤브라이즘의 연장인 기독교를 중심에 두면서도 기독교의 깊이를 만나지 못한 점도 아쉽다. 이것은 이탈리아 르네상스의 한계이고 아쉬움이다. 그렇다고 르네상스의 의미가 퇴색되는 것은 아니다. 더 깊고 큰 고차정보로 들어가지 못한 것은 아쉽지만, 고차적인 르네상스가 유럽 문명이 미친 영향력은 지대하다. 이에 대해서는 종교개혁과 근대 유럽 문명을 다루면서 자세히 언급할 것이다.

마지막으로 중세기와 이탈리아의 르네상스를 정리하는 뜻에서 단테의 신곡을 소개하려고 한다. 이 책은 당시의 상황을 깊이 관찰한 책일 뿐만 아니라 그 내용이 마음의 과학까지 포함하고 있다고 생각하기에 그 통찰이 무척 깊다. 물론 현상적으로는 마키아벨리의 군주론이 당시 이탈리아를 정확하게 분석하고 있지만, 심층적 문제로는 단테의 신곡이 그들을 정확하게 기술하고 있다.

중세의 허구성에서 벗어날 수 있는 길을 제시한 단테의 신곡

단테Alighieri Dante(1265-1321)의 신곡神曲 La divina commedia은 기독

교가 지배한 중세기 천년과 르네상스를 기독교적으로 해석하고 미래의 방향을 잡아나가는 글이다. 아우구스티누스의 고백론이 서로마의 멸망을 정리한 것이라 한다면 신곡은 동로마가 완전히 멸망한 것은 아니지만, 거의 수명을 다하고 있을 때 쓴 글로서 그동안을 지배하였던 로마와 기독교를 포함하고 있다고 볼 수 있다. 거대한 한 역사의 시대를 마감하며 이를 기독교적으로 정리한 것이다. 가장 기독교적인 언어인 지옥, 연옥과 천국을 통해서 역사를 정리하고 심판하였다. 이글에서 심판의 의미는 벌과 상을 준다는 의미보다는 진리와 거짓을 바로 보고 이를 벗긴다는 뜻이다. 상과 벌은 신이 할 수 있는 일이다. 그러나 진실이 무엇인지는 인간도 하늘의 영감을 받아 통찰할 수 있다. 역사가 말하는 진실과 거짓이 아닌, 하늘의 진리 측면에서 보는 진실을 말하고 싶은 것이다. 그래서 역사가 거짓을 반복하지 않고 바르게 나아가길 원한 것이었다.

  세상의 나라는 영웅을 신격화하여 그 영웅의 이상을 세상에서 이루고 싶어 한다. 그래서 그리스의 영웅과 로마의 영웅들에 대한 신화가 있다. 신곡의 지옥에서 가장 먼저 만나는 사람이 바로 이러한 영웅이다. 그런데 신곡은 영웅을 찬양하기보다는 그 허구성을 깨우치고 있다. 이러한 지적은 호메로스의 영웅 이야기와 같은 흐름이다. 소크라테스와 플라톤의 방향과도 같다. 인간의 제국은 바로 이러한 허구적인 환상과 가상으로 시작한다는 것을 경고한 것이다. 이것이 세상이라는 지옥의 시작이다. 놀라운 통찰이다. 세상에 천국을 짓겠다는 인간의 이상과 환상을 부수는 것이다. 이것이 로마라는 역사의 교훈이기도 하다. 그리고 로마라는 세상의 제국을 실질적으로 이끈 힘은 이상보다는 물질과 사랑에 대한 탐욕과 욕망이었다. 단테는 이를 다시 파헤치며 그 실체를 폭로하고 있다. 이런 욕구가 좌절되면 분노를 통해 모든 것이 폭력으로 파괴된다고 하였다. 이것이 세상 제국의 흥망성쇠였다. 그는 신곡의 비유를 통해서 이렇게 세상 제국의 실체를 날카롭게 파헤친 것이다.

세상을 치유하고 정화해야 할 책임이 있는 교황과 같은 종교인도 이교도 이상의 악한 자로 보았다. 거짓된 종교적 교리와 지위를 이용해 세상을 구원하기보다는 세상 권력과 결탁하여 세상을 병들고 타락시킨 자들이었다. 이것이 중세 기독교의 실상이었다. 그런데 지옥에서 가장 악한 자를 다른 악행보다 거짓을 말하고 신의를 배반하는 사람으로 보았는데, 바로 종교인을 거짓되고 신에 대한 믿음을 져버린 사람으로 판단한 것이다. 세상 역시 진실을 거부하고 신의보다 물질적인 이익과 탐욕에 따라 움직이는 것이라고 경고하였다. 이것을 세상의 핵심적인 죄악으로 본 것이다. 보이는 것의 저차적 차원으로 고차적인 진리와 믿음을 팔아먹는 것을 세상의 본질로 본 것이다. 이것이 세상이 지옥이 된 이유이다.

그는 이 책을 심판만 하기 위해 쓴 것만은 아니다. 이를 통해 회복하는 길을 열어보기 위해서이다. 지옥 같은 세상의 제국과 종교가 바르게 회복되어 천국으로 갈 수 있는 길을 열기 위한 것이다. 연옥은 바로 이러한 회복의 장소이다. 세상을 멸망시킨 고차적인 믿음과 사랑을 회복하는 곳이다. 자기의 죄를 인정하고 회개하면 용서받고 회복할 수 있는 곳이다. 용서와 사랑을 믿고 회복하면 세상이 천국을 향해 갈 수 있다는 것이다. 천국은 사랑이 지배하고 사랑의 삶

아우구스티누스의 고백록이 서로마의 멸망을 정리한 것이라면, 단테의 신곡은 그 이후 로마와 기독교의 중세를 기독교적으로 정리한 책이라고 볼 수 있다. 세상 국가와 종교의 심층을 파헤치며 그 속의 거짓과 죄악을 고발하면서도 구원의 길을 제시한 위대한 책이다. ⓒ Fernando S. Aldado/wikipedia

을 사는 곳이다. 세상의 거짓된 욕망이 아니라 어렵고 작은 자를 수용하고 사랑하는 것이 천국인 것이다. 저차적 세상이 아니라 고차정보인 용서와 사랑이 천국의 언어이고 정보로 본 것이다. 그래서 인간을 구속하던 헛된 것을 벗고 인간 속의 아름다운 사랑과 믿음을 세상에 실현하는 것이 이 세상을 천국으로 만들어 가는 것이라고 말하고 있다. 이것이 앞으로 세상이 가야 할 길로 그는 제시하였다. 이처럼 시대마다 악과 어둠이 넘친 가운데도, 진리를 밝히는 선지자들이 곳곳에 숨어있었다. 이것이 유럽의 문명이다.

서유럽의 르네상스

이탈리아의 르네상스와 서유럽의 르네상스는 다소 다른 방식으로 진행되었다. 여기서 서유럽은 주로 프랑스를 중심으로 한 유럽을 말한다. 하나의 로마에서 시작된 형제들의 성장 과정은 환경과 각자의 유전자에 따라 조금씩 다르게 나타날 수밖에 없었다. 장남인 이탈리아는 비록 힘이 없고 가난하게 살아왔지만, 그래도 자신들 속에는 장남으로서의 긍지와 자부심이 있었다. 그래서 무엇이든 할 때 여건이 잘 받쳐주지 못해서 그렇지, 무엇이든 잘 할 수 있다는 자신감은 늘 있었다. 실제로 그들의 능력과 잠재력은 대단하다.

그래서 이탈리아 사람들은 말이나 행동에서부터 거침없고 자기표현에도 당당하다. 여건이 어렵다가 살만해지니 그들이 잘 할 수 있는 문예 부흥을 일으켰다. 다른 것은 몰라도 예술 쪽은 자신 있었다. 이 부분에서는 그 어떤 동생들도 따라오기 어려웠다. 그래서 동생들이 할 수 있는 것은 형이 만들어 놓은 것을 빼앗아가는 것이다. 그리고 자기가 만들고 싶으면 장인을 데려가서 만드는 것이었다. 직접 자기들이 할 수 없는 영역이었다. 이런 식으로 조금씩 배워가며 자기들의 실력을 쌓아갈 수는 있지만, 예술은 결코 하루아침에 따라갈 수 있는 것은 아니다.

서유럽의 동생들은 자신들을 잘 알았다. 그래서 그들이 잘할 수 있는 것을 했다. 그들이 잘할 수 있는 것은 싸움이다. 그들은 태생적으로 전사이다. 조상이 켈트, 게르만, 바이킹이기에 타고난 무사들이었다. 왕이라도 왕궁에만 있는 것이 아니라 늘 전쟁터에서 싸웠다.

샤를마뉴 대제도 몇십 년을 전쟁터에서 살았다. 대제라는 화려한 칭호가 있었지만, 창피하게도 글도 모르는 사람이었다. 로마가 그리워 로마식의 황제가 되었지만, 내용으로는 야만이었다. 그러나 욕심은 많아 그럴듯한 황제가 되고 싶었다. 그래서 글을 아는 것이 급했다. 예술은 감히 꿈꿀 수도 없었다. 그래서 박식한 사람들을 궁정에 불러 학교를 만들고 자기만이 아니라 주위의 사람들에게도 공부를 장려했다. 이처럼 유럽의 사람들은 태생이 야만이라, 우선 공부로 열등감을 보상하려고 하였다. **야만에서 빨리 탈출하는 데는 공부와 교육이 가장 효율적이었다.**

그래서 그들의 르네상스는 예술보다 급한 공부부터 시작된 것이다. 샤를마뉴 대제가 학교를 세웠고 그 후 이곳저곳에서 학교가 시작되었다. 그러다 보니 학문과 사상이 발달하게 되었다. 처음에는 교회가 모든 교육을 전담하다 보니, 기독교 사상이나 단순한 어학 정도의 수업이 전부였다. 그러나 교회와 교황의 세력이 약화되면서 다른 학문과 사상에 관한 연구도 가능하게 되었다. 그중에서 교회 사상과 같은 방향인 플라톤이나 신플라톤주의 사상이 소개되었다. 그러다가 놀랍게도 북아프리카의 아랍권을 통해 아리스토텔레스라는 위대한 학자의 학문이 알려졌다. 그동안 그리스에 아리스토텔레스라는 학자가 있었다는 정도만 알고 있었지, 그의 학문에 대해서는 구체적으로 아는 것이 없었다. 그러다가 그의 저술이 전해지면서 그의 학문의 깊이와 방대함에 감탄을 금할 수 없었다. 너도나도 그의 학문을 배우며 연구하는 열풍이 불었다.

그러나 그의 학문으로 깊이 들어갈수록 당시 기독교의 가치관과 배치되었다. 그래서 교회에서 그의 책을 금서로 지정하기도 했다. 그러나 그의 학문이 워낙 탁월하였기에 한 번 일기 시작한 연구 열풍을 그 누구도 막을 수 없었다. 열띤 논쟁 끝에 그의 사상을 기독교에서 받아들이기로 하였다. 그가 주장하는 이성적 사고가 기독교 신앙에도 도움이 된다는 결론을 내린 것이다. 그의 사상을 도입할 수 있게 된 것이 결국 유럽 르네상스의 시작이라고 볼 수 있다. 그래서 그의 사상이 르네상스와 근세 유럽 사상을 주도하게 되었다. 이로 인해 합리적이고 이성적인 철학이 시작될 수 있었고 과학연구도 가능할 수 있었다. 그 여파로 대학과 학문의 발달이 더욱 뜨겁게 진행되었다.

부모와 대화를 시작하다

르네상스는 자신의 뿌리를 기독교가 아닌 그리스와 로마에서 찾는 운동이다. 그렇다면 서유럽의 르네상스는 어떤 식으로 자신의 뿌리를 찾을 수 있었을까? 이를 위해서는 다시 그리스로 돌아가야 한다. 그러나 자식이 성장하는데, 항상 옛날 할아버지 이야기만 들려주어서는 안 된다. 우리나라로 이야기로 하자면 다 큰 자식에게 옛날 공자와 맹자 이야기만 들려주는 것과 같다. 그러면 꼰대라는 소리를 듣는다. 새 시대에 맞게 유학을 변용하고 발전시켜 가르쳐야 한다. 그 시대에도 소크라테스나 플라톤 이야기를 그대로만 하면 그냥 꼰대 소리를 들을 수밖에 없다. 그럼 그 시대에 맞게 어떻게 그리스 이야기를 할 것인가?

아리스토텔레스의 학문은 거의 900년 동안 묻혀 있다가 이슬람을 통해 유럽에 전파되었다. 그의 깊고 방대한 학문은 중세의 어둠을 밝히는 횃불이 되었고, 그 이후 유럽이 자기 찾기를 하는데 가장 큰 영향을 준 사상이 되었다. ⓒ Jastrow/wikipedia

그것이 신플라톤과 아리스토텔레스의 이야기이다. 그리스의 이야기는 현실의 허구성과 실재로서의 이데아에 대한 이분법적인 이야기이다. 현실의 그 어떠한 것도 본질일 수 없고 이를 알아야 이데아로 들어갈 수 있다는 것이다. 맞는 이야기라도 문제가 많다. 기독교 문제가 바로 이 이분법에서 나온다. 신과 인간, 그리고 하늘과 세상의 이분법이다. 그래서 플라톤과 기독교는 하나로 만날 수 있었다. 중세기에서 이분법의 문제가 그대로 드러났었다. 이분법은 인간이 만든 가상이지 실제가 아니었다. 그들이 나눈 신과 인간 그리고 하늘과 세상은 다르지 않았다. 중세에서 신이 사람보다 나아 보이는 것이 없었다. 교황과 교회는 사람보다 더 악했으며 그 무력함도 십자군 전쟁을 통해 드러나고 말았다. 그래서 십자군 전쟁을 통해 신의 기독교는 몰락하고 억압받던 인간을 새롭게 보는 기회가 주어졌다. 이것이 르네상스이다. 더 이상 과거의 이분법이 설 자리가 없었다. 그렇다고 신을 아주 거부하고 인간이 최고라는 무신론으로 들어갈 수는 없었다. 부모 같은 신을 거부할 만큼 자식이 성장한 것은 아니었기 때문이다.

그러나 사춘기라고 해도 무조건 반항만 할 수는 없다. 한두 번은

괜찮아 보이지만, 자꾸 하면 욕먹는다. 자식도 자기의 반항 논리가 필요하다. 내가 왜 이럴 수밖에 없는지 차분하게 설명하고 대화도 하고 잘못된 것을 비판하고 논박할 수 있어야 한다. 자기주장을 합리적으로 표현해야 자기도 편하고 상대도 받아들일 수 있기 때문이다. 그래서 이탈리아의 르네상스는 이를 예술로 표현하였고, 서유럽은 사상과 학문으로 표현하기 시작한 것이다. 어린 자식이 머리가 커진 것이다. 이제 부모와 대화하며 담판도 하는 것이다. 이것이 유럽의 르네상스이다. 어른이 되어가는 과정이다.

먼저 신플라톤주의 이야기를 해보자. 플라톤은 보이는 것과 이데아는 본질적으로 다르다고 했다. 그래서 인간과 현실은 허구로 부정되어야 했다. 그러나 신플라톤주의에서는 인간 속에 이데아적인 형상이 전혀 없지는 않다고 생각하였다. 신이 있지만, 그 신은 인간과 자연에 자신의 형상을 흘려보낸다는 것이었다. 이를 유출流出 emanation이라고 한다. 신성이 정신, 영혼과 물질의 질료 속에도 부족한 상태이지만 존재하는 것이었다. 그래서 이를 찾아내면서 이데아에 가까이 갈 수 있었다. 인간의 아름다움과 사랑 그리고 이성을 통해서도 이데아의 본질로 가까이 갈 수 있었다. 그렇지만 인간 스스로 도달할 수 있는 것은 아니었다. 본질적 간극은 있지만, 인간을 모두 부정하는 것이 아니라 인간과 자연을 통해서도 신을 만날 수는 있는 길을 열어주었다. 이것이 르네상스 예술을 가능하게 하는 학문적 배경이 되었다. 특히 메디치가는 피렌체에 플라톤 아카데미를 세우고 이러한 연구를 통해 그들의 예술을 더욱 공고히 하였다.

그리고 유럽의 학문과 사상에도 신플라톤주의가 영향을 주었다.

아리스토텔레스가 나타나기까지 중세 신학은 거의 아우구스티누스의 신학이 지배하고 있었는데, 신플라톤주의는 성 아우구스티누스의 신학에도 영향을 주었기에 중세 신학이 발전할 수 있었다. 그러나 신플라톤주의가 예술의 발전에는 깊은 영향을 줄 수 있었지만, 신학을 발전시키는 데는 한계가 있었다. 신플라톤주의는 수동적인 사고와 예술에 국한될 수밖에 없었다. 신이 계시하고 은혜로 주어야만 생각하고 행동할 수 있었다. 인간의 능동적이고 자율적인 것에는 많은 제약을 받는다. 인간은 더 적극적으로 생각하고 자기주장을 하고 싶은데, 신의 유출에만 의존한다면 인간으로서는 너무 답답한 일이었다. 그러나 그것으로 만족해야 했다. 그러나 인간의 능동성은 이렇게 눌려서만은 살 수 없었다. 르네상스가 이를 충동질하고 있었다. 이런 사이에 놀라운 일이 일어났다.

아프리카에서 이방의 이슬람 학자에 의해 아리스토텔레스의 학문과 사상이 전파되기 시작한 것이었다. 뭔가 탈출구를 찾고 있던 그들에게는 아리스토텔레스의 학문은 그야말로 구세주였다. 가뭄의 단비였다. 그의 깊고 방대한 학문이 소개되면서 이런 깊이의 학문이 이미 그리스 시대에 있었다는 것에 놀라지 않을 수 없었다. 플라톤과 신플라톤주의를 뛰어넘고 아우구스티누스의 신학을 뛰어넘을 수 있는 놀라운 가능성이 열린 것이다.

그들은 굶주린 사자들처럼 이를 깊이 연구하며 파고들었다. 그리고 같이 토론하고 싸우기도 했다. 기존 기독교의 신학과 대치되는 부분들이 있어 많은 갈등이 있었지만, 학문적인 대세와 그 속에 있는 진리를 꺾을 수 없었다. 드디어 아리스토텔레스가 당당히 신학 속에 등장하게 되었다. 이 위대한 작업을 한 신학자가 바로 성 토마스 아퀴나스Sir Thomas Aquinas(1224-1274)였다. 아리스토텔레스는 플라톤의 제자였다. 그러나 그는 이데아의 본질은 인정하지만, 현실과 자연에서 이를 찾을 수 있는 길을 연구하였다. 그가 유출이란 개념을 도입한 것은 아니지만 보이는 것 속에서도 이데아의 형상이 있어 이를 통해서 이상을 이루어갈 수 있다고 했다. 모두가 다 허상이 아니고 그 원리를 연구하고 발견하여 작동시키면 이데아의 형상에 가까이 갈 수 있다는 것이다. 이는

토마스 아퀴나스는 신 앞에 무력한 중세가 이성의 힘으로 신과 대화를 할 수 있는 문을 열어준 학자이다. 이성은 인간 속에서 발견된 신과 교통할 수 있는 창구가 되어 인간이 자기를 찾아가는 데 큰 역할을 하였다.
ⓒ Carlo Crivelli/wikipedia

신플라톤주의보다 인간의 이성과 능동성을 더 긍정적으로 평가하기에 인간이 더욱 적극적일 수 있는 것이다. 그리고 그는 자연, 인간의 정신, 사회와 국가 속에 있는 이러한 원리들을 찾아 구체적으로 기술하였다. 정말 놀라운 연구이고 학문이었다. 근대의 학문과 과학을 촉발하기에 부족함이 없는 크고 깊은 학문이었다.

그래서 아퀴나스는 이러한 인간의 이성을 활용하여 그동안 할 수 없었던 신에 대한 다양한 질문과 함께 가능한 답을 그의 신학대전에 기술하였다. 물론 아리스토텔레스의 모든 것을 수용한 것도 아니고.

신성의 모든 것을 이성으로 다 설명한 것은 아니지만, 할 수 있는 만큼 이성을 통해 신을 만날 수 있는 길을 연 것은 정말 놀라운 발전이다. 이 길이 곧 **근대 유럽과 발전의 기초**가 되었는데, 이를 기초로 근대의 철학과 신학 그리고 과학이 발전할 수 있게 된 것이다.

이는 신학이라는 학문의 발전만을 의미하지는 않았다. 문명사의 자기 찾기에 엄청난 큰 영향을 미치는 사건이었다. 십자군 전쟁은 가출한 자기의 아픔과 병을 맘껏 표출해본 변칙적인 자기 찾기였다. 그러나 항상 그렇게 살 수는 없었다. 집에 돌아오면 정상적인 방식으로 자기를 표현해야 했다. 그래서 이탈리아의 르네상스는 자신을 예술을 통해 표현해보았다. 상당히 성공적이었고 자신감도 가지게 되었다. 그러나 감정적인 표현만으로 만족해야 했다. 이는 자기감정을 표출하는 사춘기의 일반적인 모습이었다. 부모가 그냥 받아주지만, 아직 자기를 다 표현한 것은 아니었다. 이제 남은 것은 자신을 합리적인 말로써 표현하고 조리 있게 어른의 논리로 대화를 시작하는 것이었다. 이 **대화의 시작**이 바로 지성과 **이성의 발견**이었다. **자신 속에 있는 이러한 능력으로 어렵게 여겼던 신과 대화**를 할 수 있게 되었다. 이는 자기 찾기에 있어서 아주 중요한 사건이었다. 이를 통해 **사춘기가 아닌 성인의 길**을 갈 수 있기 때문이었다.

3부

청년기
청년의 삶에서 드러난 다양한 자기
(16~18세기)

1
참혹한 성인식으로서의 종교개혁

부모를 떠난다는 의미

종교개혁은 인격발달로 본 유럽 문명사에서 가장 중요한 사건이다. 어떻게 보면 성인식과 같은 것이다. 르네상스는 성인으로 가는 사춘기의 사건이라면, 제대로 자기를 알고 독립적인 성인으로서 자기의 인생을 시작하는 사건이 바로 종교개혁이다. 종교개혁은 한 사람으로 시작된 사건이지만, 이로 인해 유럽 전제가 상상할 수 없을 정도의 큰 변화를 겪는다. 한 사제의 신앙고백의 사건이 어떻게 유럽 전체를 흔들게 되었을까? 그리고 그 후유증은 어마어마하다. 성인이 된다는 것이 이만큼 큰 사건이다. 우리는 나이가 들면 자동으로 어른이 된다고 생각하지만, 여기서 말하는 성인은 나이만을 의미하는 것은 아니다. 부모를 떠나 자기 인생을 시작하는 인생으로서의 성인을 말하는 것이다.

부모를 떠나는 것은 단지 집을 떠나는 것만을 의미하지 않는다. 성경에 보면 아브라함이 본토, 친척, 아비 집을 떠나는 사건이 나오는데, 이는 단순히 몸으로 고향을 떠나는 여정만을 의미하지 않고 마음과 인격으로 부모를 떠나는 것이다. 이 떠남의 여정은 25년이나 걸렸고 이 과정이 바로 구원이었다. 이스라엘 백성은 노예 생활을 하던 이집트를 떠나는데도 40년이라는 광야 생활을 거쳐야 했다. 이 모든 것이 부모를 떠나 한 성인으로 세워지는 과정이다. 이처럼 유럽도 종교개혁을 통해 바로 이런 떠남의 길을 가게 되었다. 과거를 떠난다는 것이 얼마나 어렵고, 새로운 시대를 향해 가는 것이 얼마나 많은 고난과 역경을 통과해야 하는지를 유럽을 통해 보게 될 것이다. 이것이 성인이 되는 삶이다.

종교개혁의 역사적 사건에 대해서는 이미 많이 알려져 있으므로 이 글에서 반복하진 않을 것이다. 이 글에서는 종교개혁의 인격적이고 내적인 면에 초점을 맞추어 이야기하려고 한다. 부모를 떠난다는 의미가 과연 무엇일까? 단순히 집을 떠나 이사를 하거나 결혼하는 것을 의미하는 것은 아니다. 부모를 떠나는 것이 이민 가는 것도 아니다. 부모와 사별하는 것을 의미하는 것도 아니다. 부모가 돌아가시고 지구 반대편으로 이민 가도 부모를 떠나지 못하는 사람이 많다. 부모를 의존하지 않고 그리워하지 않는 것이 부모를 떠나는 것도 아니다. 이것이 오히려 부모를 떠나지 못해서 심하게 억압하는 경우일 수도 있다.

같이 살아도 부모를 떠날 수 있다. 그래서 유럽이 부모를 떠나는 것이 가톨릭을 믿는 것이거나 신교를 믿는 것과 같은 외적인 의미를 말하는 것이 아니다. 내면과 인격의 내용의 사건으로 보아야 한다. 부모는 내가 어릴 때부터 가장 큰 영향을 주었기에 부모는 이미 나 자신으로 되어있다. 특히 부모가 거대한 로마제국이라면 그 영향력은 이루 말할 수 없이 크다. 유럽인에게 있어서 로마제국은 이미 자기 자신이기도 하다. 그래서 자신 속에서 자신이 되어있는 부모를 찾아 떠난다는 것이 그렇게 쉬운 일이 아니다.

처음 자신을 찾고 느끼는 것이 사춘기라고 했다. 그것이 문명사적으로 보면 르네상스이다. 그러나 사춘기는 잠깐 자신이라는 존재를 정서적으로 느낀 것이지 본격적인 자기 찾기는 아니라고 했다. 아직 대부분이 부모의 것으로 살아간다. 성인이 되어 부모를 떠난다는 것은 진정 부모가 준 것을 인식하고 부모와 다른 자신을 발견하는 것을 말한다. 그리고 찾은 자신을 현실에서 실현하는 인생을 의미한다. 아직 성인으로서 부족하지만, 하나의 독립적인 개체의 인격으로서 부모와 동등한 어른으로 대면하고 만나는 것이다. 한 사회인으로서 같은 남자로서, 아버지로서 대등한 인격으로 만나는 것이다. 그런데 이것이 왜 종교개혁이라는 사건이 될까? 로마제국이라는 거대한 아버지가 자식에게 남겨준 유산은 두 가지이다. 하나는 제국과 황제라는 거대한 환상이다. 그래서 유럽의 지도자는 제국을 이루면서 그 나라의 황제가 되고 싶어 했고, 국민도 제국의 국민과 황제의 시민이 되고 싶어 했다. 이러한 환상은 20세기까지 계속되었다. 그래서 유럽은 늘 전쟁터였다. 이는 유럽을 움직이는 거대한 무의식이다.

교회의 권위에 억압된 자기를 찾다

그다음의 로마제국이 남겨준 것은 기독교이다. 그래서 유럽이 성인이 된다는 것은 로마라는 아버지가 남긴 이 두 가지를 떠나는 것이다. **제국과 황제에 대한 환상과 종교를 떠나는 것이다.** 하나는 로마의 외적인 것 즉 아버지이고 하나는 로마의 내적인 것 즉 어머니이다. 그런데 이들을 한꺼번에 다 떠날 수 없다. 이들은 그들의 무의식에 너무 깊이 박힌 것이기에 이를 알아채고 떠난다는 것이 정말 어려운 것이다. 그래도 먼저 떠날 수 있다고 생각한 것이 신앙적인 것이었다. 그래서 종교개혁이 먼저 일어났다. 종교적인 것이라 쉬울 것으로 생각했지만, 이는 단순히 종교의 문제가 아니었다. 정치적인 문제와 오랫동안 결합되어 있었기에 엄청난 후폭풍이 몰아쳤다. 유럽은 기독교와 로마라는 환상이 하나로 결합되어 있어서 교회를 떠나려고 하니 로마의 망령이 같이 따라와 그들을 붙잡았다. 종교가 로마라는 정치세력과 분리되어 있지 않아 이를 동시에 떠나야 했다. 그래서 아주 힘든 성인식이 된 것이다.

기독교에서 그동안 유럽은 신을 직접 만날 수 없었다. 로마는 처음부터 기독교를 통해 로마제국을 통치할 목적이었기 때문에 성경을 자신의 통치수단으로 변용하여 교회법과 교황이라는 구조를 만들었다. 원래 성경은 예수 그리스도를 중보자로 해서 누구든지 개인적으로 신을 만날 수 있었다. 그러나 로마교회는 신성의 그리스도를 강화하면서 그 중보의 역할을 마리아와 사제들로 바꾸었다. 그래서 그들을 통해서만 신을 만날 수 있게 한 것이다. 이를 통해 백성을 교묘하게 통제할 수 있었다. 그래서 겉만 기독교로 위장하였지, 사실은 로마의 통치수단이었다. 그리고 로마가 멸망한 다음에는 교회가 정치 전면에 나서게 되었다. 그래서 백성에게 노출된 기독교는 참 성경적 진리가 아니었다. 성경도 그들만의 성경이지 일반인들은 읽을 수도 없었다. 그들이 가르치고 시키는 대로 종교 생활을 했다. 이는 마치 부모가 시키는 대로 사는 자식과 같았다. 아무런 자기가 없는 삶이었다.

마틴 루터가 시작한 종교개혁은 다른 권위에 의하지 않고 스스로 믿음만으로 존재할 수 있는 개인을 탄생시켰다. 이를 통해 개인이 독립적인 성인으로 살아갈 수 있게 되었다. 그러나 현실 속에 엄청난 저항이 있었기에 이를 극복하는 고통스러운 성인식을 통과해야 했다.
ⓒ wikimedia commons

그래서 수많은 병폐가 나타났고 교회는 거짓된 교리와 죄악으로 가득 차 있었다. 조금의 성경에 대한 지식이 있으면, 이것이 잘못된 것을 알지만, 누가 감히 무섭고 강한 아버지의 권위에 도전할 수 있었겠는가? 그러나 십자군 전쟁으로 교황과 교회의 권위가 추락하기 시작하면서 여러 군데에서 개혁을 요구하는 소리가 나기 시작했다.

그러나 교회는 그들을 색출하여 마녀 사냥식 종교재판과 고문으로 그들을 화형시켰다. 이러한 마녀사냥이 가장 극심한 곳이 독일이었다. 그러다가 루터 Martin Ruther(1483-1546)에 의해 그 불가능할 것 같았던 종교개혁이 1517년에 95개의 반박문을 게시함으로 시작되었다. 종교개혁은 종교만의 개혁이 아니었다. 거대한 정치적인 사건이기에 다른 정치적인 여건이 뒷받침되어야 가능했다. 종교개혁의 핵심은 신앙은 극히 개인적인 믿음에 기초한다는 것이다. 신은 개인의 믿음으로 만나는 것이지, 교회와 교황의 권위나 중보에 의한 것이 아니라는 것이다. 이것이 성경의 가르침이다. 그래서 성경의 권위를 교황과 교회 위에 두었다. 당시까지는 개인의 존재는 의미가 없었다. 집단의 한 구성원일 뿐이었다. 봉건제의 한 부속물이고 교회라는 집단에 의해 개인이 존재하는 것이다. 마치 부모가 물려준 유산에 의해 자신이 존재하는 것이지 한 개인과 인격으로 존재하는 것이 아니었다.

개인의 탄생으로 인한 놀라운 변화

중세의 개인은 없었다. 단지 한 체제의 부속물인 벽돌로서만 존재하였다. 스스로 자율적인 자유와 결정권이 없었다. 거주의 자유도 없었다. 자기는 없고 죽어야 할 죄인일 뿐이다. 여기서 벗어나려면 마리아의 중보와 사제와 교황의 도움이 있어야 했다. 그러나 성경은 오직 십자가의 대속에 대한 믿음만으로 의인이 되고 완전한 인격과 생명이 될 수 있다고 하였다. 이것이 종교개혁의 핵심적 내용이다. 누구에 의하지 않고 자신의 믿음만으로 자기를 찾을 수 있는 길이 열린 것이다. 이를 통해 한 개인이 스스로 자신을 결정할 수 있는 인격과 성인으로서 출발할 수 있는 신앙적 근거가 생긴 것이었다. 진정한 자기 찾기의 시작이었다.

그러나 이러한 자기의 출발은 내면적인 믿음만으로 되는 것은 아니다. 현실의 엄청난 장벽과 저항을 각오해야 했다. 처음으로 불가능할 것 같았던 무서운 아버지에게 반발해본 것이었다. 그러나 그 무서운 아버지는 이런 자식을 가만히 둘 리가 없었다. 겁을 주며 자기를 떠나지 못하게 하였다. 네 마음대로 살면 큰일 날 것이라고 협박하였다. 실제로 독일에서는 종교개혁 이후 이들을 겁박하기 위해 악독한 고문과 종교재판 그리고 화형이 더욱 강화되었다. 그러나 나를 찾는다는 것은 이러한 현실의 장해를 넘어서서 자기 인생을 개척할 것을 각오하는 것이기에 이에 굴하지 않고 싸워나갔다.

이러한 싸움이 유럽 각국에서 거의 200년간 진행되었다. 구교와 신교의 갈등으로 인한 참혹한 전쟁이 각국에서 일어났다. 프랑스는 위그노 탄압과 전쟁으로, 독일은 30년 전쟁으로, 영국은 청교도 전쟁과 내전으로 그리고 스페인은 가톨릭의 복원에 의한 유대인과 이슬람에 대한 핍박 등 온 유럽이 200년 이상을 참혹한 전쟁과 탄압의 내전 가운데 있었다. 수많은 사람이 죽었다. 종교전쟁은 일반전쟁보다 더 잔혹하였다. 그냥 죽이는 것이 아니라, 아주 잔인하고 야만적으로 죽였다. 승리가 목적인 단순한 전쟁이 아니다. 상대를 잔인하게 죽이고 완전히 폐허가 될 때까지 싸우는 것이 목적이었다. 이만큼 부모를 떠나는 것은 어려웠다. 죽음을 각오해야 했다. 그래도 부모를 떠나 자기를 찾아야 바른 인생이 있기에 유럽은 이를 멈추지 않았다.

그들은 이러한 희생을 치르면서 자기를 더욱 깊게 찾을 수 있었다. 자기를 억압하며 자기를 잊고 살았던 인간이 이제 자기가 누구이며 자기 속에 무엇이 있는지를 알아가게 된 것이었다. 그 결과 자신들 속에 있는 이성과 지성을 발견하게 되고 이를 발전시킴으로 엄청난 변화를 맞게 되었다. 내적으로 외적으로 과거에는 상상할 수 없는 변화가 일어났다. 이만큼 부모를 떠나 한 개인으로서 살아간다는 것이 중요하다. 부모의 그늘에 눌려 자신 속에 그런 능력이 있는지도 모르고 살았지만, 이제는 이를 맘껏 펼치며 살아갈 수 있게 된 것이다.

   학문과 예술, 과학과 기술, 상업과 금융, 산업혁명과 에너지의 개발, 대항해와 식민지 개척, 제국의 확장 등 여러 분야에서 유럽은 상상할 수 없는 만큼 달라졌다. 천지가 개벽할 정도였다. 그리고 의회주의와 시민혁명 등의 민주주의도 가능하게 되었다. 자기 찾기가 이만큼 중요하고 대단한 것이다. 과거와 전혀 다른 삶이 시작된 것이다. 부모와 다른 자기의 삶이었다. 부모인 로마제국이 아무리 대단하다고 하지만, 로마도 상상하지 못한 자식들의 자랑스러운 모습이었다.

2
폭발적 내적 성장
― 지성과 이성의 발달

진정한 나는 누구인가?

유럽 문명사는 처절한 자기 찾기의 역사이다. 십자군 전쟁, 르네상스와 종교개혁이라는 험난한 시절을 보내며 열심히 자기를 찾아 왔다. 그래서 이제 유럽은 과거와 다른 자기로서 살아간다. 그런데 여기에도 또 문제가 있다. 과연 나는 나를 찾아 이렇게 열심히 살아왔는데, 과연 나는 바른 나를 찾고 있는가? 나는 과연 나인가 하는 질문에 봉착하게 된다. 나라고 생각하지만, 아직도 부모가 물려준 허상과 환상 속에서 살고 있는지도 모른다. 나의 생각과 감정이라고 하는데, 과연 이것이 나의 것인지 라캉이 말한 대로 타자의 상상과 환상인지 꼼꼼히 점검해보아야 한다.

자기의 생각과 감정 속에는 이미 부모의 것이 많이 잠식되어 있어

데카르트는 생각할 수 있는 의식에서 부인할 수 없는 자기를 발견하였다. 이 자기가 근대를 시작하는 출발점이 되었다. 생각할 수 있는 자기에서 지성과 이성이 발달하고 이 능력으로 위대한 근대의 문명을 이룰 수 있었다. ⓒ Dedden/wikipedia

자신에게서 나오는 것이라고 모두 자신의 것이라고 볼 수 없다. 그래서 진정한 자신의 것을 걸러내는 작업이 필요하였다. 이러한 작업의 시작이 곧 데카르트Rene Descartes(1596-1650)의 합리주의 철학이다. 그는 우리의 생각과 감정 모두를 합리적인 의심을 통해 거짓을 진리와 구별하는 검증 과정이 필요하다고 했다. 그러나 그는 모든 것을 의심해야 하지만, 의심하는 자신의 의식만은 의심할 수 없는 확실한 존재라고 했다.

그래서 그는 놀랍게도 의심하는 생각 속에서 자기를 찾는 것이 아니라 **의심하는 그 의식에서 자기를 찾았다.** 놀라운 발상이고 자기 찾기이다. 이 자기만이 의심할 수 있는 확고한 자기이며, 다른 것은 항상 의심하고 검증해보아야 한다고 했다. 그가 그동안의 자기 찾기의 확실한 이정표를 제시한 것이다. 이 정도가 되면 인간은 이제 자기를 다 찾은 것 같기도 하다. 물론 과거 억압받았던 시절에 비하면 엄청난 자기 찾기임은 틀림없다. 그러나 먼 자기 찾기의 여정으로 보면 이제 시작에 불과하다. 그 이후의 자기 찾기는 어떻게 계속되었을까?

데카르트의 합리주의는 자기 찾기의 시작은 되었지만, 오히려 현실을 도피하는 자기 찾기의 위험성이 내포되어 있었다. 의식의 자기라는 것이 과연 바른 자기인가 하는 의혹이 들기 시작한 것이다. 이러한 의심은 영국의 철학자들에 의해 제기되었다. 그들은 데카르트와 같은 의심으로 시작하였지만, 의심의 대상은 달랐다. 같은 합리적 의심을 철학의 출발점으로 하였지만, 영국의 경험주의자들은 데카르트가 의심하지 않고 받아들인 본유관념과 의식의 자신까지도 의심해야 한다고 했다. 모든 것을 경험과 감각의 결과로 주어지는 것으로 보았고, 인간에게 선험적으로 주어지는 것은 그 어떤 것도 없다고 거부하였다. **본유적 자기를 거부하고 경험적 자기만을 주장한 것이다.**

이러한 자기 찾기는 한편으로는 데카르트의 자기보다 발전된 것이기는 하지만, 그 속에는 아주 묘한 후퇴의 가능성도 포함되어 있다. 모든 자기는 종교개혁처럼 처절한 삶 속에서 경험된 것만 살아남는다. 삶 속에서 경험되지 않은 자기는 허구적인 자기일 수 있다. 물론 이는 분명한 사실이다. 그러나 자기를 모두 삶의 경험에다 맡기는 것은 자기에 대한 후퇴일 수도 있다. 나는 없고 오직 경험만이 나의 존재가 된다. 그렇다면 나는 누구인가? 경험으로 타인과 세상에 의해 결정되는 존재인가? 이는 정신분석의 대상이론과 비슷한 논리가 된다. 대상이론에서는 자기는 오직 대상에 의해 결정된다는 것이다.

이와 비슷한 문제는 면역학의 자기 형성에서도 나타난다. 면역학적 자기는 외부 항원에 의해서만 형성되는가? 반드시 그렇지 않다. 항체가 형성에 항원이 아주 중요한 요소이지만, 그 이전에 형성된 항체의 풀pool이 있다. 물론 그 풀도 항원의 영향이 없는 것은 아니지만, 본유의 자신이 이미 존재하고 있는 것은 사실이다. 유전체가 바로 그 증거이다. 그 안에서 항원에 의해 선택되는 것이 항체이다. 대상관계 이론도 마찬가지이다. 대상이 중요하지만, 그 이전에 이미 원형적인 자기가 분명히 있다. 자기와 대상이 상호적으로 교류를 통해 자기가 형성되는 것이지, 대상에 의해서만 자기가 형성되는 것은 결코 아니다. 대상은 거울로써 나를 만들어 가지만, 거울이 자기일 수는 없는 것이다.

이처럼 영국의 경험주의는 자기를 전적으로 외부의 요인으로만 분석하려는 것은 진정한 자기를 포기하는 자기 상실일 수도 있다. 나는 타자에 의해서만 형성된다는 잘못된 자기 소외를 유발할 수 있다. 이러한 이유인지 영국인들은 자신을 바로 주장하지 못하고 항상 상황에 의존하여 표현하는 경향이 강하다. 가장 바람직한 것은 자기와 타자, 즉 합리주의와 경험주의의 타협과 조화이다. 이를 이룬 대사상가가 있었다. 바로 칸트이다. 그래서 칸트는 아주 중요한 자기 찾기의 결정체인 것이다.

지성과 이성이라는 두 자기를 발견하다

종교개혁 이후 자기 찾기가 본격적으로 진행되면서 자기 찾기는 두 가지 방향으로 진행되었다. 앞서 분석한 대로 자기를 자신 속에서 찾는 길과 현실에서 찾는 길이다. 대륙의 근대철학이 찾은 본유적인 자기와 영국의 경험주의 철학에서 찾아가는 자기이다. 이는 인간이 내재한 두 가지 능력을 의미하기도 한다. 이제는 권위와 신이 아닌 자신을 의지하고 자신이 주체가 되는 삶을 살아야 한다. 그렇다고 종교를 떠난다는 뜻은 아니다. 신성을 의지하더라도 자기가 주체가 되는 삶을 사는 것이 종교개혁의 정신이므로 자기를 주체로 자기의 능력을 개발하며 살아야 한다. **인간이 자기 속에서 발견한 두 가지 능력이 있었는데, 그것이 바로 이성과 지성**이다. 그래서 대륙의 합리주의 철학은 이성을 통해서 자기를 찾는 방향으로 가고 영국의 경험주의 철학은 지성을 통해 현실에서 자기를 찾는 방향으로 갔다.

이성과 지성은 완전히 분리되는 것은 아니지만, 서로 지향하는 방향이 다른 것은 사실이다. 이성은 인간의 초월적 내면을 지향하는 반면 지성은 현실을 지향한다. 초월성은 이상理想을 지향하지만, 현실은 실용성과 효율성을 지향한다. 그래서 늘 인간에게서는 이상과 현실이 상충하는 방향으로 나타난다. 자기를 찾아 나가는데, 이제는 외부의 힘으로 갈등하는 것이 아니라 자기 속에서 갈등할 수 있는 것이다. **이제는 부모가 아니라 자기와의 싸움과 갈등**이 시작되는 것이다. 물론 여기에서도 완전히 부모의 영향을 배제할 수는 없다. 부모가 남긴 유산이 교묘하게 작용하지만, 겉으로는 자기와의 싸움인 것이다.

그래서 유럽은 크게 두 가지의 길로 갔다. 자식들의 성향상 자기에게 더 적합하고 맞는 길로 가고 있었다. 그렇다고 완전히 분리되는 것은 아니다. 국가마다 특징적으로 나타날 뿐이지, 이 두 가지는 늘 상충하며 이를 통해 더 큰 자기로 발전하였다. 영국은 일찌감치 지성과 현실의 경험을 중시하는 방향으로 갔다. 그래서 그 결과 산업혁명을 가장 먼저 이루고 그 힘으로 대양으로 진출하여 아주 넓고 강대한 식민지 제국을 이루었다. 현실로 가장 앞서 나간 것이다. 그들의 지성을 중시하고 경험을 중시한 철학과 그 속에서 자기를 찾으려는 성향 때문일 것이다. 이에 대해서는 다음 장에서 다시 자세히 분석할 것이다.

대륙은 처음에는 프랑스가 주도해나갔지만, 나중에 독일로 옮겨 갔다. 그들은 자신 속에서 자기를 찾으려고 하였다. 이를 한마디로 말하면 이성이 주도하는 삶이다. 현실의 실용적인 가치관만이 아니라, 이성의 가치관으로 살려는 것이다. 그렇다고 그들은 이상만 추구한 것은 아니다. 지성에 의한 실용적인 삶도 중시하였지만, 그것으로 만족하지 않고 이성의 이상적인 삶까지 추구한 것이다. 그래서 프랑스는 시민혁명을 이루었고 독일은 철학과 예술 그리고 기초과학의 놀라운 발전을 이루었다. 이성과 이상을 추구하는 그들의 결실이라고 생각한다. 그들의 이러한 노력이 집단적 사상으로 발전된 것이 계몽주의이다.

계몽주의에 나타난 이성의 한계

그렇다면 계몽주의란 무엇일까? 이를 자기 찾기의 차원에서 생각해보자. 계몽주의는 이성으로 암흑의 시대를 밝힌다는 뜻이다. 그런데 이성은 이미 중세의 스콜라철학에서부터 아주 중요한 주제였다. 합리주의와 경험론도 모두 이성이 그 중심에 있다. 이처럼 이미 이성이 빛을 발하고 있는데 다시 이성의 빛을 비춘다는 뜻은 무엇일까?

이에 대해 조금 더 구체적으로 생각해보려고 한다. 계몽주의에 대한 위키백과의 설명을 들어보자.

"17세기 후반에 시작되어 18세기에 장밋빛으로 개화된 계몽 운동은 정치나 경제, 사회, 종교, 사상 등에 있어서의 전근대적인 어둠에 이성의 빛을 비추었다. 전근대적인 어둠이란 전근대적이며 봉건적, 종교적인 권위, 특권, 부정, 압제, 인습, 전통, 편견, 미신 등이다. 계몽(어둠에 빛을 비추어 밝고 현명하게 하는 일)의 사상가는, 이성을 척도로 하여 이 어둠을 비판하고 심판했다. 거기서는 종교도 자연관도, 사회도 국가도, 모든 것이 용서 없이 비판되었다. 이제까지의 사회 형태라든지 전통적인 사고방식이 불리한 것으로써 쓰레기통에 던져졌다. 이성에 의해서 생각해 낸 것이 모든 인간 행위나 사회 형태의 기준으로서 요구되었다. 이성에 입각한 영원한 진리, 영원한 정의가 종래의 암우暗愚와 대치되어야 했다. 그것은 바로 일체가 신의 권위에 입각한 중세에 대해서, 모든 것을 인간 두뇌의 사고에 입각하게 한다는 역전이었다. 이성적 정신의 열광이 세계를 뒤흔들었던 것이다."

이처럼 철학과 사고에만 머물던 이성의 빛을 어두운 모든 삶 속에 비춘다는 것이다. 어떠한 성역도 없이 종교, 정치, 사상, 경제, 사회 모든 곳에 이성의 빛을 비추어 비판하고 싸워 이성이 지배하는 이상적이고 건강한 사회를 만든다는 것이다. 이성의 역사화와 사회화이다. 자기 찾기를 하는 그 자기까지도 비판의 대상이 된다. 처절한 갈등과 싸움의 결과, 마침내 칸트의 철학으로 계몽사상이 마무리되는 것 같았다. 그러나 그 어떠한 사상도 완전할 수 없었다. 혁명적인 사고도 정체되면 혁명의 대상이 될 수밖에 없었다. 계몽의 빛도 항상 빛날 수만은 없었다. 그 밝았던 빛도 자기도 모르게 그 빛을 잃어가고 있었다. 모든 것을 비판하던 **계몽의 이성이 만능이 되면서 점차 우상화되고 권력화하면서 그 빛을 잃어가기 시작한 것이다.** 그래서 이러한 이성을 비추는 새로운 이성의 빛이 필요하게 되었다. 이 세상에 영원한 빛은 있을 수 없다. 그래서 어두워져 가며 정체되고 만능으로 가는 이성을 부수고 그 이성을 회복시키는 새로운 힘을 찾기 시작했다.

자기는 끊임없이 움직여야 한다. 멈추면 이미 자기가 아니다. 면역학적 자기가 그러하다. 새로운 항원의 자극과의 교류를 통해 계속 새로운 자기를 형성해야 한다. 멈추어지면 이미 굳어진 과거의 자기이다. 겉은 자기인 것 같지만, 이미 자기가 아니다. 자기를 주장하지만, 그것은 자기의 보존 욕구이고 고집이지 현재의 자기는 아닌 것이다. 과거의 자기에 대한 고집을 우리는 보수주의 혹은 전통주의라고 한다. **새롭게 늘 변하는 자기가 아닌 자기는 이미 자기가 아니다.** 이성 속에 자기도 같은 문제가 있다. 이성이 너무도 확실한 진리와 전통이 되면 굳어진 자기처럼 어떠한 힘으로도 부술 수가 없었다. 중세기의 종교적인 전통과 권위를 허무는데 얼마나 많은 싸움과 희생이 있었던가? 신의 권위를 그 누가 쉽게 부술 수 있는가? 지금은 인간의 이성이 바로 중세의 그 완고한 권위가 되었다. 이성이 파괴되어야 할 우상이 된 것이다. 또 엄청난 다툼과 희생이 필요한 시기가 된 것이다. 역사는 혁명의 혁명을 반복해왔다.

과거 중세의 전통을 부수는 르네상스가 자기도 모르는 사이에 새로운 형식과 규범의 고전주의가 되었다. 르네상스의 활기는 사라지고 안정과 형식을 중시하는 고전주의가 되었다. 그래서 이성과 경험이 이를 부수고 이것도 부족하여 다시 계몽주의를 통해 이를 해체시켰다. 이런 강력한 해체와 비판의 힘이 이제 다시 고전주의처럼 굳어져 가고 있었다. 이렇게 굳어 가는 힘을 다시 허물어트릴 힘은 대체 어디에서 나올 수 있을까? 인간의 이성이 최고의 힘인 줄 알았는데 이 이성을 허물 힘이 과연 존재할까? 그렇다고 이성이 이성을 부술 수는 없었다.

역설적이지만, 이성을 부술 힘은 가장 비합리적이고 비이성적인 것이어야 한다. 그래야 이성이 흔들릴 수 있기 때문이다. 그렇다면 바로 이 힘은 인간의 이성에 의해 억압받으며 폭발 직전에 있던 감정일 수밖에 없다. 이성이 늘 비합리적이고 비이성적이라고 감시하고 가두어놓았던 감정이 이성을 쳐부술 수 있는 가장 유력한 힘이 될 수밖에 없었다. 바스티유 감옥을 허물고 프랑스 시민혁명이 시작된 것처럼, 이성의 감옥에 갇혀 있던 감정이 옥문을 열고 나와 이성을 허물고 해체하는 혁명이 일어나야 했다.

제3의 자기인 감정을 발견하다 – 신고전주의와 낭만주의

이 **감정의 혁명을 역사적으로 질풍노도**疾風怒濤라고 한다. 이성에 눌려있던 충동본능과 감정 그리고 비합리적인 상상과 직관이 폭발적으로 소리치며 일어난 것이다. 이성의 평준화에 갇혀 있던 자연성, 천재성과 독창성이 활개 치며 일어난 것이다. 그러나 이러한 해체의 힘은 보편적인 세력이 될 수 없다. 혁명군이 정치할 수는 없다. 혁명은 혁명이다. 혁명군이 정치하면 대개 과거를 반복하는 경우가 많다. 그래서 혁명이 혁명을 부르는 악순환에 빠진다. 프랑스의 시민혁명이 그랬고, 영국의 청교도 혁명이 그랬고, 나폴레옹의 혁명과 공산당 혁명이 그러했다. 인간과 세상은 계속해서 혼돈과 불안 속에서 살아갈 수는 없다. 다시 평정심을 찾고 안정적인 삶으로 돌아와야 한다. 그러나 과거로의 회귀는 안 된다. 혁명군이 안 된다고 해서 다시 이성이 지배하는 왕정복고로 갈 수도 없다. 그래도 역사발전을 이루어야 한다. 그래서 이성만도, 감성만도 아닌 두 세력이 정반합을 이루어 공존하는 새로운 사상이 탄생해야 했다. 이래서 탄생한 것이 신고전주의이다.

  이 신고전주의를 이룬 사람이 괴테Johann Wolfgang von Goeth(1749-1832)이다. 이를 바이마르 고전주의라 한다. 이것이 독일 문화의 중심이 되었다. 칸트Immanuel Kant(1724-1804)가 합리주의와 경험주의의 화합을 이룬 것처럼 괴테는 이성과 감성의 균형과 조화를 이룬 것이다. 그러나 여기에서도 또 문제가 생긴다. 이성과 감정의 조화가 과연 가능한가이다. 영국에서 왕권과 의회, 그리고 구교와 신교가 공존하기 위해 많이 싸우고 협약을 맺어 왔지만, 그 약속은 수없이 깨어지고 싸움은 계속되었다. 엄청난 사람들이 희생되었다. 그 결과 입헌군주를 거쳐 의회민주주의가 겨우 안착하였다. 억압하는 왕권과 구교를 이성으로 본다면 억압받던 의회와 신교를 감성으로 볼 수 있을 것이다. 이 둘이 하나가 되는 데는, 엄청난 투쟁과 대화의 시간이 필요했다.

이처럼 신고전주의라는 사상적 틀 속에 이성과 감성을 같이 넣어 둔다고 해서 해결될 수 있는 것은 아니다. 이성에도 자기가 있고 감정에도 자기가 있는데, 두 자기가 처음부터 서로 타협하며 성숙하게 공존하기가 쉽지 않았다. 우리 속에서도 이성과 감정을 수없이 싸운다. 감정의 힘이 더 센 것 같지만, 우리는 세상에서 안정적으로 살기 위해서 결국 이성이 앞서게 된다. 감정을 앞세우다가는 세상에서 적응할 수 없기 때문에 이성이 세상의 힘과 결합하여 감정을 누르게 되는 것이다. 이는 프로이트가 말한 에고와 이드의 싸움에 초자아가 등장하는 것과 같다. 강력한 감정의 이드를 억압하기 위해서는 에고만으로 부족하니까, 외부의 집단과 신성의 힘을 동원하는 것이다. 초자아는 세상 집단의 힘과 법과 도덕이라는 힘을 통해 감정을 통제하고 누른다. 물론 처음에는 이성이 이기는 것 같지만, 점점 감정이 힘이 강해져서 감정이 주도하기도 한다. 이에 대해서는 다시 언급할 것이다.

신고전주의도 상호 타협을 해보았지만, 이성이 앞서게 되었다. 칸트도 사상적으로는 그동안의 문제를 완벽하게 정리한 것 같았지만, 현실에서는 칸트의 이론대로 되지 않았다. 그래서 헤겔이 그 갈등을 해결하는 새로운 철학을 내어놓았다. 그렇다면 괴테를 흔들고 문제를 해결하려는 자들은 누구였을까? 바로 낭만주의자들이다. 괴테와 실러Friedrich Schiller(1759-1805)라는 대가 옆에서 젊은 친구들이 용감하게 노장들의 사상을 흔들기 시작했다. 슐레겔Friedrich von Schlegel(1772-1829), 노발리스Novalis(1772-1801), 슐라이마허Friedrich Schleiermacher(1768-1834), 피히테Johann Gottlieb Fichte(1762-1814)와 같은 젊

유럽의 18세기는 격동과 혼돈의 시대였다. 먼저 사상적인 격동이 있었는데 그 중심이 괴테가 있었다. 그는 신고전주의로 갈등의 중심을 잡아보려고 하였지만, 결국 그 균형을 잃고 그이후 엄청난 격동의 시대로 발전되었다. 정치, 경제, 산업 등에서 대혁명의 시대가 이어졌고 보수와 진보의 갈등으로 내적, 외적 혼돈이 지속되었다. ⓒ Johann_Heinrich/wikipedia

은이들이 '아테네움Athenaeum'이라는 잡지를 통해 흔들기를 시도하였다. 그들은 아방가르적이었다. 새로운 형식과 파격적인 문학으로 괴테의 아성에 도전하였다. 젊은이들의 작은 움직임이었지만, 그 결과는 창대하였다. 이들이 시작한 낭만주의는 유럽의 사상과 예술에 엄청난 파문을 일으켰다.

음악에서도 이러한 도전이 계속되었다. 베토벤Ludwig van Beethoven(1770-1827)이 바로 그 도전의 중심이었다. 하이든Franz Joseph Haydn(1732-1809), 모차르트Wofgang Amadeus Mozart(1756-1791)의 고전주의 음악에서 출발한 베토벤은 점차 새로운 도전을 시도하였다. 과거의 형식을 깨고 자신 속에 끓어오르는 감정을 표현하기 시작한 것이다. 당시로는 파격적인 음악이었다. 심한 비난을 감수해야 했다. 그러나 그는 고전주의라는 전체적인 틀 속에서 낭만주의를 내용상으로 살려내는 절묘한 음악을 완성했다. 철학에서의 칸트, 문학에서 괴테와 같이 고전과 낭만을 절묘하게 공존시킨 위대한 음악을 탄생시킨 것이었다. 그가 바로 고전에서 낭만이라는 새로운 문을 활짝 연 선구자였다.

현실과 이상의 갈등 속에서 겪는 정체성의 혼돈

이때는 역사적으로 극심한 혼돈의 시대였다. 독일의 30년 전쟁과 7년 전쟁, 영국의 내전 그리고 시민혁명과 왕정복고가 오고 가고 있었다. 나폴레옹을 통해 이러한 혼돈이 이상적으로 해결될 것을 기대했지만, 그는 왕정보다 더 강력한 황제로 회귀하고 말았다. 정치가 안정적일 때는 지식인과 예술인들도 순수하면서 안정적인 표현을 하지만, 이러한 정치적인 소용돌이 속에서는 그들의 소리도 다양해지고 거칠어진다.

어떤 지식인은 애국시민의 소리를 낸다. 그들은 나라가 전쟁의 승리를 통해 안정을 찾기를 갈구한다. 그러려면 강력한 군주제에 동의하지 않을 수 없다. 자신이 지금까지 낭만주의자로서 자유를 주장하고 또 이성적인 계몽을 주창해왔지만, 현실에서는 억압적이고 강력한 전제군주를 갈망하는 모순을 보였다. 또 예술가들도 자신의 예술을 안정적으로 펼치려면 왕과 귀족들이 힘이 있어야 하므로 낭만이나 이성보다는 권위적인 정치를 수용하기도 했다. 일제 강점기 말에 어쩔 수 없이 한국의 지식인과 예술인이 친일에 동원된 것과 유사하다. 친일은 반강제적이었지만, 19세기 독일에서는 자발적인 애국주의자들이 많았다.

물론 혁명적인 자유를 외치고 행동한 지성인과 예술가들도 적지 않았다. 그들은 처음에는 프랑스의 혁명 정신의 기운을 받아 자유주의와 낭만주의 정신을 주창하였지만, 점차 현실의 영향으로 보수적인 전체주의로 기울어 갔다. 엄청난 모순을 스스로 보이게 된 것이다. 이처럼 정신적으로는 자유를 외치면서도 현실 세계에서는 강력한 중앙집권의 권력을 추구하지 않으면 안 되는 모순된 상황으로 가고 있었다. 그러한 과정에서 그들은 정신적으로 심한 갈등과 공황상태에 빠지게 되었다.

그들이 겉으로는 고전주의, 계몽주의와 낭만주의를 외치지만, 복잡하고 어려운 정치와 경제적 현실 속에서 자기의 생각과 행동의 정확한 방향을 선택하는 것은 정말 어려운 일이었다. 이는 자기의 감정과 생각의 싸움에서 자신이 어떤 방향으로 가야 할지를 결정하는 것과 같다. 한마디로 자기 찾기를 뜨겁게 갈망하며 지금까지 험난한 길을 달려왔지만, 이러한 불안한 혁명의 시대에서는 자신의 방향을 바르게 잡아간다는 것은 정말 힘든 일이었다. 그래서 그들은 혼돈 속에 빠질 수밖에 없었다. 이것이 **낭만주의가 겪는 혼돈의 과정이었다. 한마디로 정체성의 혼돈이었다.**

그렇다면 유럽의 사상은 어디로 가야 했는가? 반복되는 모순 속에 자유만을 외칠 수도 없고 하나의 국가로 강력한 힘을 만드는 통제의 권력을 외칠 수 없는 사상적 혼돈이었다. 자유는 곧 분열의 나약함을 보이게 되고 통제는 겉으로는 강하지만, 그들이 소중히 여기는 자유와 낭만 정신은 죽게 된다. 그래서 어느 길을 가야 한다고 그 누구도 당당하게 외칠 수 없었다. 이것이 그 시대의 솔직한 모습이었다. 애국과 민족, 개인의 자유와 이상의 갈등과 혼돈이었다. 이상으로 추구한 사상과 예술적인 가치가 현실에서는 모순되는 고통을 그들 모두가 겪게 된 것이다. 이제 그들은 이 모순과 정체성의 혼돈을 어떻게 헤쳐 나가야만 하는가?

  우리도 성장 과정에서 자신의 정체성에 대한 혼돈을 겪는다. 나는 어디로 가야 하는가? 세상의 출세와 안정의 길로 가야 하는가? 순수한 이상을 추구하려면 최소한의 안정이 필요한데, 그러면 일시적인 이상을 포기해야만 한다. 아니면 타협 없이 자신의 순수한 이상과 자유로운 영혼의 세계로 갈 수 있을 것인가? 정말 현실은 만만하지 않다. 세상이라는 괴물을 무시할 수도 완전히 극복할 수도 없었다. 이를 **정체성의 혼돈**이라고 한다. 한마디로 말하면 현실인가, 이상인가, 개인인가, 전체인가, 이기성인가, 이타성인가 하는 등의 이분법에 빠져 방황할 수밖에 없었다. 대체로 치우치지 않고 절묘한 균형을 잡으려고 노력하였다. 칸트, 괴테와 베토벤처럼 말이다. 그러나 정치에서 가장 어려운 것이 중도인 것처럼 중도와 타협은 이론적으로는 가능하지만, 현실에서는 정말 어렵다. 현실에서는 좌든지 우여야 한다. 헤겔의 변증법을 기다릴 수밖에 없다. 그래서 시간을 기다린다. 그렇다면, 유럽의 시간은 정말 변증법처럼 정반합이란 절대

정신으로 갈 수 있었을까? 그 **격동의 시대가 바로 유럽의 18세기 후반부터 20세 초반**까지 계속되었다. 이제 이 격동의 유럽을 들여다보자. 이 격동 속에서 유럽의 사상가와 예술인들은 과연 무엇을 생각하고 행동하며 살아왔을까?

회의에 빠진 자기 찾기

인간은 부모의 권위와 환상에서 벗어나면 자유와 평안을 맘껏 누릴 줄 알았다. 그런데 더 복잡하고 괴로운 자기와의 싸움이 기다리고 있었다. 이런 골치 아픈 자기를 회피하기 위해 다시 권위적인 종교와 왕정복고로 회귀하고 회피하려는 욕망도 생긴다. 권위 안에서는 단순하게 시키는 대로만 하면 되니까, 차라리 그것이 낫다고 생각하는 것도 무리는 아니다. 그래서 과거의 부모처럼 권위적으로 되는 자식들도 있다. 자기 찾기는 이처럼 계속 험난한 길을 가야 한다. 과거에는 하나의 권위만을 대상으로 싸우면 되었지만, 이제는 자기 속에 **복잡한 자기**가 있는 것을 본다. 이성이 추구하는 이상과 현실 속에 지성이 추구하는 효율과 실용성 그리고 자신의 감정이다. 이성과 지성은 그래도 어떠한 원칙 아래에서 움직이는데, 감정은 정말 질풍노도와 같다. 시시각각 어떻게 움직일지 모른다. 이성과 지성을 해체하고 뚜렷한 대안을 내어놓지도 못한다.

인간의 자기 찾기는 이처럼 자신 속에 찾은 지성, 이성과 감정의 싸움으로 늘 소란스럽고 불안하다. 이 혼돈된 자기 찾기에서 인간을 누가 구원해줄 수 있을 것인가? 유럽이 이러한 혼돈 속에 갈등하고 괴로워하고 있었다. 이제 이 길을 어떻게 헤쳐 나갈 것인가? 이를 통합할 수 있는 더 큰 자기가 있을까? 아니면 늘 이렇게 괴로워하며 살아야 하는가? 아니면 옛날이 차라리 좋았다고 하면서 이스라엘 백성이 광야에서 다시 이집트로 돌아가자고 외친 것처럼 중세의 부모가 좋았다고 하면서 그 밑으로 돌아가야 하는가? 이 난세를 극복할 모세 같은 지도자가 있을까? 난세마다 이러한 영웅을 그리워했다. 그래서 많은 사람이 나폴레옹을 그런 지도자로 한때 생각하기도 했다. 그리고 독일인은 프로이센의 프리드리히 2세 대왕을 그러한 지도자로 숭배하였고, 비스마르크도 난세의 영웅으로 추앙받기도 했다. 아픈 기억이기는 하지만 한때에는 히틀러도 영웅의 반열에 오른 적도 있었다. 유럽이 자기 찾기를 제대로 한 것인지? 아니면 자기 찾기 자체를 포기하고 아무 생각 없이 조용히 사는 것이 더 나은 일인지? 종잡을 수 없는 혼란의 시기를 맞게 된 것이다.

3
폭발적 외적 성장
― 대항해 시대와 산업혁명

성인 유럽의 세 영역에서의 성장

　중세에 갇혀 있는 유럽은 르네상스를 통해 자신을 각성하기 시작했다. 자신 속에 있는 감성과 이성을 찾아가면서 자기를 느끼고 표현하다가 드디어 중세의 가장 큰 힘이고 부모인 병든 교회와 싸우게 되었다. 이것이 종교개혁이다. 성인으로서의 자기를 현실에서 찾는 고통스러운 시간이었지만, 이제 유럽은 성인으로서 폭발적인 성장과 확장의 시대를 맞게 되었다. 유럽이 이렇게 변화될 줄 누가 상상이나 했겠는가? 중세의 눈으로 보면 정말 불가능하고 폭발적인 성장의 모습이다. 그러나 엄청난 혼돈과 모순도 드러난다. 이제 이러한 유럽의 폭발적 성장에 대해서 생각해보자.
　성인으로서의 유럽은 크게 **세 영역**으로 성장하고 확장되었다. 하나가 앞서 분석한 내적인 성장이다. 내적인 자기 발견이다. **지성, 이성과 감정의 발견이다. 놀라운 내적 발전과 변화**가 있었지만, 이에 못지않은 혼돈과 갈등이 있었다고 분석하였다. 두 번째가 외적인 성장과 발전이다. 이는 유럽을 떠나 **지구 전체를 향해 항해하는 성장과 확장**이다. 세 번째가 내적인 것과 외적인 것이 결합한 성장인데, 물질세계에 대한 성장과 확장이다. 내적인 지성과 외적인 물질의 만남이다. **기계와 에너지 개발로 인한 산업혁명의 탄생과 자연과학의 발달**이 여기에 해당한다. 여기서는 두 번째와 세 번째를 따로 나누지 않고 모두 외적 성장에 포함하여 설명하려고 한다.

대항해 시대

먼저 대항해 시대에 대해 알아보자. 콜럼버스Christopher Columbus(1451-1506)는 이탈리아 제노바 공국의 사람이었다. 이탈리아의 도시국가들이 경제적으로 부유하고 지중해의 상권을 차지하고 있었을 때였다. 로마제국이 멸망한 다음, 모처럼 이탈리아가 르네상스를 통해 유럽의 중심으로 자리 잡아가고 있을 때이다. 그러나 항상 배부른 사람은 모험하지 않는다. 이미 지중해에서 잘 살아가고 있는 이탈리아의 도시들은 콜럼버스에게 관심을 보이지 않았다. 그래서 레콩키스타Reconquista로 스페인을 이슬람으로부터 회복한 이사벨Isabel 1세 여왕(1451-1504)을 찾아 후원을 요청하여, 그 후원 덕분에 신대륙을 발견하게 되었다.

스페인의 레콩키스타는 7세기 반 동안 끈질기게 진행된 스페인의 자기 찾기였다. 스페인의 정체성은 로마였다. 그리고 로마가 준 기독교를 회복하는 것이 자기를 회복하는 것이었다. 그래서 이를 7백 년 이상 포기하지 않고 했다는 것은 정말 대단한 자기 찾기였다. 이를 완수한 것이 페르난도Ferdinand 2세(1452-1516)와 이사벨 1세 부부였다. 이탈리아는 르네상스를 통해 거의 천년 만에 자기를 찾은 것이고 스페인도 거의 8백 년 만에 자기를 찾은 것이다. 대단한 자기 찾기이다. 이처럼 자기는 결코 잊혀질 수 없다. 어떻게 보면 이탈리아인 콜럼버스와 스페인의 자기 찾기의 합작이 신대륙을 발견하게 된 것으로 볼 수 있다.

이탈리아는 지중해를 다시 장악하였고 스페인은 신대륙의 신항로를 장악하였다. 신대륙을 발견한 다음 스페인은 포르투갈과 함께 연이어 아프리카, 인도, 태평양과 아시아 등 전 지구를 항해하며 신항로를 개척하였다. 그런데 그들은 거의 천년 만에 찾은 기회를 계속 발전해가지 못하고 놓치고 말았다. 외적인 삶은 내면과 아주 밀접하게 연결되어 있다. 외적인 삶은 내면의 거울과도 같다.

이탈리아는 로마의 장손이다. 그들은 특별한 재능이 있다. 그래서 뭘 해도 잘한다. 다른 동생들이 부러워할 정도이다. 이는 자신감이 기 되기도 하지만, 자기에 대한 자만과 환상으로 갈 수도 있다. 자기가 최고라는 환상과 자만심 때문에 하나가 되기 어렵다. 그래서 부유한 도시들이 하나 되지 못했다. 다른 국가들은 서로 부족하니 힘을 합쳐 강한 왕권과 국가를 만드는데, 이탈리아는 그렇게 하지 못했다. 그래서 힘을 키운 동생들이 쳐들어오면 속수무책이다. 그들은 과거 그 용맹스러운 로마 군단의 기질을 잊은 지 오래다. 거의 용병에 의존하며 살았다. 초기에는 게르만이 용병이었고 그다음에는 주로 스위스 용병을 의지했다. 그래도 다른 동생들의 무력에 당할 수 없었다. 그래서 그들의 르네상스는 그렇게 오래가지 못하고 다시 유럽의 가난한 변방으로 주저앉고 말았다.

　스페인은 어떠했는가? 그들은 신대륙으로 인해 엄청난 성장과 팽창을 하였다. 그러나 그들 역시 이를 감당할만한 내적 역량이 준비되지 못했다. 내적 준비가 없이 겉만 팽창되면 그 발전은 오래가지 못한다. 스페인의 내적 상태는 어떠했는가? 그들의 자기 찾기는 레콩키스타처럼 복고적인 자기 찾기이다. 로마와 기독교로서의 정체성으로 자기 찾기를 한 것이다. 북쪽 유럽과 다르다. 그렇다고 그들은 이탈리아처럼 그러한 자신감과 자부심이 있는 것도 아니다. 막연히 자기를 로마와 가톨릭교회에서 찾으려고 한 것이다. 진정한 자기 찾기가 아니다. 어떻게 보면 다시 중세로 돌아가는 자기 찾기이다. 번지수를 잘못 찾은 것이다. 그리고 그동안 상실한 자기에 대한 울분과 욕구를 터트렸다. 합리적인 지성이나 원칙이 없이 교회가 국가를 지배하였다. 그래서 그들은 한때는 엄청나게 부흥하였지만, 이를 제대로 감당하지 못하고 오히려 빚더미를 안고 말았다. 그들의 무적함대도 그렇게 오래가지 못했다. 후발주자로 떠오른 영국에게 주도권을 빼앗기고 말았다. 그리고 영국이 대양과 세계를 지배하며 해가 지지 않는 나라가 되었다.

영국이 어떻게 세계를 지배할 수 있었는가?

그렇다면 영국은 어떻게 성공할 수 있었을까? 영국의 힘은 합리적인 지성이었다. 그들은 지성으로 내적 자기 찾기를 견실하게 준비하였다. 문명은 어떻게 보면 야만의 역사이다. 바벨론과 페르시아가 문명이었을 때는 그리스가 야만이었다. 그리고 그리스가 문명국이었을 때는 로마도 야만이었다. 로마가 문명국이었을 때 게르만은 야만이었다. 그리고 영국은 야만 중의 야만이었다. 유럽대륙에서도 더 야만스러운 자들이 대륙에 적응하지 못하고 영국이란 섬으로 넘어간 것이다. 영국은 더 심하게 야만스러운 자들과 덜 야만스러운 자들이 서로 싸우는 그러한 땅이었다. 로마도 영국이 너무 야만스러우니 포기하고 말았다. 영국의 가장 큰 바람은 그들도 하루빨리 야만을 벗고 유럽대륙처럼 문명화하는 것이었다. 가장 빠른 길이 무엇일까? 바로 교육이었다.

유럽의 대학들이 11, 12세기에 주로 세워졌는데, 파리, 볼로냐와 함께 옥스퍼드도 이때 세워졌다. 그리고 영국에는 옥스퍼드와 케임브리지 대학 등 역사가 깊은 대학이 아주 많다. 대륙은 자기를 이성의 방향으로 찾아갔지만, 영국은 지성의 방향으로 찾아갔다. 왜 영국은 대륙을 모방하려는 강한 욕구가 있음에도 그들은 지성과 경험주의로 나갔을까? 그들의 야만성 때문이었다. 야만성이란 생각하기보다는 행동하는 것이 빠르고 편하다는 뜻이다. 이렇게 살다가는 문명국으로 갈 수 없다는 것을 알고, 그들은 자신의 야만적 행동을 누르고 교육으로 자신을 길들이기 시작했다. 교육이 자신을 문명으로 포장하는 가장 정확하고 신속한 길이었다. 자신을 바로 보고 본질적으로 변화시켜 문명국이 되기보다는 겉으로 우선 문명의 흉내라도 내어보려고 한 것이다.

여기서 나온 대표적인 현상이 젠틀맨이다. 그들의 야만을 감추기 위해서 신사라는 모형을 만들어 놓고 자신을 거기에 맞추어 길들이는 교육을 한 것이다. 그리고 그들이 빨리 배워 행동으로 옮길 수 있는 실용적인 길을 찾았다. 그것이 현실에 실용적으로 적용할 수 있는 합리적인 지성과 경험주의였다. 그들은 행동과 경험을 자신의 철학으로 삼았고 행동의 삶 속에서 자기를 찾으려고 한 사람들이다. 본질적인 변화보다 교육과 학습을 통해 자신의 행동을 변화시킴으로 문명화하려고 한 것이다. 속은 안보이니 중요한 것이 아니었다. 밖에만 문명의 옷을 입으면 되는 것이었다. **내면적 자기가 상실된 외적인 문명화**였다. 무척 실용적이나 문제가 없는 것은 아니다. 이는 영국의 독특한 길이다.

영국 지성의 아버지는 당연히 베이컨Roger Bacon(1214-1294)이다. 그는 현실에 도움 되지 않는 관습, 무지, 권위, 허영과 자만 등을 타파하고 실험을 통해 세상을 배우라고 했다. 당시 유럽의 최고 권위는 아리스토텔레스의 학문이었다. 그는 아리스토텔레스를 존중하였지만, 그의 책만 파면서 우상화하는 것은 반대하였다. 그리고 3백 년 후에 또 다른 베이컨Francis Bacon(1561-1626)이 나타났다. 그는 허구적이고 거짓된 마음의 네 가지 우상을 지적하며 이를 허물어야 한다고 했다. 즉 종족, 동굴, 시장과 극장의 우상이다. 대신 귀납법적 사고를 강조하였다. 그래서 그를 경험론의 선구자로 부른다.

그리고 홉스Thomas Hobbes(1588-1679)는 정치는 허구적인 이상으로 가서는 안 되며, 절대적인 권력에 대한 계약만이 인간의 야만적인 본질과 현실을 통제할 수 있다고 했다. 영국에 대한 아주 솔직하고 정확한 인식이다. 그리고 로크John Rocke(1632-1704)는 홉스와는 달리 정치권력이 절대적이어서는 안 되며, 개인의 생명, 자유와 재산의 보호를 위해서만 필요하다고 했다. 그렇지 못할 때는 그 권력을 거부할 수 있다고 했다. 더욱 합리적으로 발전한 정치철학이었다. 홉스를 현실주의자라고 한다면, 로크는 그 현실을 더 합리적으로 발전시킨 사상가이다. 그래서 로크를 영국 고전적인 경험론의 창시자로 본다. 이처럼 두 사람의 사상은 모두 현실에서 출발하고 지성을 바탕에 둔 철학이다.

18세기에 들어서서 그들의 경험주의 철학은 버클리George Berkely(1685-1753)와 흄David Hume(1711-1776)에 의해 꽃을 피웠다. 그러나 영국의 가장 위대함은 뉴턴Isaac Newton(1643-1727)이라는 과학자를 낳았다는 사실이다. 과학사는 명백하게 뉴턴의 전과 후로 나누어진다. 이러한 위대한 과학자를 영국이 낳았다는 것은 결코 우연한 일은 아니다. 그동안 영국이 쌓은 실용적이고 경험론적인 학문의 결정물이다. 이처럼 영국은 현실과 실용성에서 자기를 찾기 시작하였고, 이러한 철저한 준비가 있었기에 그들에게 주어진 기회를 놓치지 않았다.

사실 현실의 합리성과 실용성은 과거 로마제국의 힘이었다. 그러나 다른 자식들은 로마의 가장 중요한 힘을 제대로 보지도 물려받지도 못했다. 다들 로마의 보이는 화려하고 좋아 보이는 겉의 것에만 집착했지, 이를 가능하게 한 로마의 현실적 합리성에 대해서는 큰 관심을 보이지 않았다. 어떻게 보면 **영국이 다른 형들을 제쳐놓고 로마의 가장 값진 유산을 가로챈 것이다.** 이는 보이지 않는 정신이기에 큰 관심을 보이지 않았다. 형들은 허구적인 이상에만 매달리는 바람에, 참 로마 정신을 놓쳐버렸다. 자세한 영국 이야기와 그들의 심층적인 무의식에 대해서는 다음 편의 책에서 다시 다룰 것이다.

다시 항해 시대로 돌아가 보자. 영국의 관심은 늘 대륙이었다. 그들은 섬나라로써 대륙에 대해 열등감을 느끼면서 늘 대륙을 이상으로 바라보고 있었다. 그래서 한때는 프랑스를 정복하기도 했다. 그러나 100년 전쟁이란 긴 시간을 싸우며 많은 것을 잃고, 결국 패배하여 섬으로 돌아가고 말았다. 그 이후에 그들은 내분으로 힘든 삶을 살았다. 그래서 그들은 더 이상 대륙을 넘볼 힘도 없었다.

그래도 그들이 대대로 자신 있는 것은 바다였다. 원래 그들의 조상은 해적이었다. 그러던 중 스페인과 포르투갈이 항해 시대를 열고 신대륙과 다른 대륙을 향해 뻗어나가는 것을 보면서 그들도 바다로 나가고 싶었지만, 스페인의 국력과 무적함대에 비하면 너무 초라하였다. 그들이 할 수 있는 일은 스페인 함선을 해적질하는 정도였다. 그러면서 그들은 스페인 함정의 장단점을 잘 알고 있었다. 크고 강하나 기동성이 약하다는 것을 알고 영국은 작지만, 기동성이 빠른 배를 만들었다. 역시 실용성이었다.

영국은 당시 정치적으로 복잡하였다. 그들은 가톨릭이 아닌 그들의 성공회와 신교를 받아들이고 구교를 거부하였다. 그래서 대륙의 가톨릭에서 못마땅하게 생각하고 있던 차에 당시 가장 힘이 센 스페인이 무적함대를 이끌고 영국을 치기 위해서 왔다. 당시 영국은 엘리자베스 1세 여왕Elizabeth Tudor(1533-1603)이 통치하고 있었다. 전력상 스페인의 상대가 될 수 없었지만, 결사 항전을 하였다. 그러나 그들은 대대로 전사들이다. 그들은 작지만 그들의 모든 배를 다 동원하여 칼레에서 스페인과 일대 전투(1588년)를 벌였다. 그들은 힘이 약했기 때문에 정면으로는 이길 수 없었다. 그래서 그들은 그들의 장기인 실용적 전술을 택했다.

죄수와 해적을 다 동원하였고 해적의 대장인 드레이크Fracis Drake(1540-1959)를 총지휘관으로 삼았다. 그들은 결전의 의지가 분명했고 그들에게는 전사의 유전자가 있었다. 그리고 해적질을 하면서 두목을 중심으로 일사불란하게 싸우는 법을 알고 있었다. 그들은 해적이었기 때문에 실용적으로 싸우는 데 익숙했다. 먼저 화공으로 공격한 다음 치고 빠지는 작전을 벌였다. 스페인 함대는 부유한 탓에 그렇게 전투적이지 않았다. 영국의 기습적인 공격에 당황하여 스스로 무너졌다. **가난하고 없는 죄수와 해적들의 대승이었다. 이를 실용적으로 활용한 엘리자베스 여왕의 결단력이 가져다준 승리였다.**

유학이라는 이상을 추구한 조선에서는 상상할 수 없는 일이었다. 그래서 조선은 치욕적인 임진왜란과 병자호란을 연이어 당하고 말았다. 이상과 실용의 차이이다. 영국은 실용을 택하였다. 그렇다고 그들이 이상을 버린 야만은 결코 아니다. 실용이 없이는 문명을 지킬 수 없는 것을 잘 알기에 실용을 늘 삶의 기초로 삼는 것이다. 그들은 이러한 실용을 바탕으로 하여 이상을 그 어떤 나라보다 충실히 추구한다. 그래서 그들은 의회 민주제를 가장 먼저 확립한 나라가 되었다. 그러나 그들의 이상의 바탕은 늘 실용적 합리성이다. 이상이 실용적이고 합리적이기 때문에 추구하는 것이다. 이것이 바로 로마의 정신이었다.

　무적함대를 무찌른 후, 17세기부터는 영국은 적극적으로 해양으로 뻗어 나갔다. 그들의 식민지 경영도 아주 실리적이었다. 그들은 국가가 직접 나서기보다는 먼저 동인도회사라는 기업을 통해서 경제적인 이익을 챙겼다. 가장 중요한 것은 막강한 자금을 투자받는 일이다. 국가가 직접 투자하거나 식민지를 경영하지 않았다. 국가는 세금만 받고 군대만 파견하면 된다. 그들은 대륙보다 먼저 금융업을 발달시켰다. 유대인들이 대륙에서 시작한 금융업이 런던을 중심지로 옮겨 발달하였다.

엘리자베스 1세 여왕은 불가능할 것 같았던 스페인의 최강 무적함대를 해적과 죄수들을 동원하여 무찔렀다. 이후 인도에 동인도회사를 세워 아시아 진출의 바탕을 마련하고 북아메리카에도 식민지를 설립했다. 현실의 실용적이고 효율성을 중시하는 합리성으로 여러 갈등과 위기를 정면 돌파하여 대영제국의 기초를 마련하였다.
ⓒ Durova/wikipedia

　유대인들은 유럽대륙에서는 심한 핍박을 받았지만, 영국은 실리적이고 실용적이기에 유대인에게 심하게 대하지 않았다. 물론 초기에는 유대인들을 박해하였지만, 그들이 국가 경제에 도움을 주기에 그들을 받아들였고 그들의 금융업의 도움으로 해양시대를 열 수 있었다. 유대인을 심하게 핍박한 스페인과 다른 점이다. 그리고 당시 스페인은 신대륙의 자원을 탈취하는 방식이었으나, 영국은 종교 갈등과 탄압으로 인해 17세기부터 시작된 메이플라워처럼, 이주를 중심으로 하는 방식이었다. 그래서 그들은 북아메리카를 영국의 영향권 안에 둘 수 있었다.

  영국이 세계최강의 국가가 되는 데는 산업혁명이 결정적으로 영향을 미쳤다. 18세기 인클로저enclosure로 인해 농촌에서 일자리를 잃은 사람들이 도시로 몰려오게 되었다. 그들의 값싼 노동력을 이용한 대규모의 생산 공장이 생기기 시작했다. 식민지로부터 공급되는 값싼 면화를 이용해 면직물을 대량으로 생산하여 이를 세계 각국으로 독점 수출하여 막강한 부를 축적하였다. 이러한 부를 바탕으로 기계 산업을 발전시켰다. 내연기관 기차와 선박을 만들고 전기를 공급하였다. 영국의 상상할 수 없는 발전이었다. 이를 통해 엄청난 부를 축적할 수 있었다. 그래서 영국은 명실상부하게 해가 지지 않는 세계최고의 나라로 우뚝 서게 되었다.

  이렇게 그들이 세계최강의 국가가 되는 데는 놀랍게도 그들이 유럽에서 가장 가난하고 야만스러운 국가였다는 것이 가장 큰 힘이 되었다는 것을 잊으면 안 된다. 유럽의 막내로 대륙으로부터 가장 열등하고 소외된 나라였다. 거기에다 그들은 열정이 있고 전사의 기질이 있었다. 무사들은 실용적이다. 당장 이겨야 살아남는다. 현실에서 살아남는 길을 가장 빨리 찾아내는 것이 무사들이다. 그래서 대륙과 달리 그들은 로마의 화려한 이상을 좇기보다는 가장 실리적인 것을 택했다. 현실에 대한 합리적이고 실용적인 정신이다. 그것으로 몇백 년 동안 그들은 실력을 쌓아갔다. 교육이 가장 큰 힘이었다. 그리고 실제로 가장 큰 힘인 금융업을 키웠다. 그리고 기회가 왔을 때

놓치지 않았다. 그리고 그들은 세계경영을 아주 실리적으로 했다. 그리고 그들의 실험과 탐구 정신이 산업혁명을 낳았다. 에너지와 기계를 사용하는 놀라운 혁명이 시작된 것이다. 이것이 영국이 자기 찾기의 길이었다. 그리고 엄청난 성공을 거두었다. 유럽의 형들이 깜짝 놀랐다. 막내가 가장 성공한 것이다. 아무도 무시할 수 없는 세계 최강의 국가가 되었다.

과학의 발달

유럽과학의 발달은 경이롭다. 그러나 이 역시 하루아침에 시작된 것은 아니다. 그들의 과학 정신은 고대 그리스의 철학에서부터 시작되어 로마제국의 합리적이고 실용적인 문명으로 지속되었다. 중세기 기독교로 인해 인간의 이성과 지성이 많이 억압되었지만, 다행히 11~12세기부터 프랑스, 이탈리아, 영국을 중심으로 대학이 시작되면서 학문이 발달하기 시작했다. 처음에는 신학, 어학과 인문학이 주류를 이루었고, 과학은 아리스토텔레스의 학문에 의존하는 정도였다. 분야와 그 수준이야 어떠하든 대학을 통해 꾸준히 인간의 이성과 지성을 연마할 수 있었다. 그러다가 르네상스를 통해 다시 그리스와 로마의 정신이 부활하면서, 과학 정신도 부활하였다. 그들의 예술작품과 건축에 합리적인 지성이 활용되었고, 특히 다 빈치는 예술작품만이 아니라 실제로 많은 분야에서 과학적 실험과 연구업적을 남겼다. 특별히 르네상스는 한 위대한 과학자를 탄생시켰는데, 그가 바로 코페르니쿠스Nicolaus Copernicus(1473-1543)였다. 그는 궤도를 수학적 계산하면서 누구도 감히 생각할 수 없는 지동설을 주장하고 책까지 출판하였다. 그러다가 갈릴레오Galileo Galilei(1564-1642)가 망원경의 실측을 통해 이를 확인하였지만, 종교재판에 넘겨져 이를 공표할 수 없었다. 그리고 독일의 과학자 케플러Johannes Kepler(1571-1630)는 이를 수학적으로 완벽하게 확인하였다. 이로써 지동설은 누구도 부인할 수 없는 과학적 사실이 되었다.

  그 후 과학은 영국으로 넘어오게 되었다. 영국이 왜 과학이 발달하게 되었는지, 그 배경에 대해서는 앞서 설명하였다. 영국은 위대한 과학자 뉴턴을 낳았다. 그리고 영국은 다양한 생산 기계와 내연기관을 발명하며 실용적인 과학을 발전시켰다. 기초과학은 다시 대륙으로 옮겨져 발달하였는데, 주로 독일이 연구의 중심이 되었다. 이미 영국의 과학은 발전될 만큼 충분히 발전되어 있었다. 그들은 산업혁명으로 많은 것을 이루었다. 세계최강의 자리에 굳건히 서 있었다. 영국이 최강이 된 것은 그들의 가난과 야만성 때문이었다고 했다. 대륙에 소외되고 열등한 자신을 극복하기 위해서 그들이 가장 잘 할 수 있는 것을 찾아서 연마하다 보니 그들이 유럽의 다른 국가를 앞서게 된 것이다. 그러나 이제 그들도 배가 불렀다. 당장 실용적인 효과가 없는 기초과학에 크게 관심 가질 이유가 없었다.

  항상 **문명은 가장 없고 소외된 곳에서 시작된다는 법칙**이 이번에도 적용되었다. 당시 가장 소외된 나라는 바로 독일이었다. 신성로마제국이라는 허울에 빠져 자신을 제대로 챙기지 못했다. 원래 능력이 있고 아주 성실한 민족이 어쩌다 보니 유럽에서 가장 뒤처지게 되었다. 다른 나라는 바다로 나가 식민지를 경영하며 국력을 확장하는데, 독일은 전쟁으로 인해 한참 뒤처져 있었다. 그들은 나름 장인정신이 투철해서 기술과 상업 분야에는 자부심이 대단했고, 길드제와 한자동맹 등으로 한때 유럽을 주도했었다. 그런데 지금은 제일 별 볼 일 없던 영국이 기술과 경제 강국이 되는 것을 보며 충격을 받지 않을 수 없었다. 독일의 자존심이 이를 허락할 수 없었다. 그래서 그들이 잘 할 수 있는 것을 찾았다. 가장 시급한 것이 통일 독일이었다. 그리고 그들은 근면과 절약 정신으로 무력을 키워 조금씩 독일을 통일해나갔다.

그들은 프랑스의 위그노 신교 탄압 때 프로이센으로 대량 이주해 온 프랑스 기술자들을 받아들여 기술과 무기 개발에 힘썼고 이를 기초로 해서 철강업과 중공업을 발전시켰다. 그리고 기초과학 연구기관을 후원하며 기초과학을 발전시켰다. 그들은 깊이 철저하게 연구하는 장인정신으로 19세기 중반 이후부터는 유럽의 과학을 선도하기 시작했다. 유럽 전체 중요도시를 연결하는 철도가 건설되고 기차가 운행되었다. 그리고 전기와 통신이 발달하면서 유럽은 엄청나게 가까워졌다. 특히 독일에서는 자동차가 만들어지고 도로가 깔리면서 발전 속도가 더욱 빨라졌다. 그들은 이렇게 자동차와 기계 강국이 되었다. 이렇게 독일의 국력이 축적되면서 독일은 유럽의 중심이 되었다.

연쇄적 폭발의 심층적 배경

 성년이 된 유럽의 폭발적인 성장은 놀랍기만 하다. 누구도 감히 상상하거나 꿈꿀 수 없는 변화이다. 인간이 이렇게까지 대단하게 발전하고 확장될 수 있다는 말인가? 종교와 권위에 눌려있던 유럽이 자기를 찾으면서 자기 속에 있는 그 놀라운 능력을 이렇게 발휘할 수 있을지 그 누가 알았겠는가? 정말 인간은 이런 면에서는 경이롭다.

 폭발은 여러 나라에서 돌아가면서 연쇄적으로 서로 영향을 주면서 일어났다. 대체로 형제 순으로 폭발이 일어나는 것이 흥미롭다. 폭발의 시작은 역시 장남인 이탈리아였다. 그들은 폭발의 서막인 르네상스를 열었다. 그다음으로 둘째인 스페인이 신대륙을 발견하고 대항해 시대를 열었다. 그리고 셋째인 프랑스에서 이성과 지성에 대한 학문이 시작되었고 그다음 넷째인 독일에서는 종교개혁이 터졌고 이는 전 유럽으로 퍼져갔다. 그다음 막내인 영국이 둘째의 무적함대를 무찌르고 식민지와 제국시대를 열었다. 형제 순으로 폭발이 한 바퀴 돌았지만, 장남과 차남은 더 이상의 폭발을 이어가지 못했다. 그들은 첫 번째 폭발 때, 힘을 비축하지 못했고 그래서 욕심 많은 다른 형제들에게 밀리고 말았다. 그래서 연쇄적인 유럽의 폭발에 참여하지 못했다.

 두 번째 연쇄 폭발은 다소 내적인 성숙을 이루는 폭발이다. 프랑스는 다시 자유와 평등을 부르짖는 시민혁명으로 폭발하였다. 독일은 계몽주의와 낭만주의라는 문화와 사상으로 폭발하였다. 그리고 영국도 경험주의 학문과 의회민주주의를 발전시켰고 이와 동시에 다시 외적인 놀라운 폭발을 하였다. 곧 산업혁명과 자본주의 시대를 열었다. 그러다가 다시 독일로 가서 독일이 대폭발을 마무리하였다. 과학과 중공업과 기계 산업 등을 발전시켜 현대 산업사회의 기초를 닦았다. 그래서 유럽의 연쇄적인 대폭발의 유종의 미를 거두나 싶었는데, 이상하게도 두 번의 세계대전이란 가장 잔혹한 파괴적인 폭발로 끝나고 말았다. 이것이 중세기가 끝나는 15세기부터 20세기까지 오백 년간 일어난 유럽의 대폭발 사건이다. 이로 인해 현대의 서양문명이 탄생하였다. 이제 이러한 폭발을 가능하게 한 심층적인 원인을 살펴보자.

앞의 글들에서 자기는 세 가지가 있다고 했다. 세상을 살아가는 자기를 외자기라 했다. 주로 지성과 이성의 자기이다. 그리고 자신의 과거 기억이 만든 자기를 중자기라고 했다. 이는 성장 과정에서 경험된 자기이다. 흔히 말하는 무의식적 자기이다. 주로 아픔의 기억들이 강하게 자리 잡고 있다. 우리는 이를 해결하고 방어하려고 하기에 이는 아주 강력한 힘을 가진 자기가 된다. 프로이트가 말한 좌절된 이드가 바로 이 자기이다. 그러나 더 깊은 곳에 생명력과 인격의 뿌리로서의 심층적인 자기가 있다고 했는데 이를 내자기라고 했다. 융이 말한 인간의 보편적 자기이다. 중세기에는 모든 세 자기가 다 억압되었다. 십자군 전쟁과 르네상스로 억압된 중자기가 먼저 올라왔다. 그리고 스콜라 학파에 의해 외자기의 지성과 이성이 눈을 뜨기 시작했고 종교개혁을 통해 억압된 내자기까지 일어나게 되었다.

외적 성장과 폭발은 먼저 지성과 이성의 외자기에서 시작되었다. 그러나 이 힘만으로는 폭발이 지속되기는 어렵다. 내자기에 있던 생명의 힘이 뒷받침되어야 한다. 중세라는 겨울에 억압되고 농축되어 있던 생명이 같이 폭발해야 하는 것이다. 이는 겨울 동안 농축한 뿌리로부터 3월이 되어 싹이 나고 잎이 나기 시작하다가, 4월이 되어 꽃을 피우고 5, 6월 되면서 잎들이 무성해지는 자연의 생물 성장 과정과 유사하다. 생명은 진선미이다. 생명은 진리를 추구하고 아름다움과 선함을 추구한다. 창의적인 새로운 것을 추구하며 양적으로도 엄청나게 확장된다. 유럽의 성장과 폭발에는 이러한 생명의 모습이 분명 나타나기도 하지만, 완전한 생명의 모습은 아니다. 모순과 반생명적인 현상도 같이 나타났다. 이러한 반생명적인 모습이 곧 야만성으로 나타났다.

반생명은 중자기에서 나오는 현상이다. 생명의 내자기가 억압되고 학대받으면 반생명의 아픔과 감정이 생긴다고 했다. 이것이 중자기의 기억이고 감정이다. 대부분 이것 역시 억압되어 있다가 자기 찾기에서 이러한 부정적인 감정이 나타난다. 이는 칸트와 헤겔 이후의 철학과 예술에서 나타났다. 쇼펜하우어, 마르크스, 니체와 프로이트의 사상과 낭만주의 예술에서 이러한 감정이 폭발한 것을 볼 수 있었다. 그러나 이러한 부정적인 감정은 외적 자기를 찾는 가운데서도 여실히 드러났다. 대항해 시대와 식민지 그리고 산업혁명과 자본주의라는 외적 폭발에서 부정적 감정이 야만성으로 드러났다.

반생명의 중자기가 항상 부정적인 야만성으로만 나오는 것은 아니다. 부정적인 감정이 성장의 동력으로 승화될 수도 있다. 그래서 이러한 중자기가 외적 성장을 견인할 수 있었다. 바로 그 힘은 신분에 대한 억압된 욕구였다. 유럽의 근대 오백 년의 성장기를 한마디로 말하면 **신분 상승의 시대**라고 말할 수 있다. 과거에는 신분이 거의 확정되어 있었다. 왕족, 귀족, 사제 그리고 기사와 평민 등의 신분이 정해져서 거의 세습되었다. 중세가 끝나면서 상업과 무역이 발달하면서 새로운 신분이 생겼다. 시민계급이었다. 이를 부르주아라고 한다. 부르주아는 하나의 새로운 계급의 탄생이라기보다는 새로운 시대를 여는 계기가 되었다. 과거의 계급을 허물고 누구든지 돈을 많이 벌면 자신이 귀족처럼 살 수 있는 새로운 세상이 시작된 것이다.

집단과 전통을 넘어선 개인의 삶이 시작된 것이다. 개인이 열심히 하기에 따라 얼마든지 자신의 신분이 상승할 수 있었다. 그래서 너도나도 새로운 모험에 뛰어들었다. 특별히 과거 낮은 신분으로 차별을 받던 사람들이 새로운 모험의 세계를 향해 떠났다. 거기서 돈을 벌면 신분 상승이 가능하기 때문이었다. 이처럼 **억압된 욕구와 신분 상승의 욕구가 폭발적인 성장에 적지 않은 힘**이 되었다.

그리고 **교육이 신분 상승의 또 하나의 큰 축**을 이루었다. 종이와 인쇄술의 발달로 지식이 보편화되었고 누구나 교육을 받을 수 있는 문도 열렸다. 교육과 경제력이 뒷받침되면 결혼을 통해서 신분 상승도 가능하다. 그래서 억눌려 있는 신분과 계급에 대한 불만과 욕구가 이 시대에 폭발한 것이다. 개인의 자유와 평등의식이 발달하면서 자연히 민주주의도 자리 잡게 되었다. 교육열로 인해 지성과 이성이 개발되고 그 능력으로 과학의 발달과 산업혁명도 가능하게 되었다.

이는 우리나라가 단기간에 기적적인 경제 발전하게 되는 과정과 유사하다. 조선 시대에 양반과 상놈이라는 계급으로 눌려있던 사람들이 누구든지 교육과 경제력으로 신분 상승이 가능하게 되니 모두가 열심히 공부하고 일하면서 경제와 기술 발전의 기적을 이룬 것과 비슷한 과정이다. 그리고 이를 통해 단기간에 민주주의도 이루었다. 유럽이 몇백 년 동안 이루었던 것을 우리나라에서는 몇십 년 만에 축약하여 이룬 것이다. 이러한 발전의 배후에는 좌절된 욕구라는 부정적인 감정이 발전의 긍정적인 힘이 되었다.

자기 찾기의 배후에 나타난 부끄러운 야만성

생명의 폭발에는 어쩔 수 없이 반생명이 동반되어 나타난다. 억압된 반생명이 긍정적인 힘으로도 작용하지만, 반드시 그런 것만은 아니다. 엄청난 야만적인 모습으로 나타날 때도 있다. 이는 우리나라의 발전에도 나타났지만, 유럽에서 더 극심하게 나타났다. 신대륙에서 일어난 원주민의 대량학살과 자원의 탈취, 노예무역, 식민지에서 노동과 자원의 착취와 약탈, 아편전쟁과 같은 야만적인 침략, 이를 정부, 지식인과 교회가 묵인하고 합리화한 점, 산업혁명과 자본주의를 통해 발생한 노동의 착취와 노동자들의 소외, 부의 편재, 인종차별, 기계와 과학의 발달로 인한 살상 무기의 개발, 결국에는 참혹한 대량학살의 세계대전으로 폭발한 점 등이 대표적인 반생명적 현상이었다. 물론 이를 단순히 문명의 발달에 따른 어쩔 수 없는 부작용 정도로 볼 수 있을지 모른다.

유럽의 자기 찾기는 정말 경이로웠다. 이는 마치 자식이 대학을 졸업하고 자신의 미래를 개척하기 위해 엄청난 모험을 감행한 끝에, 재벌로서 성공한 것처럼 보일 수 있다. 과거 우리나라에 그러한 재벌들이 많았다. 이는 분명 축하하고 축복해야 할 일이다. 그러나 그 안에는 역시 상상할 수 없었던 인간의 어두운 면이 있었다. 성공했으니 그냥 결과만 보고 덮어둘 수 있지만, 자식을 진정 사랑한다면 축하만 하고 끝나서는 안 될 것이다.

이러한 야만성이 문명의 부작용 정도로 넘어가기에는 너무 심각하고 보편적으로 나타났기 때문이다. 그래서 우리는 이를 통해 왜 인간의 자기 찾기와 발달에 이런 참혹한 어둠이 따라야 하는지, 문명은 왜 야만성을 동반하게 되는지, 그렇다면 우리가 찾는 자기와 문명은 과연 무엇인지 등에 대해서 좀 더 솔직하게 질문하고 답해보아야 할 것이다. 남의 일로써 무조건 비판하고 고발하기 위해서가 아니라, 같은 인간의 본질적인 문제로 아파하고 공감하는 차원에서 살펴보자는 것이다.

특별히 이 책은 문명의 긍정적인 면만이 아니라 이러한 부정적인 면에 더 초점을 맞추기 위해 쓰고 있기에 이러한 질문을 더 심각하게 던져보는 것이다. 그리고 이를 현상적인 분석만으로 끝내지 않고 심층적인 원인까지 찾아보아야 한다. 그래서 다른 장에서 이에 대해 더 자세히 분석할 것이다. 이에 앞서 여기서는, 그 원인에 대해 전체적으로만 간단히 살펴보려고 한다.

근대에 새롭게 시작된 억압

앞서 분석한 대로 모든 **어두운 문제의 가장 큰 심층적 원인은 억압**에서 시작한다. 지금까지 유럽 안에서 **억압의 가장 큰 원인을 중세기 종교와 권위**로 보았다. 물론 사실이다. 거의 천 년간 지속해서 유럽을 지배한 절대적 권위의 억압은 그들이 겉으로 해방되었다고 금방 다 풀리지 않는다. 우리나라가 조선이 멸망하고 대한민국이 건립되었다고 해서 과거 조선의 정치와 문화에 의해 억압되었던 것들이 금방 사라지지 않는 것과 마찬가지이다. 그 억압은 무의식적인 문화가 되어 몇 백 년 이상 영향을 미친다. 그러나 그 힘이 점진적으로 약화된 것은 사실이다. 그렇다면 억압의 힘이 약해지고 자유와 평등의 시대가 왔는데도, 왜 유럽은 그렇게 병든 모습을 보이게 되었을까? 이는 중세기의 억압만으로는 설명이 안 된다. 다른 억압의 요인이 분명히 있기 때문이다. 이제 이를 찾아보려고 한다.

유럽이 근세 5백 년 동안 **새로운 억압**이 다시 시작되었다. 어떻게 보면 중세기의 억압보다 더 심한 것일 수도 있다. 인류가 과거에 경험해보지 못한 새로운 억압이기에 더 힘들 수 있다. 이를 **네 가지** 정도로 정리해보려고 한다. **첫 번째의 억압**은 과거 억압의 연장이다. 즉 종교적인 억압이다. 물론 종교 자체는 과거보다 다소 완화되었지만, 이번에는 **정치 권력과 종교가 결합**해서 어떻게 보면 과거의 억압보다 더 강하게 느낄 수도 있었다. 스페인, 프랑스, 신성로마제국, 영국 등이 과거보다 더 종교화된 정치 권력으로 백성을 억압하였고 종교 때문에 각국 간에 치열한 전쟁도 있었다. 신교와의 싸움이 단순한 종교의 갈등이 아니라, 정치와 국가 간의 싸움이 되어 각국의 정치가 더욱 종교화되었다. 그리고 종교로 인한 내전도 계속되었다.

두 번째 억압은 강력한 군주제의 부활이다. 새로의 변혁의 세계를 맞는 유럽은 서로 유리한 고지를 차지하기 위해 강력한 군주제를 중심으로 한 **국가개념이** 부상되었다. 느슨한 귀족과 왕의 관계로는 강력한 국가를 형성할 수 없었기 때문에 강력한 군주를 필요로 했다. 특히 새로운 시민계급인 부르주아가 자신의 이권을 보호받기 위해 이를 강력하게 원했다. 국가개념이 가장 늦게 시작된 나라가 독일이다. 그러나 그들은 늦었지만, 프로이센이란 강력한 전제국가를 출발시켰다. 이러한 종교와 정치의 억압은 과거와 다른, 새롭고 더 강력한 것이지만, 이미 잘 알려진 역사적 현상이다.

그러나 다음 세 번째부터는 **뇌정보로서만 이해할 수 있는 더욱 심층적인 억압**이다. 유럽 근대혁명의 시작을 종교개혁으로 볼 수 있다. 발달과정으로 보면 성인식과 같은 것이라고 했다. 종교개혁은 종교적인 의미에서보다 다른 여러 의미가 많다.

그 첫째가 유럽이라는 전체집단으로부터 **개별 국가와 개인으로** 분리되는 시점이 되었다는 것이다. 루터가 이룬 종교개혁의 가장 큰 의미는 성서를 독일어로 번역하여 모두가 읽을 수 있게 된 것이다. 과거에는 평민이 하나님을 만나려면 교회와 사제를 통해서만 가능했다. 그러나 이제는 그들의 개입 없이도 개인이 믿음을 통해 성경을 읽고 신을 직접 만날 수 있게 되었다. 이것을 통해 개인의 존재와 삶이 가능해졌다.

그리고 과거에도 국가가 있었고 각국의 말은 있었지만, 문자는 중요한 역할을 하지 못했다. 공용어인 라틴어가 있었기 때문이었다. 그러나 종교개혁으로 각국의 문자로 성경 번역이 가능해지면서 각국이 자국의 문자를 독립적으로 사용하게 되었다. 그리고 인쇄술의 발달로 자국의 문자를 사용한 다른 책들도 많이 보급되었다. **문자는 자국의 정체성을 갖는데, 결정적인 역할**을 하였다. 이를 통해 국가와 개인의 정체성이 더욱 뚜렷해질 수 있었다.

문자를 가질 수 있고 또 인쇄술이 발달했다는 것은 또 다른 폭발력을 갖는다. **지식의 폭발**이다. 누구든지 새로운 지식을 빨리 습득할 수 있고 모두가 활용할 수 있다. 거기에다 뜨거운 교육열과 학교 교육의 발달로 인해 이러한 지식의 발달은 더욱 폭발적이었다. 또 교통의 발달은 이러한 폭발을 더욱 증폭시켰다. 좋은 책이 있으면 유럽 전체로 순식간에 퍼져 나갔다. 과거에는 상상할 수 없이 누구나 책을 사서보고 그 지식을 향유할 수 있었다. 이러한 지식의 폭발이 내적으로는 인간의 지성과 이성을 발달시키는 데 공헌하였고, 밖으로는 여러 분야의 학문 발전과 기술혁명에 크게 기여하였다. 여기까지는 문자와 지식의 발달에 대한 긍정적이고 현상적인 면이다. 그런데 이것이 인간의 내면에 적지 않은 영향을 미칠 수 있다는 것을 간과해서는 안 된다.

문명과 함께 진보하는 야만성

지식과 문명의 발달은 인간에게 아주 긍정적이다. 인간의 세상이 문명화된다는 것은 모두가 바라는 좋은 방향이다. 그런데 이러한 문명은 반드시 어두운 그림자를 동반한다. 어쩔 수 없는 사회나 문화 현상으로 볼 수 있을지 모르지만, 이러한 문제는 인간의 뇌정보에서부터 시작한다는 것을 알아야 한다. 왜 지식과 문명이 발달하면서 어두운 문제가 생기게 될까? 이는 앞서 계몽주의를 다루면서 설명한 것과 같은 이유이다. 지식과 언어 그리고 문자는 대부분 저차정보이다. 물론 그 속에는 고차정보도 있지만, 고차정보는 곧 저차로 붕괴된다고 했다. 그래서 이러한 정보는 대부분 저차정보가 된다. 이러한 정보는 인간의 지성과 이성과 만나면서 이상화되고 이상화는 곧 이분법으로 가게 된다.

　이성에서는 이상적인 것과 비이상적인 것 즉 가치 있는 것과 무가치한 이분법이 형성되고 지성에서는 합리적인 것과 비합리적인 것 즉 옳은 것과, 틀린 것의 이분법이 만들어진다. 이러한 이분법 정보는 무생물적으로 있는 것이 아니라 생물체처럼 자기를 보존하기 위해 증식하고 서로 싸운다. 그리고 한쪽은 다른 쪽을 판단하고 비판한다. 이것이 심해지면, 서로 무시하고 공격한다. 이것이 먼저 우리의 마음에서 일어나는데, 마음이 좋은 것과 나쁜 것으로 나누어져 좋은 것은 이상화하고 나쁜 것은 무시하고 학대한다. 그래서 인간의 마음과 삶은 겉으로는 좋은 것으로 포장하여 문명화되고 이상화되는 것 같지만, 그 속에는 반대의 것이 심하게 억압된다.

　그러다가 억압된 것이 폭발할 때가 있다. 이것이 문명에 나타나는 어두운 그림자가 되는 것이다. 식민지에서의 폭력과 착취 등의 야만적 행동으로 나타날 수 있다. **이성과 문명이 저차화 되면서 인간의**

야만성을 억압하고 학대하면서 생기는 현상이다. 이에 대해서 쇼펜하우어, 니체 그리고 프로이트가 깊이 분석하였다. 앞으로 다른 장에서 이를 다시 자세히 다룰 것이다. 그래서 **문명과 이성의 발달은 반드시 야만성과 비이성을 낳게** 되는 것이다. 인간의 문명과 이성이 발달 될수록 그 야만성도 같이 비례하여 발달하는데, 그 이유가 뇌 정보에서 비롯하는 것이다. 과거 비분명국들을 야만이라고 했는데, 이들보다 문명이 엄청나게 진보되었다고 하는 19~20세기의 유럽에서도 과거 조상들의 야만성과 비교할 수 없을 정도로 심한 야만성이 나타났다. 문명이 발달해도 야만성이 사라지지 않는 정도가 아니라, 야만성도 문명과 함께 발달하고 있는 것처럼 보인다. 동물의 야만성보다 문명화된 인간의 야만성이 훨씬 더 큰 이유도 같은 흐름의 이야기일 수 있다. 동물은 단지 생존만을 위해서 싸우나 인간은 전혀 그렇지 않다. 홀로코스트의 야만성만 보아도 그렇다. 동물의 세계에서는 도저히 상상할 수 없는 잔인한 야만성이다.

마지막 네 번째 야만성 역시 과거에 없던 새로운 억압의 문제였다. 유럽 근대의 폭발적인 발달은 기계와 에너지를 발명한 산업혁명의 덕분이다. 그리고 화폐를 통한 자본주의가 발달하였기 때문이다. 이는 아주 긍정적인 부분이다. 그런데 이것 역시 부정적인 억압의 원인이 될 수 있다. 우리는 이러한 산업혁명과 자본주의의 문제를 잘 알고 있다. **노동자의 소외와 심한 빈부격차**이다. 그래서 사회주의와 공산주의가 나오게 되었고 러시아 대혁명으로 시작으로 극심한 이념전쟁으로까지 번지게 되었다. 이것 역시 유럽 문명화의 하나의 어두운 부분이다. 우리는 이 원인을 너무도 잘 알고 있다. 이에 대해선

마르크스가 정확하게 분석하였다. 그러나 이러한 이유만 있는 것은 아니다. 더 깊은 심층적인 원인을 찾아볼 수 있다.

잉여로부터의 소외와 억압

이 책의 후반부에서 잉여와 가상에 대해 더 자세히 설명할 것이지만, 여기에서는 간단히 잉여에 대한 개념을 소개하려고 한다. 문명의 발달의 한 축으로서 잉여를 생각해볼 수 있다. 동물은 문명화되지 않고 왜 인간만 문명이 발달하게 되었는가? 인간의 문명은 언제 시작되었는가를 분석하는데 가장 중요한 것이 바로 잉여의 발생이다. 문명이 발생하려면 사람이 집단으로 거주해야 한다. 그것이 가능하게 된 것이 농업이 시작되면서부터이다. 농업은 자기가 먹을 것 이상을 수확한다. 그래서 나머지는 잉여가 되는 것이다. 농산물은 비축하기도 하지만, 이를 판매할 수도 있다. 교역하려면 화폐가 필요하다. 그래서 잉여는 반드시 화폐가 필요하다.

그리고 농업을 대량으로 생산하려고 하면 대량의 노동력이 필요하다. 이를 통해 엄청난 잉여를 다시 축적할 수 있었다. 이 잉여는 다시 무력의 잉여로 이어진다. 무력의 잉여는 다시 권력의 잉여를 만든다. 경제적 부유는 강력한 군대를 만들고 성벽을 쌓아 강력한 권력을 만든다. 이것이 왕국의 탄생 과정이다. 그래서 중세는 농업을 기초로 한 농노, 기사 그리고 귀족, 왕이라는 봉건제로서 적절하게 유지되었다. 거기에다 기술, 상업과 무역 등은 더 많은 잉여를 산출하게 되었고 그래서 부르주아의 새로운 계급까지 생성되었다. 이처럼 **문명의 발달은 잉여의 발달과 비례하는** 것으로 볼 수 있다.

  그러다가 산업혁명으로 잉여의 대폭발이 발생하였다. 산업혁명은 기계를 통해 인간의 에너지를 대체할 수 있었고 또 에너지의 이용하여 인간이 할 수 없는 대량생산까지 가능하게 되었다. 거기에다 화폐를 통해 자본시장이 형성되고 자본까지 가세하면서 **잉여는 기하급수적으로 늘어나게 되었다.** 이로 인해 인간 노동의 가치는 폭락하게 되었다.

  잉여는 그냥 무생물이 아니다. 자신을 스스로 보존하고 축적해나간다. 돈이 돈을 번다는 말처럼, 잉여는 잉여를 생산한다. 인간은 아무리 열심히 일해도 그 잉여의 가치에 비하면 너무 초라하다. 이를 통해 사람들은 상대적 박탈감을 느끼게 되고 이것이 소외를 초래한다. 현대에는 잉여가 버블 현상으로 나타나고 있다. 잉여는 인간의 탐욕과 결합하여 멈출 줄 모르게 폭발하지만, 무한대로 증폭하지는 않는다. 최근에는 10년을 주기로 자본과 부동산 등의 버블이 꺼지면서 많은 사람이 재난의 고통을 겪고 있다. 잉여는 버블처럼 스스로 꺼질 때도 있지만, 전쟁이나 전염병 같은 재난으로 멈추기도 한다. 인간이 잉여의 증폭을 스스로 조절할 수 있다면 이러한 재난을 방지할 수도 있지만, 자율적 조절력이 인간 스스로에게서는 나오기가 쉽지 않다. 그래서 재난이 이를 조절하기 위해 필요한지도 모른다.

인간을 지배하는 정보

그렇다면 왜 인간은 스스로 발전을 조절할 수 없을까? 우주는 팽창과 보존의 균형을 유지하며 진화하고 생명체도 균형을 유지함으로 발달해가는 데, 인간의 문명은 왜 이러한 조절과 균형이 스스로 되지 않고 꼭 파국으로 가게 되는가? 물론 파국도 하나의 균형의 힘이지만, 스스로 미리 조절할 수 있다면 종말적인 파국을 맞지 않아도 될 수 있을 텐데 하는 아쉬움이 있다. 이제 마지막으로 문명 발달은 왜 스스로 조절력을 갖지 못하는가에 대해서 생각해보려고 한다.

앞서 설명한 세 번째와 네 번째 억압의 힘은 과거 인류가 경험하지 못한 새로운 힘이다. 세 번째의 문자와 언어 그리고 지식은 기호로 표시된 정보를 의미한다. 네 번째의 힘인 에너지와 자본도 숫자로 표시된 정보이다. 이는 인간만이 만들 수 있는 새로운 가상의 세계이다. 인간이 필요해서 만든 것이다. 그러나 이 정보가 잉여로써 축적되면서 인간을 오히려 지배하게 된다. 인간을 오히려 억압하고 소외시키는 힘이 되는 것이다. 인간의 중독 회로와 유사하다.

이러한 정보는 인간이 만든 저차정보이다. 그래서 이분화되고 인간과 사회에서 서로 갈등하며 싸우게 만든다. 이분법은 선과 악으로 나누어져 이성과 도덕은 선이 되고 반대는 악으로 억압되고 학대받는다. 이것이 마음속에서 선악으로 나누어져 이상은 겉으로 드러나고 야만인 비이상은 무의식 속에 억압되고 숨게 된다. 그러나 억압받는 것이 사라지는 것이 아니고 더 힘을 받아 자기들끼리 세력을 새롭게 연합하여 강력한 야만의 정보를 만든다. 그러다가 이러한 선악의 이분법으로 외적으로 투사되어 나타나게 된다. 독일의 경우는 이것이 민족주의 운동으로 일어났다. 자기의 민족을 이상화하고 그렇지 않은 민족을 야만으로 미워하고 학대한 것이다. 이것이 극단적으로 나타난 것이 바로 나치의 홀로코스트인 것이다.

우리는 이것이 단순한 정치적인 편견과 잘못된 지도자의 문제로만 보지 인간의 뇌정보에서 일어나는 일이라는 것을 알지 못한다. 인간이 정보를 사용하는 것이 아니라 정보가 인간을 지배함으로 저차정보의 이분법이 인간을 이러한 야만으로 몰아가는 것이다. 그래서 결국 인간은 정보에 종속되어 정보에 끌려다니는 좀비가 되어버린다. 문명의 주인이 인간이 아니라, 정보라는 가상이 주인이 된다. 그 속에서 인간이 소외되고 가상에 종속된다. 이것이 문명의 발달 속에서 **나타나는 소외와 야만성의 이유인 것이다.** 이에 대해서 다시 자세히 다룰 것이므로 여기서는 이 정도로 언급하려고 한다.

4
독일과 유대인의 우수성

독일만의 복잡한 역사적 환경

  영국, 스페인 그리고 프랑스가 외적으로 크게 발전해가고 있었을 때, 독일만은 정체되어 있었다. 독일이 겉으로 보면 그럴지 모르지만, 내용상으로 보면 알차게 준비하고 있었다. 그들은 밖으로 뻗어 나가기보다는 속으로 깊이 들어가고 있었다. 그들은 내실을 다지면서 기초공사부터 하고 있었다.

  유럽의 사상가들은 영국, 프랑스, 독일 등에 다양하게 분포되어 있으나, 가장 포괄적이고 깊은 사상을 전개한 사상가들은 독일 출신들이다. 또한, 음악가도 독일 문화권에서 많이 배출되었다. 왜 독일은 이처럼 계몽주의와 낭만주의의 사상가와 예술가들을 많이 배출할 수 있었을까? 특히 학문과 예술 분야에서 타의 추종을 불허할 정도의 탁월함을 보였을까? 물론 그 속에는 유대인들의 역할도 무시할 수 없다. 우수한 사람을 보면 가장 먼저 떠올리는 것이 유전자이다. 그러나 민족적으로 우수한 유전자가 있을 것이라고 기대하는 것은 불가능하다. 역사적으로 이미 너무 많이 유전자 교류가 일어났기 때문에 순수한 민족적 유전자는 불가능하기 때문이다. 그래서 독일이라는 환경이 이렇게 만들었을 것이라는 생각하는 것이 더 합리적일 것이다. 누구든지 거기서 살며 교육을 받으면, 그렇게 될 가능성이 크다고 보아야 할 것이다. 그래서 이 장에서는 그들의 어떠한 환경이 그들을 그렇게 만들었는지를 찾아보려고 한다.

유전적인 것은 아니더라도, 오랫동안에 환경에 의해 형성된 기질의 영향은 분명히 있다. 게르만은 깊고 어두운 숲을 자신의 고향으로 삼았다. 그래서 **게르만은 원래 호전적인 외향성이 있지만, 숲의 영향으로 깊은 것을 추구하는 내향성도 같이** 발달하였다. 그들의 신화와 전설들을 보면 그러한 내향성이 돋보인다. 내향성은 자신을 이상화하며 환상과 상상의 세계로 빠져들게 하고 또 초월적이고 영원한 것을 동경하게 한다. 이러한 성향이 그들의 신화와 전설에 많이 녹아 있다. 그리고 그들은 성실하고 무엇이든 꾸준하게 파고드는 장인정신도 있다. 그래서 그들은 로마 군대를 이긴 유일한 민족이 되었고 결국 그 거대한 로마제국도 무너뜨렸다. 이에 대한 민족적 자부심이 대단하다. 이러한 힘을 바탕으로 그들은 신성로마제국을 이루며 유럽에서 그런대로 큰소리치며 잘 살아왔다.

그러나 근대 이후로 오면서 영국과 프랑스에 비해 많이 낙후되었다. 가장 큰 이유가 통일 국가를 이루거나 강력한 전제군주보다, 지역의 전통적 왕권으로 분리되어 있었고 별로 실속이 없는 느슨한 신성로마제국이란 통치 가운데 있었기 때문이다. 거기에다 종교개혁으로 인해 여러 지역이 분열되었고, 30년 전쟁이란 참혹한 전쟁까지 겪었다. 그 결과 독일은 많은 사람이 희생되었고 국토는 황폐화되었다.

그전까지는 통일 국가가 아니라도 도제제도와 한자동맹을 통해 기술과 상업을 발전시키며 나름 자부심을 가지며 잘 살아왔는데, 30년 전쟁을 치르고 나서는 자신들도 강한 통일 국가에 대한 절실한 갈망을 갖게 되었다. 이러한 꿈을 이루려고 준비하는 한 작은 왕국이 있었는데 그 나라가 바로 프로이센Prussia이다. 프로이센은 독일 북부의 작은 왕국이었고 그것도 그 국토가 동서로 나누어져 있어 독일 전체에 영향력이 별로 없는 나라였다. 작센Sachen이나 바이에른Bayern 같이 크고 전통적인 왕국에 비하면 북쪽의 힘없는 작은 왕국에 불과했다. 그러나 그들의 지도자와 공동체 정신은 남달랐다. 그들은 근검절약하며 외부의 침략에서 살아남기 위해서는 강력한 군사력을 키워나갔다. 지금의 독일의 국민성인 근검절약과 성실성은 프로이센의 전형적인 국민성이었고 이것이 전 독일로 퍼져 나간 것이다.

프로이센 왕국의 2대 왕인 프리드리히 빌헬름Friedrich Wilhelm 1세(1688-1740)의 철저한 준비 기간을 걸쳐, 그다음 왕인 유명한 프리드리히Friedrich 2세 대왕(1712-1786)이 프로이센을 강국으로 성장시켰다. 그 이후 빌헬름Wilhelm 1세(1797-1988)와 2세(1859-1941) 때에는 유럽의 최대 강국으로 성장했다. 이 성장의 가장 결정적인 역할을 한 것은 빌헬름 1세 때의 비스마르크Otto Eduard Leopold von Bismarck

독일인의 가장 존경을 받는 프리드리히 대왕의 플루트 연주 모습이다. 그는 뛰어난 군사적 재능과 합리적인 국가경영을 발휘해 프로이센을 당시 유럽 최강의 군사 대국으로 성장시켰을 뿐만 아니라, 플루트 연주 등 예술적 재능과 관심까지 겸비하고 있었기에 계몽전제군주의 전형으로 여겨진다. 성실하고 근면한 성격과 합리적인 능력 그리고 예술성을 겸비한 그의 모습은 바로 지금 독일인의 전형적인 모습이다.
ⓒ Adolph_Menzel/wikipedia

(1815-1898) 철혈 수상이었다. 프로이센이 등장한 때가 18세기였고 절대 강국으로 자리 잡게 된 것이 19세기였다. 프로이센을 중심으로 독일은 그토록 원하던 통일 강국으로 발전한 것이다.

 그들은 18세기 말 프랑스 혁명이 발발하기 전에는 대체로 조용하면서 보편적인 계몽주의나 낭만주의가 그들의 주류였다. 그러나 프랑스 혁명이 섬세한 그들을 자극하기 시작하였다. 그래서 각자마다 다소 거친 감정으로 다양한 소리를 내기 시작했다. 주로 자유에 관한 이야기이다. 프랑스 시민혁명은 계몽주의 이성과 낭만주의의 감성의 방향과 같은 방향이기 때문에 이에 대한 자유로운 표현이 쏟아져 나왔다. 그러나 프랑스 혁명이 혼돈을 거듭한 끝에 나폴레옹이 강력한 황제로 집권하면서 독일을 침공하였고, 그 앞에 나름 강해졌다고 생각했던 프로이센도 무력하게 무너지고 말았다.

그래서 그들의 자유에 관한 생각이 변하기 시작했다. 혁명과 자유가 좋은 것만은 아니고 그것보다 더 급한 것은 자유를 지킬 수 있는 강력한 국가가 있어야 한다는 것이었다. 그래서 그들의 진보적인 사상과 예술이 점점 현실을 인정하는 보수적 성향으로 전환되었다. 프로이센도 프리드리히 대왕이 죽은 18세기 후반부터는 국력도 예전 같지 않았다. 나폴레옹을 물리친 워털루 전투에 프로이센이 참여하였지만, 영국이 주축이 된 연합국의 승리였다. 그래서 그들은 단결하여 강한 국가를 세워야 한다고 생각했다. 이를 주장한 대표적인 사상가가 피히테였다. 그는 나폴레옹 점령 시기에 여러 차례에 걸쳐 '독일 국민에게 고한다'라는 애국적인 연설을 하였다.

그 결과 19세기 중반에 이르러 강력한 프로이센이 다시 등장하였다. 프리드리히 1세와 비스마르크의 등장으로 다시 강력한 중앙집권 정부가 등장한 것이다. 그들이 원한 것이지만, 생각보다 강력한 압박이 주어지니, 국민과 함께 지성과 예술인들도 조금씩 불편해지기 시작했다. 그러나 그 누구도 적극적으로 저항할 수 없었다. 합스부르크의 오스트리아 빈에 사는 예술가들도 비슷한 분위기였다.

그래서 19세기 말의 사상과 예술은 그 이전과 다소 다른 분위기로 바뀌기 시작했다. 먼저 철학을 보면 18세기 말과 19세기 중반까지의 사상은 독일의 관념론이 지배하고 있었다. 힘들지만 투쟁 가운데 그래도 이성이라는 긍정적인 힘이 이끌고 있었다. 칸트에 이어 피히테와 쉘링Friedrich Wilhelm Joseph von Schelling(1775-1854) 그리고 헤겔에 이르는 관념론에 약간의 혼돈은 있었지만, 전체적으로는 절대정신이라는 긍정의 힘 가운데 있었다. 이 시대의 낭만주의 음악도 쇼팽Frederic Chopin(1810-1849), 슈베르트Franz Schubert(1797-1828)와 슈만Robert Schumann(1810-1856) 등이 슬프고 힘든 정서였지만, 그래도 아름답고 부드러운 선율이 주를 이루었다. 그러나 비스마르크가 등장하는 19세기 중반 이후부터는 철학과 예술이 조금씩 변해가고 있었다. 더 격렬해지고 무거워지기 시작하더니, 20세기의 참혹한 기운을 암시하듯 어둠의 강력한 힘으로 표출되기 시작했다.

쇼펜하우어Arthur Schopenhauder(1788-1860), 니체Friedrich Niezche(1844-1900), 마르크스Karl Marx(1818-1883), 프로이트Sigmund Freud(1856-1939) 등과 같은 부정적이고 해체적인 혁명 사상과 함께 음악에서는 바그너Richard Wagner(1813-1883), 리스트Franz Liszt(1811-1886) 그리고 브람스Johannes Brahms(1833-1897)와 말러Gustav Mahler(1860-1911)에 이르기까지 19세기 중반과는 다른 더욱 크고 강렬한 음악으로 그들의 고뇌를 표현하였다. 이처럼 철학자와 예술인들은 섬세하고 예민하였다. 밖으로 표현할 수 없는 그들의 깊은 정서를 그들의 철학과 예술로 섬세하게 표현한 것이다. 19세기 비스마르크의 외교도 거의 예술적 수준이었다. 치고 빠지는 교향곡처럼 정치와 외교를 연주했다. 그는 독일 아니 유럽이라는 대악단을 움직이는 지휘자 같았다. 강렬한 철의 소리를 내다가 부드럽고 뜨거운 피가 흐르는 곡을 연주하였다. 그래서 그를 철혈재상이라고 부르는 또 다른 이유인지도 모른다. 그는 독일의 이익을 챙기면서 유럽의 국가들을 절묘한 균형으로 이끄는 천재적인 지휘자였다.

그러나 빌헬름 1세의 정치가 막을 내리고 빌헬름 2세로 오면서 더 이상 비스마르크는 지휘봉을 잡을 수 없었다. 더욱 강렬한 음악으로 밀어붙일 수 있는데도 물러서는 것 같은 비스마르크를 답답한 노인으로 생각한 것이다. 그래서 그를 내보내고 자신이 직접 지휘봉을 잡았다. 그는 더욱 에너지 넘치는 연주를 통해 독일민족의 자존감을 세우려고 하였다. 그동안 주위 강국들에 의해 너무 눌려 기를 펴지 못한 한을 풀려고 하였다. 기회를 보던 중에 오스트리아 황태자가 사라예보에서 살해되는 기회를 잡아 오스트리아와 연합하여 세르비아를 침공하였다. 간단하게 끝날 줄 알았던 전쟁은 4년을 끌면서 정말 비참하고 고통스러운 1차 세계대전이 되었다. 그리고 패전국이 된 독일은 지도상에서 사라질 정도로 참혹하게 침몰했지만, 이러한 위기를 역이용한 히틀러의 나치가 들어서면서 인류역사상 가장 잔혹한 2차 세계대전이 일어나고 말았다.

독일의 사상과 예술이 깊은 이유

위에서 말한 독일의 상황을 기초로 해서 독일에서 특별히 특출한 사상가와 예술가가 많이 배출된 이유에 관해 생각해보려고 한다. 유럽이 모두 그랬지만, 게르만도 원래 야만인이었다. 숲에서 살아가며 싸움을 잘하는 용맹스러운 전사들이었다. 문화와는 거리가 멀었다. 그렇지만 그들은 어둡고 깊은 숲속에서 내향적인 능력을 키울 수 있었다. 그들의 삶의 형태는 봉건제였다. 그들의 기본 성격은 순수하고 우직하다. 영주에게 충성하고 또 영주 역시 백성을 잘 챙겨주었다. 통일 국가는 아니었지만, 신성로마제국이 대외적으로는 통일 국가의 역할을 해주었기에 그런대로 잘 살아왔다. 그들은 성실하고 꾸준한 장인정신으로 상업과 기술도 상당히 발달하였다.

그런데 중세기 때 종교적 억압이 독일에서 특별히 심했다. 특히 종교재판과 마녀사냥이 가장 심하고 많았다. 그러나 그들은 워낙 잘 참는 성격이기에 꾹 누르고 살다가 종교개혁으로 터지고 말았다. 이를 통해 그들은 개인의 중요성을 깨우치기 시작했고 그들은 잘 단결하며 자유를 지켜나갔다. 이것이 그들의 내면을 첫 번째로 깨운 사건이었다. 개인의 신앙적인 자유를 통해 자기 찾기가 깊어지게 되었고 이를 통해 깊은 곳에 내재한 **이성적인 능력을 그 어떤 나라보다 먼저 개발**할 수 있었다. 그리고 그 결과 바흐Johann Sebastian Bach(1685-1750)와 헨델Georg Friedrich Handel(1685-1759) 같은 위대한 음악가도 배출할 수 있었다.

그들을 두 번째로 깨운 것은 17세기의 30년 전쟁이었다. 이는 종교개혁에 연이은 사건이다. 잘 마무리되는 듯하였던 종교개혁이 유럽 대부분 국가가 참여한 30년 전쟁으로 번지게 되었다. 그런데 그 전쟁이 독일의 한복판에서 벌어지고 그 전쟁은 정말 잔혹하였다. 엄청난 살상과 폐허를 경험해야 했다. 엄청난 민족적 트라우마였다. 이 전쟁이 그들을 다시 깨웠다. **고난은 인간의 깊은 심성을 깨운다.** 인간은 무엇이고 왜 이런 잔인한 고난을 겪어야 하고 이를 해결할 수 있는 길은 무엇인지 깊이 고뇌하며 생각하지 않을 수 없었던 것이다.

그래서 탄생한 것이 프로이센이라고 했다. 17세기의 30년 전쟁 결과로 18세기에 프로이센이 출범되었다. 작은 왕국이지만 그 속에는 독일인의 아픔과 다시는 이런 고통을 이 땅에서 겪어서는 안 된다는 강한 갈망이 응집되어 있었다. 근검하고 절약하며 자신들의 힘을 키워나갔다. 그런데 이러한 갈망은 종교개혁의 정신과 배치되는 것이다. 자신을 지키기 위한 것이지만, 국가라는 전체를 위해 자신을 억압하고 희생하는 것은 종교개혁의 정신과 위배 된다. 이성의 계몽주의와 낭만주의 정신과도 배치되는 것이다. 그리고 그들은 프랑스 시민혁명의 영향을 받지 않을 수 없었다. 그러나 그들은 자유를 추구하는 개혁 정신보다는 종교적 경건주의와 민족주의를 우선으로 하였으며, 학문과 예술과 정치를 분리하여 억압을 수용하였다. 그러나 깊은 곳에서 일어나는 내적인 갈등과 고통을 회피할 수는 없었다. 그들은 항상 **고통을 이상화시키는 능력이 탁월했다**. 그래서 그들은 이를 통해 **더 깊은 인간의 예술성과 이성을 깨웠다**. 이러한 갈등과 고뇌가 그들을 더욱 깊이 깨운 세 번째 사건이었다.

강력한 억압과 내적 갈등

마지막으로 그들을 깨운 것은 프로이센의 강력하면서도 거의 병적인 억압이었다. 물론 프로이센보다 더 강한 억압을 한 군주들도 많았다. 그러한 군주들은 강제적이었다. 그래서 겉으로는 억압을 받지만, 속으로는 반발하는 그러한 억압이었다. 그러나 **프로이센의 억압이 무서운 것은 지도자부터 백성들이 이르기까지 대부분 자발적**이었다는 것이다. 이러한 억압이 더 무섭다. 억압을 빠져나갈 길을 다 봉쇄하고 억압하기 때문에 그 속은 억압이란 콘크리트로 돌처럼 뭉쳐진다. 그러나 생명은 돌이 될 수 없다. 그만큼 심한 억압이라는 뜻이다. 빠져나갈 길 없는 억압은 병든다. 그래서 독일은 겉으로는 엄청난 부강한 나라로 성장하였을지 모르지만, 여기서 병들기 시작하였다.

유럽은 억압의 역사이다. 강한 억압을 받았다고 모두 다 자신을 깨우게 되는 것은 아니다. 그러나 독일은 이 억압이 그들을 더 깊은 내면의 세계를 깨우게 했다. 그 이유는 무엇이었을까? 그들은 원래 내향성 강한 기질이었다. 내향성이 강하다는 뜻은 내면의 세계가 깊고 크다는 뜻이다. 그래서 심한 중세의 종교적인 탄압도 견디어 내었다. 강한 억압은 그들의 내향성을 더 강화하였다. 그러나 억압을 계속하는 것도 한계가 있다. 억압이 임계점에 도달하였을 때 종교개혁을 통해 그들의 내면이 폭발하였다. 그들은 단합하여 무서운 종교와 정치세력도 이겨냈다. 이를 통해 그들은 자유와 정의와 같은 **내면의 가치**를 깨우게 되었다. 이러한 가치는 이성과 영성으로 발전되었다.

그러나 그 이후 30년 전쟁과 프로이센의 강압 정책, 프랑스 혁명, 나폴레옹의 침략 등을 겪으며 현실과 이성의 갈등이 더욱 심화되었다. 그래서 그들은 더욱 고뇌하게 되고 이러한 고뇌와 아픔이 그들의 깊은 이성과 감성을 깨웠고, 이를 통해 그들의 학문과 예술이 더욱 깊어지게 된 것이다.

대충 이러한 환경이 독일이 학문과 예술에서 우수하게 된 이유가 될 수 있을 것이다. 한마디로 말하면 그들이 겪은 여러 차례의 고난과 심한 억압이 그들의 깊은 이성과 감성 그리고 영성을 깨워서 그렇게 되었다는 것이다. 그런데 이러한 설명만으로 충분하지 않을 수 있다. 이러한 고난과 억압은 다른 민족에도 있었기 때문이다. 다른 민족은 이를 통해 학문과 예술로 승화하지 못했는데, 독일만 그렇게 된 것인지, 아니면 그들에게만 있는 어떠한 유전인자의 덕분인지, 혹은 그들의 고난과 억압이 다른 나라보다 특별히 더 많아서 그런 것인지, 이에 대한 설명이 더 필요하다. 그래서 이에 대해서 좀 더 생각해보려고 한다.

유전적으로는 이미 혼합되어 큰 의미가 없다고 했다. 그렇다면 그들의 억압이 더 많든지 그 억압을 학문과 예술로 승화하는 특별한 요인이 있는지가 관심의 초점이 될 것이다. 먼저 그들의 억압에 대해서 생각을 해보자. 외적인 억압만으로는 다른 나라보다 많다고 볼 수는 없다. 다른 나라도 전제정치 등으로 억압이 적지 않았기 때문에 독일만 심했다고 볼 수는 없다. 그리고 전쟁과 같은 시련과 고난도 독일만 특별히 많았다고 볼 수도 없다. 그렇다면 그들의 억압의 방식이 다른 나라와 다르다고 볼 수 있다. 그들의 **억압의 방식은 우선 성격적인 면**이 강하다. 그들의 전통적인 성격이 억압적이다. 성실하고 충성스럽고 우직하다. 권위에 대해 순응적이다. 거기에다 **프로이센과 독일 개신교의 경건주의**의 영향으로 그들의 **성격은 더욱 강박적**으로 변했다. 그래서 그들은 누가 특별히 억압하지 않아도 **생활 자체가 억압적**이었다.

억압에는 두 가지가 있다. 자기가 원하지 않는데 외적인 권위와 힘에 의해 통제되는 억압이 있고 스스로 자발적으로 억압하는 경우가 있는데, 독일의 경우는 대부분 자발적인 억압이 많다. 자발적인 억압의 경우 스스로 억압하기 때문에 그 강도가 타율적인 경우보다 훨씬 더 심하다. 그렇지만 억압이 심하다고 다 학문과 예술로 승화될 수 있는 것은 아니다. 억압이 학문과 예술로 연결될 수 있는 고리가 있어야 한다. 이러한 연결고리는 있다면 이는 다른 나라와 아주 다른 특징일 수 있을 것이다. 그렇다면 이 고리는 무엇일까?

먼저 그 하나는 그들의 내적인 특성에서 기인한다고 볼 수 있다. 그들은 **검은 숲에서 초월적이고 이상적인 세계를 추구하는 성향**이 자라기 시작했고, 거기에다 성실성과 장인정신이 더해지면서 내적인 세계를 탐구하는 능력이 깊어졌다. 특히 종교개혁과 그 이후 종교적인 박해를 이겨내기 위해 깊은 신앙적 각성이 있었고, **개인적인 신앙을 강조하는 개신교의 영성** 덕분에 이러한 내적 능력이 더 깊어질 수 있었다.

억압은 그 강도가 차오르면 배설을 해야 한다. 스트레스도 억압에서 나온 말인데, 이를 풀지 않으면 병으로 가는 것을 우리는 잘 안다. 그래서 억압이 차오르면 반드시 풀어야 한다. 유럽의 각국은 이를 푸는 방식이 각기 다르다. 가장 많이 푸는 방식은 세속적인 유흥을 통해서이다. 그리고 억압이 되면 생명이 억압되기에 반생명이 생긴다고 했다. 반생명은 부정적인 감정이므로 인간 야만성의 기초가 되기도 한다. 그래서 인간은 적절하게 야만성을 풀어야 한다. 여러 문화적인 방식과 축제 등을 통해서도 이를 푼다. 전쟁도 역사적으로 야만성을 푸는 방식이었다. 바람직하지는 않았지만, 유럽은 멀리 나가서 이를 풀었다. 십자군 전쟁이 그러했고 신대륙과 식민지에 나가서도 그들의 야만성을 풀었다.

그런데 독일은 이를 푸는 방식이 가장 부족했다. **성격적으로 감정이 많이 억압되어, 이를 잘 풀지 못했다.** 그리고 타율적으로 억압하는 경우, 불평하거나 저항을 하면서 이를 풀 수 있는데, 그들은 이상적인 것을 추구하면서 스스로 억압하였기에 남에게 불평하거나 저항할 수도 없었다. 모든 억압을 고스란히 자신이 짊어져야 했다. 세속적인 유흥도 약한 편이다. 문화도 건전한 편이다. 거기에다 신대륙과 식민지를 통해서도 풀 기회가 없었다. 그들이 푸는 방식도 세속적이기보다는 이상적이다. 고전음악이나 문학 등을 통해 자신을 푼다. 소위 모범생들이 하는 방식이다. 풀리기보다는 더 이상화된다. 한마디로 말하면 그들은 이상주의적이다. 그래서 **억압도 이상주의적이고 푸는 방식도 이상주의적이다.** 그래서 그들의 억압은 더 강화될 수밖에 없었다. 그래서 그들은 억압된 것이 이성적인 학문이나 이상화된 예술로 연결되고 승화되기가 쉬운 것이다.

어떻게 보면 이상과 억압이 순환되며 더 강한 억압으로 가는 것이다. 반생명의 출구가 작고 배설기능이 약하다 보니 그 억압된 것이 한꺼번에 이상한 방향으로 터질 수 있다. 그래서 독일의 양극화된 현상이 나타나는 것이다. 가장 이상적이고 이성적인 국가가 가장 비이상적이고 비이성적인 모습으로 나타날 때가 있는 것이다. 이 **모순의 비밀이 바로 이 이상주의**에 있는 것이다. 여기에 대한 더 자세한 내용은 나중에 독일의 야만성을 다루면서 다시 언급할 것이다.

유대인의 고난이 그들의 우성 인자를 깨웠다

 독일의 이러한 발전에는 유대인들의 숨은 공로를 무시할 수 없다. 유대인은 독일인들도 부러워할 정도로 뛰어났다. 독일이 뛰어나다고 생각한 모든 분야에 유대인들이 있었다. 그들은 예술, 학문 그리고 과학 등 모든 분야에서 뛰어났다. 특히 상업과 금융 쪽은 더욱더 독보적이다. 그들은 나라를 잃은 지 2천 년이나 되었고, 여러 곳으로 흩어져 살았으나, 민족의 정체성을 잃지 않고 모진 박해 속에서도 자기들끼리 뭉쳐서 살아남았다. 현지 사람과 혼합되어 대충 살았으면 그렇게 박해를 받지 않았을지 모른다. 그러나 그들은 현지인들의 시기와 적대감을 받을 만큼 뛰어난 재능을 보였다. 그들이 살 수 있는 길이 교육과 돈이라고 생각되어 이 분야에서 뛰어났다. 특히 학문과 예술 그리고 상업이 급격히 발전하는 18세기 이후부터는 그들의 능력이 더욱 부각되었다.

 그들은 자신을 보호해줄 나라가 없었기에 스스로 자신들을 보호하기 위해 어쩔 수 없이 열심히 살다 보니, 능력이 배양되고 서로를 의지하며 뭉칠 수밖에 없었다. 그들이 버틸 수 있는 가장 큰 힘은 종교이기에 어디 가거나 유대교의 하나님과 경전을 가장 소중히 여겼다. 그들 조상이 예수를 죽인 것은 사실이지만, 2천 년 이상 오래된 옛날 일이다. 그때 로마도 예수를 죽인 공범이고 4백 년간 기독교인을 엄청나게 죽였는데도 로마에 대해서는 아무런 감정이 없다. 오히려 로마를 이상화한다. 그러나 유대인에 대해서는 예수를 죽인 이유만으로 그들을 2천 년간 끊임없이 미워하였다. 유럽도 불과 오십 년 전에는 서로를 죽인 원수지간이어도 서로 다 잊고 왕래하며 산다. 때로는 동맹을 맺기도 하고 왕족끼리 결혼도 한다. 그러나 유대인만은 2천 년이 되어도 용서받지 못했다. 유럽의 영원한 왕따였다. 그러다가 한 미친 지도자가 나타나 유대인을 완전히 쓸어버리겠다고 하였다. 모든 독일인은 아니었지만, 적지 않은 사람들이 어떤 식으로든 동조하였다.

유대인이 핍박받는 여러 이유가 있다. 그러나 외적인 이유는 얼마든지 달라질 수 있고 그것이 그렇게 중요한 것은 아니다. 그들이 박해받는 심층적인 이유가 더 중요하다. 왕따할 때 겉으로 미워하는 이유가 있지만, 속에 있는 무의식적 이유가 더 중요하다. 가장 근원적인 이유는 이분법이다. 뇌의 저차정보에서 나오는 가장 본질적인 현상이다. 뇌의 알고리즘은 선과 악이라는 이분법으로 정보처리를 하므로 모든 것을 선악으로 나누고 좋은 것은 이상화하고 나쁜 것을 미워하고 멸시한다. 이것이 뇌와 개인에만 일어나는 것이 아니고 집단화되는 것이 이분법적 편견이다. 한 집단이 이상적인 것으로 결집하기 위해서는 그 반대의 것을 어떠한 집단에 투사하여 그 집단을 박해하는 현상이 항상 생긴다. 유대인들은 항상 그러한 박해를 받는 집단이 된 것이다. 왜 그들은 항상 집단적 따돌림을 받는 대상이 되었을까? 그것은 그들과 다른 무엇인가 있었기 때문이다.

한마디로 유대인들은 그들과 달랐기 때문이다. 여러 면에서 눈에 띄게 달랐다. 그리고 그들은 자신의 집단을 허물고 하나가 될 수 없었다. 그리고 대개 좋지 않은 모습으로 나타났다. 그리고 어떤 경우에도 그들은 살아남았다. 그들이 수치스럽게 생각하는 것도 생존하기 위해서 열심히 했다. 그래서 그들은 부자가 되었다. 이러한 특별한 능력을 겉으로는 경멸하면서도 속으로는 부러워하고 있었다. 결국, 그들의 윤리성을 떠나서 그들이 특별하게 우수했기에 싫어하고 미워했던 것이다. 이러한 것들이 집단으로 따돌림받은 이유이다.

그러나 이 글에서는 이러한 이유를 분석하려는 것보다는 그들의 특별한 생존능력과 우수성에 대해서 그 이유를 찾아보기 위해서이다. 그들은 왜 그렇게 우수하고 강한 생존능력을 보이게 되었는가? 그들의 우수성도 독일인처럼 결코 생물학적 유전자는 아닐 것이다. 그들도 엄청나게 혼혈 상태이었다. 그들의 문화와 종교는 지킬 수 있을지 모르지만, 결코 유전자를 지킬 수는 없었다. 그래서 그들의 유전자가 우수하다고 누구도 말할 수는 없을 것이다. 혹자는 그들의 신이 불쌍히 여겨 축복한 덕분이라고 이야기하기도 한다. 그러나 그들이 우수한 것은 축복이 아니라 저주였다. 결코 신이 축복해서 그런 것은 아닐 것이다. 그들이 미움을 당할 것이라면 적당하게 부족한 것이 낫지, 그렇게 우수할 필요는 없었을 것이다. 그들이 우수한 것은 결국 그들의 환경 때문이었다. 독일이 우수하게 된 데에 특별한 환경이 있었듯이 그들에게도 그럴 수밖에 없는 환경이 있었다. 이제 그들만의 환경을 한번 살펴보자.

독일이 우수하게 된 이유를 다시 정리하면, 기본적으로는 그들의 내향성과 성실과 깊이 파는 장인정신이 있었고, 극심한 종교 탄압과 그 반발로 일어난 종교개혁이 그들을 깨웠다고 했다. 그리고 이를 통한 개인의 자유와 이를 극복할 수 있는 영성 체험 그리고 그 이후에 고난과 심한 억압 등이 복합적으로 작용하여 그들의 유전자를 발현시킨 것으로 설명하였다. 물론 결국 유전자가 발현되어야 하는 것은 사실이지만, 원래 유전자가 그렇다는 것이 아니라 후생적으로 우수한 유전자가 개발되었다는 것이다. 그리고 그 환경이 지속되면서 그 유전자가 더욱 쉽게 발현할 수 있게 된 것이다. 유대인들은 독일보다 더 우수할 수밖에 없는 것은 독일이 겪은 일을 그들은 더 극심하게 경험했기 때문이다.

독일은 16세기에 종교개혁을 시작하고 17세기 정도에 그러한 고난과 갈등을 겪기 시작했지만, 유대인의 신앙적인 전통은 몇천 년을 내려온 것이고 그들의 고난도 독일과 비교할 수 없을 정도이다. 그들은 1세기에 나라와 성전을 잃는 고난으로 시작되어 2천 년 동안 한순간도 쉬지 않는 고난과 핍박 가운데 있었다. 고난을 받은 민족인 유대인만은 아닐 것이다. 대부분 민족은 심한 고난을 받으면 역사에서 사라진다. 그러나 고난을 통해 그들은 더 강해졌다.

그것은 그들 속에 있는 신앙과 영성이 있었기 때문일 것이다. 그리고 그들은 단순한 고난이 아니었다. 그들의 고난은 곧 그들 신에 대한 갈등과 신앙적인 고뇌와 직결된다. 이러한 고뇌와 갈등이 그들의 능력을 더욱 깨우게 되었다. 그러나 그들은 신을 떠나지 않았다. 엄청난 고난 속에서도 구약의 율법과 신에 대한 믿음을 지키며 살아왔다. 이를 누가 강제한 것도 아니다. 스스로 원해서 그렇게 한 것이다. 얼마나 강력한 종교적인 억압이 있었겠는가? 이를 2천 년간 해왔다. **이런 종교적인 억압은 독일의 프로이센 억압과는 비교될 수 없을 정도이다.** 그래서 그들은 그렇게 우수할 수밖에 없었다.

이처럼 유대인은 독일이 겪은 모든 것을 비교가 안 될 정도로 오랫동안 극심하게 겪었다. 독일이 16세기부터 이 작업을 하였다면, 유대인은 2천 년을 넘게 쉬지 않고 내면의 능력을 깨웠으니 그 어떤 민족이 유대인을 따라갈 수 있었겠는가? **그들의 우수성은 바로 그들의 고난의 세월이기에 누구도 이를 시기할 수 없을 것이다.** 편견을 가져서도 안 된다. 만일 유대인과 같은 능력을 원한다면, 당신들도 그러한 세월을 겪어보라고 말하면 된다. 그렇지 않다면 감히 유대인을 시기하거나 미워해서는 안 된다. 정말 인간적으로 존중하고 존경할 민족이라고 생각한다. 인류가 발전하는 어떠한 모형을 보여주기 위해 자신들이 이런 세월을 보낸 선지자 같은 민족이라고 생각이 들 정도이다. 특히 독일인이 시기하고 미워한 유대인을 통해서 역설적으로 그들의 우수성의 비결을 확인할 수 있는 것이다. 역사의 아이러니가 아닐 수 없다.

5
인간이 갈 길의 지도地圖를 그리다
– 칸트와 헤겔

내적 대항해 시대와 그 지도가 완성되다

16세기 종교개혁으로 개인의 잠자던 능력이 깨어나면서 17~18세기는 인간의 여러 능력이 개발되어 여러 면에서 놀라운 발전을 이루었다. 그러나 이 속에서 서로 부딪히며 갈등하고 혼돈하는 격동을 보이기도 했다. 과거는 부모 같은 권위자가 명령하는 일만 단순하게 하면 되었지만, 이제는 스스로 자신의 능력과 판단으로 자신의 삶을 개척해나가야 한다. 그리고 그 누구도 이 길을 먼저 가본 적이 없다. 콜럼버스가 대항해의 첫발을 내디딘 것처럼 아무도 모르는 미지의 길을 가고 있었다. 그러나 그들은 원래 모험을 좋아하는 전사들이었다. 그러나 그동안 부모의 권위에 눌려 있다가 이제 그 굴레가 풀리게 되니 자신을 깨우며 무섭게 돌진하였다. 그러나 아무도 그들이 어디로 달려가고 있는지 알지 못했다.

그렇다고 그들은 부모와 같은 신과 교회를 떠난 것은 아니다. 과거에는 그 권위가 외부로부터 왔으나, 이제는 스스로 신을 만나고 자신이 주체가 되어 삶을 살아가야 했다. 그렇다면 자신이 주체로서 삶을 살게 하는 자신의 근거와 능력이 있어야 한다. 그것은 그들이 발견한 지성과 이성이었다. 그리고 그들을 그렇게 살게 하는 감정과 욕구가 그들의 삶의 힘이고 근거가 되었다.

인간이 신을 대신하여 스스로 발견한 가장 믿음직스러운 것이 이성이었다. 계몽주의자들이 이러한 이성을 우상처럼 섬겼다. 그러나 한편에서는 이성에는 허구적인 것이 있으므로 현실에서 모든 것을 의심하고 경험으로 확인해야 한다고 주장하는 경험주의 사상가들도 있었다. 또 한편에서는 인간의 감정이 중요하다고 주장하는 사람들도 있었다. 주로 낭만주의 사상과 예술가들이었다. 사회적으로는 인간의 자유를 주장하는 진보적인 집단이 있었던 반면, 집단과 자신을 안전하게 보호하기 위해서는 강력한 권위가 필요하다는 보수적인 사람들도 있었다. 이처럼 다양한 목소리와 주장이 있었고 각자 자신에게 맞는 길을 찾아가고 있었다. 그리고 서로 갈등하고 방황하며 모험적으로 살아가는 격동의 시기였다.

그런데 놀라운 한 현자賢者가 나타나 그동안의 모든 것을 정리하고 인간이 가야 할 길을 정리하여 내어놓았다. 그 현자가 바로 칸트Immanuel Kant(1724-1804)였다. 그가 정리하여 밝힌 것은 아직 가보지 못한 인간 내면의 지도였다. 이제 인간을 알고 인간의 길을 가려면 인간이 누구인지, 자기가 누구인지를 잘 알아야 한다. 인생이 주인이 되어 세상을 살아가려면 인간의 지도가 필요하다. 아직 인간이 누구인지 그 속에 뭐가 있고 이를 어떻게 찾아가는지를 일목요연하게 밝힌 사람은 없었다.

그런데 그는 성인이 된 유럽 앞에 인간과 인생의 지도를 내어놓은 것이다. 같은 시기에 유럽은 밖으로 대항해 시대를 열심히 달려가고 있었다. 항해에 가장 중요한 것이 지도이다. 그들은 세계지도를 만들어 자신의 제국을 확장해나갔다. 유럽대륙도 내적인 대항해 시대를 시작하고 있었는데, **칸트는 그 내적 항해의 지도**를 그린 것이다. 이 지도는 그 이후 인간의 내적 세계에 대한 거의 완벽한 지도로 자리 잡게 되었다. 이제 그 지도에 대해 살펴보려고 한다. 외적인 세계는 보이지만 내면의 세계는 잘 보이지 않는다. 그러나 칸트는 놀라운 직관력과 철저한 지성으로 이 대지도를 완성한 것이다.

마음의 과학으로 본 칸트 철학

저자는 칸트의 대철학을 이글에서 자세히 다룰 수 있는 전공자가 아니다. 그래도 이를 시도하는 것은 자기 찾기와 인격발달이라는 관점에서 칸트의 철학이 중요하기 때문에 이를 마음의 과학으로 설명해보려는 것이다. 칸트는 내면의 지도를 정밀하게 그렸으니, 어떻게 보면 마음에 대한 과학적 지도이기도 하다. 그래서 마음의 과학으로 이를 설명해보려는 것이다. 칸트는 내면을 여러 영역으로 나누었다. 전통적으로 존재의 영역을 형이상학과 형이하학으로 나누듯이 그도 내면의 지도를 둘로 나누었다. 이를 마음의 과학으로 표현하면 형이상학은 고차정보의 세계이고 형이하학은 보이는 저차정보의 세계로 볼 수 있다. 여기까지는 전통적인 분류이다. 그런데 그가 특별한 것은 대상에 따라, 가는 길을 다르게 설정한 것이다. 여기서 말하는 길이란 인식방법이다. 대상에 따라 다른 인식의 길을 제시한 것이다. 앞서 마음의 과학에서 고차정보의 대상을 인식하기 위해서는 고차적인 인식정보를 사용하고 저차정보의 대상은 저차적 인식정보를 사용해야 한다고 말한 것과 같은 것이다. 어떻게 보면 당연하다. 초등 산수와 대학원의 수학을 다루는 방법론이 다를 수밖에 없는 것과 같다.

칸트는 인식능력을 4가지로 나누었다. 감성 즉 이는 감정을 말하는 것이 아니고 감각적인 입력정보를 말하는 것이다. 이는 뇌에서 가장 저차적인 정보처리인데 시간과 공간의 형식을 통해 자료를 받는 작업을 말한다. 이를 선형적 1차원적 정보처리라고 할 수 있다. 여기서 나온 정보는 가장 기초적인 자료data가 된다. 정보 철학information philosophy에서는 자료가 정보가 되기 위해서는 2가지가 더 필요하다고 한다. 바른 형식과 의미가 있어야 한다. 칸트는 자료가 바른 형식을 가지기 위해서는 선험적인 12개의 범주로 조직화되어야 한다고 했다. 그리고 이 정보가 인간에게 활용가치가 있는 의미가 있기 위해서 한 가지 더 인지 작업이 필요한데, 칸트는 이를 상상의 작업이라고 했다. 의미 있는 정보로 이해하기 위해서는 부분적인 내용을 상상을 통해 더욱 전체적인 정보로 확장한 다음 의미 있는 부분을 서로 엮어 종합해야 한다고 했다.

그리고 이를 더 잘 이해할 수 있는 도식화 작업까지 할 수 있어야 인간에게 유용한 정보 즉 지식이 될 수 있다. 범주작업까지는 알고리즘의 저차적 정보처리이지만, 상상은 이보다 더 많은 용량을 전체적으로 다루어야 하기에 알고리즘을 넘어선 복잡성 정보처리가 필요하다. 그러나 여기서 복잡성은 비교적 낮은 수준의 복잡성 정보이다. 그러나 점차 정보처리의 차원이 고차로 높아진다. 고차 정보가 된다는 뜻은 두 가지 의미

인간이 주체가 되면서 인간의 내면에 대한 다양한 능력과 기능들이 발견되었다. 칸트는 이러한 다양한 내면의 모습을 일목요연하게 정리하여 인간 마음에 대한 대지도를 완성하였다. 그 이후의 철학자들은 그의 지도에 의거하여 인간을 탐구하였다. ⓒ Amano1/wikipedia

이다. 정보용량이 증가한다는 뜻과 정보 대상의 영역이 확장된다는 뜻이다.

선형정보에서 평면정보로 그리고 공간정보로 확장되고 이에 따라 그 속에 속하는 정보의 용량도 증가한다. 정보의 용량과 영역의 확장에 따라 정보처리의 방법이 달라지는 것이다. 단순한 정보의 입력을 선형정보로 볼 수 있을 것이다. 그다음에서 범주라는 알고리즘에 따른 조직화의 정보처리를 통해 평면적 정보로 확장된다. 그리고 이 평면적 내용을 더 의미 있는 내용으로 만들기 위해 상상을 통해 더 공간적으로 확장하고 종합하는 작업을 한다. 그리고 도식화를 통해 의미 있는 정보로 만들어 간다. 이 과정은 알고리즘 정보처리만으로

는 부족하여 복잡성 정보처리까지 동원된다. 그래서 공간정보가 되는 것이다. 이러한 뇌에서의 정보처리 과정을 칸트는 오성understanding 혹은 지성의 인식이라고 했다.

그런데 뇌의 정보처리 능력은 여기까지 머물지 않는다. 더 이상의 고차정보를 처리할 수 있는 능력이 있다. 복잡성 정보처리는 두 단계가 있다. 먼저 공간적인 3차원의 정보처리이다. 평면적인 정보를 구상적인 정보라고 한다면, 공간적 정보는 추상적 정보라고 할 수 있을 것이다. 여기까지는 인간이 생각을 통해 도달할 수 있는 정보의 영역이다. 그러나 3차원의 공간에 시간까지 도입되는 4차원이 되면 우리는 이를 분석적으로는 그대로 인식할 수 없다. 그래서 알고리즘으로는 인식이 불가능하고 통계를 통해 압축해야 인식할 수 있다. 그러나 통계를 통해서도 인식이 가능한 복잡성이 있고 불가능한 복잡성이 있다. 인식 가능한 복잡성을 3차원 복잡성이라고 하고 합리적인 지식으로 도달할 수 없는 복잡성을 4차원이라 할 수 있다.

4차원의 세계는 지식적인 분석은 불가능해도 느낄 수는 있다. 인간이 4차원의 세계에 살기 때문에 이를 막연히 느낄 수 있는 것이다. 그러나 5차원 이상의 세계가 되면 인간은 직관적으로 느낄 수도 없다. 그러나 인간의 정보처리는 그 이상까지도 도달할 수 있다. 그러나 다른 정보처리를 동원해야 한다. 이를 위해서는 양자 정보처리가 동원되어야 한다. 4차원 이상의 세계에 대해서는 인간이 지성으로는 접근하기 어렵다. 그래서 칸트는 여기서부터는 이성이란 인식을 통해서만 그 영역을 사유할 수 있다고 했다. 그러나 사유방식은 감성과 지성과는 전혀 다른 방식이어야 한다고 했다. 형이상학은 지식을 추구하는 지성으로는 접근할 수 없고 이성을 동원해야 한다고 한다. 그렇다면 칸트가 말하는 이성은 무엇인가?

형이하학은 지성이라는 길로 갈 수 있지만, 형이상학은 지성이라는 길로는 막혀있고 이성이란 길로 가야 한다고 했다. **형이상학과 형이하학의 교차로에 교통신호를 세운 것이다.** 그동안 철학은 잘못된 교통신호로 혼돈되어 있었다고 보고 그는 바른 지도와 신호등을 세운 것이다. 그는 이처럼 이성과 지성의 길을 확실히 나눈 것이다. 그렇다면 인간의 지성적 인식이 도달할 수 없는 초월의 세계를 어떻게 인식할 수 있을 것인가? 이성이 무엇이길래 이를 인식할 수 있는 것인가? 여기부터는 복잡해진다.

지금까지 인식 과정을 마음의 과학으로 설명해왔기 때문에, 이성도 우선 정보과학으로 설명해보려고 한다. 초월의 세계는 양자정보 내에 숨겨져 있다. 인간의 정보로는 양자 속으로 들어갈 수 없다. 인간의 정보가 양자와 접촉하면 양자는 붕괴되기 때문에 더 이상 초월이 아니고 경험과 지식의 세계가 된다. 고차적인 양자가 저차의 고전적 물질로 붕괴되는 것은 고차정보와 물질이 저차적인 것과 접촉함으로 생기는 현상이다. 이러한 접촉을 관측이라고 한다. 그래서 양자 상태를 보존하기 위해서는 저차적인 정보와 물질의 접촉을 막아야 한다. 양자 컴퓨터에서도 양자 상태를 유지하기 위해서 절대 온도의 상태를 유지하여 어떠한 물질과 정보의 접촉을 차단한다. 고차정보는 **고차정보와 물질로서만 생태계를 만들어야지, 그곳에 저차가 유입되면 고차의 양자는 저차의 물질과 정보로 붕괴하고 만다.** 이러한 물질의 붕괴 원리와 정신의 붕괴 원리는 동일하다고 볼 수 있다.

고차적인 이성에 저차적인 이성이 접촉하면 고차적인 이성은 저차적인 이성으로 붕괴된다. 그래서 칸트는 고차적인 이성이 저차적인 이성인 지성으로 붕괴되는 것을 막기 위해 이 둘을 철저하게 분리하였다. 그렇다면 초월적 양자정보를 인간의 뇌에서 어떻게 같은 양자정보만으로 접촉할 수 있을까? 그 해답이 바로 의식에 있다. 의식은 대부분 양자로 되어있기 때문이다. 의식을 통해 양자정보에 접촉할 때 이것이 가능하다. 그런데 한 가지 문제가 있다면 의식의 본질이 양자이지만, 양자만 있을 때는 의식을 인지할 수 없다. 의식이 의식으로 인지되기 위해서는 양자가 붕괴되어야 한다. 그런데도 의식이 양자정보와 접촉할 수 있는 길이 어떻게 가능할까? 의식 중에는 의식되지 않는 양자의식이 있기 때문에 이것이 가능하다. 이를 전의식panconsciousness 혹은 원元의식protoconsciousness라고 한다. 정신분석에서 말하는 전前의식precoscousness도 이에 해당할 수 있다.

의식이 초월세계의 양자정보와 접촉할 때, 우리는 이를 인식할 수는 없다. 그 정보처리 결과가 인식의 세계로 붕괴될 때 이를 인식할 수 있게 된다. 이러한 모든 과정을 우리는 이성이라고 말할 수 있다. 그런데 지성에서 대상을 표상할 때 선험적인 형식과 도식이 도입되는 것처럼 이성에도 보편적이고 필연적인 선험성이 개입될 수 있다. 양자정보가 붕괴될 때 이러한 선험성이 작동되는 것으로 생각된다. 이러한 선험성은 지성에 있는 범주나 도식을 초월하는 보편적인 것으로 이를 통해 초월적 인식이 가능하게 된다. 칸트는 이를 초월론적 철학이라고 했다. 초월적 정보가 일방적으로 계시되는 것이 아니라, 인간의 양자정보와의 접촉과 정보처리를 통해 드러나기 때문에, 이성은 단순히 초월정보를 수동적으로 수용하는 모니터가 아니라 지성이 감성을 도식화하고 종합하듯, 이성도 그러한 초월적 종합을 수행하는 것이다. 그래서 이성이 초월세계에 능동적으로 참여하며 초월적 인식을 가능하게 하는 주체가 되는 것이다.

칸트는 이러한 **초월적 정보를 법이라고** 하였다. 이 법은 물론 저차적 알고리즘의 선악 정보는 아니다. 최고선으로서의 우주적 혹은 신성의 정보로서의 궁극적인 만물의 법인 것이다. 헤겔의 용어로 말하면 절대정신과 같은 법이 될 것이다. 마음의 과학으로 말하면 양자 이상의 초양자로 구성된 정보일 것이다. 초양자는 물질과 정보가 분리되지 않은 양자장적 진공상태이다. 초월적 신성과 하이데거가 말한 존재도 이 양자장에서 출발한다고 볼 수 있다. 칸트는 이 법을 정언 명법이라고 하며 인간은 이성으로써 이 법을 존경하며 수행해야 한다고 했다.

이 법은 양자 이상의 정보이다. 그래서 인간이 이 법을 바로 인식하고 수용하기 위해서는 인식이 양자 상태로 준비되어야 한다. 그렇지 않으면 그 법을 알고 받을 수 없다. 여기에 고차정보로서의 이성이 아주 중요한 역할을 한다. **이성이 고차적인 정보가 아니고 저차적인 정보가 되면 이 법은 단순한 선악과 도덕의 법이 되고 만다.** 이성이 저차화되면 많은 문제를 야기한다. 그래서 이성이 저차정보로 가지 않고 고차정보의 상태를 유지하는 것이 아주 중요하다. 칸트도 이 점을 무척 걱정하며 이를 방지할 여러 장치를 강구하고 있다.

저차정보로 인해 발생하는 여러 문제

이성이 저차화된다는 것은 알고리즘 정보가 된다는 것이다. 이는 지성의 정보가 되는 것을 의미한다. 알고리즘 정보는 현실의 정보이고, 효율성과 합리성 그리고 선악의 이분법을 가장 중요한 특징으로 하고 있다. **고차적인 이성이 저차화되면 판단의 기준과 도구가 된다. 이를 교조적敎條的 혹은 도구적 이성**이라고 할 수 있다. 이것이 강화되면 이성이 모든 사상과 행동을 감시하고 통제하는 기준이 된다. 그렇게 되면 이성이 우상화되는 것이다. 중세기 교회와 신이 인간의 모든 것을 감시하고 통제한 것처럼, 이성이 이를 대신하는 것이다. 그리고 선악의 이분법으로 이를 지키면 선이 되고, 지키지 않으면 악이 되어 처벌받게 된다. 인간의 생각과 행동을 이렇게 통제함으로 이성이 가장 효율적이고 합리적인 법칙과 권위가 된다. 그리고 이성을 도구화하여 사람을 조종하고 통제하여 자기의 욕심과 권위를 유지한다. 이것이 이성이 저차화됨으로 생기는 문제들이다. 이는 사상과 철학에만 나타나는 것이 아니라 사회 전반에 걸쳐 일어나는 현상이다. 특히 고차적인 혁명과 개혁 그리고 종교와 신앙 등에서도 저차화가 일어난다.

저차화는 마치 인간이 나이를 먹는 것처럼 정보도 노화되어 가기 때문에 일어나는 현상이다. 인간의 뇌정보는 물질 자체는 아니라도 물질에 의존되어 있어서 물질이 노화되어 가는 방향에 따라 정보도 노화된다. 그렇다면 물질은 어떻게 노화되어 가는가? 태초에 물질이 빅뱅으로 시작되었다. 초양자의 상태에서 양자로 변화되고 양자들이 여러 소립자로, 그 소립자들이 모여 원자를 이루고 원자가 분자가 되어 물질로 변한다. 그 물질들은 별이 되어 다양한 별로 진화하면서 최종적으로는 블랙홀로 소멸된다. 이렇게 물질은 일생을 살아가는 것이다. 이러한 물질의 진화와 변화에 의존되는 정신도 어떠한 변화를 밟아 간다고 생각한 철학자들이 있다. 바로 화이트헤드, 베르그송과 샤르댕 등의 철학자들이다. 물론 정신이 물질에 일방적으로 의존되어 변화되는 것은 아니다. 상호적이 변화를 주며 변해가는 것이다. 헤겔도 우주도 이러한 정신이 변증법적 변화를 통해 우주가 절대정신을 구현하는 방향으로 변화되어 간다고 했다.

이러한 변화의 방향을 열역학에서는 엔트로피 증가라고 한다. 고밀도의 물질에서 저밀도의 혼돈 물질로 변해가는 것이다. 시간과 공간이 없는 초양자의 상태에서 상대적 시공時空의 양자 상태로 양자는 고전적 시공의 물질로 붕괴되고 이 물질은 나중에 블랙홀로 소멸된다. 이런 물질을 기반으로 한 정보처리 역시 미분화적인 초양자의 정보에서 양자정보로 그리고 복잡성 정보와 알고리즘의 정보로 차례로 붕괴된다. 고차의 물질에서 저차의 물질로 늙어가면서 정보인 정신도 고차에서 저차로 노화되는 것이다. 이러한 현상이 인간의 뇌와 정신에서도 일어난다. 처음 이성은 양자정보 이상의 고차정보에서 시작하나, 시간이 지나면서 저차적인 물질과 정보로 노화되어 가는 것이다. 그래서 고차적인 이성이 저차의 이성으로 노화되는 것이다.

이러한 노화 문제를 깊이 다루고 있는 학문이 유학이다. 유학은 고차적인 형이상학에서 출발한다. 하늘의 무극에서 출발한다. 시공이 없는 초양자의 정보이다. 그 초양자 정보가 인간으로 온 것이 인간의 본성이고 생명이다. 이를 유학에서는 성性이라 한다. 이 성은 거의 양자정보로 되어있는 고차정보요, 형이상학이다. 이를 맹자는 사단四端인 측은지심惻隱之心 수오지심羞惡之心 사양지심辭讓之心 시비지심是非之心 등의 양심良心으로 보았고 양명학에서는 이를 양지良知라고 했다. 성이란 양심이 뿌리가 되어 인仁이란 싹을 낸다. 싹은 줄기가 되는데, 이는 사랑이기에 그래도 고차적 형이상학이 유지된다. 그러나 이것이 기초가 되어 의義와 예禮,지智라는 가지와 꽃과 열매를 피우는데, 여기서부터는 보이는 현상계의 저차정보가 된다. 의義는 그래도 고차성과 저차성이 혼합되어 있지만, 예부터는 완전히 알고리즘 저차정보이다. 지智로 가면 더욱 알고리즘 정보가 된다.

  유학의 제자들은 유학을 책에서 배우기 시작함으로 입문한다. 여기에서 문제가 생긴다. 유학을 지로서 먼저 배우고 그다음 예와 의, 인과 성으로 간다. 발생과정과는 역순逆順이다. 학문은 모두 인간의 인공적인 언어와 개념으로 되어있다. 곧 알고리즘 정보이다. 공자는 아래서부터 깨달음으로 유학을 시작하였지만, 제자들은 거꾸로 배운다. 깨달음은 직관과 같이 고차정보이지만, 배움은 저차정보이다. 고차적인 유학을 저차적인 언어와 알고리즘 정보로 이해하고 익히는 것이다. 여기서 유학의 문제가 발생한다. 어려서부터 무슨 뜻인 줄도 모르고 거의 외우다시피 배운다. 물론 퇴계나 율곡처럼 학문과 수양이 깊어지면 점차로 고차적인 유학을 거의 회복할 수 있지만, 대부분 유생은 저차정보로만 유학을 이해하고 실천하려고 하였다. 그래서 조선에서의 유학은 본래의 깊은 뜻을 이루지 못하고 사색당파라는 유학과 반대의 길을 가게 되었다. 정말 한심한 일이지만, 정보의 차원 때문에 어쩔 수 없는 일이다. 이는 유학만이 아니라 모든 성인의 가르침을 배우는 학문과 종교에서 보편적으로 일어나는 현상이다.

양심의 고차성을 잃고 도덕이 저차화되면 일어나면 두 가지 문제가 있다. **프로이트가 말한 초자아의 권위와 압제의 문제, 그리고 선악의 이분법이다.** 후자는 조선이 분당하게 되는 계기를 만들어 주었다. 아래 뿌리의 고차정보에서 올라오면 칸트가 말한 대로 자유와 자율성으로 스스로 요청하게 되고 실천하는 도덕이 될 수 있다. 그러나 위의 저차정보에서 시작하는 도덕은 자율성보다 권위와 집단의 힘으로 강제하고 감독하고 통제하는 법이 된다. 기독교의 의도 고차의 영성과 사랑에서 올라오면 기쁨과 자발성으로 행하게 되지만, 고차성을 잃으면 신의 심판과 벌에 대한 두려움으로 감시받는 저차적인 율법이 된다. 이것이 중세 기독교가 타락하게 된 계기가 되었다. 자유와 기쁨이 아니라 억압적인 무거운 짐으로서의 종교가 되는 것이다.

바르게 초월세계를 찾아가는 길

그렇다면 이 자연의 거대한 흐름을 거슬러서 어떻게 **정보의 고차성을 유지**할 수 있을 것인가? 이는 마치 인간이 노화를 막고 영원한 젊음을 유지하려는 것처럼 불가능하고 어리석은 노력일 수도 있다. 그래도 인간은 항노화를 연구하며 어떻게 해서라도 생명의 젊음을 추구한다. 이처럼 많은 사상가도 이러한 노력을 해왔다. 특별히 칸트는 이를 가장 간절히 갈망하며 그의 책을 저술하지 않았나 생각된다. 이제 칸트가 이를 막아보기 위해 어떠한 조치를 하였는지를 알아보려고 한다.

그 첫 번째가 이성과 지성을 확실히 구분한 것이다. 이를 통해 지성의 활동 영역을 제한하였다. 보이는 형이하학의 세계는 지성으로 접근할 수 있지만, 보이지 않는 물자체와 형이상학의 세계는 지성으로 접근할 수 없도록 그 영역의 경계를 지도화한 것이다. 국가 영토에 경계선을 그어 서로 침입하지 못하도록 한 것처럼, 초월계에는 저차의 알고리즘 정보가 들어오지 못하게 하였다. 이를 통해 고차적인 이성이 지성화 혹은 알고리즘화되는 것을 방지하려고 한 것이다. 이것이 가장 중요한 조치라고 생각된다.

그는 인식과 사유를 구분하였다. 인식으로는 초월적 고차정보에 도달할 수 없다고 못을 박고 대신 사유를 통해서는 초월적 형이상학에 접근할 수 있다고 했다. 바로 이 사유를 이성으로 보았다. 그렇다고 인식을 아주 저차정보로 버려두지는 않았다. 그 이유는 실제 사고에서는 이성과 지성이 그렇게 명확하게 구분할 수 없이 서로 영향을 준다. 결국 이성적인 사유도 결국 지성의 합리적인 개념과 사고를 필요로 한다. 모든 사고는 인간의 언어가 없이는 불가능하다. 언어는 결국 개념과 합리적인 알고리즘의 지성의 도움이 없이는 불가능하다. 어느 것이 주가 되느냐의 문제이지 이성과 지성을 서로 완전히 배제할 수 있는 것은 아니다.

지성이 전반적으로는 알고리즘적인 정보이기는 하지만, 알고리즘 안에서도 저차가 있고 고차가 있다. 많은 것을 생각하고 반성하고 비판하는 지성이 있고 아주 단순한 알고리즘적인 분석으로 끝나는 사고도 있다. 그래서 지성적 인식과 사고도 가능한 고차적인 정보를 많이 활용할 수 있어야 한다. 단순한 분석으로 끝나는 것이 아니라 여러 각도에서 보면서 반성하고 비판하며 사고의 고차성을 높여야 한다. 그리고 합리적인 사고를 중심으로 하지만, 상상과 추상성이 가미되어야 저차성에 갇히지 않을 수 있다.

그래서 칸트는 지성에서도 비판에 대해 열린 사고와 상상을 중시한다. 알고리즘적 정보라도 저차정보로 갇히지 않고 열린 사고를 지향하는 것이다. 이것이 고차성을 유지할 수 있는 **두 번째**의 길인 것이다. 같은 합리적인 사고라도 여운이 있는 사고가 고차적이다. 사고는 알고리즘적인 사고의 특성을 갖지만, 고차정보와 관통하면서 열려있어야 한다. 그래야 저차정보로 빨리 붕괴하지 않고 자기 보존력에 빠지지 않을 수 있다. 알고리즘 사고는 그 상위의 고차정보인 복잡성 정보에서 나온다. 복잡성 정보가 스스로 조직화되고 통계적으로 가장 대표적인 정보로 표상되는 것이 알고리즘정보이다. 그래서 **알고리즘정보이지만, 복잡성정보와 연결되고 열려있는 것이 바람직하다.** 이를 여운이라 할 수 있다.

복잡성정보는 정서적인 정보와 추상적인 정보를 포함한다. 그래서 합리적 지성에도 이러한 고차적인 정서와 여운이 동반되고 그 세계에 열려있을수록 좋은 것이다. 내용은 저차적이라도 어떠한 틈을 통해 정서와 여운으로 열려있는 정보가 고차성을 가진 저차정보라고 볼 수 있다. 칸트는 지성을 오성이라고 했는데 영어로는 이해understanding

로 번역하고 있다. 이해는 인간만이 할 수 있는 독특한 인지적 사건이다. 책을 이해한다는 것은 책에 있는 부분적인 것들을 다 알았다는 것만을 말하지 않는다. 글의 행간과 전체적인 흐름과 작가가 무엇을 말고 싶은지, 그 배경과 마음, 정서까지도 포함하는 크고 깊은 인지적 사건이다. 단순히 합리적이고 논리적인 알고리즘의 이해만을 의미하는 것이 아니다. 논리성을 비롯하여 전체적인 의미와 구성 그리고 그 이상의 상상과 정서까지도 포함하는 것이다.

이처럼 오성 자체도 알고리즘적인 저차정보만을 의미하는 것이 아니다. **오성은 사실 내용적으로 보면 상당히 고차적인 정보를 포함한다**. 단지 표현할 때는 압축하여 알고리즘적 합리성이 강조될 뿐이지, 그 내용은 상당히 고차적인 것을 포함하는 것이다. 이러한 내용이 칸트가 저차정보가 고차성을 유지할 수 있도록 제시한 장치로 생각된다.

칸트가 **세 번째**로 고차성을 유지하는 길로서 제시한 것은 무엇일까? 칸트가 사고에 있어서 아주 중요시한 개념이 있다. 그것은 종합이라는 개념이다. 알고리즘으로 분석한 것 외에 다른 내용을 포함하여 종합한다는 것이다. **종합이라는 개념은 바로 확장성을 의미한다**. 알고리즘은 국소적이고 부분적인 논리이다. 이를 더 확장하여 더 큰 전체를 포함하는 것이다. 특수한 부분만의 알고리즘이 아니라 더 넓은 전체에도 적용할 수 있는 보편성을 확보하려는 것이다. 이를 우리는 진리라고 한다.

정보라는 개념은 아주 한시적이고 국소적일 수 있다. 아직 확실한 지식으로 자리 잡지 못한 내용이다. 정보가 시공(時空)으로 더 확장되어도 보편성을 유지할 때 우리는 지식이라고 한다. 그런데 이 지식이 더 큰 영역과 오랜 시간으로 확장되어도 보편성을 유지할 때, 우리는 이를 진리라고 말한다. 그래서 정보의 내용이 더 넓은 지역과 시간으로 확장되어도 안정적인 적합성을 갖게 되는 것을 보편성이라고 말하는 것이다. 그래서 이 보편성은 지식의 확장에 아주 중요한 조건이 된다. 지식이 이렇게 확장되고 보편적일수록 초월적인 성격을 지닌 고차정보가 되는 것이다. **고차정보를 유지하기 위해서 이 확장성과 보편성은 아주 중요한 조건이** 된다.

정보가 적용되는 영역이 크고 그 시간이 더 늘어날수록 당연히 정보의 용량이 증가될 것이다. 알고리즘정보로는 많은 용량의 정보를 처리할 수가 없다. 정보의 양이 늘어나면 복잡성 정보처리로 가야 하고 시간과 영역이 더 확장되면 결국 양자정보로 가야 한다. 그래서 정보가 종합적이고 전체적이고 보편적일 때는 자연히 고차정보를 통해 처리해야 하는 것이다. 그래서 이성과 초월적 정보를 다룰 때는 자연히 종합, 전체 그리고 보편성이 필요한 것이다. 칸트는 이를 통해 고차성을 유지하려고 한 것이다. 칸트는 정보이론을 알지는 못했지만, 이미 정보이론을 알았던 것처럼 고차정보를 유지하는 길을 정확하게 제시한 것이다.

칸트가 네 번째로 고차정보를 유지하기 위한 조건으로서 자유, 자율과 주체성을 제시하였다. 이와 반대되는 조건이 외부로부터의 구속과 타율성이다. 자유와 자율은 고차성을 유지하는데, 아주 중요하다. 고차성은 자기 내면의 심층적 뿌리로부터 온다. 즉 우리 존재의 심층은 태곳적인 고차정보에 열려있고 그 속에서부터 초고차 정보의 신성과 초월성이 올라온다. 마치 뿌리에서 생명이 올라와 나무가 살아가듯, 인간도 하나의 식물과 같은 구조와 기능을 갖는다. 그래서 동물은 움직이는 식물이다. 누가 하라고 해서 하는 것이 아니라 자신 속에서 올라오는 내용과 힘으로 실천하고 싶은 것이 초월의 법인 것이다. 이를 양심이라고도 한다.

그러나 세상의 것은 이미 저차정보로 붕괴된 것이다. 책에 있는 지식도 이미 저차정보이다. 물론 책의 정보나 외부의 규칙과 법이 중요하지만, 외부의 지식과 법이 내면의 고차정보와 만나서 일치할 때, 즉 객관과 주관이 하나 될 때, 진정한 고차정보로서의 실천이 된다. 그렇지 않으면 저차정보의 지식과 법은 인간을 압제하며 선악의 이분법으로 병들게 한다. 그래서 고차성을 유지할 때는 자유 안에서 자율적이고 주체적인 자발성이 아주 중요한 것이다. 이것을 잃으면 결국 저차정보라는 것을 인지하고 다시 고차성을 회복해야 한다. 즉 타율성을 거부하고 자율성과 주체성을 회복해야 하는 것이다. 자신의 심층에서 올라오는 법의 소리를 듣고 스스로 이를 복종하며 실천할 수 있어야 하는 것이다.

칸트가 **다섯 번째로 제시한 조건은 인격성**이다. 고차정보에 대한 인격적 자세가 필요하다. 그는 이를 존경이라고 하였다. 존경은 인격적인 대상에 대한 태도이다. **자연이나 최고의 선을 존경한다는 것은 이를 인격화한다는 뜻**이다. 존경만 하는 것이 아니라 마음을 다해 흠모하고 사랑한다는 뜻을 내포하기도 한다. 성경에 신을 마음과 뜻과 목숨을 다하여 섬기고 사랑해야 한다는 뜻과 비슷한 것이다. 왜 초월성을 인격화해야 하는가? **인격은 고차성**이다. 복잡하고 하나의 알고리즘으로 설명할 수 없다. 인격만으로도 초월성이 느껴질 정도로 고용량의 정보가 필요한 내용을 갖는다. 그것만이 아니다. 인격은 자기를 중심에 가지며 생명체로서 살아간다. 자기가 있는 생명체라는 것은 거대한 정보이지만, 하나로써 통합된다는 것이다. 거대한 정보가 하나로 움직인다는 것이다. 그 하나의 중심에 바로 자기와 주체성이 존재하는 것이다.

이는 양자 이상의 고차정보의 특성이다. 고용량이면서 하나라는 것은 양자정보 이상의 고차정보를 의미하기 때문에 초월성을 인격으로 대한다는 것은 고차정보를 고차되게 하는 아주 중요한 조건이 되는 것이다. 그리고 존경과 사랑 역시 양자 이상의 고차정보로서만 가능하므로 이를 통해 고차성이 유지될 수 있는 것이다. 존경 없이 의무와 책임이나 무조건적인 복종은 저차화될 가능성이 그만큼 크다. 인격화하고 존경과 사랑을 유지하는 한, 초월과의 관계가 고차적으로 유지될 수 있는 것이다. 이는 신과의 관계나, 인간관계에서도 동일하게 적용되는 원리이다.

여섯 번째는 변증법이다. 칸트의 비판 서적에는 마지막에 꼭 변증법이 등장한다. 지식의 저차화가 어쩔 수 없이 일어나기 때문에 반드시 일어나는 것이 정보의 이분법과 자기 보존성이다. 그래서 정보의 갈등이 일어나게 된다. 이는 정보의 저차화 현상이다. 정보가 고차성을 유지하는 한, 보편성과 전체성 그리고 주체적인 인격성으로 자율적이고 내적인 통일성을 유지할 수 있다. 그러나 저차화가 일어나면 반드시 이분법으로 나누어지고 서로의 자기 보존성 때문에 갈등과 모순이 일어난다. 이것이 저차화되었다는 증거이다. 그렇다고 이를 폐기할 것인가? 마치 재활용처럼 저차화된 정보라도 다시 고차화시킬 수 있어야 한다.

고차화의 과정이 무엇인가? 칸트는 이를 변증법으로 가능하게 하였다. 이를 헤겔이 받아서 자유 의식과 정신의 진보와 완성을 향해 가는 변증법으로 발전시켰지만, 이 변증법의 시작은 칸트였다. 변증법은 정보의 저차적 자기보존을 허물고, 그 내용 안에서 종합적이고 보편적인 내용을 찾아 다시 하나의 정보로 통합하는 과정이다. 그래서 다시 정보를 고차화하는 작업이다. 이를 통해 고차성을 다시 회복할 수 있는 것이다.

마지막 **일곱 번째로 칸트는 고차성을 회복하는 과정으로서 해체성**을 주장하였다. 이에 대해서는 판단력 비판, 즉 예술의 숭고함을 설명할 때 자세히 다룰 것이다. 그리고 칸트는 고차성 유지하기 위해 저차성의 위험이 있는 것을 찾아 이를 방지하는 것에 대해서도 주의를 기울였다. 저차정보가 되면 자기 보존성이 강해진다고 했다. 그래서 자기 보존성을 해체하는 것이 아주 중요하다. 변증법이 이러한 과정이지만, 더 적극적인 해체작업이 필요한 것이다. **숭고한 최고의 아름다움으로 들어가기 위해서는 모든 것을 해체해야만 한다**고 하였다.

그리고 가장 강력한 보존력은 좌절된 부정적인 감정이다. 이러한 감정은 최종적으로 욕망으로 나타난다. 욕망은 아주 강한 자기 보존력을 갖는다. 저차정보는 자기의 보존성을 강화하기 위해서 이러한 강력한 감정을 동원한다. 이것만으로 부족하여 외부의 강한 저차적 보존력과 결합을 하는데 이를 삼각 동맹이라고 했다. 이 동맹은 누구도 꺾기 어려운 강력한 보존적 힘이다. 이 생각 동맹의 핵심에는 이기적인 욕망이 있다. 이러한 욕망이 조금 약한 상태로 나타나는 것이 '경향성'이다. 그래서 고차적인 법을 수행할 때 이러한 저차적인 보존성이 방해할 수 있으므로 이를 잘 인식하여 해체하여야 한다.

 이를 억압하지 않고 해체한다는 것은 중요하다. 그러나 깊은 무의식에서 일어나는 현상이기에 억압과 해체를 엄밀하게 구별하기가 어렵다. 그래서 많은 경우 부정적인 감정이나 욕망은 억압으로 통제되는 경우가 많다. 억압은 해체나 본질적인 해결이 아니고 그 힘은 오히려 강화되다가 나중에 다른 길로 폭발한다. 이에 대해서는 감정과 몸을 다루면서 다시 자세히 언급할 것이다.

칸트가 그린 마음의 대大지도

 칸트의 위대함은 인간이 자기를 찾아갈 수 있는 마음의 지도를 그렸다는 것이다. 인간이 성인成人으로서 자기를 찾아가는 길은 두 가지이다. 하나는 세상에서의 자기를 찾는 길이다. 현실에서의 자기실현을 통한 자기 찾기이다. 이는 외적 문명 발전의 역사에 나타난다. 나머지 하나는 인간 내면에서의 자기 찾기이다. 나는 누구인가? 인간은 누구인가? 인간 내면 즉 마음을 알고 탐험하는 일이다. 마음은 우주 같다고 한다. 밖으로 지구가 있고 우주가 있는 것처럼, 마음도 우리가 익숙한 지구가 있고 지구를 초월한 우주가 있다. **칸트는 이 내면의 지구와 우주를 탐험한 사람이고 그가 최초의 마음의 대지도**

를 그린 사람이기에 그의 철학이 위대한 것이다.

지구와 우주에 대해 잘못된 것을 바로잡은 과학자가 코페르니쿠스이다. 지구가 우주의 중심으로 생각한 것을 반대로 전환한 것을 코페르니쿠스적 전회라고 한다. 이처럼 칸트도 철학사에 있어서 대전회를 이룬 사람이다. 우주에서의 지구의 위치를 정확하게 그린 사람인 것이다. 지구는 우주를 그대로 볼 수 없다. 우주에서 오는 몇백 광년의 빛을 통해서만 볼 수 있는 것처럼 내면의 우주인 초월의 세계에 대해서도 거기서 오는 고차정보 즉 양자인 빛을 통해서만 알 수 있는 것이다. 지구의 법인 지성과 우주의 법인 이성을 구분하였다. 그리고 우주의 초월세계를 인식하기 위해서는 고차성을 유지해야 한다고 한 것이다. 지구의 지성으로는 우주를 바로 볼 수 없으므로 초월에 대해서는 다른 고차정보의 길이 필요하다고 했다. 앞서 이를 일곱 가지의 길로 설명하였다.

칸트는 마음의 우주인 초월을 경험할 수 있는 길은 양심의 최고선과 예술의 아름다움을 통해서 가능하다고 했다. 인간의 지성으로는 도달할 수 없고 오직 초월의 세계는 실천이성과 판단력 비판을 통해서 접근할 수 있다고 한 것이다. 이제 이를 간단히 설명하려고 한다. 인간의 도덕은 선악의 판단으로 접근한다면, 외부에서 주입되는 이분법의 저차적 도덕이 된다. 그래서 고차적 도덕이 되기 위해서는 하늘의 별인 초월적 우주처럼, 선행적으로 내재한 고차의 법을 정언명법으로 받아들여야 한다. 이 법이 고차성을 유지하기 위해서는 앞서 말한 보편성, 자유, 자율성과 존경 등의 고차적인 길로서 받아들여야 한다. 그리고 주체에 의한 자율성이지만 이기적인 욕망이나 경향성 등의 자기보존과 분리된 보편적 욕망이면서도 순수한 이성적 의지로 수행해야 고차적 도덕이 될 수 있다.

비판을 통해 마음을 해부하여 지도를 그리는 것은 분석적 작업이다. 이렇게 마음을 해부하여 지도를 그렸지만, 고차적 마음이 저차적인 분석만으로 설명될 수 있는 것은 아니다. 마음속의 여러 관계가 기계적으로 분석될 수 없다. 하나의 유기체적 관계이며 인격이기 때문이다. 그리고 그 속에는 정서가 있고 하나로 통일되는 자기가 있다. 마음이 자기가 있는 인격인 이유는 초월세계가 인격과 자기로 되어있기 때문이다. 이 초월적 인격을 생명이라고 부를 수 있을 것이다. 생명은 생명의 법이 있어 이 법으로만 살아야 생명을 유지할 수 있다. 자연도 자연의 법으로 살아야 생명이 풍성해질 수 있는 것과 같다. 자연을 인공의 법으로 파괴하면 생태계가 파괴되어 죽는다. 이처럼 마음의 생명도 생명의 법이 아닌 인공의 저차법으로 통제하면 파괴된다. 그 생명의 법이 곧 최고의 선이고 정언명법인 것이다. 생명의 법은 서로가 사는 보편적인 법이다.

이를 곧 사랑의 법이라고 할 수 있다. 이것이 자연의 법이다. 서로가 먹이사슬이 되어 사는 생명의 법인 것이다. 이 사랑이 실천이성이기도 하다. 나 혼자 사는 법이 아니라 같이 사는 법이다. 이것이 양심이고 최고선이다. 자기보존으로 가게 하는 저차정보를 해체하고, 모두가 같이 사는 생명의 법으로 나가게 하는 생명의 법인 것이다. 어떻게 해야 하는 것이 사랑이고 법인 것이 아니다. 그 내용은 없다. 내용이 있으면 저차정보가 된다. 생명으로부터 나오는 고차정보이다. 그것을 고차정보로 받아 이해하고 행하면 서로가 모두 사는 그러한 생명의 법이 되는 것이다. 이것이 우주의 법이다. 생명은 조화와 하나의 법이기도 하다.

이 법과 사랑은 하나로 가는 길이다. 그러나 이 길은 지식과 의지만으로 갈 수는 없다. 이 길을 갈 수 있는 동력이 있어야 한다. 사랑은 아는 것으로만 되지 않고, 할 수 있는 힘이 있어야 한다. 칸트는 이 힘을 인간이 소망하는 것이라고 했다. 생명이 진정한 생명이 되기 위해서는 생명력이라는 힘이 있어야 한다. 아침에 일어날 때 하루를 살 수 있는 힘을 인간은 가장 원하고 소망한다. 마치 세상을 살려면 돈이 있어야 살듯이 생명이 살려면 생명의 힘 곧 생명력이 있어야 한다. 칸트는 이를 판단력 비판을 통해서 얻을 수 있다고 했다.

일반적으로 판단이라고 하면 알고리즘적 분석판단을 의미한다. 칸트는 이 범주의 판단을 규정적 판단이라고 했다. 알고리즘으로 규정하는 판단인 것이다. 그러나 고차의 세계를 판단하려면 이 규정의 알고리즘을 내려놓아야 한다. 이를 반성적 판단이라 한다. 그리고 알고리즘으로 규정이 안 되는 새로운 세계를 심미적으로 느끼고 생동감을 얻게 하는 것을 감성적 이념이라 하였는데, 이는 무기질적 요소에 생명을 불어넣어 살아 움직이게 하는 능력이다. 생명은 조화이기 때문에 아름다움이다. 이 아름다움은 예술의 본질이면서 이를 느끼는 감정이 생명력의 기초가 된다. **생명의 아름다움을 느낌으로 생명으로부터의 생명력을 공유할 수 있는 것이다. 이를 느끼는 것을 심미적 판단이라 하며 이를 통해 인간은 예술과 자연을 향유할 수 있는 것이다.**

심미적 판단은 한마디로 생명을 느끼는 판단이다. 심미적 판단을 네 가지 속성을 갖는데, 무관심한 만족감, 목적 없는 합목적성, 개념 없는 보편성과 개념 없는 필연성이다. 개념과 판단이 필요 없이 그 자체로 만족하고 그 속에는 보편성과 필연성이 이미 채워져 있다. 그리고 부분과 전체가 하나 되어 목적 없이도 합목적성을 보인다. 이는 모두 생명에서 보이는 특징들이다. 생명의 진선미를 의미하는 것이다. 생명은 판단할 필요도 없는 진리와 의가 있다. 그리고 그 자체에 모든 목적과 서로를 살리는 보편성이 있다. 분석과 판단이 필요 없는 세계이다. 그냥 모든 것을 내려놓고 흡수하며 향유하는 세계인 것이다. 이를 느끼는 것이 심미적 판단이다.

　인간은 생명이기 때문에 생명의 근원과 본질로 들어가게 되면, 어떠한 일치감 같은 절정의 체험을 할 수 있을 것이다. 이를 칸트는 숭고 체험으로 표현하고 있다. 이것이 인간이 느낄 수 있는 가장 고차적인 체험이 된다. 초고차의 세계와 일치하는 고차적인 정보의 공명적 일치감이다. 그래서 다른 차원의 경험과 인식, 사유들이 해체되는 현상이 동반된다. 가장 초고차 정보는 가장 해체적이기 때문이다. 숭고란 어떠한 보이는 표상과 이미지도 사라지고 인간의 가장 크고 깊은 정보의 세계로 들어가게 한다. 이를 통과하려면 혼돈과 파괴, 그리고 아픔과 갈등도 있게 된다. 폭력도 있을 수 있다. 그래야 인간 인식의 정점으로 들어갈 수 있기 때문이다. **인간이 만든 모든 저차정보를 해체하고 고차의 궁극 정보 즉 양자와 초양자 정보로 들어가는 가는 것이다.** 이는 태초의 정보이고 우주의 궁극 정보이며 생명의 근원이기도 하다. 이 경험이 바로 숭고의 체험인 것이다. 이 숭고는 해체를 통해서만 들어갈 수 있다. 바로 이 숭고 체험 속에 있는 해체성이 현대철학과 예술의 초현실과 해체성과 연결된다.

칸트는 숭고 체험에서 해체 경험을 특별히 기술한 것은 사실이지만, 그는 초월세계를 경험하기 위한 기본적인 조건으로써 해체성을 강조하고 있다. 그는 이미 순수이성비판과 실천이성비판에서부터 해체성을 기본적으로 전제하고 있다. 물자체와 표상을 분리한 것과 형식과 도식이란 선험적인 알고리즘을 도입한 것도 기존의 철학에 대한 해체이다. 이성의 반복적인 비판과 반성을 요구한 것도 기존 이성을 해체해야 한다는 요구이다. 자율성과 자유 역시 자동으로 형성되는 타율성과 억압의 알고리즘을 해체하려는 것이다. 보편성과 전체성 역시 강력한 국소적인 알고리즘을 해체하는 것이다. 그리고 균형, 변증법과 종합은 기존의 것을 해체하지 않고는 불가능하다. 저차정보의 보존성이 너무도 강해서, 강력한 해체의 힘이 동원되지 않으면 저차정보의 보존성에서 빠져나올 수 없으므로, 칸트는 해체를 강조하고 또 강조한 것이다.

칸트의 철학은 철저한 분석을 기초로 하고 있지만, 그는 거기에 머물지 않는다. 아무리 확실해도 다시 철저하게 부수고 해체하는 철학자이다. 그래서 그는 철저하게 만들고 부수면서 진리와 선과 아름다움을 만들어 가는 조각가 같은 예술가이기도 하다. 그는 머물면 죽는다는 우주와 생명의 법을 통찰한 철학자이다. 칸트가 추구한 진선미는 막연하게 초월적이고 추상적인 것이 아니라 생명 속의 진선미였다. 생명은 머물지 않는다. 살아서 움직인다. 생명은 생성과 해체의 주름 운동으로 살아간다. 이 주름 운동이 베르그송 Henri(-Louis) Bergson (1859-1941)의 생명철학과 화이트헤드 Alfred North Whitehead (1861-1947)의 과정 철학으로 발전되고, 들뢰즈Gilles Deleuze(1925-1995)의 접힘과 펼침의 주름 운동으로까지 발전하였다.

마음에서 찾은 유럽, 지구 그리고 우주

마지막으로 칸트의 마음 지도를 요약해보려고 한다. 유럽이 성인이 되면서 자신을 확장해갔다. 크게 세 영역으로 자신을 확장하였다. 하나는 유럽을 넘어 지구 끝까지 확장해나갔다. 이를 대항해 시대라고 했다. 이에 대해서는 이미 분석한 바 있다. 두 번째의 확장이 과학이었다. 보이는 세계이지만 대항해와는 다른 방식이었다. 세계와 물질의 본질로의 항해였다. 대표적인 학문이 수학과 물리학이다. 그리고 화학과 생물학이 있고 다윈의 진화론도 중요한 인류의 확장이다. 그리고 마지막으로 철학과 예술가들에 의해 발견된 내면, 즉 마음의 탐구와 확장이 있었다. 자신에 대한 내면적 확장이었다.

칸트의 마음 지도는 바로 세 번째 탐구와 확장의 결과이다. 마음은 결국 정보로 되어있고 정보는 물질에 의존되기 때문에 두 번째와 세 번째는 상호 의존된다. 마음의 지도인 철학과 물질의 지도인 물리학은 만나게 되어있다. 그래서 마지막으로 칸트의 마음 지도를 요약하면서, 물리학에서 나온 물질의 지도와 연결해 설명해보려고 한다. 이는 마음의 과학을 통해 이미 시도하였기에 생소한 것은 아니다. 그러나 이를 한 번 더 물리학과 철학을 연결하여, 한 지도로 설명하려고 한다.

물리학은 뉴턴의 고전물리학에서 시작한다. 고전물리학은 알고리
즘정보로 되어있다. 그리고 보이는 세계와 물질의 원리이다. 보이
는 세계는 철저히 고전물리학 즉 뉴턴의 방정식에 의존하여 움직인
다. 그러나 고전물리학의 세계가 세계의 본질은 아니다. 이는 마치
감성과 지성의 세계가 물자체가 아니고 표상된 세계인 것처럼 고전
물리학은 물자체가 아니고 물자체인 양자의 세계가 붕괴되어 표상
된 세계에 불과한 것이다. 그래서 이 고전물리학의 세계를 현상계라
고 말할 수 있다. 그런 뜻에서 인간 지성의 사고를 통해서는 물자체
로 들어갈 수 없는 것처럼 고전물리학으로는 양자의 세계로 들어갈
수 없다. 인간의 알고리즘 정보로 움직이는 지성으로는 양자의 고
차정보에 접근할 수 없다는 것이다. 양자는 마치 라이프니츠Gottfried
Wilhelm Leibniz(1646-1716)가 말한 창이 없는 단자monad와 같다. **현상계
와 이를 이해할 수 있는 지성에 대한 것이 바로 칸트의 순수이성비
판이라고 볼 수 있다.**

  그러나 우주와 자연계는 초고차, 고차와 저차정보가 하나가 되어
움직인다. 마치 고차정보가 뿌리가 되어 저차정보를 생산하고 유출
하며 보이는 현상계를 어떠한 방향으로 움직이게 한다. 초월 정보에
는 라이프니츠가 말한 신의 예정과 설계가 있지만, 이것이 유출되는
과정이 고차적이다. 마치 암호같이 되어 있어 겉으로 보면 우연처럼
보이고 그 안에서 서로 간섭하고 갈등하며 접힘과 펼침의 운동을 통
해 어떠한 방향으로 진화한다. 이러한 우주 정보의 움직임을 주장
한 학자들로는 헤겔을 비롯하여 화이트헤드, 베르그송과 샤르댕Pierre
Teilhard de Chardin(1881-1955) 등의 사상가와 봄David Bohm(1917-1992)과

휠러John Archibald Wheeler(1911-2008) 같은 물리학자가 있다. 이처럼 식물이 뿌리로부터 위로 뻗어 나가는 것처럼 우주와 자연계가 움직여 가고 있다. 이를 전숲체계라고 표현해볼 수 있을 것이다. 이 전체계를 기술한 것이 칸트의 실천이성비판이라고 볼 수 있다. 이를 유학에서는 무극과 태극에서 시작한 인간의 성과 인의예지의 체계로 설명하고 있다. 모두가 식물과 같은 종합적인 전체체계로 설명하는 것이다.

인간은 이 전체체계는 저차적 분석 의식으로는 어렵고 저차와 고차를 관통하는 전체의식을 통해서 만날 수 있다. 고차적인 정보는 인간의 고차정보로 접촉해야만 만날 수 있고 전달받을 수 있다. 그래서 인간의 의식과 사유가 고차성을 유지해야 한다. 앞서 고차정보적 사유가 되기 위한 조건으로서 7가지를 제시한 바 있다. 왜 이런 전체계가 필요할까? 현상계는 표상적이기에 본질이 아니다. 가상적인 세계이다. 사실 뉴턴의 고전물질계도 가상이다. 그래서 가상은 실제가 아니다. 가상이 실제인 것처럼 착각하며 허구적인 가상에 갇혀 살 수 있다. 인간이 저차정보의 자기보존 세계에 갇혀 살듯이 말이다. 지금 인간은 과학 문명과 인간이 만든 가상의 세계에 갇혀 인간의 자유와 초월성을 상실해가고 있다. 여기에서 발생하는 것이 인간 소외이다. 소외란 인간의 고차성이 저차성에 갇힘으로 고차성을 상실하는 현상을 말하는 것이다

그래서 현상계의 허구적인 자기보존과 인간의 소외를 방지하기 위해서 전체계를 이해하고 전체계의 도움이 필요하다. 현상은 뇌의 정보처리에서 주로 일어난다. 뇌의 정보는 표상적인 가상정보이다. 그래서 뇌정보가 인간의 모든 정보를 지배하도록 버려두면 안 된다. 몸

과 삶의 전체 정보가 나서야 한다. 몸과 삶은 뇌의 종속된 것이 아니다. 뇌보다 더 크고 전체적인 정보이다. 그래서 **실천적인 삶의 정보**가 중요한 것이다. 삶과 몸이 없는 뇌의 정보는 가상으로 흘러가는 위험이 있다. 몸과 삶이 같이 하는 삶이 필요하다. 이것이 나중에 나타난 실존주의 철학이고 마르크스, 니체와 프로이트가 말한 **몸의 철학**이다. 이에 대해서는 다시 다른 장에서 설명할 것이다. 삶과 현실이 뇌가 가상으로 가는 것을 막아주며 진리를 향하게 한다. 이것이 순수이성보다 실천이성이 더 중요한 이유이다. 그래서 칸트는 실천이성비판을 통해 이러한 전체계의 지도를 우리에게 그려준 것이다.

이것만으로 충분한 것 같은데, 칸트는 이것만으로도 위험할 수 있다고 했다. 인간의 고차성은 쉽게 저차로 붕괴되기 때문에 이를 막는 장치가 더 필요한 것이다. 마치 코로나 백신이 일차만으로 부족해서 이차를 맞아야 하고 이것도 불안하여서 부스터 백신이 필요하듯이 칸트의 3대 저서는 마치 3차 백신 접종과 같다. 인간의 고차적인 사유는 불안정하여 쉽게 저차정보로 붕괴하기 때문에 직접 뿌리로 뛰어들어 뿌리의 생생한 고차성을 인간의 사유에 공급할 필요가 있다. **인간의 저차성은 마치 지구를 지탱하고 있는 중력과 같다.** 중력이 있는 한 인간은 추월의 뿌리로 직접 들어갈 수 없다.

그래서 인간의 저차적인 질서를 해체하여 인간의 사유를 무중력 사태로 만들어야 한다. 그래서 인간은 우주에서 유영하며 그 고차의 세계를 누리고 즐기며 일치감을 느낄 수 있다. 그리고 그 생생한 생명력을 인간의 사유에 공급해주어야 인간의 사유의 저차성을 방지할 수 있는 것이다. 이것이 바로 **판단력 비판**이다. 인간의 판단력을

무중력 상태로 만들어 고차적인 심미적 상태를 경험할 수 있게 하는 것이다. 그래서 지구를 떠나 무중력의 우주를 유영하며 그 숭고한 우주의 고차정보를 일치감으로 느끼고 하나 되는 것이다.

이것을 영성과 예술로 보았다. 이는 인간의 언어로 표현할 수 없는 그 원초적인 세계와 일치감이다. 이처럼 칸트는 인간의 내면의 세계에 대한 지도를 크게 **세 가지**로 우리에게 제시한 것이다. **하나는 우리가 현상계를 살아가는 지도이다.** 이는 그들이 사는 유럽의 지도이다. 두 번째 지도는 현상을 넘어선 초월계까지 포함한 전체를 어떻게 느끼고 삶으로 이를 어떻게 표현하는지에 대한 지도이다. 지구 전체의 지도를 말한다. 마지막 지도는 인간이 지구를 떠나 우주의 무한한 세계를 어떻게 갈 수 있는가를 그린 지도이다. 인간의 내면을 완벽하게 보며 그린 위대한 지도가 아닐 수 없다. 우리는 아직도 칸트가 그린 지도에 의존하여 내면을 항해하고 비행하며 살아가고 있다.

칸트가 남겨둔 지도의 여백을 채우다

칸트는 완벽했지만, 역시 인간이다. 그래서 그의 작품에도 여백이 남는다. 그 여백은 그의 후학들이 채워나가야 한다. 이것은 칸트에게만 해당하는 것이 아니라, 모든 역사에 해당하는 법이기도 하다. 그렇다면 그 여백은 무엇이었을까? 지도는 현실은 아니다. 실제를 가장 잘 요약하고 농축하여 실제의 길을 갈 수 있게 만든 것이다. 너무 복잡하고 잡다하면 지도의 의미가 없다. 그래서 지도는 잔가지들이 없이 중요하고 대표적인 것들만 남긴다. 그러나 현실에서는 잔가지가 중요할 때도 있다. 이러한 지도를 한마디로 이상적인 지도라 할 수 있을 것이다. 나머지 작은 것들은 삭제되고 무시된다. 이러한 것들이 지도라는 의식에서는 삭제될 수 있지만, 마음에서 영구히 삭제될 수는 없다.

이는 단지 의식으로부터 억압될 뿐이다. 무의식에서 억압된 것들이 서로 뭉치고 모이면 새로운 무서운 힘으로 표출될 수도 있다. 지도는 저차적 정보이므로 어쩔 수 없이 저차적 이분법의 문제로 넘어간다. 이상적인 것은 강조되고 그렇지 못한 것은 억압되는 그러한 이분법인 것이다. 그러나 때로는 현실에서는 억압된 것이 힘을 발휘하여 그 지도대로 가지 않고 엉뚱한 길로 가게 할 수도 있다. 앞으로 이러한 문제들이 일어난다. 칸트의 조국인 프로이센도 이상적인 길을 갔었다. 그리고 이상이 아닌 것은 심하게 억압하였다. 억압된 것들이 결국 지도에도 없던 전쟁이라는 길로 터지고 말았다. 이처럼 그의 지도에서 첫 번의 여백은 너무 이상적인 지도로 인해 생긴 억압으로부터 시작된 것이다.

마음이 이분화되고 억압되면 마음속에 억압된 것들이 소리친다. 그 소리가 바로 감정이다. 억압된 감정들은 대부분 부정적인 내용이다. 칸트는 긍정적인 감정에 대해서는 다루었지만, 억압으로 발생된 부정적인 감정에 대해서는 자세히 다루지 않았다. 그 자신도 엄청나게 억압적인 환경에서 자라고 살아갔다. 그의 조국은 아주 억압적인 프로이센이었다. 그는 태어나서 자기가 태어난 동프로이센 쾨니히스베르크를 떠난 본 적이 없었다. 그리고 순결과 도덕성을 강조하는 경건주의 기독교 교육을 받고 자라났다. 그리고 완벽성과 철저함을 추구하는 강박적인 성격이었다. 이러한 그의 환경과 성장배경 그리고 성격을 보면 그의 마음이 심하게 억압되어 있었을 것이라고 쉽게 유추해볼 수 있다.

그는 타율에 의한 억압보다는 스스로 이상에 의해 자유롭게 자신을 억압하였다. 이러한 경우는 자신의 억압을 스스로 느끼기 어렵다. 그리고 그는 자연과 아름다움과 영성에 대한 출구가 있었기에 일방적으로 억압된 강박적 환자는 아니었다. 그러나 자율적이기는 하지만, 이성과 신성의 이상적인 것을 순수하게 추구하다 보면, 자연스럽게 그 외의 것들을 억압할 수밖에 없었을 것이다. 억압이 강하면 스스로 부정적인 감정을 잘 느끼기 어렵다. 그래서 그런지 그의 철학에서는 이러한 감정을 자세히 다루지 않았다. 그래서 그의 지도의 두 번째 여백은 부정적인 감정이 그려진 부분이 없다는 것이다. 그러나 현실에서는 이러한 감정이 꽤 큰 힘을 발휘한다. 이 감정이 그려진 이상적인 길을 가지 못하게 할 수도 있고 새롭고 엉뚱한 길로 가게 하기도 한다.

세 번째 여백은 서로 연결되는 것이기는 하지만, **칸트의 지도는 해부학**적이다. 물론 지도는 원래 구조적이고 해부학적이어야 한다. 그래서 지도로서는 아무 문제가 없다. 그러나 요즘 내비게이션은 지도 외에 주위의 여러 기능에 관해서도 소개하고 있다. 인간의 마음 지도가 가장 기본적으로 필요하지만, 그 길들이 어떤 작용을 하고 어떻게 갈 수 있는지를 설명하는 생리학과 마음의 지도와 길이 잘못되어가는 병리학도 필요하다. 이것이 세 번째 여백이다. 이 생리와 병리는 결국 후학 학자들의 몫이다. 이제 이러한 것들을 살펴보려고 한다.

마음의 생리학은 칸트 이후의 피히테, 쉘링 그리고 헤겔에 의해 완성되었다. 그리고 **부정적인 감정과 이에 대한 병리학은 쇼펜하우어, 마르크스, 니체, 프로이드**에 의해 다루어졌다. 그리고 억압된 여백은 세계대전이라는 큰 전쟁으로 터졌다.

이 장에서는 생리학에 대해서만 언급하려고 한다. 칸트가 순수이성비판에서 말한 지성에 대해서는 더 이상 기능적으로 언급할 것이 없다. 그러나 실천이성비판 부분에서는 현실과 초월정보의 관계에 대해 더 자세한 기능이 보충되면 좋을 것이다. 그리고 이것과 판단력 비판의 초월성과의 관계에 대해서도 역동적인 설명이 더 보충되면 좋을 것으로 생각된다. 그렇게 되면 마음의 생리학이 더 선명해질 수 있을 것이다. 그래서 칸트의 후학인 피히테, 쉘링과 헤겔이 이 부분을 보충하여 마음의 생리학을 완성하였다.

해부학과 구조는 단독으로 존재하는 것이다. 그러나 기능으로 들어가게 되면 단독으로 있을 수 없다. 관계가 시작되는 것이다. 기능과 생리학이란 결국 이러한 관계에서 시작하는 것이다. 칸트는 인간을 독립적인 개체로 철저하게 해부하였지만, 관계에 대한 부분까지 자세하게 다루지 않았다. 그의 삶 자체가 고립되어 있었던 탓도 있을 것이다. 그러나 인간은 관계를 맺으며 살아가야 한다. 그 속에서 수많은 복잡한 일들이 일어난다. 칸트의 후학들은 바로 이러한 관계의 기능 즉 관계의 생리학을 풀어낸 학자들이었다. 자기와 대상의 관계가 곧 생리학이 되는 것이다.

칸트는 나와 대상을 구별하였지만, 피히테는 이미 그 대상은 나의 일부가 되어있다고 했다. 자아와 비자아가 하나가 되어 절대 자아를 형성한다고 하였다. 아무리 엄밀하게 대상을 인식하고 사유한다고 해도 나는 이미 대상으로 이루어져 있다. 칸트 자신도 이미 이러한 대상과 환경에 의해 자신이 형성되었다. 칸트의 철학이 과연 파리나 런던 혹은 빈에서 나올 수 있었을까? 그는 그 당시의 프로이센이란 독특한 정치구조와 프로이센의 수도인 쾨니히스베르크 그리고 경건주의라는 대상 즉 환경에 의해 만들어졌다. 그리고 부모라는 대상은 나를 형성하는 결정적인 힘이다.

물론 거기서 벗어나 자신을 찾아가는 것이 인생이고 철학이지만, 완전히 대상과 자기를 분리할 수는 없을 것이다. 어쩔 수 없이 상호 영향을 주며 하나가 되어 간다. 이미 나는 이미 내가 아니고 대상은 이미 대상이 아니다 서로 하나가 되어 움직인다. 이는 앞서 밝힌 대로 현대의 자아 심리학과 대상 정신분석이론의 핵심 내용이기도 하다. 물론 그 속에 자유롭고 초월적인 주체는 있지만 이미 자기화된 대상을 분리할 수 없다. 그래서 피히테는 이미 자기 속에 있는 대상을 본 것이다. 모든 것이 이미 자기이며 이를 주관적 절대 자아로 설명하였다.

이러한 피히테의 생각은 그대로 머물지 않았다. 더 발전적인 변증법으로 전개되었는데, 쉘링은 통합의 대상을 자연 전체까지 포함하여 객관적 관념론으로 발전시켰다. 이러한 자기와 대상의 관계는 무엇을 의미하는가? 헤겔은 이를 기초로 하여 자신의 독특한 정신현상학과 역사철학을 발전시켰다. 헤겔의 정신현상학은 칸트의 실천이성과 판단력 비판을 기초로 한 것으로써 이들의 상호적 관계와 기능을 더욱 명확하게 설명하였다. 즉 칸트가 실천이성에서 말한 삶에 드러난 초월성을 인간의 의식에서 어떻게 찾아가는지를 설명한 것이다.

물론 인간은 사유를 통해 이를 찾아간다. 앞서 지성이 중심이 된 사유가 아무리 고차적인 사유를 통해 고차적인 초월성을 만나려고 해도 자연히 저차성으로 붕괴될 수밖에 없는 위기에 빠진다고 했다. 이를 극복하기 위해 칸트는 7가지의 조건을 제시하였고 그중에 변증법이 아주 중요하다고 했다. 헤겔은 이 변증법을 더욱 적극적으로 활용하여 현실과 현상 속에서도 초월을 향해갈 수 있는 길을 열었다.

현실의 대상에도 초월성이 분명 내재하고 있지만, 인간은 이를 단번에 인식하고 사유할 수 없다. 그 현상을 부분적으로 인식할 수밖에 없다. 의식 속의 정보들은 이미 저차적이다. 그래서 자기 보존적이다. 자기의 정보는 주인이 되어 자기를 보존하려고 한다. 대상을 통해 자신을 인정받으려는 욕구를 갖고 대상을 자기 목적의 수단으로 동일화하려고 한다. 이것이 저차정보의 보존성인 것이다.

그래서 대상정보와의 싸움에서 이기게 되면 대상은 자기에게 종속된 노예 정보가 된다. 그러나 주인인 자기의식은 이것은 허위적인 인정이라는 것을 알고 진정한 대상을 향하게 된다. 자기의식은 자기를 내려놓고 노예인 대상정보를 풀어줌으로 주인과 노예가 역전된다. 다시 현실에서 정반합을 통해 더 확장된 전체정보를 얻게 되므로 의식은 진보하고 발전하게 된다. 그리고 다시 정반합의 변증법을 반복함으로 현실의 초월 정보와 가까운 의식의 현상을 만나게 된다.

이때 자신의 이성적인 노력만으로는 부족하며 초월의 정신과 절대정신이 이를 가능하도록 인도한다. 이 초월 정신은 양자의 고차정보로 볼 수 있고 절대정신을 초양자의 초고차 정보로 볼 수 있을 것이다. 그리고 칸트가 판단력 비판에서 말한 초고차 정보가 절대정신일 것이다. 정신과 절대정신은 고차정보이기 때문에 전체적으로 인격성을 갖는다. 그리고 자신을 실현한다. 그래서 역사는 인간의 이성과 절대정신이 만남으로 자유 의식과 절대지를 향해 진보하고 발전하는 것이다. 이처럼 헤겔은 인간의 의식과 현상이 어떻게 역동적으로 관계하고 절대정신을 향해 역동적으로 진보해 가는지를 설명하고 있다. 이를 통해 칸트의 마음 구조와 지도가 더 기능적이고 역동적으로 이해될 수 있게 되었다.

  흥미로운 것은 헤겔이 이러한 의식과 역사의 발전을 설명하면서 문명사를 하나의 인격발달로 보았다는 것이다. 이러한 역사에 대한 해석은 이 글의 방향과 일치한다. 역사와 문명의 발달이 우연에 의한 진화론적 발전이 아니라 인격의 발달처럼 개인과 자유 의식을 실현하는 방향으로 발전하고 있다고 했다. 이러한 발전과정을 이 책에서는 자기 찾기로 설명하고 있다. 그래서 그는 전제군주가 지배하던 동양문명을 유아기로 본다. 이때는 자기가 전혀 없이 집단의식만 존재하는 때이다. 그러다가 서양의 그리스 문명으로 오게 되면 자기가 형성되지만, 보편성과 조화를 이루는 시기가 된다고 했다. 이를 청년기로 보았다. 그리고 로마 문명으로 오게 되면 그 자기는 집단과 갈등하며 자기는 보편성으로부터 분리되는데, 이를 장년기로 보았다. 그 후를 게르만 문명으로 오면서 의식적인 자기와 보편성이 합일을 이루면서 자유 의식이 완성된다고 했다.

그러나 이러한 완성은 이론적, 이성적 완성이지 실제의 삶에서는 인간의 마음은 이렇게 완성될 수 없었다. 정신과 의식의 진보는 어그러지기 시작했고 거기서 인간의 아픔과 병리가 발생하였다. 이는 유럽의 자기 찾기의 세 분야 모두에서 일어났었다. 즉 외적인 삶인 항해 시대와 산업혁명이라는 현실에서도 일어난다. 그리고 물질의 과학적 탐구에서도 일어나고, 인간 마음의 탐구에서도 이러한 현상은 일어났었다. 왜 인간은 이렇게 아프고 모순적일 수밖에 없는가? 이제 이러한 인간의 아픔과 병리를 찾아보려고 한다. 그리고 이에 대한 인간의 분석과 처방은 무엇이었는지를 알아보려고 한다. 그리고 인간은 제대로 치료되고 회복되고 있는지도 알아보고 점검해보려고 한다.

중년기

혼돈에서 새로운 자기를 찾은 중년
(19세기)

1
인생은 이성이 아니고 감정이다
– 쇼펜하우어와 낭만주의

마음의 자기와 현실의 자기

이 글의 큰 방향은 자기 찾기이다. 한 개인이 아니라 유럽이라는 거대한 공동체와 문명이 어떻게 자기를 찾아가는가를 탐구하기 위해 쓰고 있다. 그래서 항상 이글은 다른 것을 이야기하다가도 자기로 돌아가야 한다. 자기 찾기가 우리의 지도에서 어디까지 가고 있는지를 점검하며 그 방향에서 이 글을 진행해야 한다.

고대와 중세에는 자기가 없이 살았다. 오직 신이 주인이었다. 아이가 태어나서 자기의 잠재력은 있지만, 너무나 연약하기에 부모를 전적으로 의지해야 한다. 이 시기가 유아기이며 고대의 인간이다. 그러나 아이가 조금 크면서 자기를 느끼지만, 부모보다 너무 약하다는 것을 알고 부모의 힘을 자기와 동일시하며 커간다. 이 시기가 소아기이고 중세가 그러했다. 그러다가 아이가 더 크면서 자기를 찾으려고 부모를 거부하고 반항하기도 한다. 이를 사춘기라 하며 르네상스가 바로 이 시기라고 했다. 그러나 이는 진정한 자기 찾기는 아니고 일시적인 감정적 자기 찾기이다.

  그리고 자신이 생각할 수 있다는 것을 발견하고 생각을 통해 자신과 신에 대해서 질문을 하고 답을 찾기 시작했다. 이것이 스콜라철학Scholasticism(9~15세기, 12~14세기가 전성기)이 발견한 이성이었다. 이러한 질문과 생각이 발전되어 드디어 현실에서 행동으로 자기를 표현하였다. 감정과 생각을 통해 찾은 자기를 현실에서 확인하고 실현할 수 있어야 그것이 진정으로 자기 것이 된다. 바로 이 사건이 16세기의 종교개혁Reformation이었고 이것이 한 개인과 성인으로서의 자기의 출발이었다. 그 이후 인간은 계속해서 생각을 깊이 하게 되었다. 그러면서 이러한 생각하는 '의식의 자기'가 진정한 자기라는 것을 발견하였다. 17세기의 데카르트René Descartes(1596-1650)의 위대한 자기 찾기이고 이를 통해 근대가 시작되었다. 그 이후 스피노자Benedict de Spinoza(1632-1677)와 라이프니츠Gottfried Wilhelm Leibniz(1646-1716) 등에 의해 자연, 생명, 물질과 초월 등의 다양하고 깊은 세계에 관한 이성적 탐구가 계속되었다.

  그러나 이러한 관념적 이성은 너무 개념적인 가상이 될 수 있기에 더 확실한 방법으로 자기를 찾으려는 학자들이 있었다. 그들이 추구한 것은 더욱 확실한 지성과 합리성을 통해서 현실과 경험 속에서 자기를 찾는 길이었다. 이를 경험주의 철학이라 하며 영국의 베이컨Francis Bacon(1561-1626), 버클리George Berkeley(1685-1753) 흄David Hume

(1711-1776) 등이 여기에 속한다.

　이러한 두 주류의 자기 찾기는 결국 한 마음에서 일어나는 일이기에 이를 마음에서 일어나는 사건으로 종합해보려는 철학자가 있었는데 그가 바로 칸트였다. 그 이후 독일의 관념론은 피히테, 쉘링과 헤겔을 거쳐 더욱 발전하였다. 내 속에 뭐가 있는지도 안다. 뭘 하고 싶은지도 찾았다. 이제는 이를 이루어야 한다. 그런데 그 힘이 부족하다. 나는 세상에 비하면 너무 연약하다. 대상과 자기를 분리하면 자기는 너무 두렵다. 그래서 나는 세상과 하나다. 내가 변하면 세상이 변하고 세상이 변하면 나도 변한다. 세상을 대상으로 두려워하지 않고 나를 찾아 열심히 살면 세상은 따라올 것이라고 믿는 것이다. 많은 청년이 이렇게 세상을 두려워하지 않고 하나 되어 열심히 살면서 세상을 변화시키고 세상에 적응해갈 수 있다. 세상과 하나 되어 열심히 살아가는 것이다. 이것이 피히테가 우리에게 알려준 자기 찾기이다. 그러나 이 힘만으로 부족한듯하여 쉘링은 자연과 하나 되는 길까지 열어주었다. 그러더니 헤겔에 이르러서는 인간의 정신을 세계와 우주의 절대정신에까지 연합할 수 있는 길을 열어주었다. 작은 나의 이성이 아니라 세계와 우주의 절대정신과 하나 되어 나갈 수 있게 된 것이다. 청년이 세상을 살아가는데, 큰 힘의 지지를 받게 된 것이다. 이제 이 청년은 세상 속에서 못할 것이 없을 것 같았다.

　그러나 **관념과 현실은 매우 달랐다**. 유럽의 근대에서 찾은 내적 자기와 외적 자기가 하나로 일치되어야 하는데, 많은 것이 어그러지기 시작했다. 겉으로는 엄청난 발전을 이루었지만, 많은 혼돈과 고통이 있었다. 지성이 추구하는 합리성과 이성이 추구하는 평등과 자유 정신은 현실에서 그대로 적용되지 않았다. 물론 헤겔은 이러한 갈등과 모순이 결국은 변증법으로 발전되어갈 것으로 보았지만, 그 혼돈과 아픔이 아물기보다는 더 깊어지고 있었다. 문명의 발전에 따른 인간의 야만성, 개인의 자유와 국가주의의 충돌, 진보와 보수의 갈등, 더 심해지는 빈부의 격차, 노동자의 소외와 고통 등, 문명이 발달할수록 문제가 해결되기보다는 더 다양하고 심각하게 드러나고 있었다.

감정에서 찾은 자기

유럽은 열심히 자기를 찾아갔다. 자기가 주체가 되어 엄청난 발전을 이루었다. 내적인 자기의 능력을 발견하고 연마하여 문명을 이루면 좋은 세상이 올 것으로 기대했지만, 현실은 그렇지 않았다. 문명을 발달하고 자기를 더욱더 깊이 찾아가고 있었지만, 이에 따라 혼돈과 갈등도 증폭되었다. 칸트와 헤겔이 그려준 지도대로 세상과 사람이 가고 있지 않았다.

그래서 19세기의 사상과 예술은 이러한 인간의 문제를 고뇌하기 시작했다. 특별히 왜 관념이 현실을 변화시키지 못했는지 질문하면서, 인간의 또 다른 문제가 있는지를 밝히는 데 관심을 가지게 되었다.

바로 쇼펜하우어Arthur Schöpenhauer(1788-1860)가 관념과 이성을 비판한 첫 주자이다. 그는 세상을 아주 혐오했다. 세상을 고통과 악이 가득한 곳으로 보았고, 이러한 세상에 무슨 이성이니 절대정신이니 하는 관념이 어떻게 힘을 쓰겠느냐고 반문했다. 관념은 사람을 현혹하게 하는 허구라고 하며 헤겔을 유 난히 비난하였다. 동시대의 사람으로 특히 당시 권위자요, 대가인 헤겔에게 이렇게 도전하는 것은 정말 무모할 정도의 행동이었다.

그는 우울증이 심한 환자였다. 그렇다고 해서 그의 우울 증상 때문에 세상과 인간을 그렇게 부정적으로만 본 것은 아니다. 물론 환경과 자신의 감정의 영향을 무시할 수는 없지만, 우울증이든 아니든 그것과 무관하게 그가 주장한 것은 상당히 일리가 있기에 그를

세상에서 인간은 칸트와 헤겔이 그려준 지도대로 작동되지 않았다. 쇼펜하우어는 실제의 삶에서는 이성보다 감정이 우세하기 때문에 이를 해결하지 않고는 인간의 문제가 해결되지 않는다고 주장하였다. 그는 마음이 어떻게 아프게 되는지를 밝히는 병리학을 시작한 학자이기도 했다. ⓒ Jules Lunteschütz/wikipedia

위대한 철학자의 반열에 올려놓는 것이다. 그는 헤겔을 미워하였지만, 칸트는 존경하였다. 그러나 칸트의 이론을 그대로 받아들인 것은 아니다. 칸트가 대상의 물자체를 인식할 수는 없고 단지 현상만을 인식할 수 있다는 사실로 과거 인간을 인식의 주체적 중심에서 대상의 주위를 도는 행성으로 전환하였다. 이를 코페르니쿠스의 전회라 한다. 쇼펜하우어는 이를 다시 역으로 전회시켰다. 즉 대상의 물자체를 인간의 의지에다 옮겨놓고 표상을 세계에다 옮겨놓은 것이다.

칸트는 인간의 의지를 자유롭게 움직일 수 있다고 했지만, 쇼펜하우어는 의지는 그렇게 보지 않았다. 그는 의지를 인간 내면의 본능을 표상하는 것으로 생각했다. 그래서 그 의지 속에 물자체가 있다

고 했다. 그리고 인간의 의지로 표상된 것이 세상이라고 했다. 물자체란 형이상학이고 고차정보이다. 쇼펜하우어는 인간의 의지 속에 칸트가 찾았던 형이상학이 있다고 했다. 그는 그 형이상학을 본능으로 보았다. 칸트와 헤겔에서 있어서는 본능은 변증법으로 극복되어야 할 존재이다.

그러나 쇼펜하우어는 이를 억압하거나 제거하는 이성과 도덕을 오히려 허구적 이념으로 보고 본능을 더 실제적인 형이상학으로 보았다. 본능은 생명의 보존 욕구이다. 인간은 그 누구도 거부할 수 없는 생명으로부터 올라오는 힘이다. 생명은 인간의 가장 원초적인 본질이며 이를 억압하고 제거한다면 인간은 존재할 수 없다. 생명은 인간을 존재하게 하는 가장 원초적인 형이상학이다.

칸트가 찾은 고차적인 진리와 양심과 아름다움이라는 진선미의 형이상학은 생명의 본질이고 내용이다. 진선미는 생명의 본질적 속성이며 생명이 있는 곳은 진선미가 있다. 이것이 자연 속 생명의 속성이고 스피노자는 이를 코나투스 conatus, 즉 생명이란 형이상학으로 보았다. 물론 칸트는 이를 직접 생명이라고 부르지는 않았지만, 그가 찾고 있던 초월세계를 생명으로 보아도 큰 무리는 없을 것이다. 인간 속에 가장 고차적인 초월성이 있다면 그것이 생명이 아니고 그 무엇이겠는가? 그래서 우리는 생명에서 올라오는 소리를 부인할 수 없다. 이성과 진선미는 상대적으로 추상적이고 이념적인 면이 강하지만, 생명은 실제적이다. 여기서 말하는 생명은 몸이라는 보이는 생명 현상을 말하는 것이 아니라, 우리를 살아가게 하는 보이지 않는 생명의 본질을 말하는 것이다. 그래서 그 생명은 물자체이고 초월적 형이상학인 것이다.

앞서 정보이론을 설명할 때, 감정을 고차적 양자 정보에서 올라오는 소리라고 했다. 그래서 감정은 적어도 복잡성 이상의 고차정보이다. 이성의 소리인 진선미도 사실은 생명의 소리이다. 하나의 생명에서 올라오는 소리인데 우리는 이를 나누어 듣는다. 그런데 우리는 진선미는 이성이라고 생각하고 전적으로 받아들이는, 반면 감정은 그 속에 부정적인 내용이 들어있기에 비이성으로 억압하든지 거부한다. **생명의 소리를 결국 긍정과 부정이라는 선악의 알고리즘으로 나누어 받아들이는 것이다.**

하나의 생명을 선악으로 나누는 것이다. 거기서 생명은 병들게 된다. 생명의 가장 큰 특징은 하나이고 전체이다. 나누어지면 병들게 된다. 고차정보의 가장 큰 특징은 하나이고 전체를 이룬다는 것이다. 복잡성 정보도 그렇고 양자정보도 그렇다. 쇼펜하우어는 한 생명의 소리인 감정을 억압하는 것은 허구적이고 이념적인 이성의 잘못이라고 지적한 것이다. 이는 앞으로 만날 니체와 프로이트에게 있어서 더 강조되는 점이다.

생명의 소리에서 진선미는 생명으로부터 나오는 정보이다. 그런데 생명은 소중하나 물자체이기에 직접 볼 수 없다. 생명의 상태에 대한 정보가 필요하다. 생명이 지금 건강하고 행복한지, 아프고 힘든지, 그 상태에 대한 정보가 있어야 한다. 그것이 바로 감정이란 정보이다. 그리고 생명은 존재의 힘이고 에너지이다. 인간의 모든 힘의 원천이 바로 생명에서 나오는 것이다. 진선미를 이루고 실현하는 힘과 생존하는 힘, 그리고 감정을 표현하는 모든 힘이 생명에서 나오는 것이다.

그렇다면 본능은 무엇일까? 바로 생명의 힘과 감정이 같이 결합되어 올라오는 정보이다. 본능은 생명의 상태에 대한 정보인 동시에, 생명의 문제를 해결하려는 아주 중요한 정보이다. 이것을 해결해주지 않으면 생명의 다른 어떤 좋은 내용도 살리지 못한다. 그 속의 진선미와 이성도 죽어버린다. 이 본능이 가장 소중한 생명의 표상이다. 사람이 건강이 안 좋으면 그 사람이 아무리 좋은 생각과 능력이 있어도 소용없는 것과 같다. 헤겔도 당시 베를린에 유행하던 콜레라로 생명을 잃게 되니, 그 좋은 이성과 절대정신도 멈출 수밖에 없었다.

생명은 하나이다. 생명의 내용은 생명이 건강해야 실현된다. 먼저 생명을 잘 돌보아야 한다. 그래서 의지는 생명의 소리인 본능을 강력하게 표상하게 되어있다. 생명은 항상 최우선이다. 앰뷸런스가 도로에서 어떤 법보다 최우선인 것과 같다. 몸의 생명에서 나오는 아픔의 소리는 그 어떤 이성의 소리보다 우선적이어야 한다. 무조건 응급실로 가야 한다. 응급실에서는 이성과 지성이 없다. 무조건 생명을 살리고 보아야 한다. 그가 살인자라도 살려야 한다.

그래서 의지는 본능에 충실해야 한다. 그것이 쇼펜하우어의 주장이다. 그런데 본능을 세상으로 표상하다 보니 행복해야 하는데, 더 아프고 불행해진다. 잠시 만족하지만, 다시 결핍을 느끼고 더 강렬한 것을 찾게 된다. 서로 자신을 먼저 채우려고 하며 경쟁하니 세상은 더 힘들어지고 악해진다. 그래서 그는 염세주의에 빠지지 않을 수 없었다. 관념론 철학자들이 말한 이성을 전혀 실현할 수도, 볼 수도 없는 자신과 세상을 만나게 된 것이다.

왜 본능은 이렇게 표상될 수밖에 없는 것인가? 의식 속에 있는 물자체와 형이상학이 이런 모습으로 나타날 수밖에 없는 것인가? 칸트와 헤겔이 자신 있게 주장하던 초월적 이상은 어디로 가버린 것인가? 그러나 이것이 현실이다. 힘들지만 엄중한 현실에서 철학은 출발해야 한다. 이렇게 될 수밖에 없는 인간을 더 깊이 탐구해보아야 한다. 칸트와 헤겔이 모든 것을 완성한 것은 아니다. 미처 보지 못한 인간을 더 찾아보아야 한다. 그리고 변증법으로 계속 발전해가야 한다. 왜 인간의 생명과 본능은 고통의 표상으로 끝나는가? 그래서 이를 억압하고 제거해야 하는가? 그렇다고 이상적인 인간과 세상이 과연 도래할 수 있을 것인가?

쇼펜하우어를 시작으로 하여 19세기 후반은 더욱 격렬한 철학의 시대를 맞는다. 기존의 이성 중심의 철학이 엄청난 도전을 받는다. 그 도전의 선봉에 선 철학자들이 마르크스, 니체와 프로이트이다. 그들을 혁명적 사상가로 부른다. 그리고 20세기로 접어들면서 실제로 엄청난 전쟁의 재난 가운데 유럽이 휩쓸린다. 이성을 부르짖던 독일이 그 중심에 있었다. 물론 이성이 이렇게 한 것은 아니다. 이성이 아닌 비이성이 이런 결과를 만든 것이라고 비이성에 모두 투사해버린다고 이성이 자유로울 수 있을까? 칸트와 헤겔이 이러한 결과를 알았다면, 과연 그들은 무엇이라고 말했을까? 이성이 직접 그렇게 만든 것은 아니지만, 이성과 연관된 점은 분명 있기에 이를 이성의 관점에서 한번 분석해보아야 한다. 이는 대부분 쇼펜하우어와 19세기 후반의 세 철학자에 의해 분석된 내용이다.

칸트는 인간 특히 마음의 해부학을 완성한 철학자라면, 헤겔은 마음 즉 의식과 정신이 어떻게 움직이는지 마음의 생리학을 완성한 철학자이다. 이로써 마음과 정신의 과학이 완성되었다. 그런데 인간의 마음이 현실을 살며 건강하게 그 구조와 기능을 잘 살려 가면 좋은데, 그렇지 못했다. 그 결과 인간의 마음이 병들기 시작했고, 그 후의 철학자들은 이러한 인간의 병리를 연구하게 된 것이다.

마음의 병리학

여기서는 우선 마음의 병리학을 먼저 다루려고 한다. 앞서 소개한 쇼펜하우어는 병리학을 시작한 사람이다. 쇼펜하우어는 마음의 병이 어떻게 발생하였는지를 설명한 바 있다. 그다음 병리학을 발전시킨 철학자들은 앞서 말한 혁명적 사상가 3인이다. 그리고 그들은 병리학과 함께 치료의 임상의학에 대해서도 언급하였다. 병리 현상은 다양하게 나타나지만, 병리의 기초가 되는 병리발생pathogenesis은 비슷하여서 이를 먼저 설명해보려고 한다. 건강한 이성을 그렇게 강조하고 그 길을 잘 설명하였음에도 이러한 병리가 생기는 이유와 과정이 무엇일까?

칸트와 헤겔 같은 철학자는 보통 사람이 아니다. 아주 뛰어난 지성과 함께 초월적 세계를 경험한 특별한 사람들이다. 그들의 저술은 방대한 세계를 전체적으로 조명하면서 세밀하고도 정밀하다. 그리고 깊이도 엄청나다. 한마디로 서양 철학사에 가장 기념비적인 저서가 되기에 부족함이 없다. 모든 철학이 그들에게서 나오고 또 그들에게로 들어간다. 이만큼 위대한 저술을 남긴 것이다. 그들을 단순히 찬양하기 위해 이런 이야기를 하는 것은 아니다.

후손들이 아무리 뛰어나다고 해도 그들의 사상을 한 번에 다 이해하기는 어려울 것이다. 그래서 보통 사람들은 무슨 소리인지 모르고 넘어가는 것이 당연하고 관심 있는 철학자라고 해도 그들의 수준을 단번에 따라잡기 어렵다. 그들의 철학을 이해한다고 해도 연륜이 깊어져야만 가능할 것이다. 공자의 제자들이 공자의 학문을 위의 잎과 열매(개념)로부터 아래의 뿌리(초월)로 이해하는 것처럼 그들의 후학들도 위에서 아래로 이해하였을 것이다. 그러나 칸트와 헤겔은 아래를 먼저 통찰함으로 위로 뻗어 나간 선구자들이다.

그들의 저술은 지성과 이성 그리고 초월세계에 대한 것이다. 이성과 초월적인 내용이라고 하더라도 어쩔 수 없이 저차적인 언어와 개념을 사용하여 기술할 수밖에 없고, 후학들은 이를 통해 그들의 사상을 만날 수밖에 없다. 그런데 앞서 말한 대로 저차정보는 알고리즘적 이분법으로 갈 수밖에 없다. 이상과 비이상, 이성과 비이성 그리고 합리성과 비합리성으로 마음이 나누어지게 된다. 그리고 이상, 이성과 합리성은 이상화되고 그 반대는 수치스러운 것으로 억압된다. 하나의 생명이 나누어지게 되고 좋은 것은 이상화되지만, 안 좋은 것은 수치스러운 것으로 억압된다. 그러나 생명이 억압되면 부정적인 반생명이 된다.

이것이 이상적인 이성이 이성으로 가지 못하고, 이성과 반대되는 반이성인 반생명으로 가는 이유이다. 이 반생명이 부정적인 감정을 낳는 병리가 되는 것이다. 이성은 좋은 것이나, 이것이 저차적인 언어와 개념이 되면서 이분법으로 인해 병리가 발생하는 것이다. 이것이 이성과 이상의 모순이다. 어떻게 보면 그들이 이성을 너무 이상화했기 때문에 생기는 현상이다. 특히 독일 사람들은 이상이 강한 사람이다. 그래서 이성으로 너무 이상화하기 때문에 이 이상이 비이상을 만들어서 이러한 현상이 생기는 것이다. 이분법과 함께 가장 문제가 되는 것은 억압이다. **이상을 이상화하는 만큼 반대로 비이상을 심하게 억압한다. 그 억압의 수준이 곧 이상의 수준이다.** 그런데 이 억압은 단순한 억압이 아니라 심한 부정적 억압이다. 심한 학대와 폭력적인 억압이 가해져서 반생명이 형성되는 것이다. 그러나 이러한 억압은 거의 무의식적이어서 그들은 단지 이성을 이상화하는 줄만 알고 산다. 그러다가 자기도 모르게 반생명이 기회를 만나 터져 나온 것이다.

이러한 이상화와 억압은 철학에서만 일어나는 것은 아니다. 사회 전반에서 일어난다. 특히 독일은 이러한 억압과 이상화가 심한 편이다. 그들이 성실하고 철저하다는 것은 이상화가 강한 것을 의미하고 또 이는 자신을 철저하게 억압하지 않고는 불가능하다. 그래서 그들은 기본 성격에서부터 이상과 억압이 심하다. 특히 프로이센이 이상이 높았고 이를 이루기 위해 심한 국가적 억압을 요구하였다. 그들은 이러한 국가적 억압을 애국으로 받아들여 대부분이 자발적으로 참여했다.

유대인도 억압이 아주 심했다. 유대인 자체가 전통적으로 율법과 종교로 인해 심한 억압이 생활화된 민족이다. 특히 그들은 독일인의 억압으로 인해 발생하는 부정적인 감정의 투사 대상이 되어 더 심한 고통을 겪어야 했다. 그래서 그들의 반생명과 부정적인 감정은 더 심할 수밖에 없었다. 그 대표적인 사람이 마르크스였다. 그는 정통적인 유대교의 랍비 집안이었다. 독일에 적응하기 위해 그의 아버지가 개신교로 개종하였지만, 마르크스는 유대인이라는 이유로 대학교수가 될 수 없었다. 그 이후 그는 반체제 사상에 빠지게 되었다. 강한 억압으로 인한 반생명이 그를 그렇게 만든 것이다.

반생명은 기회가 되는대로 표현되어야 한다. 이를 배설이라고 볼 수 있다. 그래서 이러한 감정은 여러 출구를 통해 표현되었다. 그 하나가 독일의 낭만주의이다. 이를 통해 독일에서 더욱 거센 감정의 바람이 불기 시작했다. 특히 19세기 후반은 이성보다 강력한 감정이 예술과 사상계를 휩쓸고 있었다. 더 격정적으로 변해가는 낭만주의, 감정이 주류가 된 사상계, 그리고 자유주의, 사회주의와 공산주의의 바람이 불기 시작하면서 이를 우려하는 이성의 보수주의와 충돌하면서 격동의 시대를 맞고 있었다.

전통적인 서양 사상사에서는, 특별히 관념이 강한 독일 사상에서는 감정은 늘 비주류였다. 지성과 이성으로 볼 때 감정은 극복하고 정화해야 할 대상이었다. 칸트와 헤겔에 의해 이성으로 모든 것이 설명될 것 같았는데, 그 이후는 비주류인 감정이 강력하게 떠오른 것이다. **오히려 이성이 비주류로 밀리면서 감정이 주류로 서가는 길목에** 있었다. 이를 시작한 철학자가 쇼펜하우어였고 그 이후 이를 더 심화시킨 학자가 **포이어바흐**Ludwig Andreas Feuerbach (1804-1872)였다. 그리고 이들을 통해 **마르크스, 니체 그리고 프로이트**로 넘어가게 되었다.

부정적 감정의 함정

쇼펜하우어는 왜 그렇게 염세적이었을까? 대부분 우울증으로 인한 것으로 생각한다. 그런데 우울증이 되면 본능적인 욕구도 저하되어 무기력해지는데, 그는 욕망을 의지로 볼 정도로 감정적인 힘이 강했다. 일반적인 우울증과는 다른 면이다. 그리고 그는 늦게 김나지움에 들어가 공부를 했고 철학도 늦게 시작했다. 그런데도 20대 말과 30대 초에 '의지와 표상으로서의 세계'라는 대 저서를 완성했다. 그는 시간강사였지만, 당시 대가인 헤겔을 공개적으로 비난하며 그와 경쟁하기 위해 같은 시간에 강의를 열었다. 그리고 자신의 저서에 대해 자화자찬을 하는 등 과대한 자신감 가운데 있었다. 이런 점을 보면 일반적인 우울증보다는 조울증이 아닌가 생각된다. 그러다가 그가 우울에 빠지면 염세적일 수밖에 없었다.

감정도 하나의 정보이다. 특별히 부정적인 감정은 반생명에서 나오므로 자신의 감정을 빨리 해결하려는 강한 보존성을 갖는다. 그래서 이러한 감정은 의지로 강력하게 표상되고, 이로 인해 이 감정에 빠지게 되면 스스로 헤어나기 어렵다. 이를 더 구체적으로 설명해보려고 한다.

부정적인 감정은 생명의 상태에 대한 정보라고 했다. 생명은 스스로 자신의 상태를 평가한다. 건강하고 좋으면 좋다고 평가하고 안 좋으면 안 좋다고 평가한다. **생명은 크게 자신을 세 가지로 평가한다. 하나는 능력**이다. 할 수 있는가, 없는 가로 평가하는데, 이는 주로 열등감으로 표상된다. 그리고 **다른 하나는 관계에 대한 평가이다.**

이는 사랑과 인정받는 것으로 평가된다. 보통 거절과 버림받음으로 표상된다. 그리고 **마지막으로 자신의 가치에 대한 평가**이다. 가치는 의와 죄의 척도로 평가된다. 이는 죄의식으로 흔히 표상된다. 이것들이 생명에 대한 대표적인 상태 정보이다. 이것이 왜 중요하냐면, **이 척도에 따라 자신의 외적 표상이 결정**되기 때문이다. 이 상태 척도는 진단만을 하는 것이 아니라 강한 보존력이 있어 이를 보존하려고 하기에 계속 그 상태에 머물게 한다. 그래서 그 수준에서 아무리 벗어나고 싶어 노력해도, 그 수준으로 계속 보존된다. 그래서 부정적인 감정이 그대로 자신의 외적 표상이 될 수 있다.

　자신의 능력 척도가 열등하다고 생각할 때는 노력해서 자신의 능력을 높이려고 한다. 그래서 어느 정도 그렇게 되었는데도, 열등감은 없어지지 않는다. 한번 형성된 자신에 대한 평가는 계속 보존되는 것이다. 자신이 성취한 능력을 인정하지 못하고 다시 열등감이 보존되기에 다시 노력하고 힘들게 살아야 하는 것이다. 관계의 척도도 그렇다. 버림받음이 있기 때문에 사랑으로 이를 채우려고 열심히 노력한다. 그래서 사랑을 이루지만, 이는 잠깐이고 또 결핍과 버림받음이 올라온다. 쇼펜하우어는 이를 권태라고 하였다.

　그래서 사람들은 지금의 사랑에 만족하지 못하고 더 많은 사랑을 요구하거나 다른 사랑을 찾아 헤맨다. 이는 버림받음이라는 정보가 보존되기 때문이다. 사랑이 있어도 누리지 못하고 버림받음이 보존되기 때문에 권태를 느끼고 또 다른 사랑을 찾는다. 무가치함에 대한 척도도 그렇다. 죄의식 때문에 이를 보상하기 위해 의로운 일을 많이 하지만, 그 죄의식은 사라지지 않는다. 그래서 완벽주의와 결벽주의로 살아야 한다. 그래서 이 부정적인 감정을 알아차리고 해결하지 않으면 의지와 세상의 표상은 늘 괴로운 것이 될 수밖에 없다. 쇼펜하우어도 이 고통에서 벗어나기 어려워 세상을 힘들어했고 그래서 그를 염세주의자라고 한 것이다.

그렇다면 이러한 부정적인 감정에서 어떻게 빠져나올 수 있을 것인가? 이것은 치료에 해당한다. 우리는 보통 이를 인정하려고 하지 않는다. 그래서 우리는 자신의 감정을 보지 않기 위해 감정을 방어할 수 있는 대상으로 도피한다. 먼저 부정적인 감정을 인정하고 직면할 수 있어야 한다. 이러한 도피와 투사를 내려놓고 자신의 감정으로 솔직하게 들어가야 한다. 감정은 감정의 보존성이지 그 감정의 평가가 자신이 아니라는 것을 알아야 한다. 즉 감정과 자신을 분리할 수 있어야 한다. 감정을 두려워하지 말고 감정을 그대로 인정하고 알아차리면, 감정은 조금씩 사라진다. 그리고 감정이 아니라 스스로 자신을 다시 바로 평가해주고 있는 그대로 수용하고 인정해주면 된다. 그렇게 되면 자신의 생명을 평가하는 감정도 점점 긍정적으로 바뀌게 된다. 그래서 쇼펜하우어도 마지막 인생은 긍정적으로 변화되었다. 치료에 대한 더 자세한 부분은 앞으로 나올 다른 철학자들을 통해 다시 설명할 것이다.

감정이 인간의 중심에 서다

쇼펜하우어와 함께 감정의 철학을 강조한 사상가가 또 있다. 포이어바흐이다. 그의 사상을 소개하면서 사상사에서 감정의 출현이 주는 의미에 대해서 생각해보려고 한다. 쇼펜하우어는 헤겔이 말한 이성에 대해서 심하게 반발했다. 인간을 움직이는 실제의 힘은 욕망이지 이성이 아니라고 했다. 이성은 방향을 알려주는 정도이지 실현할 힘은 없다고 했다. 그래서 이성이 주도하려는 의지를 내려놓고 욕망의 의지를 존중할 때, 욕망의 힘과 이성의 방향이 잘 협력하여 자신이 원하는 것을 할 수 있다고 하였다. 쇼펜하우어는 욕망을 힘센 시각 장애인으로 보았고 이성을 제대로 걸을 수 없는 절름발이라고 하였다. 그래서 힘센 시각 장애인이 절름발이를 메고 같이 도우면서 살아야 한다는 것이다. 여기서 우리는 욕망은 강하지만, 저차원적이라고 생각할 수 있고 이성은 힘은 없지만, 고차원적이기 때문에 서로 협력하면 이상적으로 된다고 하였다. 과거에는 이성이 주인이 되고 욕망이 종이 되었지만, 그에게서는 반대가 되었다.

욕망이 주인이 되고 이성이 종이 되는 것이다. 그런데 이것이 말처럼 쉽지 않다. 의학적으로도 몸을 욕망이라고 하면 이성을 뇌라고 할 수 있다. 지금도 뇌는 몸에 얹혀살아가고 있지만, 뇌가 주인이 되고 몸이 종이 되는 삶을 살고 있다. 사실 뇌는 계산을 전공한 회계사나 외부의 일에 익숙한 매니저 정도이다. 몸의 주인은 몸이지 결코 뇌가 아니다. 그런데 몸이 현실에서 적응하고 사는 것이 너무 중요하다 보니, 회계사와 매니저가 주인 행세를 하는 것이다. 이성이 주인이 아닌 데 이성이 세상을 사는 데 중요하다 보니, 이성을 너무 이상화하여 주인이 되고 만 것이다. 그래서 쇼펜하우어는 이를 원위치로 바꾸어 놓았다. 잘못된 것을 바로잡은 것이다.

그런데 쇼펜하우어는 여전히 몸의 욕망을 시각 장애인으로 표현했다. 그렇게 위치를 바꾸어 놓았지만, 이성은 여전히 시각 장애인을 속이면서 주인 행세를 하는 것이다. 그동안 시각 장애인인 주인을 너무 구박한 것을 사과하며 한번 주인의 자리에 앉혀주지만, 주인이 여전히 시각 장애인인데 무엇을 할 수 있겠는가? 여전히 이성이 겉으로는 주인님 하면서 실질적으로는 주인 노릇을 하는 것이다. 이것이 우리의 현실이다. 쇼펜하우어가 아무리 감정이 주인이라고 주장해도 겉으로만 하는 척하지, 실제는 여전히 이성이 주인이다. 적어도 감정이 시각 장애인인 이상 변할 것은 없는 것이다.

그렇다면 감정이 과연 시각 장애인일까? 마음의 과학에서 밝힌 대로 감정과 감정이 있는 몸이 과연 저차적인가? **감정과 몸은 뇌의 알고리즘 정보보다 고차적**이라고 말하였다. 이는 과학적인 사실로서 설명하였다. **그런데 왜 시각 장애인이라고 해야 하는가? 그것은 우리가 속고 있는 것이다.** 세상이 알고리즘의 저차정보로 살아가고 있으니, 이 정보 외의 것을 모두 시각 장애인으로 보는 것이다. 마치 애꾸눈으로 사는 세상에 양 눈을 가진 사람이 나타나니 그를 장애인으로 보는 것과 같은 것이다. 또 인간보다 월등한 우주인이 있는데, 그들이 지구의 언어를 모르니 그들을 미개하다고 말하는 것과 같은 것이다. 동물들은 자기의 언어를 모르는 인간을 모두 시각 장애인이라고 말할 수 있다. 이 역시 코페르니쿠스의 전회로 받아들여야 한다. **인간의 뇌가 행성이 되고 몸과 감정이 중심이 되는 전회가 필요**한 것이다. 이것은 현대과학이 밝힌 전회이다.

쇼펜하우어의 전회보다 더 강력한 전회를 주장한 학자가 있는데,

그가 바로 포이어바흐이다. 그는 이성과 정신만이 아니라 신과 종교도 인간의 내적 본성인 욕구와 감정을 투사하여 만든 무한성의 허구라고 주장하였다. 인간은 이러한 환상의 허구를 벗고 인간의 감각과 육체의 자연과 거기서 나오는 감정에 충실해야 한다고 했다. 이를 유물론적인 인간학이라고 한다. 그는 인간의 몸과 감정만이 아니라 종교와 신까지 포함하는 전회를 하였다. 정말 혁명적인 사건이다. 그가 한 유명한 말이 있다. **'철학의 비밀은 신학이고 신학의 비밀은 인간학'**이라는 말이다. 이는 철학과 신학의 허구성을 폭로하는 충격적인 말이다. 철학은 결국 신학에서 나온 것이고 신학은 결국 인간에서 나온 것이라는 것이다. 인간을 소외시킨 이성의 철학과 신학으로부터 인간의 육체와 욕구의 감정을 중심으로 찾는 놀라운 주장이다.

2

좌절되고
소외된 몸을 찾다
– 마르크스와 니체

감정에서 몸으로 간 마르크스

칸트와 헤겔은 인간이 충분히 이성과 지성을 개발하고 활용하면 현실에서도 이상적인 삶을 살 수 있을 것으로 기대했지만, 현실은 여전히 어둡고 고통스러웠다. 어두운 현실에 계몽의 빛이 비추어지면 밝아질 것으로 기대했지만, 세상은 더욱 혼돈 가운데 빠져가고 있었다. 인간의 지성으로 외적인 문명은 발전되어갔지만, 문명의 수준만큼 사회가 이성적이고 합리적으로 변화되지 못했다. 더 새로운 모순과 소외현상이 발생하고 있었다. 이를 가장 날카롭고 정확하게 지적한 사람이 마르크스였다. 그는 이러한 소외와 고통을 머리가 아니라 몸으로 체험한 사람이었다.

그는 골수 유대인인 랍비의 집안에서 자라났다. 유대인에 대한 핍박이 심해지자 이를 피해 보려고 마르크스의 아버지는 개신교 신자가 되었다. 이는 한편으로는 유대인의 공동체로부터는 배척받는 일이다. 그래서 그들은 유대인이 아닌 독일인으로 살려고 했다. 공부를 열심히 하여 박사학위까지 받았지만, 자신의 족보는 지울 수 없었다. 유대인은 교수와 같은 공직자가 될 수 없었다. 이러한 사회적 모순을 타파하기 위해 그는 진보적 성향의 '라인신문'의 기자로 들어가서 편집인까지 되었다. 그러나 보수적인 프로이센 정부의 압력에 의해 신문이 폐간되고 구속될 위기에 처하자 파리로 망명하였다.

파리에서도 그는 계속해서 사회주의와 공산주의자들과 교류하며 급진적인 사회개혁 운동에 매진하였다. 제대로 된 직업을 가질 수 없었기에 경제적인 궁핍함은 이루 말할 수 없이 컸고, 파리에서도 결국 그의 급진성 때문에 추방당하고 말았다. 그는 런던으로 망명하여 공산주의 운동을 계속하였다. 급진적인 운동을 할수록 모든 면에서의 삶의 고통은 배가되었다. 이러한 고통으로 인해 그는 정신과 신체의 질병을 앓게 되었고, 특별히 가족의 고통은 더 극심하여, 어린 딸까지 잃게 되었다. 이를 통해 그의 좌절과 슬픔 그리고 분노는 더욱 깊어지게 되었다.

그는 유대인도, 독일인도, 프랑스와 영국인도 될 수 없었다. 모든 국가로부터 버림받고 소외되는 유럽의 떠돌이 고아가 된 것이다. 그러나 그는 고통 가운데서도 자신과 같이 소외된 자를 위해 투쟁을 멈추지 않았다. 그러나 아이러니하게도 가장 소외된 그가 인류역사상 가장 많은 사람과 국가에 영향을 미친 사람이 되었다. 그는 예수처럼 십자가에서 처형당한 것은 아니었지만, 엄청나게 버림받았다. 그리고 역사상 예수 다음으로 많은 사람에게 영향을 미친 사람이 되었다.

이렇게 그의 삶을 소개하는 것은 그의 사상을 소개하기 위해서이다. 그는 기독교와 헤겔의 철학으로 인생을 시작하였지만, 종교와 사상이 그의 삶을 구원해주지 못했다. 교회와 대학에서는 사랑과 이성을 외치지만, 현실에서는 평등과 정의는 별개의 문제였다. 그 안에서의 외침이지, 그 소리가 현실에 미치지 못했다. 아니 현실은 더 반대로 흘러가고 있었다. 그래서 그는 믿음과 이성이라는 추상적인 개념만으로는 세상을 변화시킬 수 없다는 것을 알게 되었고 그래서 투쟁과 혁명의 길을 가게 된 것이다. 그는 헤겔의 변증법을 받아들였지만, 정신적 차원에서의 변증법은 허구적인 환상일 뿐, 혁명을 통해 경제 구조를 바꾸는 유물론적 역사관을 주장하였다.

그리고 그는 포이어바흐의 유물론적 인간관을 받아들였지만, 추상적인 개념과 감정만으로는 삶의 변화는 불가능하다고 하였다. 삶에서의 실천과 행동만이 삶을 변화시킨다고 믿었다. 자본이 생산수단을 소유함으로 노동의 소외가 생기기 때문에 생산수단을 자본가로부터 찾아오는 혁명이 없이는 실제적인 변화는 불가능하다고 생각했다. 그가 이렇게 투쟁적인 삶을 살 수 있게 하는 것은 이성이나 초월적인 힘을 믿었기 때문이 아니다. 이성과 초월성은 현실과 자신의 감정을 직면하기보다는 회피하고 투사하게 한다고 했다. 그는 소외와 좌절이라는 아픔이 괴롭지만, 오히려 이를 극복하고 해결하는 동력으로 삼았다. 그리고 절박한 감정만이 아니라 이를 실천할 수 있는 결단과 행동을 중요시하였다.

그의 삶의 힘은 아픔의 감정이었지만, 몸을 행동의 주체로 삼았

다. 그래서 그의 철학의 중심은 몸이었다. **몸이 같이 하지 않으면 모든 것이 허구**라는 것이다. 몸은 곧 유물론이다. 몸을 곧 인간 생명과 삶의 중심에 둔 것이다. 인간의 아픈 감정도 결국 노동이라는 몸에서 온 것이다. 몸이 소외되고 몸이 아픈 것이다. 그래서 이를 생각과 감정만으로 괴로워해서는 안 되고 몸을 움직여 혁명에 참여해야 한다는 것이다. 철저하게 몸이 중심인 철학이다. 이것이 쇼펜하우어와 포이어바흐를 넘어선 몸의 철학이라고 생각한다. 그는 **이성에서 감정으로 그리고 몸으로 간 것이다.**

마르크스 몸 철학의 한계

물론 마르크스는 자신의 사상에서 유물론, 육신의 삶 그리고 실천과 행동을 가장 중요하게 생각하였지만, 이를 몸의 철학이라고 표현한 것은 아니다. 그의 삶의 원동력은 좌절된 욕구와 분노 같은 부정적인 감정이었다. 그런데 이 감정은 쇼펜하우어와 포이어바흐와는 달랐다. 그는 어떻게 이 감정이 몸의 실천으로 넘어갈 수 있었을까? 이를 마음의 과학으로 설명해보려고 한다. 감정을 느끼는 것은 뇌이다. 뇌가 없으면 감정을 느낄 수도 없다. 뇌는 모든 것의 표상이라고 했다. 뇌는 세계의 표상이고 몸의 표상이다. 뇌는 세계와 몸을 잘 연결하여 몸의 생명이 살아갈 수 있도록 조절하고 조정하는 역할을 한다. 뇌에서 느끼는 감정도 몸에서 올라오는 생명의 신호를 표상하는 것이다.

마르크스의 철학은 이성에서 시작하여 감정과 몸으로 갔다. 인간 소외가 노동이라는 몸에서 왔고 몸으로 혁명하지 않으면 실제적인 변화가 일어날 수 없다고 주장하였다. 그러나 몸을 물질로만 보았기 때문에 고차적인 몸의 혁명을 이루기보다는 새로운 이분법적 갈등을 낳았다. © John Jabez Edwin Mayall, colored by Olga Shirnina /flickr.com

그래서 감정의 원천은 몸이다. 감정은 몸의 생명이 내는 언어이고 소리이다. 감정이 몸에서 올라온다는 것은 의학적으로 증명된 사실이다. 그런데 몸에서 생명이 좌절되고 소외되면서 외치는 소리는 주로 부정적인 감정이다. 이를 반생명의 소리라고 했다. 이 소리는 불편하고 아프기 때문에 빨리 안정을 찾아야 한다. 그래서 외부와 뇌의 저차정보와 함께 삼각 회로를 형성한다. 이에 대해서는 앞서 여러 차례 설명한 바 있다.

그래서 이성과 종교가 이러한 삼각 회로의 방어기제가 될 수 있다. 모든 이성과 종교가 그렇다는 뜻은 아니지만, 저차화된 이성과 종교는 쉽게 부정적인 감정과 삼각 회로를 형성할 수 있는 것이다. 이렇게 되면 종교와 이성은 원래의 고차성을 잃고 방어기제로 허상이 된다. 쇼펜하우어와 포이어바흐가 지적한 종교와 이성의 허구성이 바로 여기에서 발생하는 것이다. 이를 발견한 것만도 대단하다. 그러나 이것을 발견한 것만으로 인간의 문제를 해결할 수 없다고 마르크스가 주장한 것이다. 그 이유가 무엇일까? 종교와 이성의 방어를 허물고 감정을 직면한 것은 잘한 것이지만, 뇌의 감정은 몸의 실제 감정이 아니고 표상적 감정이므로 고차적 힘을 잃게 된다.

　쇼펜하우어는 물자체의 형이상학을 의지로 보았고 그 의지에서 올라오는 것을 욕망이라는 감정으로 보았다. 그는 의지와 몸을 연관 지어 설명하지는 않았지만, 현대의학으로 보면 그 본능적 욕망과 의지는 분명히 몸의 생명에서 올라오는 것이다. 그리고 물자체의 형이상학을 몸에 있는 생명으로 보아도 무방할 것이다. 그러나 쇼펜하우어는 뇌와 몸의 감정을 구분하지 않았기에 대부분 뇌의 감정에 머문 것이다. 그래서 우울증에 오래 시달린 것이다. 포이어바흐도 유물론적 인간학을 강조하면서 감정과 몸을 중요하게 생각하였지만, 역시 그도 몸의 감정과 뇌의 감정을 구분하지 않았다. 그러나 마르크스는 뇌의 감정에만 머물지 않고 몸의 감정으로 들어가 몸을 주체로 한 삶을 살려고 하였다.

　이성도 원래 고차정보에서 발원한다. 적어도 칸트와 헤겔이 이성을 말할 때는 고차정보였다. 그들의 학문은 누가 뭐라고 해도 고차정보로부터 시작되었다. 그러나 고차적 이성이 세상으로 전파될 때는 자연히 저차의 이성으로 붕괴된다. 저차가 되면 세상을 변화시킬 힘을 상실하면서 오히려 선악의 이분법이 된다. 이러한 문제에 대해서는 앞서 설명하였다. 저차화 현상은 보편적인 현상이기에 마르크스도 피해 갈 수 없었다. 마르크스가 이성에 억압되고 소외된 감정과 몸을 혁명의 주체로 삼은 것은 그 속의 고차정보를 보존하고 살리려는 의도에 의해서이다. 그러나 몸의 고차성은 오래 지속되기 어렵다.

　몸은 뇌를 통해 표상되기 때문에 뇌의 정보가 저차화되면서 몸의 고차성도 저차화된다. 그리고 이것보다 더 중요한 요인은 마르크스가 몸을 물질로만 보았기 때문이다. 유물론은 저차정보이다. 오히려 유물론은 고차성을 부인한다. 그 속에 감정과 소외라는 고차성이 있지만, 이는 곧 저차화되고 만다. 이성인 고차도 저차로 붕괴될 수밖에 없는데, **유물론적인 몸은 더욱 쉽게 저차화된다. 그래서 마르크스의 사상은 고차성을 가질 수 없었고 태생적으로 저차정보가 되었다.**

그래서 공산주의는 저차적인 이념이 되었고 이 이념을 조직화한 것이 공산당이었다. **공산주의는 시작부터가 강력한 이분법적 혁명이 될 수밖에 없었다.** 이것은 혁명을 가능하게 하는 강력한 힘이 되었지만, 그 후유증은 이루 말할 수 없이 컸다. 저차적 이분법은 다시 인간을 소외시키고 억압하였다. 개인을 해방하기는커녕 고차적인 인간이 공산당이라는 저차적인 이념과 조직에 구속되고 소외되었다. 이는 인간의 혁명에 보편적으로 일어나는 모순적 현상이다. 고차적인 정신과 감정으로 시작된 혁명이 저차적인 억압과 이분법으로 끝나는 모순의 반복이다. 이러한 원인이 다른 외부의 요인이 아니라, 인간이 의식하고 조절하기 어려운 뇌정보의 붕괴와 저차정보의 이분법적 본질에서 오는 것이다.

몸을 고차화시킨 니체

마르크스가 억압되고 소외된 감정과 몸을 찾은 것은 놀라운 혁명의 시작이었지만, 그 혁명은 너무 유물론적인 저차정보로 빨리 붕괴되는 바람에 인류문명에 더 큰 이분법적인 이념투쟁과 억압을 남겼다. 그러나 몸은 생명의 장소이기 때문에 고차적이다. 그 속에는 고차적인 감정과 지능 그리고 예술성이 있다. 몸은 진선미와 이성의 고향이고 뿌리이다. 이성과 양심 그리고 예술과 영성 모두가 몸의 생명에서 출발한다. 그러나 몸의 고차성이 뇌로 가면서 저차적인 이성인 도덕과 종교가 된다. 저차화된 것이 자기의 뿌리인 몸과 감정의 고차정보를 다시 억압하고 학대한다. 이로써 생명이 고통받으며 반생명의 소리를 내는 것이다.

이를 예술적인 섬세함으로 느끼며 고통받는 한 철학자가 있었는데, 그가 바로 니체이다. 그도 마르크스처럼 몸과 감정의 생명을 억압하고 학대하는 도덕, 이성과 종교를 강력하게 저항하며 거부하였다. 그는 서양사상의 중심이었던 신까지 거부한 혁명적 사상가였다. 대신 억압받는 모든 것에서 이성과 신성을 찾았다. **생명과 감정이 있는 몸을 이성의 원천**으로 보았고 그 속에 있는 자신을 초인으로 받들었다. 그는 과거의 이성을 작은 이성이라면 **몸을 큰 이성**으로 보았다. 이처럼 **그는 마르크스와 달리 몸을 고차적인 존재**로 본 것이다.

그는 인간을 대지에 뿌리 내린 나무로 보았다. 다른 허구적인 사상이 아니라 자신 속에서 대지의 초인적 힘을 찾았다. **인간에 대한 무한긍정으로 인간의 생명 속에 있는 고차정보를 끌어올려 보려고 하였다.** 뇌의 저차성에 대한 거부와 해체성은 분명 성공적이었다. 그의 진실하고 처절한 생명에 대한 갈망과 투쟁은 너무도 깊이 공감된다. 그러나 그가 과연 그가 갈망한 만큼 실제로 그렇게 되었는지는 의문의 여지가 남는다.

그것은 그의 마지막 삶이 이를 증명할 만큼 초인적으로 긍정적이지 않기 때문이다. 그는 말년에 심각한 몸과 마음의 질병으로 고통을 받았다. 물론 이러한 고통을 그는 분명히 초인으로 극복하려고 하였고 영원회귀의 믿음으로 끝까지 싸웠을 것이다. 그러나 과연 그렇게 되었는지는 아무도 알 수 없다. 그러나 그는 질병으로 고통받았고, 그 이후 유럽도 그를 따라 심하게 병들어 갔다. 몸과 마음 그리고 세상은 거짓을 말하지 않기 때문에 이러한 현상에 대해서도 잘 살펴보아야 한다. 그를 비판하기 위해서가 아니라 그의 문제는 곧 인간의 문제이기 때문에 이를 질문하고 풀어보아야 하는 것이다.

그의 사상을 이론적으로 보면 흠잡을 데 없이 완벽해 보인다. 그가 말한 대지를 초고차정보로 보고 자신의 생명인 뿌리를 고차정보로 볼 수 있을 것이다. 그리고 인간의 생명이 초월적 영원한 생명으로 살기 위해서는, 그가 주장한 대로 자신을 긍정하는 믿음이 있어야 한다. 물론 그의 이러한 사상은 당시로는 새롭고 특별한 것이었지만, 지금은 아주 보편적인 내용이다. 이러한 사상은 현재 대부분의 영성과 종교에서 주장하는 내용이기도 하다. 특별히 동양사상의 기본적인 구조이다.

그들은 신과 자연 그리고 우주를 초고차 정보로 보면서, 인간은 자신에 대한 긍정적인 믿음으로 이를 내면화하여 초인적 삶을 살 수 있다고 한다. 만일 니체가 잘못됐다면, 다른 사상과 종교에도 문제가 있다는 이야기이다. 그래서 이 문제는 단지 니체 개인의 문제가 아니라 인간의 일반적 영성과 신앙의 문제이기도 하다. 그리고 이는 칸트와 헤겔이 주장한 이성과 형이상학의 원리이기도 하다. 만일 니체가 틀렸다면 모든 것도 잘못된 것일 만큼 중요한 문제이다. 만일 니체가 옳다면 다른 것도 옳은 것이다.

나는 이 문제를 마음의 과학으로 규명하고 설명해보려고 한다. 저차정보가 고차정보와 접촉하려면 저차정보의 고차화가 필요하다고 했다. 이는 칸트의 철학에서 7가지 고차적인 조건에 대해서 말하면서 언급하였다. 저차정보로는 고차정보와 접촉할 수 없다. 저차와 고차가 만나면 고차가 붕괴되기 때문에 고차를 만나고 보존하기 위해서는 우리의 인식이 가능한 고차정보가 되어야 한다. 그

니체는 생명과 감정을 억압하는 이성과 종교를 거부하였다. 그리고 이성이 몸에서 나온다고 주장하였다. 철학의 중심을 이성에서 감정과 몸으로 옮겨 그 속에 있는 초월적 생명을 깨워 초인의 삶을 살 수 있다고 하였다.
© Beao/wikipedia

런데 고차정보의 가장 큰 특징은 하나의 결을 이룬다는 것이다. 칸트의 고차정보로서의 7가지 조건도 하나의 결을 이루게 하는 상태를 말한다. 그렇다면 가장 초고차정보를 접하게 되는 인간의 고차정보는 어떠한 상태와 조건을 충족해야 할까? 니체가 찾고자 했던 대지의 초고차정보를 끌어올릴 수 있는 인간의 초인적인 정보 상태는 무엇일까?

니체는 긍정적인 자기 확신을 가장 중요하게 생각했다. 이는 곧 자기 믿음이다. 자기라는 것은 하나의 생명을 이루는 것을 의미한다. 그리고 믿음 역시 전체를 받아들이는 것으로써 전체가 하나가 되어야 가능하다. 그러므로 자기 확신과 믿음은 하나의 인격과 생명의

상태를 의미한다. 거기에다 긍정적인 자기 확신이다. 긍정 역시 불순하고 부정적인 것이 없는 하나로 된 결을 의미한다. 그렇다면 자기, 생명, 확신과 긍정 등 전체로서 하나가 되게 하는 다중의 장치를 마련하였기 때문에 초고차정보를 만날 수 있는 최고의 상태라고 볼 수 있다. 이는 니체만이 아니라, 다른 영성과 깊은 사상에서도 이런 현상을 볼 수 있으므로 **이것이 인간이 초고차정보와 접촉할 수 있는 최선의 상태**라고 보아도 무방할 것이다. 그렇다면 니체는 성공해야 한다. 그가 원하는 대로 대지와 하나 되어, 하늘과 미래를 향해 초인으로서 뻗어 올라가야 한다.

그렇지만 과연 그가 갈망한 대로 실제로 초인이 될 수 있었을까? 이에 대해서 누구도 확실하게 답할 수는 없겠지만 적어도 진지하게 탐구는 해보아야 한다고 생각한다. 그것도 가능한 과학적인 개념으로 전체적인 그림은 그려볼 수 있어야 할 것이다.

3
무의식과 의식에서 새로운 자기를 찾다
– 프로이트와 후설

무의식 앞에 무력해진 의식의 의지와 사고

자기, 믿음, 긍정이 모두 하나를 지향한다고 했다. 그러나 이것은 인간의 의식과 의지에서 출발하는 것이다. 그러나 인간은 무의식이 있다. 무의식은 의식이 힘을 미치지 못하는 영역이다. 의식과 의지로 아무리 긍정적인 자기 확신을 부르짖는다고 해도, 그 무의식은 의식과 무관하게 움직일 수 있다. 무관한 정도가 아니라 정반대로 움직일 수도 있다. 사실 대부분 무의식은 몸에서 나온다. 뇌에도 무의식이 있지만, 뇌는 몸의 정보를 표상하고 몸과 현실의 정보를 조율하는 수준에서 작동한다. 뇌정보의 원천은 몸이기에 대부분의 무의식도 몸에서 나온다.

우리는 의식밖에 모르니 의식이 전부인 것 같지만, 이는 수면에 드러난 빙산의 일각이다. 니체가 아무리 초인에 대한 믿음이 강하게 있다고 해도 의식과 뇌정보에 머문다면, 거대한 무의식이 과연 의식을 얼마나 따라주는지, 아니면, 반대로 가고 있는지 모른다. 문제는 **니체의 이러한 믿음이 얼마나 무의식까지 확장되어 있는가**이다. 그렇지 않다면 그의 초인도 역시 하나의 가상이고 도피적인 환상일 수가 있다. 자신이 가장 혐오하는 허구성이, 자신이 자신 있게 주장하는 것에서도 나올 수 있다면, 그 모순과 좌절감은 이루 말할 수 없이 클 것이다. 물론 이러한 가능성을 섣불리 예단할 수는 없다. 니체만큼 이를 막아보려고 모든 노력을 다한 철저한 철학자를 만나보기 어렵기 때문에 이론적 가능성만으로 이를 쉽게 예단하기는 어려울 것이다.

그러나 이러한 질문을 하는 데는, 반드시 이론적인 가능성 때문만은 아니다. 앞서 설명한 대로 그가 마지막 삶에서 보인 마음과 몸의 심한 질병 때문이다. 이에 대한 충분한 설명 없이는 이러한 질문에서 완전히 자유롭기는 어렵기 때문이다. **철학은 마음과 몸에서 결코 분리될 수 없다.** 너무 많은 스트레스로 인해 마음과 몸에 질병을 얻어서 그렇다고 단순하게 넘어갈 수만은 없다. 그의 철학은 마음의 감정과 몸을 중심에 두었기에, 그의 질병을 해명하지 않고 그의 철학을 병으로부터 분리할 수 없을 것이다. 이를 설명하기 위해서는 의식으로만은 어렵기에 그의 무의식으로 들어가 보아야 한다. 마음과 몸 대부분은 무의식이므로 과연 그가 의식으로 초인을 부르짖은 만큼 무의식도 같이 따라왔는지 아니면, 오히려 반란을 일으켜 그러한 질병으로 나타난 것인지 분석해보아야 한다는 것이다. 물론 이는 쉬운 일은 아니다. 그렇다고 그냥 넘어갈 수만은 없는 문제이기 때문에, 어렵더라도 시도해보려는 것이다.

니체는 분명 몸과 감정의 고차정보에서 출발하였지만, 이를 극복하려는 의지는 뇌와 의식이기 때문에 자기도 모르게 저차화될 수 있다. 이는 니체만의 문제가 아니라 자연적 현상이기에 어쩔 수 없이 받아들여야 한다. 아무리 그렇게 되지 않으려고 몸부림쳐도 그렇게 되는 것이다. 의식은 하나의 결로 고차정보를 향해 가고 싶어 하지만, 무의식과 몸은 의식의 저차정보로 인해 자동으로 이분화될 수밖에 없다. 이분법은 선과 악으로 나누어져 서로를 억압하고 투쟁하게 한다. 그래서 무의식에는 비이상적이고 부정적인 자기가 형성되기 때문에 의식이 원하는 만큼 긍정적인 하나의 자기가 되기 어렵다. 억압과 학대로 인해 오히려 반생명이 강화되어 긍정보다 부정적인 자기가 강화될 수 있다. 이렇게 되면 그가 바라는 만큼 초인의 생명력이 공급되지 않을 수 있다. 그래서 그가 원하는 만큼, 의식에서 시작된 긍정적인 하나가 무의식과 몸의 정보에 이르기까지, 하나가 되지 못할 수도 있다.

니체도 이를 알았을 것이다. 그가 무의식이라고 말하는 것은 아니지만, 분명히 자신 속에 반발하고 저항하는 것이 있다는 것을 인지하고 이것과 끝까지 싸운 사람이었다. 그래서 그는 무의식까지 초월의식으로 확장하고 극복하는 노력을 하였다. 그래서 그는 어떻게 되었을까? 물론 누구도 결론을 내릴 수는 없지만, 분석해볼 필요는 있다. 니체가 활약한 시대는 아직 몸과 무의식이라는 세계에 대해서 알지 못한 때이다. 그래서 이즈음, 프로이트가 무의식이란 세계를 세상에 소개하고 연구한 것이 아주 시기적절했다. 이제부터 프로이트가 연구한 무의식에 관해 이야기하려고 한다.

지금은 무의식이 너무도 당연한 세계로 인정되지만, 이를 처음으로 발견한다는 것은 정말 놀라운 일이었다. 코페르니쿠스의 전회 이상의 역사적인 사건이었다. 그는 비엔나 의과대학에서 그의 스승인 브뤼케Ernst Wihelm von Brücke(1819-1892)로부터 유물론적 심리학의 영향을 받았다. 그래서 정신은 뇌신경의 작용으로 발생한다고 믿었다. 정신을 바로 이해하기 위해서는 신경을 먼저 알아야 한다고 믿었기에, 그는 신경생리학과 신경병리학을 연구하였다. 그 결과 신경과 정신을 연결하는 것이 에너지라는 것을 알게 되었다. 그래서 정신 현상도 에너지로 설명할 수 있을 것으로 믿었고 이것이 나중에 리비도 이론으로 발전되었다. 본능적인 신경 에너지가 억압되면 이것이 정신적인 여러 증상과 질병으로 발전된다고 생각했다. 그리고 의식은 이러한 신경과 정신 에너지의 일부로써 작용하지, 별도의 기능이 아니라는 것을 알았다.

대부분의 신경 에너지는 무의식으로 작용한다. 의식은 무의식적 신경의 결과로 나타나는 것이지, 데카르트가 말한 대로 인간의 주체와 중심이라고 볼 수 없었다. 실제로 최면과 꿈에서 의식은 수동적으로 변용된다. 의식이 인간의 주체인 것 같지만, 이는 현상적인 자기이지 더 깊은 배후에는 신경과 무의식이 주체로 있는 것이다. 이러한 발견은 인간의 의식을 사고의 중심에서 행성의 위치로 옮기는 또 다른 코페르니쿠스의 전회인 것이다.

프로이트 역시 마르크스와 니체처럼, 이성과 종교가 인간을 억압하기 때문에 억압된 본능을 해방시켜야 한다고 주장하였다. 그는 인간의 이성적 사고와 종교를 좌절된 무의식을 방어하는 환상 혹은 망상으로 보았다. 그리고 인간의 본질을 몸의 본능적 에너지 즉 리비도로 보았고 여기서 파생되는 감정을 충족시켜야 건강하고 행복한 삶을 살 수 있다고 하였다. 프로이트 역시 인간의 본질을 사고가 아니라, 감정과 몸으로 보았다. 그러나 몸의 본능과 감정이 사회로 모두 표출되거나 충족될 수는 없었다.

정신분석학을 창시한 프로이트는 의식이 사고와 삶의 주체와 중심이라고 생각해온 모든 전통을 뒤엎고 무의식이 주체임을 선언한 학자이다. 의식은 무의식의 방어이고 허구임을 밝힘으로 사상사의 혼돈과 혁명을 주도하였다. © Max Halberstadt/wikipedia

사회에는 질서와 관습이 있고 도덕의 법이 있으므로 이 법이 초자아로써 인간의 본능을 감시하고 통제한다. 본능의 이드와 사회의 초자아가 충돌하기 때문에 이를 조정하고 조절하는 기구가 필요한데, 인간의 사고를 바로 이러한 기능을 하는 자아ego라고 하였다. 가능한 본능을 충족시킬 수 있으면 좋지만, 현실의 원칙을 무시할 수 없으므로, 그 사이의 타협점을 찾는 것이 에고가 하는 일이다. 그래서 사고는 이러한 현실조절에서는 자기이지만, 실제적인 자기일 수는 없는 것이다. 현실과 의식의 세계에서는 사고가 주체가 되고 또 많은 상상과 이성적인 사고를 하지만, 그것은 무의식의 주체에 대한 방어와 조절기능으로써 하는 것이지 진정한 주체로써 수행하는 것은 아니라는 것이다. 의식의 자기는 그래서 이차적인 자기이지 본질적인 자기일 수는 없는 것이다. 본질적인 자기는 무의식의 본능에 있는 것이다. 이 역시 감정과 몸을 주체로 보는 시각이다.

프로이트로 본 니체

이제 이러한 프로이트 관점에서 니체를 한번 살펴보자. 이성과 종교에 억압된 본능을 해방시키기를 원하는 것은 두 사람이 일치한다. 그런데 니체는 몸의 본능과 감정의 힘만으로는 현실의 운명을 극복하기 어렵기 때문에 대지의 초고차정보로부터 초인적인 의지와 힘을 받아야 한다고 했다. 나무의 뿌리가 대지의 힘을 받아 세상으로 뻗어 나가듯, 인간도 인간에게 내재한 더 큰 초월적 힘을 받아야 한다는 것이다.

프로이트는 인간의 뿌리인 본능의 중요성에 대해서는 공감했지만, 대지의 초월적 힘을 인정하지는 않았다. 프로이트의 개념으로 보면 이는 새로운 환상과 종교적 망상이 될 위험이 있다. 물론 이러한 프로이트의 생각이 다 옳다고 볼 수는 없다. 프로이트의 제자인 융은 이러한 프로이트를 비판하며 더 근원적인 자기에까지 인간의 마음을 확장하였다. 그래서 융의 관점에서 보면 니체가 추구한 그 힘이 환상적인 것만은 아니다. 그러나 실제가 어떠하든 프로이트가 지적한 점은 하나의 가능성으로 유의할 필요는 있다.

니체는 이러한 자기의 힘을 삶으로 확장하고 실현하기 위해 자기에 대한 긍정과 믿음을 강조하였는데, 이를 프로이트의 관점으로 보면 에고의 역할로 볼 수 있다. 자기에 대한 긍정과 수용은 자신의 잠재력을 끌어내는 데 중요한 역할을 할 수 있다. 아주 성공적인 방어기제일 수 있다. 그러나 여기에는 두 가지 문제가 발생할 수 있다. 사회에 있는 기존 초자아와의 충돌이다. 이를 초인의 힘과 의지로 싸우며 극복해나가야 하지만, 현실적인 스트레스가 결코 적지 않다.

그리고 프로이트에 의하면 본능에는 긍정적인 생명의 힘인 에로스와 죽음의 충동이라고 하는 타나토스가 있다. 에로스를 생명의 힘이라고 한다면, 타나토스는 생명이 좌절된 반생명의 힘이다. 본능을 현실에서 다 긍정하고 수용할 수 없는 이유가 앞서 말한 사회의 관습과 도덕과의 충돌 때문이기도 하고 또 자신을 파괴하는 타나토스의 힘 때문이기도 하다.

외부로부터 오는 부정적인 압박과 내부에서 올라오는 타나토스의 부정적인 힘의 양면적 공격에서 초인은 살아남아야 한다. 생존 정도가 아니라 능히 극복하고 일어날 수 있어야 한다. 자신만이 아니라 세상도 이렇게 구원하여야 한다. 그런데 그 초인은 긍정적인 의지와 자신의 심연에서 올라오는 초월적 힘을 바탕으로 이 힘든 현실과 싸운다. 이는 이념과 사상의 문제가 아니고 진짜 힘의 문제이다. 에너지의 문제이다.

세상이 돈으로 움직이듯이 인간은 결국 힘이라는 에너지로 움직인다. 결국 힘이 있어야 살아남는다. 그래서 니체의 철학을 힘을 의지하는 철학이라고 한다. 그래서 그는 힘을 키워 이를 이룰 때까지 영원히 투쟁한다. 지금 못하면 영원회귀를 통해서라도 해내어야 한다. 그렇다면 그가 과연 힘으로 이를 이룰 수 있었는지, 그의 **에너지 손익계산서**를 살펴보려고 한다. 분명 방향은 완벽한 수준인데, 이를 수행할 힘이 충분히 공급되었는지가 문제이기 때문이다.

먼저 에너지 지출을 보자. 기존의 모든 것을 거부하고 해체하는데 들어가는 에너지가 있다. 기존 세력은 이미 막강하므로 자기를 보존하기 위해 니체를 공격한다. 기존의 철학과 종교가 니체를 공격한다. 이를 막아내는 에너지도 적지 않다. 거기에다 자신에 대한 긍정적인 의지가 필요하다. 자신을 수용하고 긍정할 때 생기는 문제가 무엇일까? 앞서 설명한 대로 본능과 기존질서의 갈등 그리고 타나토스에서 올라오는 부정적인 힘을 통제하고 억압하는 힘이 필요하다.

타나토스는 부정적인 힘이기 때문에 긍정으로 나가는 의지를 방해한다. 타나토스는 초인에 반대하여 자꾸 약해지고 두려워하고 소심하게 만든다. 포기하려고 하고 허무주의에 빠지게 한다. 부정적인 힘으로써 아주 막강하다. 우리가 잘해보려고 할 때, 늘 반대의 힘을 느낄 수 있다. 원심력과 구심력의 갈등처럼 긍정에 맞서는 부정의 힘이 분명히 있다. 그러나 이를 그대로 둘 수는 없다. 긍정적인 초인의 힘으로 이를 거부하고 억압해야 한다. 그렇다면 이 부정적인 힘이 사라질까? 스프링을 강하게 누르면 그 탄력계수는 더 강해지는 것처럼 타나토스는 더 강해진다. 그래서 더 강한 힘으로 억압해야 한다. 이 싸움이 악순환으로 들어갈 수 있다. 이러한 것이 **에너지 지출 내역**이 될 것이다.

그렇다면 **수입 내역**은 무엇일까? 자신 속에 있는 살려고 하는 본능과 디오니소스가 가장 큰 힘이 될 것이다. 이를 생명의 힘인 에로스로 볼 수 있다. 그러나 파괴적인 타나토스가 그 본능에 같이 있으므로 타나토스를 억압하면 에로스도 같이 억압된다. 반대로 에로스를 수용하면 타나토스도 수용된다. 타나토스만 선택적으로 억압하기가 어렵다. 그래서 에로스와 디오니소스가 맘껏 힘을 발휘하지 못한다. 그래서 공급되는 힘이 제한적이다. 니체가 가장 의지하는 힘은 대지로부터의 초월적인 힘이다. 이를 믿고 긍정함으로 초인의 힘과 의지를 유지할 수 있다. 그러나 이 역시 타나토스를 억압함으로 맘껏 유출되기 어렵다. 대지의 초월적 힘을 긍정하게 되면 타나토스도 같이 살아나기 때문에 그 힘도 제한적으로 발휘될 수밖에 없다는 것이다. 이것이 실제 힘의 상황이다.

또 하나의 함정이 있는데 바로 긍정이라는 것의 실체이다. 긍정은 생명이 살게 하는 힘이다. 생명은 긍정을 먹고 산다. 부정을 먹으면 생명은 병든다. 그런데 긍정은 이상을 의미한다. 그러나 자연과 우주는 긍정만 있는 것이 아니다. 빛과 어둠이 공존한다. 음과 양이 순환하는 것이 우주의 이치이다. 긍정만 있는 것이 아니다. 부정이 반드시 있다. 이상이 좋은 것이지만 비이상이 반드시 따라다닌다. 긍정을 강조하면 부정도 살아난다. 생명을 강조하면 반생명도 강조된다. 우울이 깊어지면 조증이 발생하고 조증이 충분하며 다시 우울로 가는 것이 감정의 순환이고 조울 장애이다.

니체도 우울증에 있다가 열흘을 잠을 자지 않고 '차라투스트라는 이렇게 말했다'의 1부를 집필했다. 그리고 다시 깊은 우울에 빠졌다. 그리고 6개월 후에 다시 열흘 만에 미친 듯이 2부를 집필했고 이런 식으로 4부를 집필했다. 그리고 다른 저서들도 대부분 미친 듯이 단시간에 집필했다고 한다. 긍정을 강조하다가도, 같이 부정적인 것이 올라오면 이를 더 강하게 억압해야 한다. 부정적인 것은 바로 타나토스이다. 그러면 긍정의 힘도 약해진다. 긍정의 힘만으로 인간이 살 수 없는 이유이다.

앞서 이성과 종교가 왜 문제가 생기게 되었는지에 대해 분석하면서, 그 원인이 이상주의라고 했다. 칸트와 헤겔의 철학의 문제는 이성을 너무 이상화한 데서 문제가 시작되었다고 했다. 이는 프로이센과 독일인의 문제이기도 했다. 그들은 너무 이상적인 것을 추구하는 성격과 환경이 그들의 장점이기도 하지만, 이것이 그들의 문제이기도 했다. 이상주의가 고차정보일 때는 문제가 없지만, 이상은 곧 저차로 붕괴되기 때문에 저차가 되면 이상주의는 이분법으로 간다. 그래서 이상주의는 비이상과 비이성을 만들어 이를 심하게 억압하고 학대한다. 그러면 비이상이 사라지는 것이 아니라 억압을 통해 더 강해진다. 물론 처음에는 억압으로 눌려있지만, 억압의 힘이 약해지고 비이상의 힘이 축적되면 언젠가 폭발하게 된다. 그래서 상상할 수 없는 비이성과 비이상이 갑자기 폭발하는 것이다.

니체는 바로 이러한 억압을 거부하고 해체하기 위해 그의 사상을 시작하였는데, **그도 결국 긍정의 생명과 힘을 이상화하므로, 결국 이상주의와 억압이라는 같은 모순**에 빠질 수 있다. 이는 혁명가가 직전의 전제주의와 독재를 더 심하게 반복하는 사례와 같은 원리이다. 그래서 니체의 정신발작은 결국 긍정의 이상에 의해 심하게 억압되어 있던 타나토스가 폭발한 것으로 보아야 한다. 에너지의 공급과 소비의 불균형이 심해지면서 에너지 적자가 나타나니, 더 이상 긍정적 억압을 하지 못하고 눌려 있던 타나토스가 폭발하여 정신병으로 발전하게 된 것이다. 이는 앞으로 보게 될 독일의 문제이기도 하다. 니체가 지적한 독일의 철학과 종교의 문제인데, 아이러니하게도 이를 심하게 비판한 자신이 먼저 이를 드러낸 것이다. **이상주의와 억압에서 오는 부정적인 타나토스와 반생명의 폭발이 독일과 니체의 정신병리**인 것이다. 니체는 바로 독일을 선행적으로 자신의 마음과 몸을 통해서 보여준 철학자로 볼 수 있다. **그가 보여준 대로 독일도 20세기에 큰 질병으로 폭발**하였다.

이처럼 무의식으로 들어가면 예상하지 못한 여러 문제가 생긴다. 의식이 너무 이상화되면 이와 반대되는 무의식은 심하게 억압받게 된다. 니체는 독일과 관념 철학 그리고 기독교가 너무 이상화되어가는 것을 해체한 사람이다. 이 해체는 너무도 많은 에너지가 필요하다. 얼마나 거대한 권위이고 힘인가? 한 인간이 이에 도전하고 허문다는 것이 정말 초인의 힘이 아니면 불가능하다. 정말 이러한 점에서는 그는 초인이다. 그리고 자신도 관념 철학에서 철학을 시작하였고 역시 한 프로이센의 군인이었다. 그러니 자신 속에 그의 해체를 반발하는 힘이 얼마나 강하게 있었겠는가? 여기서 마르크스가 앓은 정신과 몸의 질환을 떠올리지 않을 수 없다. 마르크스는 현실에서 엄청난 저항과 고통을 받은 사람이다. 그래서 생명의 억압과 소외로 인해 반생명이 강하게 형성되지 않을 수 없었고 이것이 그의 질환의 원인이 되었다.

니체는 마르크스만큼의 현실적 저항은 아니지만, 거의 비슷한 내적인 저항과 반발을 억압하면서 살아야 했다. 마르크스는 현실적인 혁명의 힘으로 이를 극복하려고 하였지만, 니체는 초인의 힘으로 이러한 저항을 극복하려고 하였다. 초인의 긍정적 힘은 결국 이상화로 가게 되었고 이는 다시 강한 억압과 타나토스의 반생명을 만들 수밖에 없었다. 그래서 나이를 먹고 아프기 시작하면서 에너지를 더 이상 공급받을 수 없게 되니, 결국 질병으로 폭발한 것으로 보인다. 이것이 니체의 무의식인 것이다. 초인과 무한긍정의 의식과 다른, 반생명의 무의식을 우리는 결코 간과할 수 없다.

여기서 우리는 과연 우리의 자기는 어디에 있는가를 다시 질문해 보아야 한다. 근대는 데카르트의 의식에서의 자기를 발견함으로 시작되었다. 그리고 그 자기는 지성과 이성의 주인이 되어서 놀라운 내적, 외적 발전을 이루었다. 놀라운 혁명적인 발전이었지만, 내용으로 보면 지성과 이성에 부합하지 못하는 점들이 많았다. 모순적이고 비이성적인 현실이었다. 그 이유를 감정과 몸에서 찾았다. 지성과 이성이 주체이고 이를 의식의 자기가 조절하고 통제한다고 생각했는데, 감정과 몸은 의식의 자기가 통제할 수 없는 영역이었고, 삶의 현실에서는 이상과 지성보다 감정과 몸이 더 주체인 것을 알게 되었다. 그리고 **감정과 몸은 거의 무의식이기 때문에 의식이 통제할 수 없었다.** 그래서 의식의 자기는 엄청난 도전을 받게 되었다. **자기는 의식의 지성과 이성에 있지 않고 무의식의 감정과 몸에 있었다.**

후설이 의식을 다시 찾다

프로이트의 발견은 유럽 사상사에 엄청난 충격을 주었다. 유럽 근대 사상의 기초는 데카르트였다. 근대철학은 의식의 사고를 주체로 해서 시작되었다. 그런데 의식의 허구성이 밝혀지면서 유럽의 사상사는 혼돈에 빠지게 되었다. 이제 의식은 무엇을 해야 하는가? 의식이 주인인 줄 알았는데 의식은 무의식의 종이였다. 그러나 인간은 의식이 없으면 아무것도 할 수 없다. 결국 의식이 중요하다. 그러나 과거의 의식으로는 안 된다. 그래서 새로운 의식에 관한 연구가 필요했다. 이제 의식을 어떻게 보고 의식에 어떻게 접근해야 할 것인가? 무의식과 의식의 관계를 어떻게 설정하고 의식은 무의식을 어떻게 받아들여야 할까? 이러한 의식의 철학이 요구되었다. 이러한 의식을 새롭게 연구한 철학자가 후설이었고 그의 철학을 현상학이라고 한다.

프로이트Sigmund Freud(1856-1939)와 후설Edmund Husserl(1859-1938)은 거의 동시대의 사람이고 같은 오스트리아 출생에 같은 유대인이다. 많은 공통점이 있음에도 서로가 만났거나 학문적인 영향을 주었다는 근거는 없다. 그래서 후설이 현상학을 시작한 것은 정신분석의 도전 때문은 아니다. 독일의 관념론이 심한 도전을 받으면서 애매한 관념론보다 과학과 실험을 중시하는 실증주의가 철학 사조로 급부상하고 있었다. 관념론도 문제이지만, 인간 고유의 생각을 외적인 과학과 실증에 맡긴다는 것도 철학의 큰 위기라고 느낀 후설은 이를 극복할 수 있는 철학으로써 현상학을 주장하였다. 그러나 프로이트와 후설이 서로 만난 적은 없어도, 동시대에 살면서 간접적으로 질문과 답을 주고받을 수 있다. 이를 공시성synchronicity이라고도 하며 깊은 무의식적인 공명현상으로 설명한다. 정신분석학자 융이 깊은 무의식에서 이러한 현상이 일어난다고 밝힌 바 있다. 그래서 의식으로는 프로이트와 후설은 만난 적은 없지만, 무의식적인 공시성으로 뭔가 오고 갈 수 있을 것이다. 그래서 위에서 말한 서로의 연결성을 유추해본 것이다.

무의식이 주인이라고 하더라도 모든 사고는 결국 의식에서 일어난다. 칸트가 대상의 물자체는 몰라도 뇌에서 정보로 표상되어야 그 존재를 인식할 수 있는 것처럼, 의식에서 표상되지 않으면 무의식이 아무리 중요해도 그 내용을 알 수 없다. 그러나 의식은 단순히 사물과 사고의 현상을 보여주는 화면만은 아니다. 의식 스스로 대상을 향해 나아가는 지향성이 있고 본질을 찾아내는 순수 의식이 있다. 모든 대상은 무의식을 통해서 의식으로 표상된다. 대상을 의식이 그대로 인식한다고 생각했지만, 무의식과 과거의 기억과 감정 등에 의해 엄청난 영향과 왜곡을 받는다. 그래서 의식은 환원을 통해 무의식의 이러한 방어와 왜곡을 줄여 가능한 순수의식으로 대상을 볼 수 있어야 한다.

정신분석은 무의식으로 내려가 갈등을 해결함으로 순수 의식을 찾아낸다. 결국 이 과정에서도 의식이 있어야 가능하다. 그래서 **정신분석도 결국 현상학에서 순수 의식을 추구하는 과정과 같은 방향**일 것이다. 의식이 이러한 능동적인 작업을 할 수 있다면, 무의식에 의해 왜곡된 허구적인 의식을 걸러내고 순수 의식을 찾아낼 수 있을 것이다. 그래서 현상학에서 이러한 작업을 기대해볼 수 있는 것이다.

현상학에서 이러한 작업을 의식의 환원이라고 하며 환원에 있어 가장 중요한 작업이 판단중지이다. 기준의 어떠한 전제된 생각을 중지하고 순수 의식으로 환원함으로 대상의 본질에 접근하려는 것이다. 외부의 어떠한 이념, 관념이나 과학에 의지하지 않고 오직 의식에 대한 엄밀한 작업만으로 진리를 찾는 것이다. 판단중지를 통한 순수 의식은 무의식을 왜곡하는 방어기제를 해체하는 작업이다. **이는 정신분석에서 허구적 방어를 찾아서 그 속에 숨어 있는 순수한 무의식을 밝혀내는 작업과 유사하다고 볼 수 있다.**

최근 의식에 대한 과학이 발달하면서 이러한 현상학의 의식이론이 과학적으로 타당한지에 대한 관심이 높아지고 있다. 이를 연구하는 학문이 심리철학이다. 그리고 뇌과학에서도 의식에 관한 연구도 적지 않다. 이러한 연구에 대해서 결론적으로 말하면, 의식을 과학으로 완전히 이해하기는 어렵다고 한다. 그래도 의식을 가장 잘 이해할 수 있는 과학적 이론이 양자역학이다. 왜 고전역학으로는 의식의 본질을 이해하기 어려운가? 그것은 의식이 일반 뇌기능과 다른 독특한 면들이 있기 때문이다. 의식은 TV 화면처럼 내용을 단순하게 보여주는 그런 수동적인 기능만 있는 것이 아니다. 아주 이해하기 어려운 여러 독특한 기능들이 있다.

의식 전체를 하나로 보게 하는 통일성과 전체성, 그 속에 있는 주체성, 단순한 객관적 정보가 아니라 주관적인 질로서 느끼는 감각질 qualia 현상, 스스로 대상을 향해 찾아가는 지향성 그리고 여러 차원의 정보에 대한 통합과 관통성 등 일반 뇌기능으로 설명하기 어려운 기능들이 있다. 그래서 이를 설명하기 위해서는 양자역학의 도움이 필연적으로 필요한 것이다. 양자역학을 통한 단순한 해석이 아니라, 가능한 실험적인 근거를 통해서 양자역학으로 설명해보려는 것이다. 의식을 보면 양자역학적인 여러 특징이 나타난다. 수많은 정보가 하나의 결을 이루는 전체성, 다양한 차원의 정보가 중첩되어 나타나는 관통성, 자기의 중심성과 통일성 등은 양자역학이 아니면 도저히 설명할 수 없는 부분이다.

그래서 의식 스스로 고차적인 물자체의 정보가 저차적인 정보의 현상으로 스스로 붕괴되고 그 정보가 다른 여러 정보와 결합하여 반응하는 현상이 나타날 수 있는데, 판단중지를 통해 기존의 다른 정보와의 결합을 차단할 수 있다면, 고차정보의 순수붕괴상태를 유지할 수 있을 것이다. 그래서 현상학의 환원을 통해 고차적인 진리를 순수하게 인식할 수 있을 것으로 기대된다. 현상학이 관념론의 오류를 극복하기 위해서 출현하였지만, 현상학도 관념론으로 갈 수 있는 위험성이 여전히 있었다. 현상적인 선험성이 칸트가 주장한 것과 유사하고, 현상학적 직관도 칸트가 말한 초월적 진리에 대한 직관과 유사할 수 있다. 칸트의 인식론을 의식으로 옮겨놓은 것으로 오해받을 수도 있다.

가상의 의식에서 실존의 의식으로

후설은 이를 방지하기 위해서 생활과 삶의 현상학을 주장하였다.

의식만의 현상이 아니라 현실과 접촉하는 의식을 강조한 것이다. 관념론은 현실과 분리된 영역에 머물다 보니, 현실을 변화시키는 이성과 정신이 되지 못했다. 현실은 여전히 어둡고 인간의 이상은 생각에만 머무는 분리현상이 생기게 된 것이다. 세상을 계몽하여 세상이 좀 더 이성적으로 변하고 절대정신이 실현되는 방향으로 가야 하는데, 세상은 더욱 어두워지고 있었다. 그동안의 의식은 왜 현실을 변화시킬 힘이 없었는가? 그렇게 완벽한 이성과 정신의 지도를 그려놓고도 현실에서 이 지도는 제대로 힘을 쓰지 못한 것인가? 현상학도 과거의 길을 반복할 위험에 있었다. 그러나 현상학은 의식의 생각에만 머물지 않고 삶으로 뛰쳐나갔다.

이성과 지성은 인간의 가상적인 언어와 개념을 통해서 작동하기 때문에 대상의 물자체보다 표상된 가상의 정보처리에 머물게 된다. 그래서 현실에서 괴리된 가상의 지도에 머물게 되고, 현실은 현실의 법대로 움직이게 된다. 현상학이 다루는 의식이 순수의식으로 환원한다고 해도 결국 전통적인 언어와 개념에서 벗어나기 어렵기 때문에 가상성의 위험이 여전히 존재한다. 결국 이를 막는 방법은 저차적인 언어를 극복하는 길이다. 앞에서 이를 극복하는 길이 감정과 몸의 고차성을 살리는 길이라고 했다. 현실은 사고보다 감정과 몸으로 움직이는 곳이기 때문에 의식만을 대상으로 하게 되면 사고와 언어에 머물 가능성이 높은 것이다.

정신분석도 무의식을 탐구할 때 유사한 문제에 부딪힌다. 무의식을 인지하는 것을 통찰insight이라고 하는데, 이것도 분석이론과 개념을 통해서 하다 보니 방어가 될 수 있는 위험이 있다. 그래서 이를 방지하기 위해 감정과 현실의 삶, 특히 사람 관계를 중요하게 다룬다. 자신의 무의식을 내면적인 성찰로만 하지 않고 삶의 사소한 사건과 감정도 아주 중요한 무의식의 자료로 활용하는 것이다. 특히 의도성이 없이 우연히 일어나는 실수, 꿈속에서의 사건과 감정들을 중요하게 다룬다. 그래서 현실과 감정으로 의식의 통찰을 검증받는 것이 중요하다.

현상학이 삶을 중요하게 여기게 된 것도 바로 이런 이유와 유사하다고 보아야 한다. 그리고 이를 대상으로 삼는 과정도 정신분석과 유사하다. 진정한 무의식으로 들어가는 길은 감정과 몸 그리고 현실이기 때문에 의식만을 대상으로 하지 않고 삶과 현실을 의식의 대상으로 삼아야 한다. 이를 통해 의식이 가상으로 가지 않고 실존으로 갈 수 있다. 그래서 **현상학의 이러한 변화는 결국 실존주의로 이어지는 것이다.**

그러나 후설은 그가 원하는 만큼 몸과 현실이라는 실존으로 그렇게 깊이 들어가지 못했다. 그의 아쉬운 점을 다른 현상학자들이 보충해주었다. 메를로 퐁티Maurice Merleau-Ponty(1908-1961)는 **몸이 세계를 인식하는 주체**라는 것을 주장하였다. 의식만으로는 저차적인 가상 정보가 될 위험이 높기 때문에 의식을 몸으로 확장한 것이다. 고차적인 몸을 통해 세상을 인식해야만, 왜곡 없이 실제 대상을 인식할 수 있을 것으로 본 것이다. 과거 몸을 물질로만 보고 진리에서 제외한 전통에서 벗어나, 몸과 정신을 하나로 보며 오히려 몸을 통해 바른 정신과 형이상학으로 들어갈 수 있게 해주었다. 뒤이어 미셸 앙리 Michel Henry(1922-2002)는 몸의 인식만이 아니라, 현상학은 반드시 감각적인 세계까지 포함해야 한다고 주장하였다. 그의 현상학을 **삶의 현상학**이라고 하는 데, 그는 이를 제외한 현상학은 가상으로 오히려 생명과 문화를 파괴할 수 있다고 하였다.

이처럼 현상학은 의식에서 무의식을 포함하는 감정, 몸과 삶으로까지 확장되었다. 이러한 현상학의 확장을 새로운 철학으로 발전시킨 것이 바로 실존철학이다. 실존의 주체는 몸이고 삶이다. 노동의 주체가 몸이 되듯이 삶의 현장에는 몸이 중심에 있다. 몸이 현실을 부딪쳐야 한다. 몸을 움직여야 한다. 그래야 몸의 반응이 있다. 거기서 올라오는 것이 아픔이고 불안이고 고통이다. 몸의 소리가 곧 감정인 것이다. 삶 속의 몸과 감정의 부딪힘이 바로 실존의 **내용이다**. 이성에서 감정과 몸으로 간 철학이, 의식의 현상학이 무의식으로 확장되기 위해서도 필요한 것이다. **감정과 몸이 있어야 의식도 가상에서 벗어날 수 있다**. 이제 인간은 이성이라는 가상을 떠나 몸과 삶의 현장으로 간다. 거기서 처음 부딪치는 것이 인간과 문명의 야만성이다. 피할 수 없는 본질적 문제이다. 이제 이를 진지하게 살펴보려고 한다.

5부

장년기
처절한 실패에서 지혜를 찾은 중년
(20세기)

1
근대와 현대문명의 야만성

문명과 함께 성장하는 야만성

야만이라는 개념과 말은 문명이 발달하면서 생겼다. 동물의 세계를 야만이라고 말하지 않는다. 그냥 자연의 세계 혹은 약육강식의 세계라고 할 뿐, 동물을 야만이라고 부르지 않는다. 문명이 거의 없던 시대의 원시 상태의 인간을 야만이라고 말하지 않는다. 그냥 원시 상태라고 말할 뿐이다. 그런데 언제부터인가 사람들이 험악한 자연 속에서 동물처럼 약육강식하며 살아가는 사람을 야만인이라고 부르기 시작했다. 바로 문명이 발달하면서 생긴 말이다. 문명인이 그들을 야만인이라고 한 것이다. 그래서 야만은 문명과 이분법적으로 반대되는 상태를 말하는 것이다.

문명이 발달하면서 야만도 문명화되었다. 그래서 야만이 많이 사라지게 되었다. 과거 야만이었던 유럽이 대부분 문명국이 되었다. 그리고 근대 5백 년 동안 상상하기 어려울 정도로 문명이 발달하였다. 내적인 면과 외적인 면 그리고 과학적인 면, 모두에서 폭발적인 성장을 보였다. 그렇다면 문명이 성장하면 자연히 그 반대인 야만이 더 줄어들고 모든 면에서 문명국의 면모를 보여야 하는데, 이상한 일이 일어났다. 5백 년 동안 급속한 성장을 한 만큼 야만성도 같이 급성장하였다. 문명을 빛이라면 어둠의 야만성이 사라져야 하는데, 야만성은 이상하게도 그림자처럼 빛과 같이 따라다녔다.

 문명과 문명의 주인인 인간을 바로 이해하려면, 이 그림자인 야만성을 바로 이해하지 않고 넘어갈 수 없다. 그냥 후유증, 부작용, 항상 그런 현상은 어쩔 수 없이 있는 법이야 하고 대충 넘어가서는 안 된다. 인간은 인간인지라 좋은 것이 좋은 것이다. 그래서 좋은 것은 강조하고 싶고 어두운 점은 덮어두고 싶다. 문명과 역사도 좋은 것은 부각하여 자세히 분석하지만, 흑역사는 대충 실수 정도로 치부하고 넘어간다. 그렇게 자세히 설명하거나 분석하지 않는다. 뭔가 진지하게 인간과 문명의 본성에 대해 반성하며 절실하게 아파하지 않는다. 특별히 이 책에서 문명을 인격 성장으로 분석하게 된 동기가 인간의 이러한 어두운 부분을 이해해보기 위해서라고 했다. 그래서 지난 5백 년 동안 유럽의 급성장 이면에 있는 야만의 급성장에 대해서도 병리학적 차원에서 철저히 분석해보려고 한다. 앞서 부분적으로 분석한 바 있지만, 좀 더 전체적으로 그리고 자세히 설명하고 분석해보려는 것이다.

전쟁과 종교의 야만성

　인간에게서는 전쟁은 동물에서는 약육강식에 해당한다. 그러나 동물은 생존을 위해 약육강식을 한다. 물론 동물도 주권 다툼 혹은 영역 다툼 등으로 싸울 때도 있지만, 대부분 자신의 생존을 위한 싸움이다. 이기기 위해 싸우고 싸움에서 지면 깨끗하게 승복하고 떠난다. 그러나 인간의 전쟁은 생존만을 위한 것이 아니다. 대부분 탐욕이나 자신을 과시하기 위해서나, 복수를 위해서 싸운다. 우리는 호메로스의 '일리아드와 오디세이아'에서 이러한 인간, 특히 영웅들의 이야기를 잘 알고 있다. 그러나 이러한 전쟁을 야만성이라고 말하지는 않지만, 사실 내용상으로 보면 엄청난 야만성이 내포되어 있다.
　영웅이나 지도자의 개인적인 문제로 죄 없는 백성들을 전쟁에 끌려나가 죽는다. 자신이나 자신의 가족이 전쟁의 위협에서 벗어나기 위해서 싸우는 것은 당연하지만, 지도자의 과대망상이나 피해망상 때문에 필요 이상의 전쟁을 해야 한다면, 그것은 엄청난 야만성이다. 자신의 욕구 때문에 죄 없는 자들이 죽기 때문이다. 우리는 히틀러만을 정신병적인 지도자로 보지만, 사실 대부분의 전쟁에는 지도자들의 문제가 많다. 꼭 하지 않아도 될 전쟁이 수없이 많았다. 이로 인해 고통당하는 자들에게 전쟁은 야만적인 것이다.
　우리가 역사상 가장 영웅시하는 알렉산더 대왕을 보자. 처음 페르시아와의 전쟁은 이해한다고 해도 그 이상의 정복 전쟁을 해야 하는 이유는 무엇일까? 헬레니즘 문명으로 세상을 정복해서 그들에게 문명의 빛을 비추고 싶은 이상을 위해 수많은 사람을 전쟁터에서 죽게 하는 것이 과연 이해할 수 있는 일일까? 또 어머니에 대한 두려움 때문에 그리스로부터 멀리 도망치려는 이유에서 전쟁한다면 그 부하들의 죽음과 희생은 과연 바른 것인가? 사실 엄청난 야만이다. 그를 영웅이라고 말하는 것 자체가 야만성이다. 헬레니즘 문명이라는 자체가 야만성이다. 왜 잘 살고 있는 자들에게 그들이 야만이라고 하여 정복 전쟁을 하여 문명을 전파하려는 것인가? 과연 이것이 문명의 참뜻일까? 문명을 위장한 야만이 아닐 수 없다.

로마가 자국을 통일하는 것까지는 이해한다고 하지만, 다른 나라를 정복하여 로마 문명을 전파한다는 것이 과연 문명적일까? 아무리 봐도 야만이 아닐 수 없다. 갈리아, 스페인, 영국 그리고 지중해와 아시아까지 정복하는 것이 과연 문명적일까? 물론 그들이 자꾸 침략해오니까 방어적으로 공격할 수 있지만, 그들의 야만성 때문에 정복한다는 것은 야만이 아닐 수 없다. 로마제국이라는 자체가 아무리 야만인에게 문명을 전파한다고 하더라도 야만성을 가지지 않을 수 없는 것이다. 이처럼 문명 자체가 태생적으로 야만성을 가지고 있다. 이상과 꿈을 실현한다는 자체가 이미 야만성을 포함하고 있다. 타인의 문화와 삶을 존중하지 않고 그들을 야만이라고 규정하는 자체가 하나의 폭력이다. 그래도 알렉산더와 로마는 정복한 다음 그들을 무조건 복속하거나 노예로 삼지 않고 그들의 문명을 존중하며 공평한 문명을 누리도록 기회를 주었다는 데서, 다소 문명적인 면이 있지만, 정복 자체는 아무리 보아도 야만성이 아닐 수 없다.

거기에다 전쟁에 항상 따라다니는 것은 병사가 아닌 일반 주민을 학살하고 약탈, 강간하는 일들이다. 모든 전쟁에는 이러한 일이 항상 따라다녔다. 자기들의 동료가 죽은 것을 복수하기 위해 주민을 잔인하게 학살하기도 하고, 복수하지 못하도록 여자와 어린이까지 죽여 씨를 말리는 일이나, 전쟁의 보상으로서 약탈과 강간을 하는 것 등은 전쟁의 연장으로 당연하게 여겼다. 이러한 일은 문명국인 그리스와 로마로 오면서 더 심해졌다. 그리스가 통일할 때 마을 주민 전부를 학살했고 로마도 포에니 전쟁 때, 카르타고 주민을 모두 학살하였다.

그리고 전쟁에 이기면 대부분 학살하고 쓸모 있는 자들은 노예로 잡아갔다. 당시에는 노예는 당연한 전쟁의 전리품이었다. 그리고 노예는 사회적으로 인정된 계급이었다. 그리고 노예 중에 무술이 뛰어난 자들을 훈련해서 검투사를 만들어 사회적 오락물로 활용했다. 지금 생각하면 야만적인 일이지만, 당시로는 아주 보편적인 대중문화였다. 요즈음은 투우도 야만이라고 해서 금지되었는데, 사람을 사냥하는 오락은 아무리 보아도 야만이 아닐 수 없다. 그러나 전쟁 자체가 이미 잔혹한 야만이기에 이 안에서 일어나는 일은 아무리 야만이라도 수용된다. 그래서 전쟁은 인간이 맘껏 야만성을 합법적으로 푸는 기회이고 장소이다.

어떻게 보면 인간은 문명 속에서 억눌러 왔던 야만성이 한계에 차오르면, 전쟁이라는 건수를 잡아 이를 맘껏 푸는 그런 축제였는지도 모른다. 그런 다음 승자는 다시 문명으로 돌아가는 문명인처럼 살다가, 다시 야만이 차오르면 가서 이를 푼다. 그래서 문명과 야만은 생산과 배설의 생체 순환처럼 인간에게 끊이지 않고 계속되었다고 볼 수 있다. 그래서 전쟁은 007 살인 면허 혹은 야만 면허와 비슷하다고도 볼 수 있다. 어쩔 수 없는 생존 전쟁으로 시작되더라도 전쟁이 일단 진행되면, 생존이 아니고 게임과 같은 합법적인 살인과 야만의 기회가 된다.

이것이 사실이라면 인간 자체가 야만이라고도 볼 수밖에 없다. **인간이 아무리 문명화되어도 그 속의 야만성은 사라지지 않는다.** 겉으로는 문명을 이루고 속으로는 야만을 억압하다가, 그 한도가 차면 반드시 이를 풀어야 하는 것이 전쟁이다. 그래서 전쟁과 파괴는 인류와 함께 항상 같이 가는 인류의 그림자이다. 앞으로 인간의 이러한 야만성에 대해서는 다시 자세히 분석할 것이다. 그 원인이야 어떠하든 인류는 전쟁의 야만성에 대해서 어쩔 수 없이 받아들일 수밖에 없는 것이 역사적 현실이다.

서로마가 멸망하고 새로운 문명인 기독교가 지배하는 중세기로 접어들었다. 기독교는 야만인들에게 무참하게 십자가에서 처형당한 신의 아들인 예수그리스도로부터 시작한다. 예수가 자신을 죽인 자들을 용서하고 사랑함으로 기독교가 탄생하였다. 이는 분명 놀라운 문명의 시작이다. 용서와 사랑은 일찍이 어떠한 종교에서도 없었던 놀라운 문명이다. 그런데 이 기독교가 로마로 가면서 그들이 로마보다 더 야만이 되었다. 용서와 사랑은 볼 수 없고 폭력과 약탈의 종교가 되었다. **겉으로 기독교가 성장한 만큼 야만성도 성장한 것이다.** 중세의 야만성에 대해서는 앞서 충분히 설명한 바 있어서 다시 언급하지 않으려고 한다. 기독교의 야만성은 십자군 전쟁에서 절정에 이른다.

이러한 종교의 야만성은 기독교만의 현상은 아니다. 동양의 종교인 유교와 불교도 그러했고 유대교와 이슬람교도 그러했다. 정치권력과 종교가 만나게 될 때, 그 종교의 야만성은 이루 말할 수 없다. 전쟁은 살육을 전제로 하는 것이기에 야만적일 수밖에 없지만, 종교는 인간을 구원하고 살리는 것인데, 어떻게 야만이 될 수 있는 것인가? 정말 아이러니하지 않을 수 없다. 그 원인이야 어떠하던 문명의 역사에서 종교의 야만성도 너무도 명백하다. 야만의 야만이나, 문명의 야만이나 야만인 것은 사실이다.

근대의 이중성

근대의 시작은 성인식이라고 말할 수 있는 종교개혁이다. 기독교의 야만성을 폭로하고 종교개혁이 시작되었다. 이 종교개혁은 어떻게 보면 새로운 문명의 시작이다. 집단과 전체가 아니라 개인이 시작되는 새로운 문명이다. 개인의 탄생으로 개인 속의 능력이 개발되기 시작했고 이로 인해 근대의 폭발적인 성장이 줄을 잇게 되었다. 지성, 이성의 사상과 학문이 발달하고, 감정의 예술 등으로 인간의 내적인 성장이 가능하게 되었다. 이와 함께 인간은 자신을 현실에서 확장하기 위해 바다로 모험을 떠났다. 대항해시대와 식민지 시대가 열린 것이다. 엄청난 외적 발전과 확장이다. 이와 함께 무역과 금융이 발달하면서 엄청난 경제적인 부유함을 누리게 되었다. 그리고 물질과 자연에 대한 탐구로 산업혁명이 시작되었고 과학이 눈부신 발달로 놀라운 문명의 발전을 이루었다.

이러한 문명의 발달과 함께 야만도 급성장하였다. 이 글에서는 근대 5백 년의 문명발달에 따른 야만의 발달에 관해 설명하려고 한다. 먼저 종교개혁에 대해서 생각해보자. 종교개혁은 극히 신앙적인 개혁이다. 교황과 교회라는 권위로 병들어가는 신앙을 성경을 중심으로 바로잡아보려는 개혁이다. 그런데 그 파장은 엄청나게 컸다. 유럽은 거의 종교개혁의 여파로 많은 핍박과 전쟁이 2백 년 동안 계속되었다. 이로 인해 많은 생명이 죽고 고통을 당했다. 16세기에는 독일에서의 농노반란과 프랑스에서는 위그노 전쟁이 있었고, 17세기에는 영국은 의회파와 왕당파의 내전, 가장 잔혹했던 독일에서의 30년 전쟁은 모두 종교개혁 이후 일어난 종교적 성격을 띤 전쟁이다. 사람을 살리기 위해서 생긴 기독교로 인해, 원인이야 어떠하든 사람을 죽이는 참혹한 전쟁이라는 결과를 초래했다. 그리고 종교개혁 이후 구교를 강화하고 반대파에게 겁주기 위해 심한 고문, 잔인한 마녀사냥과 화형이 극심해졌다. 그리고 종교전쟁은 늘 일반전쟁보다 더욱 잔인하게 사람을 죽였고 약탈도 심했다.

　물론 이러한 전쟁은 순수한 종교만의 문제로 야기된 것은 아니다. 종교와 연관되어 시작되었지만, 실제적인 원인은 정치적인 권력과 패권에 대한 싸움이었다. 종교개혁의 정신은 절대 권력으로부터의 개인의 자유와 해방이다. 이것이 근대의 정신이다. 그런데 종교개혁 이후 이상한 정치적 변화가 생겼다. 과거의 봉건제와 귀족이 몰락하고 강력한 절대왕정이 들어서는 현상이 일어났다. 독일과 오스트리아에서는 합스부르크 왕가가 과거보다 더욱 강화되었고 프랑스에서는 절대적인 부르봉 왕가가, 영국에서도 강력한 튜터 왕가가 들어섰다. 그리고 이러한 왕권끼리 패권 싸움도 일어나고 있었다. 구교와 신교의 갈등이 이러한 정치권력과 결합하면서 탄압과 전쟁으로 번지게 되었다.

종교개혁은 전체의 권력으로부터 개인이 자유를 찾은 것이지만, 개인은 혼자서는 불안하므로 다시 전체로 귀속되기를 원하였다. 그래서 절대와 전제로의 회귀 현상이 생기게 되었다. 인간의 이중성이다. 자유를 원하면서 구속당하기를 원하는 이중성이다. 이 이중성이 결국 잔혹한 전쟁의 야만성을 다시 불러들인 것이다. 이는 그 이후의 근대적인 혁명과 변화에서 계속 나타나는 현상이다. 절대왕정이 끝나고 민주주의가 시작되는 것 같다가, 다시 국가주의, 민족주의 그리고 제국주의 등의 전체주의가 나타났다. 근대가 한편으로는 중세를 벗어나고 있었지만, 한편으로는 중세로 복귀하는 모순성을 보인 것이다. 이러한 근대성의 모순과 이중성의 원인과 근대의 야만성이 어떻게 연관되는지는 다시 설명할 것이다.

대항해 시대의 야만성

대항해 시대는 콜럼버스의 신대륙 발견으로 시작되었다. 유럽과 지중해는 이미 포화상태였다. 중세를 벗어나면서 귀족 그리고 왕권, 구교와 신교 등의 싸움으로 정신없었고, 부르주아의 신흥세력들이 막 자리 잡아가기 시작했다. 힘이 없는 사람들은 농사일로 살아가지만, 이것도 어려운 사람들이 있었다. 그들이 갈 수 있는 곳은 육지가 아니고 바다였다. 신대륙의 발견과 항해시대가 열리면서 바다는 그들에게 유일한 기회였다. 지금도 그렇지만 바다는 늘 거친 곳이다. 선원이 된다는 것은 결코 쉬운 일이 아니다. 목숨을 건 도박이기도 하다. 당시 선원을 모집하는 사람을 '영혼의 장사꾼'이라고 할 정도였다. 그리고 선원은 때로는 해적이기도 했다. 그래야만 살아갈 수 있었다. 죽음을 내어놓고 살려고 간 거친 사람들이었다. 한마디로 선원은 대륙에서 적응하지 못하고 버림받은 사람들이 많았고, 그 누구보다 울분과 욕구가 강한 사람들이었다. 그래서 그들은 그 누구보다 거칠고 야만성이 강한 사람들이었다.

특별히 콜럼버스가 신대륙을 발견한 후, 다음으로 보낸 병사들은 특별히 폭력성이 아주 강한 사람을 뽑았는데, 그들을 콩키스타도르conquistador 곧 정복자라고 불렀다. 그들은 스페인에서 가장 거친 곳인 에스트레마두라Extre-madura라는 내륙출신들이었다. 그들이 가서 원주민들을 닥치는 대로 무참하게 살해했다. 거기에는 임산부와 어린아이들도 포함되어 있었다. 이처럼 **신대륙은 대륙에서 가장 야만스러운 사람들에 의해 가장 야만적인 행동으로 시작되었다.** 그리고 그들은 총과 감염(균)으로 그들을 정복하였다. 그리고 그들은 야만성으로 자랑스러운 아즈텍, 잉카와 마야문명을 붕괴시켰다. 그들은 원주민을 엥코미엔다encomienda라고 하여 마치 개인 재산으로 취급하고 노예처럼 소유했다. 그들의 노동으로 많은 자원을 탈취하였다. 처음에는 스페인과 포르투갈이 신대륙과 무역을 지배하였지만, 점차 국력이 약해지면서 영국으로 넘어오게 되었다. 영국은 아주 효율적인 장사꾼이었다.

그들이 시작한 것이 **노예무역을 중심으로 한 삼각무역이었다.** 그들은 영국, 미국과 아프리카를 오가며 의류, 럼주, 무기 등을 아프리카에서 노예들과 교환하고 노예를 아메리카에 팔고 거기서 면화, 설탕과 담배들을 영국으로 가져가는 기막힌 삼각무역을 성사시켜 엄청나게 돈을 벌었다. 인류역사상 가장 수지맞는 장사로 꼽힌다. 그중에 가장 수익성이 높은 것이 노예무역이었다. 그래서 가장 많을 때는 매년 9만 명 정도의 노예가 신대륙으로 팔려갔고 모두 900만 명의 아프리카 노예들이 팔려갔다. 그들은 거의 물건처럼 배에 실려 갔으며, 이송 중에 10% 이상이 죽었고 살아남은 자도 인간 이하의 취급을 받으며 노동을 했다.

각국의 신대륙 경영방식은 조금 달랐다. 스페인과 프랑스는 신대륙의 특산품을 경작하고 광물을 채취하여 이를 유럽으로 파는 무역 중심의 경영이었다. 그래서 원주민을 잘 활용해야 하기 때문에 원주민을 노예처럼 소유는 하였지만, 그들의 문화를 허용하고 그들과의 결혼도 허락하였다. 그리고 그들에게 기독교도 전파하며 서로의 문화와 인종이 점차 혼합되어 갔다. 그러나 북아메리카는 주로 영국에서 종교적인 핍박으로 이주해온 사람들이 중심이 되었기에 그곳에서 뿌리를 내리고 사는 방식이었다. 그래서 인디언들과 같이 있을 수 없었다. 그들을 추방하든지 학살하여 자신들과 원주민을 완전히 분리하는 정책을 폈다. 그래서 인종적으로나 문화적으로 혼합되지 않았고 인디언들은 땅을 빼앗기면서 거의 소멸하여 갔다. 여기서 엄청난 학살이 자행되었다. 이런 식으로 희생된 신대륙의 원주민이 정확하지는 않지만, 약 1,500만 명에 이른다고 한다.

신대륙에서의 이러한 학살이 일어나게 되자, 이에 대한 신부들의

콜럼버스가 신대륙에 상륙한 것을 기념하는 날이 '콜럼버스의 날'이다. 하지만 콜럼버스가 아메리카 식민지를 통치하며 원주민을 노예로 삼고, 고문과 학살 등 잔혹 행위를 일삼은 사실이 역사적 고증으로 밝혀지면서, '콜럼버스의 날'에 반대하는 운동이 20세기 후반부터 미국과 아메리카 대륙에서 벌어졌다. 그래서 최근에는 '원주민의 날' 혹은 '원주민 저항의 날'로 부르기도 한다. © Puebla/wikipedia

고발과 비판 강론들이 있었다. 특히 잔인한 살해 장면에 대한 라스카사스Bartolomé de Las Casas(1474-1566) 신부의 증언이 사람들에게 충격을 주었다. 그래서 가톨릭 국가인 스페인 정부도 이를 더 이상 방치할 수 없어 식민지 정복에 대한 교회 의견을 통일하기 위해 찬반 논쟁을 실시했다. 찬성하는 쪽에서는 원주민들은 우상 숭배자들이고 천성적으로 열등한 존재이기 때문에 그들을 무력으로 정복해도 무방하며 오히려 무력을 통해 선교하고 보호해주어야 한다고 했다. 마치 한일합당 때 듣는 논리와 비슷하다. 그러나 반대파는 그들은 타고난 노예나 야만인이 아니고, 같은 이성적 존재라고 했다. 그리고 무력을 쓰지 않아도 개종이 가능하다고 했다.

이러한 논쟁 결과, 당시 스페인의 왕이었던 신성로마제국의 카를로스Carlos(1500-1558) 5세 황제는 겉으로는 반대파의 의견을 받아들이면서, 내용상으로는 찬성파를 수용하는 절묘한 판정을 내렸다. 즉 원주민을 선교하고 보호하는 목적에서 정복을 정당화한 것이다. 당시 신성로마제국의 통치영역은 유럽 대부분을 차지하기에 이는 곧 신대륙정복에 대한 유럽의 논리가 된 것이다. 그리고 더 이상 이에 대한 논쟁은 종식되었고 본격적인 식민지 시대로 들어갔다. 미국은 콜럼버스가 신대륙을 발견한 날인 10월 12일을 미국이 탄생한 국경일로써 축하하지만, 다른 곳에서는 이날을 원주민 비극의 날이나 원주민의 날로 기억하기도 한다. 문명과 야만의 두 모습이 중첩되는 날인 것이다.

식민지와 제국주의의 야만성

이제 유럽은 각국이 식민지 정복과 경영의 시대로 경쟁적으로 뛰어들었다. 이는 자연히 자국의 통치영역을 확장하려는 제국주의 시대의 서막이 되었다. 각국은 먼저 아프리카로 뛰어들었다. 외부로 나가는 흑인 무역은 다소 수그러드는 듯했으나, 아프리카 내에서 흑인 노동자들은 여전히 노예 상태였다. 그들을 노예처럼 부리며 다이아몬드, 금, 은, 구리, 상아, 고무 등 돈이 되는 것이면 무엇이든 가져갔다. 개발 이익을 그들에게도 나누어주며 그들도 문명국으로 발전할 발판을 마련해주면 좋은데, 노동과 자원만 빼먹는 식의 약탈 식민지 경영이었다. 그들은 말로는 문명국이 비문명국의 개발을 도와주며 문명의 혜택을 나눈다고 했지만, 실제로는 그들에게 투자한 것은 거의 없고 그저 약탈만 일삼았다.

그래도 그중에 프랑스가 가장 이 약속을 지키려고 애썼다. 그들은 가능한 식민지의 문화와 종교를 인정하고 학교도 세워주고 보건, 위생, 수도 등의 문명의 혜택을 누릴 수 있도록 투자하기도 하였다. 그러나 국내문제와 재원의 고갈로 약속한 만큼 충분히 이행하지 못했다. 가장 야만적인 사건이 콩고에서 일어났다. 벨기에의 레오폴드라는 개인회사가 콩고 자유국이란 이름으로 대농장을 경영했는데, 기근이 있어서 흑인들이 노동을 제대로 할 수 없음에도 불구하고 노동량을 제대로 채우지 않았다는 이유로 그들에게 심한 잔혹 행위와 학살을 자행하였다. 이렇게 해서 20년간 천만 명이 희생된 것으로 추정된다. 이처럼 수많은 흑인 노동자들이 학살, 질병과 과로 등으로 사망하였다. 아프리카에서의 이러한 잔혹 행위가 작가와 언론을 통해 알려지게 되었지만, 국가의 경제적인 이익을 최우선 하는 사회와 정치 분위기 때문에 야만성은 전혀 개선되지 못했다.

1869년 수에즈 운하가 개설되면서 동양으로 가는 바닷길은 반으로 줄어들었다. 그래서 유럽의 각국은 동양 식민지를 향해 다시 경쟁적으로 뛰어들었다. 가장 큰 시장이 인도와 중국이었다. 그러나 동양은 과거까지 문명이 발달했었던 나라였기 때문에, 그들은 신대륙이나 아프리카에서 하는 것처럼 마구잡이식으로 약탈할 수는 없었다. 그래서 그들의 경영방식은 아주 묘했다. 회사를 앞세운 것이다. 유명한 동인도회사가 바로 그 방식이었다. 겉으로만 회사이지 사실 군대까지 보유할 수 있고 세금 징수권까지 있어서 실질적으로는 국가와 다를 바 없었다. 그리고 막강한 영국 정부가 뒤에서 밀어주고 있었기에 사실상 영국의 총독정부였다.

그들은 협조적인 인도의 엘리트들을 뽑아 교육하여 그들을 통해 간접통치를 하였다. 그리고 인도인 용병까지 고용하였는데 그들을 세포이sepoy라고 했다. 그런데 그들이 반란을 일으켰다. 처음에는 종교적인 이유 때문이었지만, 점차 그동안 쌓였던 불만이 터져 나와 대폭동으로 커지게 되었다. 강한 위기의식을 느낀 영국군은 이를 제압하기 위해 잔인한 학살과 만행을 저질렀다. 반란군의 항복을 허락하지 않고 마을까지 불태우며 모두를 몰살시켰다. 그러자 반란군들도 유럽인이 사는 마을을 불태우며 똑같이 복수하였고 간신히 그들을 구출하기도 했다. 영국도 너무 놀란 탓에 그다음부터는 한걸음 물러서서 통치를 인도 국왕에 맡기고 간접통치로 물러섰다.

그렇다고 동인도회사의 탐욕이 수그러든 것은 아니었다. 그들의 탐욕은 중국으로 옮겨졌다. 인도에서는 값싼 노동력을 통해 인디고 염료, 섬유, 소금, 광물 등을 얻어 유럽으로 수출하였다. 특히 섬유 원료를 영국에서 방적기계로 옷감을 만들어 이를 다시 인도에 되파는 일이 큰 수입을 올렸다. 그러나 가장 수입이 좋은 것은 어디에서나 마약이다. 그들은 인도에서 아편을 재배하여 중국에 팔았다. 중국인들에게 아편은 상상 이상의 속도로 퍼지기 시작했다. 중국은 이를 방치할 수 없어, 아편 수업금지령을 내리게 되었고, 이 때문에 영국과 아편전쟁이 일어났다.

정말 그들은 유대인들보다 더한 야비한 장사꾼들이었다. 유대인은 그래도 그들의 생존 때문에 고리대금을 했지만, 영국은 당시 세계 최고의 부국이었다. 거기에다 기독교 국가였다. 그런데도 그들은 마약을 통해 전쟁까지 일으켰다. 돈만 되면 신앙과 도덕도 없었다. 그들이 과연 기독교 국가라고 할 수 있을지? 그러면서 그들은 선교사를 보내 포교도 했다. 이러한 문명과 야만을 어떻게 설명할 수 있을지 그저 말문이 막힐 뿐이다. 이것으로 끝나지 않았다. 영국을 비롯한 유럽 함대들은 중국을 겁박하며 중국 본토의 이권을 나눠 먹기식으로 약탈해갔다. 겉으로는 그들은 국가를 대표하는 외교관으로 점잖게 불평등 조약을 맺었지만, 속은 그들의 조상인 해적과 다를 바 없었다. 이것이 문명국인 유럽 제국주의의 실체이고 야만성이었다. 대한제국도 이러한 강대국의 나눠 먹기로 일본에 강점당하고 말았다.

유럽의 식민지로 인해 희생된 사망자는 적게 잡아서 모두 5천만이 넘을 것으로 추산된다. 이는 가장 크고 격렬한 전쟁이었던 2차 세계대전의 희생자에 육박하는 수이다. 본격적인 전쟁으로 죽은 것도 아니고 학살, 질병, 폭력, 강제노동 등으로 이렇게 많은 사람이 희생되었다는 것은 정말 상상할 수 없는 일이다. 신대륙의 원주민은 90% 이상 죽었다. 그리고 억울하게 착취되고 약탈당한 노동력과 자원은 이루 말할 수 없다. 같이 잘사는 것도 아니고 그 부를 조금이라도 나누어 같이 문명국으로 발전한 것도 아니고 일방적으로 약탈하기만 한, 그것도 당당하게 백주에 저지른 집단적인 강도질이었다.

더 무서운 것은 유럽의 각국이 경쟁적으로 무슨 올림픽이나 월드컵을 하듯 만행을 저질렀고, 언론은 이를 금메달 소식처럼 국내에 보도하면, 국민은 다들 기뻐하고 손뼉을 쳤다는 것이다. 굶주린 일부 악한 사람들이 저지른 만행이 아니다. 자국의 이름을 걸고 정부의 지원 아래 온 국민이 같이 참여한 일이었다. 그리고 더 통탄할 일은 문명국의 많은 지성과 종교인들이 이에 대해 거의 침묵하였다는 것이다. 자국과 자신에게 이익이 되니 침묵한 것이다. 이것이 유럽이 추구한 문명의 실체이다. 문명의 야만성이다.

어떻게 문명국인 유럽이 이렇게 침묵할 수 있었을까? 아니 오히려 열광하였을까? 그들은 정말 식민지에서 일어나는 야만적인 행위를 제대로 몰랐기 때문일까? 아니다. 대부분 그들도 알고 있었다. 그렇다면 계몽주의 학자들이나 교회와 언론에서는 과연 이러한 식민지 약탈과 제국주의에 대해서 무엇이라고 말했을까? 아담 스미스Adam Smith(1729-1790)는 국부론에서 신대륙의 발견과 대항해 시대를 인류의 위대한 사건이라고 했지만, 앞으로 이것이 인류에게 어떠한 결과를 줄지는 미지수라고 했다. 불행을 가져올 수도 있다는 뜻을 내포하지만, 적극적인 평가는 하지 않았다.

전체적으로 계몽주의 학자들은 은유적으로만 비판하였지, 그 누구도 적극적으로 자신의 의견을 내놓지 않았다. 당시 국가마다 국가의 이익을 중시하는 내셔널리즘과 민족주의가 대세였기 때문에 정치와 민중에게 반대되는 주장을 과감히 하기가 어려웠다. 그래서 대체로 유럽 밖에 문제로 회피하는 성향이 많았다. 개신교에서도 비슷한 반응이었다. 개신교는 개인이 직업을 통해 소명의식을 갖고 정당한 이윤을 추구하는 것을 소중한 가치로 여겼다. 그리고 선교 목적으로 식민지를 정복하는 것을 가나안 정복처럼 성경적으로 받아들였다. 그리고 원주민을 영혼이 없는 야만인으로 생각하여 살인을 정죄하지 않았다. 그래도 그중에서 가장 적극적인 비판을 한 학자들이 '백과전서파'였을 정도였다. 그러나 사회적인 영향을 주기에는 역부족이었다.

산업혁명의 야만성

신대륙무역을 통해서 부(富)를 가장 많이 쌓은 것은 영국이었다. 이는 해양군사력이 가장 막강하여 해양무역을 거의 독점할 수 있었고 또 영국 사람들의 효과적인 상술과 자본을 공급받을 수 있는 금융업이 발달했기 때문이었다. 그리고 영국 사람들은 실용적이고 창의적이었다. 그래서 동력 기계를 만들었고 에너지원인 석탄을 채광하여 산업혁명을 가장 먼저 출발할 수 있었다. 거기에다 식민지 경영과 세계를 지배하는 제국주의로써 모든 면에서 세계최강이었다. 그야말로 해가 지지 않는 나라였다. 이처럼 세계에서 가장 앞서가는 최고의 문명국 안에서도 어두운 그림자가 있었다. 멀리 있는 식민지에만 야만성이 있는 것이 아니라 세계최강의 나라 그것도 그 수도인 런던에도 야만성은 여전히 존재하고 있었다.

대항해 시대와 산업혁명을 통해 대호황을 누리니 모두가 도시로 몰려왔다. 그리고 유럽 각지에서도 가난한 사람들이 일을 얻기 위해 몰려왔다. 그 결과 인구가 폭증하였다. 런던의 경우 인구가 6배로 늘었다. 그러나 사회기반시설은 열악했다. 하수도, 배수관 등이 제대로 되어 있지 않았고 도시에 쓰레기와 오물은 쌓여가고 주거시설도 예전 그대로였다. 엉망인 위생으로 인해 병에 쉽게 걸렸다. 경제적으로 어려우니 치료의 혜택을 받기도 어려웠다. 노동력이 풍부하니 임금을 제대로 받을 수 없었다. 특히 여성과 어린이 노동자들의 임금은 더욱 낮았고 일하는 환경은 최악이었다. 아이들은 더러운 도로에 방치되어 있었고 10세부터 일터로 나갔다. 기계가 대신하니 과거의 숙련공은 필요가 없었다. 그저 싼 노동력만 필요했다. 영국의 상류층은 대저택을 지어서 외곽으로 나가고 도시에는 빈곤한 노동자들만 득실거렸다. 그들의 빈곤은 이루 말할 수 없었고 질병과 고통으로 죽어가는 노동자가 수없이 많았다.

그러나 국가와 교회 그리고 부유층은 이에 대해 적절한 대책을 내어놓지 못했고 오히려 당연한 것처럼 방치하였다. 노동을 착취하는 악덕 기업주들을 제대로 단속하지 못했다. 가난하고 병들어 죽어가는 자들을 그 누구도 관심을 가지고 보살펴주지 못했다. 오직 돈을 버는 데만 관심을 가질 뿐, 인권이나 복지라는 개념은 거의 없었다. 특별히 영국 바로 옆에 있던 아일랜드가 1845년부터 7년간 대기근과 전염병으로 백만 명 이상이 죽어가고 백만 명이 해외로 이주해나가고 있었는데도, 부유한 영국은 전혀 도와주지 않았다. 그래서 아일랜드는 이를 두고두고 원망하고 있다. 이처럼 그들이 누린 경제적인 부유를 나누지 못했다. 기독교 국가이고 세계 최고의 문명국이고 부유한 나라의 한복판에 이런 비참한 일이 일어나고 있었다. 이것이 인간이 그렇게 갈망하는 경제적인 부유함의 실체이고 문명의 야만성이었다.

이 밑바닥에서 이를 뼈저리게 체험했던 한 사람이 있었는데, 그가 바로 공산주의를 탄생시킨 마르크스였다. 그도 거기서 정신과 육체의 질병을 얻었고 그의 딸도 잃었다. 영국경제는 그렇게 호황을 누리는데, 그곳은 지옥이었다. 도대체 문명은 무엇인가? 인간의 자기 찾기는 무엇인가? 무엇을 위해 발전하고 나아지려고 하는 것인가? 경제적으로 그렇게 부유해도, 없고 약한 자들은 더 많이 착취당하고 병들어 죽어갔다. 이 야만성은 도대체 어디에서 온 것인가? 마르크스는 이를 깊이 고민하며 그 문제를 해결할 수 있는 길은 공산주의 혁명밖에 없다고 더욱 결심하게 된 것이었다. 그의 울분이었고 이 울분에 공감한 수많은 인류가 있었다. 그들은 이러한 야만성 가운데 고통받은 사람들이었다. 그래서 공산주의가 인류역사상 기독교 다음으로 가장 많은 사람이 동참한 사상과 이념이 되었다.

양차 세계대전과 과학의 야만성

과학의 발달로 기계 산업과 화학이 발전하게 되었는데, 그들이 과학기술로 가장 먼저 개발한 것이 무기였다. 개발한 무기는 반드시 사용되고 만다. 이렇게 발달한 무기체제는 과거와 비교할 수 없는 가공할 살상력을 가지고 있었다. 그래서 앞으로의 전쟁은 과거와 다른 차원의 전쟁이 될 수밖에 없었다. 바로 그 전쟁이 양차 세계대전이었다. 그들은 새로운 무기를 가지고 속전속결 하면 전쟁이 1주일 안에 끝날 것으로 계산하고 시작하였다. 그러나 상상할 수 없는 전쟁의 결과를 낳고 말았다. 전쟁의 과정과 원인에 대해서는 너무도 자세히 알려져 있어서 여기서 다시 설명하지 않으려고 한다. 여기서는 주로 전쟁의 야만성에 초점을 맞추려고 한다.

1차 세계대전의 비극성은 독일과 프랑스의 국경에서 일어난 참호전에서 일어났다. 간단히 끝날 줄 알았던 전쟁이 마른Marne, 베르됭 Verdun과 솜Somme에서 장기간 참호전으로 수십만의 병사들이 죽고 부상을 당했다. 참호를 중심으로 일진일퇴하며 근대식 신무기의 막강한 살상력으로 인해 수많은 병사가 죽어 나갔다. 병사들이 죽기만 하지 방어선은 움직이지 않았다. 참호는 진흙탕이었고 위생은 엉망이었고 늘 동료들 시신 속에서 싸워야 했다. 정말 그곳은 사람이 살 수 없는 생지옥이었다. 이러한 지옥의 소모전이 몇 개월, 몇 년씩 진행되었다.

그런데 더 놀라운 것은 이러한 전쟁을 거부하기보다는 열광했다는 것이다. 특히 독일이 그러했다. 잘못된 지도자들의 오판과 욕심 때문에 군인들이 어쩔 수 없이 참여하는 전쟁이 아니라, 올림픽을 하듯 전 국민의 열광적인 지지를 받고 정치인들도 하나 되어 전쟁을 시작했다는 것이다. 어떻게 이처럼 사람들이 전쟁에 열광할 수 있을까? 이것이 문명인의 모습일까? 일반적으로 평화를 원하고 어떻게 해서라도 전쟁은 피하고 싶은 것이 사람의 마음이다. 특히 기독교 국가에다가, 이성을 이상화하고 예술과 문명을 향유하는 유럽이라면 더욱 그래야 한다. 그동안 유럽은 너무도 많은 전쟁 가운데 고통을 겪었기에 본능적인 학습효과로라도 전쟁을 멀리해야 한다. 그런데 그들은 어떻게 이런 참혹한 전쟁을 그렇게 지지하며 열광하게 되었을까? 그 이유가 어떠하든, 그것이 병적이든, 야만성이든 이해하기가 쉽지 않다.

그러다가 전쟁의 희생이 너무 크고 경제가 어려워지자 이것이 잘못된 전쟁이라는 것을 깨달았다. 그러나 이미 너무도 많은 희생과 고통을 치른 다음이었다. 그러다가 독일은 패전국이 되어 그 이후 상상할 수 없는 배상금과 가난의 고통을 전 국민이 치루여야 했다. 1차 세계대전의 4년 동안 군인 사망자만 천만 명이고 민간인 사망도 약 2천만 명이었다. 부상자까지 포함하면 몇 배가 되었다. 그중에 독일 군인의 사망은 2백만 명에 부상자는 420만 명으로 가장 많았다. 그 이후 경제적인 공황과 고통은 이루 말할 수 없이 컸다. 아마 전쟁이라면 지긋지긋했어야 한다. 그들이 잘못 열광한 전쟁의 희생과 고통이 이렇게 큰 것을 뼈저리게 겪었다. 너무도 비싼 수업료를 내고 전쟁의 교훈을 얻었다.

그런데 연이어 2차 세계대전이 일어났다. 가장 이해하기 어려운 것이 1차 세계대전의 참혹성과 그 과오를 너무도 뼈저리게 체험한 그들이 얼마 지나지 않아 엄청난 전쟁을 다시 열광적으로 지지하며 일으킨 것이다. 동물도 조건반사적 학습효과가 있어, 한번 크게 당한 고통은 피하려고 하는데, 이성과 지성을 자랑하는 독일 국민이 어떻게 그 고통과 착각을 다시 열광적으로 반복하는가이다. 도대체 제정신인가? 과연 독일 국민은 누구인가? 독일은 무엇인가? 히틀러라는 미치광이만을 탓할 것이 아니라 그를 낳은 독일에 대해 우리는 진지하게 탐구해보아야 한다. 물론 이 장의 후반부에서 독일의 병리에 대해 다시 분석할 것이다. 그전에 유럽 문명의 야만성에 대해 먼저 설명하고 분석해보려는 것이다.

2차 대전의 시작도 이해할 수 없지만, 전쟁의 파괴력과 그 피해는 이루 말할 수 없이 컸다. 군인 사망자가 2~3천만 명이고 민간인 사망까지 합치면 7~8천만 명이다. 물론 여기에는 태평양 전쟁까지 포함된 사망자이지만, 군인 사망은 1차에 비해 2~3배로 늘어났고, 특별히 러시아 군인의 사망은 4배나 늘어났다. 2차 대전의 특징은 민간인 사망이 엄청나게 늘어난 점이다. 5천만 명이 사망했는데, 대부분 고의적인 인간 청소와 학살이었고 오폭, 기아 등으로 죽은 사람도 포함되어 있다. 그리고 비행기 폭격으로 도시가 완전히 파괴되어 난민이 2천만 명이나 되었다.

　2차 대전의 가장 큰 특징은 전쟁과 관계없는 민간인들이 학살된 사실이다. 유대인만 학살된 것이 아니다. 폴란드도 5백만, 소련과 동유럽에서 1500만 명이 학살되었다. 특히 독일은 인종청소를 한다고 하며, 1,100만 명이나 학살하였다. 유대인, 집시, 동성애자. 장애인, 정치범 등, 그들에게 열성 인종이라는 낙인을 찍어 잔인하게 학살한 것이다. 그중에 유대인이 6백만 명이었고 집시도 50만 명이나 되었다.

　그들 중 노동력이 있는 사람은 여러 군데 강제 수용소로 보내어져 전쟁 물자를 생산했고 쓸모가 없는 사람은 아우슈비츠 수용소로 보내 학살하였다. 그들을 죽이는데 총알도 아까워 가장 비용이 적게 드는 방법을 찾다가, 가스를 이용하여 대량 학살하였다. 그리고 그들의 시신을 같은 유대인이 처리하게 하다가 그들도 쓸모가 없으면 결국 학살하였다. 그들이 유품 중 돈이 되는 것은 전쟁 비용과 물품으로 사용했다. 그중에서 타가우 수용소는 특별했다. 의학실험을 하였는데, 생체에 균을 감염시켜 결과를 본다든지, 새로운 수술 방법을 실험한다든지, 이루 말할 수 없는 잔인한 방법으로 인간을 실험 도구로 사용하고 폐기하였다.

신대륙의 원주민이나 아프리카의 흑인에 대해서 야만인이라고 하며 함부로 대하고 학살한 것도 인간으로 이해하기가 힘든데, 그동안 이웃으로 같이 살아온 사람들을 단지 유대인이다, 혹은 조금 자기들과 다르다고 하여 이들을 인간 이하 아니 물건보다 못하게 사용하고 버리는 그들의 생각과 마음은 도대체 어디에서 온 것인가? 과연 그들도 인간인가 하는 질문을 하지 않을 수 없다. 그것도 특별하게 야만적인 몇 사람이 아니라, 대부분 국민이 동조하면서 직접으로나 간접적으로 참여하여 조직적으로 이를 행했다는 것이 정말 놀랍다.

그것도 종교개혁을 하고 가장 성실하고 모범적이라고 생각해온 국가이고, 이상이 높고 철학과 예술을 사랑하는 나라에서 어떻게 이런 일이 일어날 수 있는 것인가? 모든 죄와 병을 히틀러와 나치라는 범죄 조직에만 투사하고 끝날 문제가 아니다. 국민이 분명히 자발적으로 호응하고 적극적으로 참여했다는 것이 문제이다. 그들을 비판하고 비난하자는 것이 아니다. 여러모로 가장 우수하다고 생각한 인간과 집단이 이 정도라면 인간의 목표와 본질에 대해 질문해보지 않을 수 없기 때문이다. 죄 없는 자가 돌로 치라고 한 예수의 말처럼 누가 독일에 돌을 던질 수 있겠는가? 단지 인간인 자신을 책망하면서 이러한 질문을 던지는 것이다. 과연 인간은 누구이고 문명은 무엇인가? 근대의 엄청난 발전을 이룬 유럽 문명에서 일관적으로 나타난 현상이기에 우리는 이를 더 이상 묵과하거나 잠깐 묵념만 하고 끝날 일은 아니다.

　모두가 머리를 맞대고 그 이유와 해결 방법을 진지하게 찾아보아야 한다. 그러나 우리는 갈 길이 바빠 과거의 일은 대충 미루고 끝난다. 특별히 과거의 괴로운 일을 끄집어내는 것을 좋아하는 사람은 없다. 특별히 당사자들은 더 그렇다. 대충 사과하고 잘못을 인정하는 정도로 하고 열심히 살고 싶은 것이 사람의 마음이다. 충분히 이해할 수 있는 부분이다. 그러나 인류가 특별히 가장 앞서가는 유럽이 근대 5백 년 동안 계속해서 반복한 패턴이라면, 아무리 바쁘고 힘들다고 해서 그냥 지나칠 수만은 없다. 그 배후에는 문명과 종교가 있기 때문이다.

　근대 5백 년은 문명이 폭발적으로 발달한 시기이다. 과학이 엄청나게 발달하였다. 그러나 그만큼 야만도 같이 발달하였다. 아니 야만의 발달이 마치 암이 정상 세포보다 더 빨리 자라나듯이 문명을 앞지르는 것 같았다. 그 이유가 무엇일까? 분명히 문명과 과학의 발전이 인류에게 유익한 것인데, 왜 이런 야만성이 같이 나타나는 것인가? 이를 찾는 것이 정신과 의사들이 늘 하는 일이다. 같은 실수를 반복하는 사람의 무의식 속에 무엇이 있는지를 찾아 그 패턴을 멈출 수 있게 하는 일이 바로 정신분석이다. 그래서 유럽의 집단적 정신분석을 해보자는 것이다. 아프더라도 가장 앞서가는 유럽이 이를 해주어야 뒤를 따라가는 다른 나라들도 그 실수를 줄일 수 있다.

야만성에 대한 심층적 분석

이제 이러한 유럽의 무의식을 분석해보려고 한다. 왜 문명의 야만성이 반복적으로 나타나는가? 그리고 왜 문명이 발달할수록 그 야만성은 같이 발달하는가? 과연 인간은 누구이고 문명은 무엇인가? 유럽이 해온 자기 찾기는 무엇인가? 이를 진지하게 다시 고민해보고 분석해보려고 한다. 이미 앞서 그 원인에 대해서 3부의 3장 '폭발적 외적 성장'에서 부분적으로 설명한 바 있다. 그래서 여기서는 다소 중복되는 면이 있지만, 그동안 한 이야기들을 더 종합적으로 정리해보려고 한다.

종교개혁 이후 유럽은 자기 찾기를 해나가며 자신의 능력인 지성과 이성을 개발하였다. 그리고 이를 통해 근대의 놀라운 발전을 이루었다. 그러나 엄청난 문명의 발달과 함께 비문명적 야만성도 동반 성장하였다. 문명의 발달이 인간의 지성과 이성의 발달로 이루어진 것이라면, 동반 성장한 야만성도 분명 이와 연관된 것으로 유추해볼 수 있을 것이다.

그렇다면 **지성과 이성이 문명과 반문명을 동시에 유발하고 발달시켰다는 이야기**이다. 의식의 현상으로는 모순된 것이지만, 무의식에서는 가능한 일이다. 인간은 지성과 이성을 통해 무엇이 합리적이고 옳은 것인가를 판단할 수 있게 되고 이를 통해 문명을 발달시킬 수 있었다. 그런데 이 판단은 이분법적이다. 지성은 알고리즘적인 저차정보이지만 이성은 알고리즘을 넘어선 고차정보이다. 그러나 이성도 판단의 기준으로 사용될 때는 이성이라는 알고리즘에 의해 저차정보가 된다. 그래서 **선악**의 **이분법**으로 작용한다. 그래서 문명은 지성과 이성으로 보았을 때, 선, 즉 좋고 옳은 것을 선택하여 쌓아나 가는 것이고, 대신에 악, 즉 나쁘고 틀린 것은 억압하고 폐기하는 것이다. 좋은 것인 선을 살려서 발전시키고 나쁜 것인 악을 없애는 것이 문명의 본질이다.

그런데 문제는 선의 문명은 그렇게 발전하는데, 악은 과연 사라질 수 있는가가 문제이다. 현상적으로 볼 때 문명의 발전만큼 야만성이 사라지지 않았다. 외부의 좋은 문명은 인간 내부의 선에서 나오고 외부의 나쁜 악도 내부의 악에서 나온다. 그래서 악이 사라지지 않는다는 것은 결국 인간의 내부의 악이 사라지지 않는다는 것이다. 인간이 내부의 악을 해결할 수 길은 억압밖에 없다. 인간이 본질적으로 내부의 악을 소멸할 수는 없다. 인간은 본질을 창조하고 소멸할 능력은 없다. 있는 것으로 만들고 버리는 것은 할 수 있지만, 본질을 손댈 수는 없다. 칸트가 말한 대로 물자체는 인간의 대상이 아니기 때문이다.

이처럼 악도 잠시 의식에서 사라지도록 억압할 수는 있지만, 본질적으로 사라지게 할 수는 없다. 그런데 억압은 사실 창고에 숨겨두는 정도가 아니고 **억압당하는 무의식**에는 **생명**이 있어서 **생명**이 억압받으면 **타나토스인 반생명**을 유발한다. 그리고 악도 억압하는 만큼 더 탄력을 받아 강해진다. 억압받는 악과 반생명 즉 타나토스는 같은 정보이기에 더욱 강력한 힘을 축적하게 되는 것이다. 그러다가 그 힘이 임계점에 도달하면 폭발하게 된다. 그래서 집단적인 야만성 축제 등을 통해 배설된다. 야만성은 어쩔 수 없이 나오는 것이 아

1. 근대와 현대문명의 야만성

니라. 엄청나게 오랜 시간 준비되고 숙성되었다고 교묘한 기회를 찾아 폭발하는 것이다. 이는 배설의 원리이다. 방광이 차오르고 대장이 차게 되면 배설해야 하는 원리와 같다. **이러한 배설물은 결국 지성과 이성으로부터 발생하는 것이다.** 물론 이를 탓할 수는 없다. 배설물이 더럽다고 음식의 영양분을 거부할 수 없는 것과 같은 이치이다. 그렇다면 인류는 이러한 야만성을 인간의 배설 기능으로 인정하고 수용해야 하는가?

억압의 강도와 비례하는 야만성

놀라운 것은 야만성은 유럽의 국가마다 다르게 나타나는데, 그 정도를 보면 국가의 집단적인 억압의 강도와 비례한다는 것이다. 유럽의 다섯 형제 중 야만성으로 순서를 꼽으면 첫째가 독일이다. 그다음이 영국이고, 그다음이 스페인이다. 프랑스와 이탈리아도 야만성이 없는 것은 아니지만 그래도 다른 나라에 비하면 약한 편이다. 이 순서는 어떻게 보면 문명의 발달 순서이기도 하다. **문명이란 결국 억압의 정도와 비례한다. 본질적으로 변하는 것이 아니라, 얼마나 억압을 잘해서 겉으로 근사해 보이는가가 문명**인 것이다. 그래도 가장 억압이 적은 나라가 이탈리아이다. 그래서 문명도 덜 발달 되었지만 (과거 로마제국과 중세기 때에는 엄청나게 억압하고 살았지만, 그 후 그 반발 심리와 지중해권의 영향으로 비억압적으로 바뀌었다. 그래서 문명도 많이 발달하지 못했다.) 그들은 비교적 본능적으로 사는 나라이다. 그래서 예술적 창의성이 가장 발달한 나라였다. 그들은 약간의 문제는 있었지만, 집단적으로 심각한 야만성은 보이지 않았다.

그다음이 프랑스이다. 그들도 엄청난 억압이 있었다. 그러나 프랑스는 억압을 적당하게 세속적으로 푼다. 그래서 아주 이중적이다. 그들은 겉으로는 문명인인 것 같지만, 억압한 것을 생활 속에서 솔직하게 잘 푼다. 그들은 문화를 향유하기를 즐긴다. 자유롭고 적당히 세속적이다. 그러나 한편으로는 엄청나게 이상적이다. 상당히 모순되는 점이나, 이러한 모습 때문에 그들을 이해하기 어려울 때가 많다. 물론 그들도 문명국이고 야만성을 보이지만, 그렇게 극심하지는 못한 것을 보면 나름대로 억압된 것을 잘 풀기 때문이다. 모순적이라도 집단적인 야만성으로 표출되는 것보다는 나을지 모른다.

스페인의 경우를 보자. 그들은 이탈리아 다음으로 억압이 적은 사람들이다. 그러나 그들은 너무 종교적이었다. 로마에 대한 환상을 기독교를 자신의 정체성으로 삼아 그 어려운 레콩키스타도 해냈고 그 힘으로 신대륙도 발견하고 부강해졌다. 스페인은 국토회복의 과정에서 엄청나게 폭력적이었다. 이는 종교적인 억압에서 나온 것이다. 중세기 십자군들이 극심한 야만성을 보인 것은 바로 종교적인 억압이 강했기 때문인 것처럼 그들은 근대이면서도 중세를 살고 있었다. 그래서 그들은 신대륙에서 아주 야만적인 행동을 한 것이다. 그러나 그 이후는 다시 원래 자신들의 모습을 찾아 덜 억압적으로 살았다.

근대의 가장 큰 문제의 나라는 영국과 독일이다. 가장 문명이 앞섰던 두 나라지만, 야만성도 같이 앞섰던 나라이다. 지성과 이성을 뚜렷하게 구분하기는 쉽지 않지만, 대체로 영국은 지성을 발달시킨 나라이고 독일은 이성을 발달시킨 나라이다. 그들의 철학적 성향과 국민성을 통해 그렇게 구분할 수 있을 것이다. 지성은 대체로 합리성, 효율성과 실용성을 내세운다. 그렇게 이상적이거나 이성을 강조하기보다는, 현실적인 원칙이 앞선다. 그래서 그들은 그 실용성으로 스페인의 무적함대를 무찔렀고 그 이후 해양 강국이 되었다. 그리고 그들의 식민지 경영과 무역방식이 늘 그러한 현실의 실용성을 중시하였다. 이것은 합리성이라는 알고리즘으로 선악을 나누어 그런 자신을 개발하고 그렇지 못한 자신을 억압하는 이분법이다. 그러나 이것만으로 그렇게 자신을 심하게 억압할 수 있을까? 또 다른 억압의 이유가 분명 있을 것으로 생각한다.

영국의 억압방식은 좀 독특하다. 단순한 합리성의 알고리즘 선악으로 자신을 억압하는 것이 아니라, 현실원칙에 전적으로 의지하면서 자신을 통째로 억압하는 방식이다. 영국은 현실의 법과 힘을 자신으로 대신한다. 자신은 없고 오직 현실이 자기를 대신하는 것이다. 현실이 자기의 정체성이다. 그래서 현실 앞에서 자신을 송두리째 억압되는 것이다. 마치 과거 유럽이 자기가 없이 로마를 자기와 동일시한 것처럼 영국은 현실을 자기와 동일시하여 현실을 그렇게 중요시하는 것이다. 단지 현실의 이분법으로 자신을 억압하는 것이 아니라 현실이 아닌 자기를 대부분 억압하는 방식이다. 그래서 자기 억압이 아주 심하게 일어난다.

그러나 영국은 이를 나름대로 잘 풀어왔다. 억압은 그 강도도 중요하지만, 풀 수 있는 길이 중요하다. 즉 건강한 배설 기능이 중요하다. 그래서 현실에서 잘 배설하고 살면 억압은 다소 완화될 수 있다. 그들은 이야기로 자신의 억압된 것을 잘 푼다. 맥주를 마시며 여러 이야기를 하며 자신을 푼다. 그들은 현실적인 이야기만 하는 것이 아니라, 여러 상상을 하며 황당한 이야기를 만들기도 한다. 현실의 답답한 합리성에서 빠져나와 맘껏 환상의 세계를 어린아이처럼 즐긴다. 여기서 나온 것인 그들의 창의성이다. 이것이 산업혁명의 힘이 되기도 했다. 그리고 이것이 판타지 소설이나 기네스 기록 이야기 등이 되기도 한다. 이 이야기가 더 발전하여 셰익스피어 연극이 되고 재미있는 영화가 되기도 한다. 그리고 그들은 생활 속에서 야만성을 종종 풀기도 한다. 그 한 예가 과격한 축구팬인 훌리건이다. 이러한 영국 이야기는 다음으로 출간될 '유럽의 5형제'에서 더 자세히 설명할 것이다. 그래서 그들은 억압이 강한 편이지만 이렇게 풀어나가기에 억압의 강도로 보면 독일보다는 한 수 아래라고 볼 수 있다. 그래서 그들의 야만성도 심한 편이지만, 독일보다는 약하다.

  가장 문제가 되는 나라가 독일이다. 종교, 사상과 예술뿐만 아니라 과학과 기술 문명에까지 가장 깊고 광범위한 문명을 발달시킨 최고의 문명국가이면서도 가장 극심한 야만성을 보인 이상한 나라이다. 독일인들이 이런 자신의 모습을 보는 것을 좋아하지 않겠지만, 인간과 문명을 이해하는 데 너무도 중요하기 때문에 뒤에 따로 분석하려고 한다.

국가 전체주의의 출현

이러한 내적인 억압 말고 또 다른 요인이 있다. 종교개혁 이후 개인의 자유와 민주주의가 발달하면서 다소 모순적인 현상이 발생했다. 개인의 자유와 반대되는 현상이다. 즉 절대 왕권, 전체주의, 제국주의, 국가주의, 내셔널리즘, 민족주의와 같은 전체주의적인 성향이 같이 발달했다는 것이다. 이것 역시 문명과 반문명이 동반 성장하는 것과 같이 모순적이다. 이는 인간이 자유를 원하면서도 불안하여서 자신을 구속하는 중력 같은 힘을 원하는 기본적인 이중성 때문에 생기는 현상이다. 이러한 이유 외에도 다른 현실적인 이유가 있었다. 프랑스에서 절대 왕권이 발달할 수 있었던 것은 가장 자유로운 시민 계급인 부르주아의 협력이 있었기 때문이었다. 왕권과 시민은 기존의 귀족 세력을 약화해야만 서로에게 유익했기 때문이다.

근대에 개인이 자기를 실현하기 위해서는 개인의 힘만으로는 부족하다. 새로운 모험을 하기에는 개인이나 작은 집단의 힘만으로는 한계가 있다. 마치 콜럼버스가 신대륙을 발견하는데, 스페인이라는 국가의 지원이 결정적인 힘이 된 것처럼, 개인을 지원하는 막강한 국가와 전체라는 힘이 필요한 것이다. 특히 무력의 힘은 아주 중요한 자원이다. 이를 뒤에 두어야 개인도 자신감을 가지고 당당하게 원하는 것들을 할 수 있다. 그래서 개인의 자유가 유보되더라도 자신을 이익을 위해서 강력한 국가가 필요했고, 국가는 이러한 개인들의 진출을 통해 국력을 키울 수 있어서 서로가 모순되더라도 상생적인 것이 되었다.

가장 대표적인 것이 신대륙의 무역이고 동양에서의 동인도회사이다. 개인들의 무역이지만, 강력한 국가가 밀어주기 때문에 가능한 것이다. 그리고 군대가 가서 길을 열어주면 개인들이 가서 열심히 이윤을 추구하였다. 부의 축적은 국가를 부강하게 만들어 다시 개인의 부를 안겨줄 수 있다. 그래서 상호 유익한 것이다. 우리나라도 군사독재를 통해 경제성장을 이룬 것과도 유사하다. 그래서 국가마다 경쟁적으로 국가 전체를 중시하는 국가주의와 민족주의가 발달하게 된 것이고 이를 통해 개인과 전체가 조화롭게 발달할 수 있었다.

그런데 왜 이것이 문제가 되는가? 개인과 전체가 협력하여 문명을 발전만이 아니라 야만성도 방지할 수 있다면, 이상적일 수 있다. 즉 국가가 윤리성과 규범을 잘 마련하고 관리하면 야만성을 막을 수도 있었을 텐데, 그렇게 되지 못했다. 반대로 개인과 전체가 합심하여 극심한 야만성이 드러내었다. 관리를 잘못해서 그런 것인가? 특별히 야만적인 몇 사람들에 의해 잘 못 발생한 야만성인가? 이 정도 수준이라면, 그렇게 심각한 것은 아니다. 더 필연적인 이유가 있기 때문에 이를 분석하려는 것이다.

처음에는 개인과 전체가 조화를 잘 이루면 나갈 수 있었다. 그러나 역학적으로 개인보다 전체의 힘이 빠르게 성장한다. 그래서 개인보다 전체가 더 강해져서 그 전체가 개인을 억압함으로 억압된 야만성이 나타날 수 있는 것이다. 이것도 분명 하나의 이유가 되기에는 충분하다. 그러나 이러한 이유로만 다 설명될 수 없는 문제가 있다. 그래서 또 다른 심층적 원인을 찾아보려고 한다.

전체와 국가주의의 본질

  억압을 통해서 반생명과 이분법적 악이 드러나는 것은 어쩔 수 없다고 하더라도, 인간에게는 초자아 즉 도덕과 양심이라는 막강한 견제력이 있는데, 왜 이것이 제대로 작동하지 못했을까? 문명국이란 결국 도덕성이 발달하고 이성과 지성을 중시하는 국가라는 뜻인데, 왜 이러한 인간의 덕목이 제대로 발휘되지 못한 것인가? 그동안 너무 심한 억압이었기 때문에 그냥 폭발한 것인가? 폭발하더라도 도덕과 이성의 견제를 받으면 좋은데, 그들의 야만성에는 이러한 견제가 거의 없었다. 배설이 생리적인 욕구라도 얼마든지 건강하게 풀 수 있는 길이 있는데, 꼭 스스로 잔인한 야만성으로 풀어야 할까? 그리고 서로 간에도 견제가 없었다. 개인이 잘못하면 전체가 견제해야 하고, 전체가 잘못하면 개인들이 견제해야 하는데, 서로가 묵인하였다. 도덕과 이성이 마비되지 않고는 이런 일이 일어날 수 없다고 보아야 한다. 그렇다면 **엄청나게 강했던 그들의 도덕과 이성이 왜 이렇게 마비되었을까?** 이것 역시 또 다른 미스터리이다.

  이를 알아보기 위해서 먼저 개인과 전체의 의미에 관해서 설명해 보려고 한다. 개인이 모이면 전체를 이루는 것은 자연의 법이다. 전체가 있어야 개인이 있고 개인이 있어야 전체가 있다. 상호 보완적이다. 이것은 만물의 법이고 생물의 법이기도 하다. 그런데 이 관계는 유기체와 무기체에서 다르게 나타난다. 유기체의 경우, 생명체가 가장 좋은 예이다. 분자가 모여 세포를 이루고 세포가 모여 기관과 기관들이 모여 개체라는 전체를 이룬다. 그런데 유기체에서 전체는 단순히 부분의 합 이상이다. 세포들만 모인다고 기관이 되는 것은 아니다. 세포들이 모여 전체를 이룰 때는 또 따른 초월이 있다. 차원의 상승이 있는 것이다.

부분은 2차로 가능하다면, 전체는 3차원이 되어야 한다. 3차가 부분이 되어 더 큰 전체를 이룰 때는 4차, 4차가 모여서 5차가 되는 방식으로 전체에는 차원의 상승이 있게 된다. 그래서 낮은 차원의 정보처리와 전체를 다루는 정보처리는 다르다. 낮은 차원은 알고리즘 정보처리로 가능하지만, 전체로 확장되면서 복잡성과 양자 정보처리로 차원의 상승이 따라야 한다. 즉 저차에서 고차로 가야 한다. 이것이 우주와 생명에서의 부분과 전체의 관계이고 유기체의 계통성이다.

물론 물질과 같은 무기체도 유기체적 계통성이 있다. 물질마다 다른 차원이 있기 때문이다. 그래서 우주는 유기체적이다. 고전적 물질, 복잡성 물질, 양자물질, 중력양자, 초끈 등의 차원이 각각 다르므로 생명만큼은 아니라도 유기체적으로 구성되어 있다. 여기서 말하는 무기체라는 것인 인간이 만든 인공적인 전체를 말하는 것이다. 사람 자체는 유기체이다. 그리고 사람들이 집단으로 모이는 사회와 국가도 내용상으로는 유기체이다. 그 집단은 다른 차원으로 움직인다. 그러나 여기서 말하는 것은 이를 통제하는 방법이 유기체적이지 않다는 것이다. 인간이 할 수 있는 차원은 알고리즘적 차원이 최선이기에 유기체적 인간과 사회에 대해 오히려 저차원적인 통제를 하게 된다는 것이다. 차원의 강등과 퇴행이 일어난다.

이것은 인간 뇌의 한계를 의미한다. **유기체는 전체를 자율과 고차**

적인 법으로 하나 되게 하는데, **인간의 인공적 전체는 알고리즘의 법과 힘으로 타율적으로 통제하고 조절**한다. 대부분 권위와 무력으로 전체를 유지하고 통제한다. 자율성으로는 한계가 있으므로 어쩔 수 없는 저차정보에 의존해야 한다. 그래야 전체가 통제되고 유지될 수 있다. 그래서 **고차적인 인간과 사회는 저차적인 국가에 의해 소외될** 수밖에 없는 것이다. **인간이 전체에 적응하기 위해서는 자신의 고차성을 억압해야 한다. 그래서 인간의 고차적인 양심과 이성이 마비되는 것이다.** 마르쿠제Herbert Marcuse(1898-1979)는 이러한 인간을 '일차원적 인간'이라고 하였다.

그리고 또 하나의 문제는 인간의 전체는 어쩔 수 없이 저차성으로 유지되기에, 인간은 그 저차의 법안에서 살아야 한다. 저차는 고차를 축소한 것이다. 그래서 가상성일 수밖에 없다. 인간의 고차를 그대로 느끼지 못하고 대충 축소하여 통계 값으로 표상한다. 그래서 가상적인 세계가 된다. 뇌도 진짜인 것 같지만, 본질로는 가상이다. 인간은 칸트가 말한 대로 물자체의 고차성을 수용할 수 없기에 알고리즘으로 만든 표상 즉 현상만을 인식한다. 그래서 진짜인 것처럼 알고 살아가지만, 뇌의 정보가 만든 가상에서 살아가고 있다. 그 뇌가 만든 인터넷의 가상성은 더 하다. 사이버는 현실 세계를 디지털로 받아들여 표상한다. 그래서 가상의 세계가 된다. 인간은 거대한 메타버스의 가상의 세계에서 살아가고 있다. 세상은 영화처럼 점점 가상으로 되어 가는 것이다.

가상의 세계에서는 인간의 고차성도 같이 축소되고 차단된다. 가상이 진짜인 것처럼 산다. 인간도 같이 가상의 존재가 되는 것이다.

그래서 **인간은 가상에서 게임을 하듯이 살아간다.** 비인간이 되는 것이다. 그 가상의 법으로 행동하고 통제받는 것이다. 인간은 가상의 세계에 중독되고 종속되는 것이다. 이에 대해서는 나중에 더 자세히 설명할 것이다. **가상의 세계에서는 인간의 이성과 양심은 일시적으로 차단되고 마비된다.** 가상적인 존재로 살아가기 때문이다. 그 전체의 부속으로 작동하며 그 법에 따라 살아가기 때문이다.

그래서 **우리는 사이버 게임에서 엄청난 잔인한 전쟁과 전투를 진짜인 것처럼 즐긴다.** 영화를 보면서 엄청난 살인과 폭력에 같이 참여한다. 그리고 게임과 영화에서 전혀 이성과 양심이 작동되지 않고 마비된다. 개인과 인간의 상실이 일어나는 것이다. 그래서 그 **가상에서는 비인간으로서 전체의 이익과 법에 따라 로봇이나 병정이 되어 움직인다. 이것이 전체주의, 국가주의 혹은 민족주의의 가상성인 것이다.** 왜 그 속에서는 비인간이 되고 야만적으로 되는지에 대한 또 다른 이유이다. 아렌트Hannah Arendt(1906-1975)는 그의 저서 '전체주의의 기원'에서 전체주의로 인해 '**개인은 자신의 지성과 이성의 사고를 멈추고 맹목적 개체**가 된다'라고 지적한 것과 같은 맥락이다.

과거의 전쟁은 직접 대면하며 칼로 싸웠다. 인간의 고통이 느껴지는 실제적 전쟁이다. 전쟁의 잔혹함을 느끼지 않을 수 없다. 물론 엄청난 억압을 하며 싸우니 그 고통을 차단될 수는 있지만, 그 장면은 너무도 생생하다. 그러나 총과 폭탄과 비행기가 나오면서 직접 살상하는 것이 아니고 멀리 있는 적을 죽인다. 살상을 직접 경험하지 못하니, 가상성이 증가한다. 현대의 전쟁은 아주 컴퓨터 화면에서 적과 싸운다. 적이 죽는 것을 보지 못한다. 키보드로 게임처럼 전쟁을 한다. 그러니 가상성이 더욱 증가한다. 그래서 그 속에 **죽어가는 인간의 고통을 직접 느끼지 못하고 양심과 도덕은 더욱 마비**되는 것이다.

이러한 강력한 국가를 주창한 것이 홉스Thomas Hobbes(1588-1679)이다. 그리고 유럽의 빈번한 전쟁에서 살아남기 위해서 강력한 국가의 필요성이 대두되었고, 해양시대와 식민지 쟁탈전에서 승리하기 위해서는 더욱 강력한 전제주의가 필요했다. 유럽이 처음 르네상스 시대를 열 때는 개인의 시대였다. 물론 그때도 전쟁은 있었지만, 강력한 왕권이나 국가의 개념보다 개인으로 참여하였다. 그래서 유발 하라리Yuval Harari(1976-)는 '르네상스 전쟁 회고록' 이란 저서에서 '그 당시에는 **개인들이 이러한 전쟁을 통한 경험과 성찰**을 기록하였다' 라고 하였다.

종교개혁도 처음에는 개인의 신앙의 자유를 위해서 시작되었지만, 정치와 군사적 박해가 심한 바람에 종교개혁도 국가 단위로 확장되었다. 그래서 종교개혁은 국가 간의 전쟁과 내전의 형태로 지속되었다. 개인의 성장과 신앙적 가치에서의 개혁이 국가로 확장된 것이다. 이러한 격변에서 살아남기 위해서는 개인만으로는 힘들기에 강력한 국가에 의지하지 않을 수 없었다. 그리고 철학자, 예술가들도 국가와 민족을 떠나 살 수 없었기에 국가주의를 강력하게 지지하였다. 때로는 적극적으로 대중을 선도하기도 했다. 종교와 교회 역시 자신들을 지키기 위해서는 마찬가지였다.

모두가 이렇게 국가가 필요하게 되니, **국가는 점점 신앙화되고 종교화**되었다. 이렇게 발전된 국가주의가 파시즘이다. 저차정보는 자신이 생명이 되어 보존하고 더 거대해지고 진화된다. 국가라는 전체는 극단적으로 진화되면 나치 정부처럼 된다. **그 전체주의는 인간을 떠나 인간을 말살하는 악마적인 야만성**을 보이는 것이다.

로마를 병적으로 반복하는 유럽

그런데 이러한 현상은 근대에 새롭게 나타난 현상은 아니다. 이미 로마제국에서부터 나타났다. 처음 로마제국은 강력한 국가주의는 아니었다. 현실의 감각이 살아있고 자율적이고 개방된 유연한 제국이었다. 유기체적인 전체가 어느 정도 숨 쉬고 있었다. 그것이 로마의 강점이었다. 그 속에는 공화정의 전통과 정신이 살아있었기 때문이다. 그러나 점차 그들도 무력 중심의 절대 왕권으로 제국을 타율적인 힘으로 통치하기 시작했다. 거기서부터 로마는 멸망하기 시작했다.

유럽은 로마의 자식들이다. 자기도 모르게 로마를 동일시하며 로마의 환상으로 그들은 살았다. 자신의 국가가 로마가 되고 싶고 지도자는 황제가 되고 개인은 로마 시민이 되고 싶은 무의식적 욕구가 있었다. 그들은 로마의 망령에 빠져 있던 중세를 지나 개인의 자유가 주어졌는데도, 여유가 생기자 그 무의식적 욕구는 다시 올라왔다. 그래서 그들은 다시 로마를 재현하고 싶었다. 자기도 모르게 부모를 강박적으로 반복하는 현상이다. 이것이 유럽에 깊이 뿌리내린 로마의 환상이요 유전자이다.

그러나 원래 **건강한 로마 정신을 살리기보다는, 병든 로마를 재현**

하려고 하였다. 처음 르네상스는 그리스와 로마의 건강한 정신을 부활하려고 하였으나, 그 이후 근대로 오면서 그들은 병적인 로마를 반복하였다. 건강한 로마가 식민지에 한 것처럼, 로마 시민이 될 수 있는 개방의 기회로 만들지 않고, 무력으로 통제하고 학살하고 약탈만을 일삼았다. 병적인 로마를 답습한 것이다. 그들이 식민지를 과거 로마처럼 경영만 했어도, 평화와 번영이 지속될 수 있을지 모른다.

미셸 앙리Michel Henry(1922-2002)는 이러한 유럽의 야만성을 현상학적으로 분석한 바 있다. 현상학의 정신은 현상을 의식에서 바로 경험함으로 순수한 본질로 환원하려는 것이다. 그러나 의식은 앞서 말한 대로 본질로 가지 못하고 허구적이고 가상의 현상을 보존하려는 강력한 저항이 있어서 때문에 문제가 발생한다. 그래서 후설도 그의 후반 현상학을 삶과 세계의 현상학으로 확장하려고 하였다. 이를 더욱 적극적으로 확대한 현상학자들이 있었는데, 몸과 지각의 현상을 발전시킨 메를로 퐁티였다. 그리고 미셸 앙리는 이를 삶으로 더 깊이 확장하여 물질, 몸과 삶의 세계의 현상학으로 발전시켰다. 현상학이 어쩔 수 없이 저차화되는 경향을 극복하기 위해서 고차인 몸과 삶을 현상의 대상으로 삼은 것이다. 그는 감각적으로 주관적인 삶이 제외된 문명과 철학은 야만으로 갈 수밖에 없다고 하였다. 결국 **감각의 삶이 없는 현상은 저차적인 가상이 되어 인간의 고차성이 마비되는 야만**으로 가게 된다는 것이다. 앞서 분석한 가상의 야만성과 같은 맥락으로 볼 수 있다.

대체로 이러한 이유가 문명을 야만성으로 몰아가는 무의식적인 역동성이 될 수 있을 것이다. 이제 앞서 말한 대로 독일에 대해서 이를 다시 적용하여 분석해보려고 한다.

독일인은 누구인가? 그들의 이중성

여러 번 독일의 특성에 대해 언급하였지만, 여기서 한 번 더 이를 전체적으로 정리해보려고 한다. 독일은 유럽에서 가장 로마의 영향을 받지 못한 나라였다. 그러나 나중에 가장 로마제국의 행세를 오랫동안 한 나라였다. 그것이 신성로마제국이었다. 그러다가 유럽에서 가장 늦게 통일되어 낙후되었고, 대항해시대와 식민지에도 참여하지 못했다. 그들은 산업혁명도 늦었지만, 가장 빠르게 최고의 국가로 발전하였다. 그리고 기술, 상업, 학문, 예술 등에서 월등한 능력을 보였다. 종교개혁, 계몽주의, 고전주의, 신고전주의와 낭만주의라는 종교, 사상과 문예를 주도한 가장 뛰어난 문명국이었다. 그리고 과학과 중공업, 자동차 산업, 정밀한 기계 산업, 화학, 약학 등에서 세계 첨단을 달리는 나라이다. 이만하면 누구든지 부러워하고 존경할만한 나라이다. 그리고 그들의 제품을 우리는 가장 신뢰한다.

그런데 그들에게는 너무도 어둡고 야만스러운 역사가 있었다. 그들의 국력과 문명이 절정에 이르렀을 때 너무도 잔혹하고 야만적인 세계대전을 두 번이나 연달아 일으킨 전범국이었다. 유럽에서 전쟁이 수없이 일어났기 때문에, 전범국이라는 이유만으로 그들을 특별히 야만이라고 말할 수는 없을 것이다. 그들이 일으킨 전쟁의 내용이 너무 야만적이었기 때문이다. 특히 2차 대전에서 전쟁과 관계없는 사람들을 인종 말살이라는 이유로 무수하게 학살했다. 그들의 밝은 문명의 역사를 다 삼켜버릴 만큼 극도의 야만성을 보였다. 잘못된 지도자의 일로 보기에는 국민이 열광적으로 지지하고 참여한 전쟁이었다.

그들의 우수성과 야만성은 겉으로는 서로 상관성이 없어 보인다. 그러나 이를 심층적으로 이해하면 서로 연관성을 찾을 수도 있으므로 이에 대한 심층적인 분석을 하려는 것이다. 앞서 문명에 관해 설명하면서 많은 부분을 이미 이야기했기 때문에 중복되는 부분이 있지만, 독일이라는 국가와 민족에 집중하여 이를 다시 한 번 조명해 보려고 한다.

먼저 문명국으로써의 독일을 보기 전에 그들의 뿌리부터 살펴보려고 한다. 그들은 타고난 전사로서 알려져 있다. 그러나 그들은 싸우기만 잘하는 민족은 아니었다. 그들은 당시 문명을 갖지는 못했지만, 그들에게는 이상이 있었다. 그들이 신화에서 가장 숭상하는 신은 오딘Odin이다. 오딘은 용맹한 전사의 신이기도 했지만, 지혜와 시의 신이기도 했다. 그들은 이처럼 전사이기도 하지만, 지혜와 시를 갈망하는 이상이 높은 민족이었다. 그들은 발할라Valhalla라는 전사가 되어 죽어서 오딘의 세계에 부활하는 것을 가장 이상적인 것으로 믿고 죽기까지 용맹하게 싸웠다. 그리고 번개와 천둥의 신인 토르를 숭배함으로 강한 민족으로서의 이상을 가지고 있다. 이러한 신화가 독일인을 만들었는지도 모른다.

게르만 민족을 '어두운 숲의 전사'로 흔히들 부른다. 이는 로마가 부쳐준 이름이다. 거대한 최강의 로마가 유일하게 정복하지 못하고 무참히 패한 나라가 바로 게르만이다. 그리고 그 막강한 로마제국을 멸망시킨 나라도 게르만이다. 결코 우연한 일은 아닐 것이다. 그 숲은 바로 로마제국을 이긴 그들의 중심이고 자궁이기도 하다. 물론 독일은 넓다. 평야도 있고 아름다운 강과 바다도 있다. 그러나 그들의 고향은 숲이고 숲을 사랑하고 그들의 힘과 긍지는 숲에서 시작한다. 숲은 늘 따스한 햇볕 속에서 넓은 바다를 볼 수 있는 지중해의 로마와는 정반대이다. 그래서 그들은 지중해성 라틴과는 거의 반대의 성향을 갖는다. 어떻게 보면 동양철학에서 말하는 상극일지도 모른다.

루트비히 2세는 숲이 우거진 독일의 남부 바이에른 주에 노이슈반슈타인Neuschwanstein이라는 환상과 몽상적인 성을 짓고 환상의 세계에서 살았다. 독일의 신화들을 오페라로 작곡한 바그너를 초청하여 같이 살며 그 꿈을 누리며 살았다. 이곳은 신과 요정이 사는 몽상의 자궁이며 독일인의 고향이기도 했다. ⓒ 북카라반

　그들의 숲을 어두운 숲, 슈발츠발트Schwarzwalt라고 한다. 도나우 강의 발원지이고 라인 강의 상류이기도 하다. **그들의 모든 것이 발원하는 모성의 자궁**이다. 그들을 거대한 **로마로부터 보호해준 강이고 숲이다**. 그들이 태어나고 보호받은 자궁이다. 그래서 그들은 **깊고 어둡고 침침하고 내향적이다. 깊고 내향적이기 때문에 성실하고 이상적이다**. 그러나 전사로서 용맹하고 강하다. 필요할 때는 그 누구보다도 외향적이다. 숲에서는 큰 나라를 이룰 수 없다. 작은 부족단위로 살지만, 위급할 때는 서로가 하나 되어 자신을 지킨다. 서로의 신

뢰와 충성으로 형성된 우직한 나라이다.

엄청난 **자존감과 자신감이 있었지만, 야만성으로 인해 자신에 대한 열등감**도 심했다. 자신에 대한 이중적인 태도이다. 그러다가 게르만 이동으로 인해 그들도 로마로 들어가 야만으로 핍박받으며 그곳에서 생존해갔다. 그들이 로마를 경험한 것은 당당한 시민으로서가 아니라 늘 이방인으로서였다. 그러다가 그들은 로마를 멸망시켰다. 일반적으로 문명국을 멸망시킨 나라를 더 강대한 문명국으로 세워지는데 게르만은 그러지 못했다. 그 누구도 로마를 능가할 수 없었기 때문이었다. 그들은 승전국임에도 거의 야만으로 살다가 프랑크 왕국과 카롤링거 왕조를 거쳐 동 프랑크 왕국이 되면서 독일이라는 공동체로서의 정체성을 다시 찾게 되었다. 그러다가 그들은 신성로마제국이 되었다. 그들이 유럽의 로마제국이 된 것이다. 로마의 두 유산인 기독교의 신성과 정치적인 로마를 모두 물려받았다. 이는 결코 우연한 일이 아니다. 그들의 이상이 이루어진 것이다. 그들은 야만을 벗어나기 위해 늘 로마를 환상으로 그리워했고 그래서 그들은 그들의 정체성을 신성로마로 받아들인 것이다. 역시 그들의 **이중성**이다. 현실에서는 전사로서 유럽을 군림하면서 로마와 기독교의 이상을 품는 그러한 이중성이다. 그들은 13세기부터 500년간 이러한 정체성으로 살아왔다.

그러나 그것은 원래 자기가 아니었다. 원래 게르만의 정체성이 아니고, 그들은 모호한 환상 속에 살았던 것이다. 루트비히Ludwig 2세(1845-1886)가 숲이 우거진 독일의 남부 바이에른 주에 노이슈반슈타인Neuschwanstein이라는 환상과 몽상적인 성을 짓고 환상의 세계에서 살아왔듯이 그들은 5백 년간 허황된 정체성을 가지고 로마와 신성이라는 몽상 속에서 그것이 자신인 줄 알며 살았던 것이다. 게르만은 앞서 말한 대로 강력한 전사이면서도 꿈과 이상을 가진 민족이다. 그들은 환상적인 신화를 많이 가지고 있다. 로엔그린, 지크프리트, 트리스탄, 탄호이저 등 신화의 주인공들과 자신들이 교감하고 이상화하며 살아왔다. 그 대표적인 인물이 루드비히 2세였고 그 신화의 인물들이 살 것 같은 꿈의 성이 바로 노이슈반슈타인 성이다. 그곳에 이 신화들을 오페라로 작곡한 바그너Richart Wagner(1813-1883)를 초청하여 같이 살며 그 꿈을 누리며 살았다. 그들의 **숲은 이처럼 신과 요정이 사는 몽상의 자궁**이기도 했다.

다시 자기를 찾아가는 독일인

그러다가 그 꿈에서 깨기 시작한 것이 종교개혁이었다. 유럽의 자기 찾기 이전에 게르만의 자기 찾기였다. 그러나 그 자기는 비참한 모습이었다. 30년 전쟁으로 꿈에서 깨어나 자기를 찾았지만, 그 결과는 다 허물어지고 참담한 자신이었다. 옆의 프랑스와 영국은 놀랍게 발전해가고 있었는데, 자신들을 자신들의 자존심이 허락할 수 없을 정도로 황폐해져 있었다. 독일인들은 가만히 있을 수 없었다. 그래서 시작된 북쪽의 작은 나라가 프로이센이다. **18세기 초 그들은 허구적인 망상을 벗고 자신의 현실로 돌아와 다시 밑바닥에서 출발**하였다. 그들은 왕부터 솔선수범하며 근면하고 절약하고 성실하게 일하며 국력을 키워갔다. 그래서 100년 만에 놀랍게 나폴레옹 군대를 물리치며 유럽의 강국으로 당당하게 일어섰다. 그리고 거의 150년 후에는 꿈에도 그리던 통일 독일을 이루며 최강국의 반열에 오르게 되었다.

프로이센과 독일 강국의 **기초는 프리드리히 대왕**Friedrich(1712-1786) **이 세웠다**. 그는 계몽군주였고 전형적인 독일인의 모습이다. 그의 아버지는 군인왕으로 불리는 빌헬름 1세 Wilhelm(1797-1888)이다. 자식을 오직 강인한 군인으로 만들기 위해 병적인 강박증을 보였다. 그는 많은 반항과 고통 끝에 아버지가 원하는 대로 강인한 군인이 되었다. 그러나 아버지의 병적인 요구를 견딜 수 있게 한 것은 그의 예술과 학문에 대한 환상이었다. 그래서 그는 **탁월한 군인이면서도 학문과 예술에도 뛰어났다. 그래서 그를 계몽 군주라 하고 또 독일인들이 가장 흠모하는 대왕**이 되었다.

프로이센이 현재의 독일인을 만들었다. 그들이 다시 찾은 자기와 국민성이 이때 키워진 것이다. 특별히 **빌헬름1세의 강박적인 군인정신이 독일인의 보편적 성격**이 되었다. **바르고 정확하고 성실하고 완벽한 강박적인 성격이 이때 형성**된 것이다. 왕이 솔선수범을 보이니 백성들도 자발적으로 따르게 되었다. 그들의 자존심을 회복하기 위해 이러한 고통을 능히 견디어 내며 통일 강국을 염원하였다. 그러나 그들은 이러한 강박적인 억압만으로 살기는 어려웠다. 프리드리히 대왕처럼 그들도 **이중적인 환상**을 가지며 살았다. 그들은 조상 대대로 이러한 이중성이 있었다. **현실에서는 강한 전사이면서 환상과 몽상을 가진 숲의 사람**이었다. 그들은 자신을 이렇게 찾았다. 그들은 그들의 조상처럼 강한 전사이면서도 한편 몽상과 환상을 그리며 살았다. 그리고 이 두 가지를 잘 조화하며 살았다. 그래서 그들은 학문, 사상과 예술에도 탁월하였다. 마치 그들이 가장 존경하는 프리드리히 대왕처럼 말이다.

그들의 계몽주의, 고전주의, 신고전주의와 낭만주의가 바로 이러한 몽상과 환상의 표현이었다. 물론 이를 통해 그들의 학문과 예술을 격하시키려는 것은 결코 아니다. 그 탁월한 능력과 내용은 그 무엇으로도 격하될 수 없다. 최고의 깊이와 수준이다. 이를 누구도 부인할 수 없다. 그 내용이 아니라 이를 가능하게 하는 무의식적 역동성에 관해 설명해보는 것이다. 물론 앞서 독일인의 우수성을 분석하면서 그들의 고난과 역경의 역사가 그들의 깊은 내면의 능력을 끄집어내고 숙성시킨 힘과 과정이라고 하였다. 독일 안에 환경적으로 형성된 유전자가 있었고 그들의 **몽상과 환상적 경향과 그들의 고난이 모두 영향**을 주어 그렇게 된 것이었다. 원인이야 어떠하든 결과적으로는 그들의 학문과 예술의 우수성을 그 누구도 부인할 수 없을 것이다.

그들의 학문과 예술에는 특별한 것이 있다. 초월에 대한 갈망과 환상이다. 그렇다고 그들은 현실을 무시한 것이 아니다. 현실을 철저하게 분석하는 과학 정신과 성실성이 바탕으로 있다. 현실에 대해서 완벽하면서도 그 안에 눌리고 힘든 것을 초월을 갈망하며 보상해왔다. 칸트의 철학도 그러했다. 현실과 이를 분석하는 지성에 대한 과학적이고 완벽한 분석과 함께 도덕과 예술의 초월성에 대한 깊은 갈망과 환상이 그의 철학에 그대로 드러났었다. 헤겔에서는 이 초월이 절대정신과 세계정신으로 더욱 발전되었다.

절대적인 세계에 대한 갈망은 학문에서만이 아니라, 예술과 종교로 승화되고 이를 환상으로만 끝나는 것이 아니라 실제로 가능한 영웅과 국가를 마음으로 그리며 숭상하고 있었다. 바그너는 그의 음악에서 이러한 초월을 향한 민족정신을 깊고 섬세한 예술로써 표현하였다. 많은 독일인이 감동하고 공감하며 그러한 민족을 종교처럼 숭상하였다. 루트비히 2세도 그러한 한 사람이었고 나중에 히틀러도 그러한 한 사람이었다.

억압과 환상이 만든 집단적 과대망상

결국 이러한 환상은 점진적으로 종교적 숭배 사상으로 발전하여, 그들은 **독일이라는 강한 국가를 숭배**하게 되었다. 헤겔은 나폴레옹이 그러한 절대정신과 세계를 이룰 것으로 기대했지만, 그러지 못했기에 독일이 그러한 나라가 되길 바라고 백성들도 이를 갈망하며 숭배했다. 그래서 그들은 독일이라는 집단에 열광하였다. 국가를 위해서는 무엇이든 할 수 있는 그러한 전체주의에 철저히 세뇌되었다. 그리고 지도자와 함께 그들은 전쟁으로 폭발하고 말았다. 그런데 왜 그들은 폭력적인 야만성으로 폭발하였을까? 이에 대해서는 앞서 문명의 야만성을 분석하면서 대부분 언급하였다. 앞서 분석한 내용이 독일의 경우도 대부분 동일하게 적용된다. 독일은 영국과 여러 가지로 비교된다. 그러나 영국과는 다소 다르다.

영국은 지성으로 억압하였지만, **독일은 이성으로 자신들을 억압**

하였다. 이성은 지성에다 초월성까지 포함한다. 칸트가 분석한 내용이다. 거기에다 헤겔이 제시한 절대정신에까지 도달하였다. 이러한 엄청난 내용과 힘으로 자신들을 억압하였다. 물론 이성은 고차정보이지만, 의식과 현실로 오게 되면 저차정보가 되어 이분법으로 작동한다고 했다. 그래서 이성적인 것을 이상으로 숭상하면서 그렇지 못한 것을 억압하는 것이다. 이성은 지성보다 억압의 깊이와 강도가 훨씬 더 크다.

한마디로 독일인들은 **이상이 강하다. 이상이 강하면 이상에 반하고 미치지 못하는 것을 억압해야 한다. 그들의 억압의 수준은 거의 강박증 환자의 수준**이다. 그리고 대부분 스스로 억압하는 것이기 때문에 무의식적이다. 그래서 얼마나 자신들이 억압적인지도 모를 수 있다. 이점은 칸트와 헤겔도 동일할 것이다. 그러나 **억압받으면 반생명과 비이성과 비이상이 언젠가는 야만성과 폭력으로 폭발할 수밖에 없다. 결국 독일의 과도한 이상주의가 야만성의 원인이 된 것**이다.

영국은 독일보다 억압의 정도가 약하면서도 그들 나름대로 푸는 방식이 있었다고 했다. 그러나 독일은 억압받는 것을 어떻게 풀었을까? 그들도 영국 사람처럼 맥주를 좋아한다. 그러나 영국처럼 이야기를 통해 자신의 억눌린 감정을 풀지 못한다. 그들은 환상과 몽상으로 눌린 것을 푼다고 했다. 이는 비현실적인 신비주의에 빠질 가능성이 크다. 그래서 **그들은 비현실적인 나치의 몽상과 망상에 쉽게 빠졌다.** 우리는 독일인처럼 현실적으로 철저한 사람들이 어떻게 나치의 허황된 망상에 동조했는지 의아할 때가 많다. 그들은 이처럼 그들만의 신비주의에 쉽게 빠지는 경향이 있기 때문이다. 그들은 예술, 특히 음악으로 자신을 풀었다. 그래서 그들은 특별히 바그너를 좋아했다.

그러나 그들은 음악을 통해 자신의 억압된 것을 풀 수 있었을까? 그들의 예술은 숲의 사람들답게 가볍지 않고 무거웠다. 그리고 철저한 형식이 있다. 그래서 자신을 풀기보다는 그 음악에 오히려 빠지게 되었다. 배설보다는 음악으로 자신을 잊는 그러한 차원이었다. 그러면서 억압된 것을 더 고차적인 몽상과 환상으로 방어하게 되었다. 그래서 그들은 억압된 것과 그들의 몽상이 합쳐져서 집단적 망상으로 발전하게 된 것이다. 이것이 그들의 병리이다. 그들은 자신의 민족과 국가에 대해 병적인 이상주의와 절대주의적인 망상을 가지며 숭배하였고, 거기서 발생하는 이분법의 희생양을 유대인으로 삼아 그들을 무참하게 학살한 것이다. 그리고 전쟁을 통해 그들에게 억압된 폭력을 풀면서 병적인 이상주의를 실현하려고 하였다. 이것이 그들의 야만성의 실체이다.

이러한 분석은 그들을 비판하기 위함이 아니다. 인간의 자기 찾기 속에서 발견된 지성과 이성 그리고 초월성에 대한 위험을 고발하기 위함이다. 그리고 인간이 추구하는 문명의 정체와 발달의 방향에 대해서 다시 진지하게 고민하기 위해서이다. 이러한 독일을 가장 날카롭고 정확하게 비판한 철학자가 니체이다. 그는 이성과 지성 그리고 문명과 독일이라는 전체국가 그리고 초월성에 대해 정확하게 비판하였다. 정말 놀라운 정도이다. 그러나 그도 독일인으로서 자신에 대한 몽상에서 벗어나지 못했다. 그도 결국 자신의 초월성과 초인적 영웅에 대한 환상과 몽상 가운데 있었다.

그리고 이러한 초인과 영웅에 대한 몽상은 그들의 후배들에게 이어져 엄청난 과대망상의 집단으로 가고 말았다. 물론 니체가 그렇게 직접 영향을 준 것은 아니지만, 전체적인 흐름으로 볼 때 **니체도 독일의 병적 역동성이라는 거대한 물결을 막지 못하고 같이 떠내려갔다**는 것이다. 정말 안타까운 일이다. 인간의 판단과 지식만으로 이를 해결할 수 없다는 것이 여실히 증명된 것이다. 그렇다면 이를 어떻게 해결해야 하는가? 이를 찾아보기 위해 이 글을 쓰고 있다. 유럽의 집단 지성과 이성은 이를 계속 고민하며 찾아가고 있었다.

2

고난의 실존에서 찾은 초월적 자기

– 실존주의

밝은 이상에서 참혹한 현실로

니체Friedrich Wilhelm Nietzsche(1884-1900), 키에르케고르Søren (Aabye) Kierkegaard(1813-1855), 야스퍼스Karl(Theodor) Jaspers(1883-1969), 사르트르Jean-Paul Sartre(1905-1980), 하이데거Martin Heidegger(1889-1976) 등이 대표적인 실존주의 철학자들이다. 이 글에서 이들의 철학을 구체적으로 다 다룰 수는 없고 그들의 공통적인 주제를 중심으로만 생각해보려고 한다. 이글의 방향은 왜 인간의 이성과 철학이 인간의 삶을 변화시키지 못하고 오히려 전쟁이라는 참혹하고 잔인한 결과를 낳았는지에 관한 질문과 답을 찾으려는 것이다. 이성과 철학이 선한 초월을 추구하였지만, 결국 가상의 세계로서 현실과 괴리된 가운데 있었다. 그래서 인간의 실존이 철학의 중심에 나서게 되었다. 실존 안에는 몸과 감정이 그 중심을 이룬다고 했다. 그렇다면 이제 실존철학이 이 문제들을 어떻게 인식하고 해결하였을까?

실존은 인간의 이상을 추구하지 않는다. 철저하게 현실 앞에서 인간의 부정성을 인식하고 인정하는 데서 출발한다. **인간의 연약함, 부조리, 불안, 두려움, 죄, 죽음, 고통 그리고 한계상황 등 인간이 싫어하고 덮어두고 싶은 것을 실존의 주제**로 삼는다. 실존 앞에서 인간이 할 수 있는 것보다 좌절하고 무력한 절망의 모습을 먼저 보게 한다. 그래서 실존이다. 실존이 희망이고 밝음이라면 이성이 계속 이끌고 나가도 무방하다. 그러나 밝은 이성에도 불구하고 현실은 이렇게 어둡고 고통스러우니, 무력한 이성을 계속 기다리기보다는 실존으로 뛰어들어 해결할 길을 찾아보자는 것이다.

실존철학은 이처럼 어두운 고통에서 출발한다. 그리고 **기존의 모든 이상과 이성을 거부한다. 실존이 본질을 앞선다**고 한다. 그리고 오직 실존에서 해결의 길을 모색하려고 한다. **가상과 이상이 아니다. 오직 현재의 실존**이다. 이에 대해서 대부분 실존 철학자들은 동의한다. 그러나 해결을 위한 각론으로 가면 다소 달라진다. 실존철학을 크게 나누면 무신론과 유신론으로 나누어진다. 결국 **고통과 한계상황이라는 실존에서 벗어나려면 초인적인 힘이 필요**한데, 그 힘을 어디서 찾을 것인가는 다소 다르다. 인간 스스로에게서 찾으려는 것이 무신론이고 신에게서 찾으려는 것이 유신론이다. 무신론은 니체와 사르트르이고 유신론은 키에르케고르와 야스퍼스이다. 그 중간이 하이데거라고 볼 수 있다. 하이데거는 신이라고 칭하지는 않았지만, 그가 말한 초월적 존재는 거의 신에 가까운 개념이기에 그의 사상을 중간에 둘 수 있을 것이다.

　실존철학은 결국 실존의 고통에서 어떻게 벗어날 수 있는가가 주제이기에 인간의 힘이든 신의 힘이든 그 대상이 중요한 것이 아니라, 과연 그 힘이 실존을 초월할 수 있는 힘이 될 수 있는가가 중요하다. 그래서 그 힘이 실제적인가? 아니면 또 다른 가상인가가 문제의 초점이 된다. 가상의 이상과 형이상학에서 벗어나기 위해 어렵게 실존으로 나왔는데, 문제의 해결에서 다시 가상의 힘으로 돌아간다면, 사실 실존으로 나온 이유가 없어지는 것이다. 실존은 실존이 되기 위해 필요한 것이지, 실존이 다시 가상으로 가버리면 실존일 이유가 없다. 그래서 **실존의 초월도 철저하게 실존적**이어야 하는 것이다. 가장 실제적인 초월을 제시한 철학자가 사르트르이다. 그 결과가 어떠하든 인간이 해야 하고 인간이 할 수 있다고 한다. 그 투쟁은 정말 실제적이고 실존적이다. 그의 삶도 그러했다. 그리고 니체도 인간에 대한 무한긍정을 통해 초인적인 힘으로 그 고통에서 벗어날 수 있다고 주장하였다. 그리고 그도 끝까지 그러한 실존적 삶을 살았다.

누구나 가능한 초월의 힘은 과연 가능할까?

　무신론적 실존주의는 마치 혼자의 수양으로 초월적인 부처가 될 수 있다는 소승불교의 가르침과 비슷하다. 다 좋은 이야기이지만, 일반 중생들이 다가가기에는 너무도 먼 이야기일 수 있다. 사르트르나 니체 같은 특별한 사람들에게는 가능할지 모르지만, 과연 일반 중생들에게 스스로 부처가 되라고 하면 과연 몇이나 이를 따라 할 수 있겠는가? 실제로 가능하더라고 너무 어렵다면 이는 가상일 수밖에 없다. 그래서 대승불교와 정토 불교에서 누구든지 부처가 될 수 있는 길을 제시한 것처럼, 실존철학에서도 실존적 초월이 가능할 수 있는 좀 더 보편적인 길이 열려야 한다. 초인들만 할 수 있고 종교적인 엘리트만 할 수 있는 초월이 아니라, 누구나 할 수 있는 초월이면서도 가상이 아닌 길이어야 한다. 정말 어려운 주문이다. 과연 이 길이 실존에서도 가능할 수 있을까? 인류의 큰 숙제이다.

불교에서도 스스로 부처가 되기가 어려우니 부처나 아미타불과 같은 신성을 의지하도록 한다. 혼자 힘으로 불가능하니 신을 의지하는 것이 인간의 본성이고 자연스럽다. 그래서 초월의 힘을 신으로부터 받는 것이 누구나 할 수 있는 실존의 길이 될 것이다. 그래서 유신론적 실존철학이 자연스럽게 등장한다. 그러나 여기에 문제가 있다. 실존의 신은 과거의 형이상학적인 신과 달라야 한다. 종교를 떠나 신을 가상이 아닌 실존에서 실제로 만날 수 있어야 한다. 과거로 돌아가는 신성이 되어서는 안 된다. 다시 중세기로 돌아가서는 더욱 안 된다.

그렇다면 키에르케고르와 야스퍼스가 제시한 신은 과연 어떠한 신인가? 그래서 실존주의의 신은 과거의 신과 어떻게 다른가가 중요한 초점이 될 것이다. **실존주의 신은 가상이어서는 안 되고 실제**이어야 한다. 그렇다면 신은 고차적인 존재인데 이를 어떻게 저차적인 실존 속에서 실제로 확인할 수 있을 것인가? 이는 존재론적으로나 과학적으로나 불가능한 검증이다. 인간은 결코 신을 알 수 없고, 만일 인간이 알 수 있는 신이 있다면 그것은 이미 신이 아닐 것이다. 인간이 신에게 접근할 수 있는 것은 오직 믿음이고 신으로부터 나오는 계시를 통해 신을 알 수 있다. 그런데 이를 실존적으로 검증해본다는 것은 결코 쉬운 일이 아니다. 그러나 시도는 해보아야 한다. 과거의 반복이 되지 않기 위해서는 실존에서 신을 만나고 이를 실제적인 존재로 검증할 수 있는 길이 과연 가능할 것인가?

불교에서도 부처와 중생처럼 다양한 이분법이 존재한다. 진여眞如와 생멸生滅, 진眞과 속俗과 같은 이분법이다. 중생이 아무리 노력해도 스스로 이분법을 극복하여 초월하기는 어렵다. 그래서 진여 속의 생멸과 생멸 속의 진여, 그리고 진에 속이 있고 속에 진이 있는 것처럼 초월하면서도 세속의 실존에 공존하는 그러한 원효의 이문일심二門一心과 같은 사상이 필요하다. 불교의 이문일심과 같은 것이 기독교에도 있는데, 바로 그리스도의 성육신incarnation인 예수이다. 인간이 **한계의 실존에서 스스로 초월할 수 없기 때문에 신이 인간의 실존에 뛰어든 사건이 바로 예수 그리스도의 성육신**이다. 그런데 이것이 가상적인 이론이 아니라 실존적 실제여야 한다. 과연 이것이 과학적으로 가능한 일인가? 검증되어야 한다.

신학적으로 보면 신의 것과 인간의 것이 하나로 존재하는 것은 불가능하다. 신의 거룩성과 인간의 죄성은 물과 기름처럼 결코 하나가 될 수 없다. 가능하다면 그 신이 거룩성을 포기하고 죄성의 인간으로 와야 한다. 그것이 예수의 탄생이다. 예수 그리스도의 인성이다. 그러나 거룩성을 포기한다는 것은 신성을 포기하는 것이기 때문에, 같은 인성으로서는 인간 고통의 실존을 벗어나는 구원의 길은 불가능하다. 같은 죄인이고 무력한 인간이 되었기 때문이다. 신성으로만 존재하면 인간의 실존에 결코 들어올 수 없는 것이다. 딜레마이고 모순이다.

신성과 인성을 동시에 가져야 하는데, 이러한 모순과 부조리가 가능할 수 있을 것인가? 이러한 문제에 대해서 4세기 로마제국의 니케아 종교회의에서도 격렬하게 논의되었다. 결론은 예수 그리스도의 신성이 더 강조되는 방향으로 결정되었다. 그리고 인성을 강조한 아리우스파는 이단으로 몰리게 되었다. 이처럼 예수의 인성과 신성의 문제는 어려운 문제이다.

그러나 인간의 실존 문제가 해결되려면 예수는 인성과 신성이 중첩되어야 한다. 그러나 이는 과학적으로 불가능한 일이다. 그래서 가상적인 교리가 될 수밖에 없다. 이를 해결하는 길은 믿음밖에 없기에 우리는 무조건 믿어야 한다. 믿음의 문제는 실존에서는 가상이다. 물론 실존 넘어서는 실제가 되더라도 중요한 것은 지금의 인간 실존이 중요하기 때문에 여기에서는 실제가 되어야 하는 것이다. 과연 이러한 부조리를 어떻게 극복할 것인가? 믿음밖에 없는 것인가? 성경에서는 이를 어떻게 해결하고 있는가?

신성이 인간의 실존이 되기 위해서는 신성이 인성의 옷은 입을 수 있지만, 본질적으로 인성이 되는 것은 불가능하므로 성경은 이를 해결하기 위해 **인간을 신성으로 격상시킨다. 이것이 십자가의 사건이**다. 신이 인간과 세상과 하나 되기 위해 인성과 세계를 거룩하게 만드는 사건이다. 마치 태초의 창조처럼 새롭게 창조하는 것이다. 이를 구원이라고 한다. 그러나 인간과 세상을 거룩하게 하기 위해서는 세계와 우주의 법안에서 이루어져야 한다. 초법적이어서는 안 된다.

가상이 아닌 실존과 과학으로서의 초월

　십자가의 구원이 가상이 아니고 실존이어야 한다. 실존은 감정과 몸이 참여하는 것을 말한다. 생각은 가상이 가능하지만, 감정의 아픔과 몸은 가상이 아니다. 그래서 실존주의의 기초와 주체는 감정과 몸이다. 인간의 죄와 죽음은 실존이다. 실제로 마음과 몸이 아프고 병들다 죽는 실존이다. 구원이란 이러한 실존을 해결하는 것이다. 이상과 상상이 아니다. 그러기 위해서는 이 실존의 고통과 죽음을 실제로 해결해야 한다. 성경은 이러한 인간의 실존을 죄의 값이라고 한다. 가격은 실제의 값이다.

　죄라는 것은 생명의 가치를 상실하는 것이다. 가치는 바로 가격과 같다. 그래서 죄는 가치를 상실한 만큼 빚을 지는 것이다. 과거 고대나 중세 사회에서는 빚을 못 갚으면 노예로 팔려가든지 죽어야 한다. 인간은 죄의 값으로 죽어야 한다. 이것이 인간 실존의 모습이다. 이러한 죄인을 살린다는 것은 마술이나 능력으로 하면 가상이 된다. 실제가 되기 위해서는 누군가 이 가격을 대신해야 한다. 이 대가를 치른 것이 바로 십자가의 사건이다. 한 인간이 아니라 창조주의 아들이 인간을 대신하여 고통과 모든 한계상황에 갇혀 죽은 것이다. 인간의 비참한 실존의 모습으로 하늘의 아들이 대신 고통받으며 죽은 것이다. 세상과 자연의 법으로 죄와 고통의 빚을 갚은 것이다. 이 대신함으로 인간과 세상은 이제 거룩해지고 신성과 하나 될 수 있는 길이 열린 것이다. 실존의 세계에서도 아무 장애가 없이 하나가 되는 길이 열린 것이다. 이를 알고 믿으면 그렇게 되는 것이다. 그리고 이제 그 신성으로 고난의 실존에서 벗어나게 되는 것이다.

이를 몸과 고통을 통해 이룬 것이다. **실존은 몸과 마음의 감정이 반드시 포함되어야 한다.** 십자가의 사건은 상징이나 요식행위가 아니다. 실제로 몸과 감정이 참여한 것이다. 십자가는 엄청난 마음과 몸의 고통 그리고 죽음이라는 실존이 있었다. 신이 인간 고통의 실존으로 와서 그 실존을 대신한 것이다. 실존의 값을 치른 것이다. 그래서 **십자가는 신의 실존적 사건이 되고 이를 믿으면 인간은 실존을 초월할 수 있게 되는 것이다.** 실존의 고통과 절망이 있었고 이에 대한 가격을 치른 것이 실제이다. 가상은 실제적인 고통과 그 가격을 치르지 않고 이루어지지만, 실제는 이러한 거래가 있다. 십자가의 사건은 그래서 가상이 아니고 실존이 되는 것이다. 여기서 믿음은 가상에 대한 허구적인 맹신이 아니라 계약의 조건을 확인하고 믿는 신용거래와 같은 실제적인 사건이다. 그래서 구원은 실존적인 실제가 되고 수학적인 사건이 된다.

그런데 이 사건이 과학적으로도 실제적일 수 있으면 더 실존적일 수 있다. 가격을 대신하는 것이 어떠한 상징이나 가상적인 사건이 아니고 과학적으로 가능한 실제라면, 더욱 실존적인 사건이 될 수 있다는 뜻이다. 먼저 인성과 신성의 중첩이 가능한 것이 가상적 이론이 아니고 실제가 될 수 있어야 한다. 뉴턴의 고전적 과학에서는 이러한 중첩이 불가능하지만, 양자정보에서는 가능하다. 그리고 신성이 인성에게 와서 가격을 대신 치르는 것이 초법적이지 않아야 한다. 소위 밀수와 같이 **위법적인 거래여서는 안 된다. 정당한 외환 거래여야 한다.**

과학의 에너지 보존 법칙에 어긋나지 않아야 한다. 신성이 오면서 세계의 에너지가 어떻게 보존될 수 있을까? 죗값을 갚는다는 것은 신성으로부터 에너지의 유입인데 이는 자연의 법을 위반하는 것이 된다. 물론 창조주라면 초법적일 수 있다. 그러나 자연의 법도 신으로부터 나온 것이므로 자연의 법을 스스로 깰 수는 없다. 그러나 **양자장에서는 이러한 외부 에너지가 얼마든지 유입되었다가 빠져나가는 일이 가능**하다. 그래서 신이 세상에 얼마든지 개입할 수 있는 문이 열리는 것이다. 바로 **양자정보와 양자장이 결국 신성이 세상과 만날 수 있는 길**이 될 수 있는 것이다. 그래서 신과 인간이 실존에서 만나는 구원의 길은 가상이 아니고 실제의 과학적 사실일 수 있는 것이다.

그래서 이를 믿으면 실존의 한계와 고통에서 벗어나는 경험을 실제로 할 수 있다. 이를 통해서 실존 속의 인간이 고통을 초월할 수 있는 길이 열리는 것이다. 키에르케고르는 '인간은 자유로 인해 불안, 공포와 고통을 느끼게 되고 자신의 어떠한 노력으로도 이를 본질적으로 해결할 수 없는 한계에 부딪힌다'라고 했다. 이러한 고통은 본래의 자아를 상실하였기 때문에 오게 된 것이고 자아 상실은 자신을 창조한 신을 떠난 죄로 인한 것임을 각성하게 된다고 했다. 그래서 구원을 향해 신에게 나아가는 결단을 하게 된다. 신을 **형이상학적인 사변으로 만나는 것이 아니라 신이 인간의 실존으로 내려와 인간의 죄를 대신한 부조리를 사랑으로 받아들이므로** 가능하게 된다고 했다. 그리고 이를 믿음으로 도약하여 구원을 이루게 된다. 십자가의 대신함으로 죄의 본질이 의로 용서받게 된다. 그리고 저주로 버림받은 자아가 아니라 사랑의 자아로 회복하여 고통의 실존에서 벗어나게 되는 것이다. 이것이 그가 말한 실존에서의 초월의 길이다.

이처럼 실존주의에서는 종교라는 가상의 이상으로의 도피가 아니라, 처절한 인간의 실존 속에서 신의 실존적 고통을 통해서 신을 용서와 사랑으로 만남으로 실존적 초월을 이루는 것이다. 그렇지만 아무리 실존이라고 해도 신의 초월적 존재가 개입되기 때문에 과거 관념론의 반복이 될 위험성은

실존을 초월하기 위해 야스퍼스는 초월자를 도입한다. 그러나 중세의 종교적 망상이나 이념적 허구로 저차화되는 것을 방지하기 위해 초월자를 암호화한다. 필요시에만 암호로 나타났다 사라지는 현존의 초월자이다.
© Materialscientist/wikipedia

여전히 있다. 인성과 신성의 중첩이 가능하다고 하지만, 이것이 실제가 아니라 가상적인 관념이 될 가능성이 내재하여 있다. 그래서 과거 기독교가 지속해서 구원의 능력이 되지 못하고 인간은 여전히 타락과 고통 가운데 있었다. 실존적 만남이라고 하지만 과거의 기독교의 문제를 반복하지 않을지 우려되는 것은 사실이다. 니체가 어렵게 허문 신과 형이상학이 부활하는 것은 아닌지 걱정된다.

이러한 위험에 대해 야스퍼스는 **초월자의 암호를** 도입함으로 해결하려고 하였다. 초월자는 철저하게 은폐되어 있고 그 본질은 인간에게 현상으로 표상될 수 없다. 그러나 신은 인간의 실존과 현존재 속에 항상 현재화한다. 그런데 인간이 생각하는 방식이 아니다. 인

간의 실존은 지속되지만 신의 현존성은 암호처럼 잠깐 나타났다 사라진다. 신은 실존 속에 고정된 물질이나 정보로 나타나지 않는다. 암호처럼 일회성이다. 그리고 그 목적을 위해서 사용되고 폐기된다. 암호는 그 자체로는 아무런 의미가 없다. 항상 신은 암호로서 실존에 나타나고 일한다는 것이다. 이는 마치 **양자장의 상호쌍**coupling **반응**과 유사하다. 양자장의 가상입자들이 쌍생성과 쌍소멸을 하며 진공 속에서 정보와 에너지를 생성하듯이, **신은 암호를 통해 나타나지만, 다시 은폐되는 그러한 실존의 모습**으로 활동하는 것이다.

이는 하이데거와 존재와 현존재의 관계를 설명하는 것과 유사하다. 하이데거와 야스퍼스는 서로 가까운 친구로서 서로 학문적인 교류를 깊이 해왔기 때문에 그들의 존재와 현존재의 관계는 많은 유사성을 보인다. 하이데거는 존재는 어떠한 객관적인 근거가 없는 탈근거der Abgrund로 보고 있다. 그러나 존재가 현상에서 철저하게 은폐되어 있지만, 어떠한 사상Sache 혹은 사건이 꿈틀거리며 거기서 뭔가 일어나는 데 이를 생기生起 das Ereignis라고 한다. 생기는 사이das Zwischen라는 은폐와 드러남을 통해 현존재에 연결된다. 이러한 존재와 현존재를 양자물리학으로 설명하는 학자가 있다. 정신과 의사이면서 철학자인 그로버스 Gordon Globus(1934-)는 양자뇌역동Quantum Brain Dynamic을 통해 존재와 현존재의 역동을 설명하고 있다. 앞서 말한 **양자장의 쌍 반응**을 통해 존재가 현존재로 드러난다고 설명하는 것이다. 이를 통해 과거의 형이상학과 초월자의 문제를 극복하면서 신과의 실존적 만남을 안전하게 이루어갈 수 있는 것이다.

초월적 존재는 용서와 사랑으로 깨어난다

야스퍼스는 유신론으로, 하이데거는 초월적인 존재로 실존의 한계를 극복하면서도 과거의 형이상학의 문제를 극복할 수 있는 길을 열어두었다. 특별히 하이데거의 철학은 20세기 철학의 거장답게 현상학적 실존과 초월의 연결과 조화를 이론적으로는 거의 완벽에 가깝게 해결하는 듯하였다. 그러나 그의 실존에 하나의 문제가 발생했다. **사고와 삶은 결코 분리될 수 없다.** 특별히 **실존철학을 하는 학자라면, 자신의 실존으로 자신의 철학을 증명할 수 있어야 한다. 니체가 마음과 몸의 철학을 자신의 마음과 몸으로 증명**해야 하는 것처럼, 실존주의 철학자들도 그렇게 해야 했다. 야스퍼스는 그의 실존에서 자신의 한계상황을 극복하는 삶을 통해 자신의 철학을 증명했다고 생각한다. 그러나 하이데거는 자신의 실존에 커다란 오점을 남겼다. 그것은 그가 나치에 동참한 사건이다.

그는 철학자 이전에 독일인이었다. 이를 누구도 부인할 수 없을 것이다. 그도 독일인이었기 때문에 독일 민족과 국가의 부흥을 바라는 것은 당연할 것이다. 그러나 그는 1차 세계대전의 참혹한 현실을 보았고, 그 이후 패전국으로서의 고통을 절박하게 겪었다. 독일인으로서 얼마나 고통스러웠겠는가? 그러면서 다시 독일의 회복을 꿈꾸지 않았겠는가? 그러나 누가 보아도 과거 프로이센과 같은 전제국가를 재현해서는 안 된다는 것이 이성적인 판단일 것이다. 그러나 히틀러와 나치는 과거 프로이센 이상으로 강력한 독재정치를 시도했다. 그런데 하이데거가 이를 모르지 않았을 텐데, 그는 그 정부

홀로코스트 생존자이며 정치철학자인 한나 아렌트는 하이데거의 모순적 실존에 뛰어들어 '용서와 사랑'으로 그의 초월적인 실존을 깨운 사람이다.
© Barbara Niggl Radloff /wikipedia

를 지지했다.

그리고 그는 나치로 인한 2차 세계대전의 야만성을 몸소 겪었다. 자신을 후회하고 사과할만한데도 그는 끝까지 공식적으로 사과하지 않았다. 우리는 그의 속마음과 생각을 알 수 없다. 겉에 보이는 것만으로 판단할 수밖에 없다. 그래서 그를 존경하던 많은 사람이 그를 비판하며 떠나기도 했다. 적극적으로 비판은 할 수 없어도 대부분 그의 철학의 방향과 다른 그의 행동을 이해하기가 어려워하는 것이 사실이다. 여기에서 이러한 그의 사상과 행동을 분석할 수는 없을 것이다.

모두가 그를 가까이하기가 어려운 상황에서, 한 사람은 그를 깊이 이해하며 만나고 있었다. 그가 그의 연인으로 알려진 아렌트Hannah Arendt(1906-1975)이다. 그래서 그는 말년이 외롭지 않았다. 다들 떠나고 없는 외로운 그를 그래도 받아주고 위로하고 지지해준 한 여인의 사랑이 있었기 때문이다. 그렇다고 하이데거가 옳았다고 변호한 사람은 아니다. 그 둘의 깊은 대화는 알 길이 없지만, 그를 끝까지 이해하고 받아준 사람임에는 틀림없는 것 같다. 이는 한 개인의 이야기로 끝낼 수도 있지만, 그 의미는 결코 한 사람의 사랑 이야기로 덮어둘 수만은 없기에 언급하려는 것이다. 그녀의 사랑은 인류에게 희망을 줄 수 있는, 희미하지만 작은 불빛이 될 수 있기 때문이다.

아렌트의 사랑 이야기를 하는 것은 그의 사랑이 실존주의의 하나의 출구가 될 수 있기 때문이다. 하이데거의 아픔의 실존을 그 누구도 초월하지 못했지만, 그녀는 용서와 사랑으로 초월하였다. 그래서 **그녀의 초월적 사랑을 실존주의의 좌절을 밝혀주는 하나의 빛**으로 받아들이고 싶다는 것이다. 실존은 고통이고 좌절이다. 그리고 이를 회피하지 않고 직면하며 이를 극복하고 통과하는 것이 실존철학의 정신이다. 그 길은 철학자마다 달랐다. 자신을 무한 긍정하며 초인으로 극복하려는 니체가 있었고, 실존을 개인의 자유와 책임으로 적극적으로 직면한 사르트르가 있었고, 신의 실존으로 극복하는 유신론적 철학자도 있었다. 그리고 하이데거는 초월적 존재의 힘으로 이를 맞서 싸웠다. 그러나 나는 이 모든 것이 **실존에서 가능하기 위해서는 반드시 그 속에 '용서와 사랑'**이 있어야 한다고 생각한다.

물론 그들의 철학에 이러한 개념이 뚜렷하게 나타나는 것은 아니다. 스스로 자각할 수는 없을지라도 이러한 개념이 깊은 곳에 숨겨져 있다고 생각한다. 니체는 신과 이성에 눌려서 할 수 없고 무력한 인간을 용서하고 사랑하고 긍정함으로 초인의 힘을 얻을 수 있었다. 사르트르도 모든 기존의 것을 무화無化하고 거부하여도 당당하게 자유롭기 위해서는 자신을 용서하고 사랑할 수 있어야 했다. 대부분 사람은 자신이 향유하고 소유한 것이 사라지면, 자신이 초라하고 없어지는 것으로 받아들여 자유를 누릴 수 있는 자신을 상실한다. 없는 자신을 당당하게 용서하고 사랑하지 못하기 때문이다. 그러나 그는 아무것이 없어도 그 누구도 의식하지 않고 용서받은 자유자로 살았다. 그리고 용서와 자유를 누린 존재로서 책임을 다하였다.

　유신론적 실존철학에서 자신의 한계상황과 무력함 속에서 신의 실존을 만날 수 있는 것은 그 속에 신의 '용서와 사랑'이 있기 때문이다. 신이 자신을 버리고 인간의 실존으로 뛰어들어 인간이 새로운 존재로 구원받을 수 있는 것은 십자가의 대신한 용서와 사랑이 있기 때문이다. 그래서 이 용서와 사랑을 바탕으로 실존을 초월할 수 있는 힘을 얻게 된 것이다. 그리고 하이데거도 결국 한 여인을 통해 용서와 사랑을 경험함으로 그의 말년이 진정 그가 원하는 존재의 삶을 살 수 있었을 것으로 생각된다. 이처럼 실존의 바탕에 용서와 사랑이 숨어 있지 않으면, 초월은 불가능하다. **인간 스스로 용서와 사랑이든, 신으로부터 온 것이든, 결과적으로는 자신에 대한 용서와 사랑이 있어야 실존을 극복할 힘을 얻는 것이다. 결국 실존에서 만난 초월적인 자기는 용서와 사랑으로 깨어난다.** 용서와 사랑이 없이는 아무리 초월이 가능해도 그 자기는 깨어날 수 없는 것이다. 이는 호메로스로부터 시작된 그리스 사상과 아우구스티누스와 단테의 기독교 사상, 그리고 괴테의 문학 등을 통해 유럽을 위기에서 마다 깨운 생명의 물줄기이기도 했다.

　이제 이것으로 실존철학의 탐구를 끝내고 다른 한 부류의 철학자들을 만나려고 한다. 그들은 다소 다른 각도에서 독일과 세계라는 현실을 바라보았다. 바로 프랑크푸르트학파이다. 이제 이들에 대해 살펴보려고 한다.

3
실패한 인생에서
답을 찾다
– 프랑크푸르트학파

이성을 강조하면 비이성이 발생하는 이유

프랑크푸르트학파는 독일이 가장 어려웠던 1차 대전 이후인 1923년도 시작하였지만, 본격적인 활동은 1931년 호르크하이머Max Horkheimer(1895-1973)가 취임하면서부터이다. 유대인 학자가 많은 탓에 나치 정부가 시작되면서 1933년에 문을 닫고 미국으로 옮겨 학술활동을 계속하다가, 전쟁 이후 다시 독일로 옮겨 호르크하이머와 아도르노Theodor Wiesengrund Adorno(1903-1969) 등이 주축이 되어 이 학파를 재건하였다. 이들을 1세대 학파라고 한다. 그 후 하버마스Jürgen Habermas(1929-)가 격동의 60년대에 이 학파의 주역을 맡았다. 이 시기를 2세대라고 한다. 그 이후 90년도에는 3세대인 호네트Axel Honneth(1949-)가 주역을 맡았다. 그러나 전통적인 계보 외에 이 학파와 연관된 학자들이 많다. 1세대에는 아도르노와 가까운 인연으로 벤야민Walter Benjamin(1892-1940)이 이 학파에 잠깐 몸을 담았고, 2세대에서는 마르쿠제Herbert Marcuse(1898-1979)와 프롬Erich Fromm(1900-1980)도 같이 활동하였다. 그래서 이러한 학자들로 구성된 학풍을 전체적으로 프랑크푸르트학파라고 부르는 것이다.

그들도 실존주의 철학자처럼 독일이 추구하던 이성이 제대로 역할을 하지 못하고, 오히려 참혹한 전쟁으로 가게 되었는지를 분석하면서 이를 개선할 수 있는 여러 대안을 내어놓았다. 이성이 제대로 역할을 하지 못한 이유를 도리어 이성에서 찾았다. 그들은 이성을 혹독하게 비판하였다. 그래서 그들의 사상을 '비판이론'이라 한다. 그리고 그 해결책으로 사회주의를 중심으로 한 다양한 대안을 내놓고 있다.

호르크하이머는 과거 **이성을 너무 강조함으로 본능적 존재로서의 욕망과 충동이 억압되고 이로써 인간이 이성적 존재와 자연적 존재로 분열하는 결과**를 낳게 되었다고 했다. **억압된 욕망은 더 이상 숨겨지지 못하고 비이성적이고 야만적인 욕구**로 세상으로 터져 나올 수밖에 없었고 이로 인해 전쟁 같은 참상이 발생했다고 했다. 이러한 이성의 문제에 대해서는 이미 쇼펜하우어와 니체가 날카롭게 비판하였다. 그리고 이 글에서도 앞서 문명의 야만성을 분석하면서 야만성의 가장 큰 원인이 과도한 이상주의와 억압이라고 설명한 방향과 일치한다.

그러나 이러한 억압을 이성에 의한 것으로만 다 설명할 수는 없다. 이성에 의한 억압만이 아니라 당시 프로이센의 강력한 억압 정치도 중요한 역할을 하였다. 그리고 독일 사람이 원래 가지고 있는 성격도 중요한 몫을 했다. 그래서 이러한 내재적인 성격과 정치적인 환경과 함께 이성의 억압이 상호작용하여 나타난 결과로 보아야 할 것이다. 그러나 성격과 사회적인 억압은 주로 도덕과 이성의 차원에서 일어난다. 개인보다 국가를 중시하기에 그 공공과 공익의 법으로 자신을 억압하는 것이다. 성격과 환경에서 유발되더라도 그 내용이 이성적이기 때문에 전체적으로 보면 모두 이성에 의한 억압으로 보는 것이 타당할 것이다.

프랑크푸르트학파의 창시자인 호르크하이머는 과거 이성을 너무 강조함으로 인간이 이성적 존재와 자연적 존재로 이분화되면서 본능적 욕망과 충동이 억압되었다고 했다. 억압된 욕망은 더 이상 숨겨지지 못하고 비이성적이고 야만적인 욕구로 터져 나올 수밖에 없었다. 그는 이성의 저차화로 인해 이분법과 억압이 발생한 것을 밝힌 학자이다. © Jeremy J. Shapiro/wikipedia

자유를 향한 해체 정신

호르크하이머는 사회주의로 억압의 문제를 해결하려고 했다. 생산구조를 바꾸면 이러한 억압이 해결될 것으로 생각했다. 노동이 억압의 중심에 있기에 생산을 노동자가 소유하면 억압이 사라질 것으로 생각했다. 몸을 중요하게 여긴 사회주의 이론이다. 그러나 몸과 생산만 자유롭다고 억압이 해결되는 것은 아니다. 인격 속의 감정을 표출할 수 있는 길이 열려야 하는데, 이러한 전반적인 인격의 해방에 대해서는 해결책을 제시하지 못했다. 남은 몫은 아도르노에게 자연스럽게 넘어오게 되었다.

아도르노는 호르크하이머가 분석한 내용을 받아들이면서 이를 넘어섰다. 이성과 지성은 인간과 세상을 이분법으로 나누고 그 틀을 강력하게 보존하려고 하였다. 이성과 지성이 그 본래의 고차성을 잃고 저차적인 도구가 된 것이다. 고차적인 인간과 사회는 그 속에서 소외되고 죽어가는 것이다. 자본주의와 과학기술이 이를 더욱 가속화하였다. 그래서 호르크하이머는 생산과 물질을 해방하면 인간이 자유로워질 것으로 기대했지만, 이는 인간을 해방하기보다는 오히려 물질이라는 새로운 저차적 도구에 갇히게 하였다고 했다.

그래서 아도르노는 해결의 길로서 부정의 변증법을 주장하였다. **이성과 지성이 만드는 이분법에서 반대의 것을 포용하여 변증법으로 극복하게 하는 길이다.** 이성과 지성은 이분법에 따라 반드시 반이성과 반지성을 낳는다. 보통은 더 힘을 모아 이를 억압하고 소멸하려고 하는데, 아도르노는 이러한 극한적인 이분법으로는 해결되지 않으며 그 반대를 수용하고 변증법으로 발전해야 한다고 한다. 즉 반이성과 반지성을 포용하라는 것이다. 이를 위해서는 자기를 방어하고 보존하려는 자기를 해체해야 한다. 이것이 가장 어려운 것이지만 더 발전된 자기가 되기 위해서는 자기 부정이 필요하다. 이를 한두 번 정도가 아니라 무한 반복해야 한다는 것이다. **무한 부정의 변증법에다 부정 변증법까지 부정할 수 있을 정도의 해체 정신**

이 있어야 한다.

그리고 사회주의도 이 길을 가야 한다고 했다. 스스로 자신의 이념과 이성이 도구화되지 않기 위해서는 어떠한 것도 이 부정의 길을 가야 하는 것이다. 공산주의는 이 길을 가지 않았기 때문에 실패했다고 주장했다. 독일에서 68년도에 젊은이들이 주축이 되어 사회주의 운동이 불같이 일어날 때, 이러한 이유에서 그들을 비판하였다. 그 바람에 좌익 학생들로부터 치욕적인 공격을 받아 그 트라우마로 인해 유명을 달리하고 말았다.

아도르노는 문화를 아주 중요하게 생각하였다. 감정의 출구로서 문화는 중요하지만, **문화와 예술도 표준화되고 도식화되는 것을 비판**하였다. 자유로운 예술도 도구적 이성에 의해 동일한 물건을 생산하듯 제조될 수 있다고 날카롭게 비판하였다. 겉으로는 자유스럽고 개성적인 것인 것처럼 포장하고 있지만, 이러한 예술은 대중들의 진정한 상상력을 마비시킨다고 했다. 그래서 그들은 겉으로는 예술을 즐기면서 자기의 것을 실현한다는 자기 착각과 기만에 빠질 수 있다고 했다. 그래서 가장 자유스럽고 영혼의 음악으로 생각되는 재즈까지도 사이비 개성 음악으로 비판하였다.

진정한 해체 정신이 있는 비동일적 예술로써 불협화음의 음악을 극찬하였다. 부정의 미학이 있는 **현대의 초현실적 아방가르드 예술을 자율적인 예술**로 인정하고 그 외의 문화와 예술은 순응적인 문화 산업으로 강하게 비판하였다. 그러나 그의 비판 정신은 내용으로는 상당한 일리가 있지만, 그가 원하는 만큼의 결과를 이루지 못했다. 그것은 그의 해체 정신이 새로운 이분법을 만들었기 때문이다. 이분법을 극복하기 위한 비판이론이 새로운 부정과 긍정이라는, 동일성과 비동일성이라는 이분법을 낳게 되고 이러한 틀로서 사회 현상과 문화를 나누기에 그는 다시 비판의 대상이 될 수밖에 없었다. 이러한 아도르노와 비교되는 학자로 벤야민을 든다. 그는 아도르노보다 문화와 예술에 긍정적이면서 새로운 문화적인 이해의 차원을 열었기 때문이다.

억압된 마음과 몸의 해방

벤야민도 아도르노의 문화이론을 많은 부분에서 긍정했다. 그래서 서로가 좋은 동료가 될 수 있었다. 그러나 벤야민은 아도르노처럼 그렇게 이분법으로 나누지 않았다. 대중의 복제된 예술에서는 과거 실제의 작품에 있었던 아우라를 잃게 된 것은 사실이지만, 대신 새로운 것을 얻을 가능성을 발견하며 대중예술에 대해 긍정적이었다. 아도르노가 분석한 대로 현대 대중예술은 과거처럼 깊은 예술의 경지로 가지 못하고 순간적으로 감각을 자극하는 산만한 상품으로 존재한다. 마치 백화점의 상품처럼 문화와 작품이 대중들에게 다가오는 것이다. 물론 과거의 가치와 기준에서 보면 이는 참다운 예술이 아닐 수 있다. 상품처럼 진열된 것들이 우리에게 무슨 영혼을 울리는 아우라를 줄 수 있겠는가? 그러나 벤야민은 달랐다. 오히려 그러한 **산만하고 가벼운 자극이 우리의 새로운 가능성**을 깨운다는 것이다. 과거와 다른 예술의 차원으로 접근한 것이다.

나는 이를 몸의 예술이라고 말하고 싶다. 현대 대중예술은 과거의 깊이와 진지함은 부족하고 상품적일지는 모르지만, **우리의 몸을 자극하고 깨우는 무언가의 힘**이 있다는 것이다. 이를 잘 살려내면 대중의 몸과 마음을 깨우는 새로운 힘이 될 수 있는 것이다. 벤야민은 자신이 어려서부터 철저하게 소외된 약자와 이방인으로 살아왔다. 기존의 것들에 억압되어 고통받으며 죽어가는 자기의 몸과 마음을 어떻게 해서라도 위로하고 해방하기를 간절히 원했다. 자신만이 아니라 주위에 그러한 사람들을 보며 그는 어떠한 이념보다도 억압되고 소외된 소수자들을 살릴 수 있는 길을 모색하였다. 그래서 아도르노가 미국으로 빨리 오라는 초청을 받고도 그는 유대인으로서 위협을 느끼면서도 위태로운 유럽에 머물렀다. 미국이란 사회로 뛰어넘기보다는 변방에서 머물며 억압된 소수자들을 위해 무엇인가를 하고 싶어 했다. 자신도 그러한 소수자로 살았다. 그의 철학과 이론에는 이러한 그의 간절한 소원과 아픔이 깊이 묻어있다.

사회주의 이론을 열심히 공부하였지만, 그는 노동과 생산물질의 해방에만 집착하지 않았다. 몸속에 있는 억압된 것을 풀어내고 싶었고 그 속의 아픔을 풀어낼 수 있다면 무엇이든 다 긍정하며 해보고 싶어 한 적극적인 실존 철학자였다. 이론보다 실존을 더 소중히 여기고 사랑하였다. 물론 그는 자기의 뜻을 다 이루지 못하고 아쉽게도 그가 늘 머물고 있었던 경계선인 프랑스와 스페인의 국경에서 생을 마감하고 말았다. 그러나 그의 이러한 진실함의 고통이 많은 사람의 영혼을 일깨워 사후에 많은 사람의 존경과 사랑을 받았다. 나는 그를 한마디로 표현하면 늘 **경계선에 서서 자신을 비롯한 소외된 소**

수자들을 사랑하며 살다간 실존의 사상가라고 말할 수 있을 것이다.

그 이후 프랑크푸르트학파는 대체로 **인간과 사회의 억압에 관심을 가지고 이를 어떻게 해방**할 것인가에 많은 관심을 보였다. 이성, 과학기술과 물질의 소비 속에서 인간은 해방과 자유를 느낄 수 있을 것을 기대했지만, 그러지 못하고 오히려 더 많은 억압을 받게 되었다. 인간이 원하는 좋은 것을 얻고 실현하면 자유하고 행복해질 것으로 생각했는데, 결과적으로는 그렇게 되지 못한 것이다. 그것은 억압이 항상 수반되기 때문이다. 좋은 것 즉 이상적인 것은 이분법이 되어 그렇지 못한 것을 항상 억압한다. 그리고 좋은 것은 전체주의로 발전하여 인간을 그 차원에 가둔다. 물질과 자본주의가 그러했다. 과학과 산업혁명도 그러했다. 민주주의도 그 틀에 순응하게 함으로 인간을 억압한다. 문화도 그러하다.

마르쿠제는 급진적 혁명을 통해 억압된 본능과 에로스를 실현할 수 있는 유토피아를 꿈꾸었다. 하버마스는 이러한 혁명보다는 상호소통과 대화를 통해 주체의 자율성과 이성을 확장하려고 하였다. 억압을 상호 간의 소통, 이해와 공감을 통해 풀어나가려는 것이다. 그리고 프랑크푸르트학파의 마지막 주자인 호네트로 오면 더 내면적인 가치를 중시하였다. 판단, 계급, 편견 등으로 병든 사회와 사람을 서로 인정해줌으로 치유를 통한 회복을 추구하였다.

* 이처럼 프랑크푸르트학파가 2, 3세대로 오면서 사회적인 문제가 더 내면적인 문제로 향하는 경향을 보였다. **사회의 문제가 결국 내면의 억압에서 시작되기 때문에, 그 속에 억압된 본능과 에로스를 해방하고 또 이해와 공감의 소통을 통해 억압을 풀어야 한다**는 것이다.

그리고 더 깊이 들어가서 서로의 다양한 인정욕구를 수용하고 채워줌으로 억압을 치유하는 사회로 가야 하는 것이다. 이처럼 프랑크푸르트학파는 억압의 해결을 외적인 것으로부터 내면적인 길로 들어가 억압을 더 원인적으로 치유하는 길을 모색하였다. 또 다른 학자인 에리히 프롬은 내면의 가치를 더욱 강조하였는데, 그는 사랑과 존재를 통해 사회를 치유하고 회복할 수 있다고 하였다.

4
버려진 작은 것에서 찾은 희망
― 포스트모더니즘

부정과 긍정이 공존하는 사회

프랑크푸르트학파는 이성의 억압으로부터 자유로운 사회를 만들기 위해 철학사상에서 시작하여 사회, 문화에까지 다양한 분야의 변혁을 시도하였다. 그리고 외적인 억압만이 아니라 내면적인 억압의 원인을 분석하여 이를 더욱 근원적으로 치유하고 해결하고자 하였다. 그러나 어떠한 사상과 운동도 환경에 영향을 받지 않을 수 없다. 니체가 아무리 독일의 사상과 체제를 비판한다고 해도, 그는 독일이라는 환경에 영향을 받지 않을 수 없는 것처럼 프랑크푸르트학파 역시 독일이라는 전반적인 분위기에 영향을 받지 않을 수 없었다. 독일은 전반적으로 억압적인 사회이다. 그들이 아무리 자유와 해체를 주장해도 중력처럼 잡아당기는 억압적인 환경은 어쩔 수 없을 것이다. 칸트와 헤겔도, 하이데거도 독일인이었기 때문에 자유로울 수 없었던 환경이 있었다.

그래서 이러한 독일의 한계를 뛰어넘으려는 새로운 운동이 일어나게 되었다. 좀 더 자유로운 곳에서 일어나는 사상과 운동이 필요했다. 자유의 상징은 역시 프랑스와 미국이다. 이곳에서 일어난 탈근대주의 운동이 있었는데, 이를 총체적으로 포스트모더니즘postmodernism이라고 한다. 이 운동은 프랑크푸르트학파보다 훨씬 더 광범위하고 자유롭다. 어떠한 학파의 중심이 없이 자연 발생적으로 산발적으로 자유스럽게 일어난 운동이다. 그렇다고 자연발생적인 산만함만 있는 것은 아니다. 그 속에도 일관된 철학과 사상이 있다. 그 속에 관통되고 있는 사상이 바로 해체deconstruction 철학이다. 해체철학의 중심사상은 탈중심적 다원적多元的 사고와 탈이성적 사고이다. 그리고 예술사조로서는 초현실주의와 흐름을 같이 하고 있다. 물론 이 글에서 이러한 운동과 사조를 소개하려는 것은 아니다. 지금까지 진행된 흐름에서 이러한 사상과 운동에 대해서 그 의미를 생각해보려는 것이다.

해체철학이라는 말은 현대에 새롭게 나온 말이지만, 그 속에 있는 해체 정신은 오래전부터 있었다. 과거의 형이상학의 철학이 늘 동일성만을 추구한 것은 아니다. 거짓의 해체가 없는 진리는 없기에 사실 늘 철학의 중심 과제였다. 칸트와 헤겔도 그의 철학의 중심에 해체가 있었다. 그리고 그 이후의 철학도 그러했다. 굳어지고 왜곡된 전통적 사상이 해체되지 않고는 새로운 생각이 나올 수 없으므로 해체는 철학의 기본이다. 그런데도 다시 해체철학이 필요한 이유는 무엇일까? 그 이유는 과거의 철학에서 해체를 다룬 목적은 동일성과 진리를 찾기 위한 것이지, 해체 자체가 철학의 주제이거나 목적이 되지는 않았기 때문이다. 합습을 위한 반反이 필요한 것이지, 반을 위한 반이 아니었다.

부정의 철학을 주장한 아도르노도 결국 긍정을 위한 부정이었다. 무한 부정이 목표는 아니다. 해체의 화신인 니체마저도 초인이라는 무한긍정을 위한 해체였다. 인간은 긍정이 기초가 되어야지 부정이 기초가 되면 불안해서 생존하기 어렵다. 생명의 기초는 부정이 아니고 긍정이기 때문이다. 그러나 20세기 예술과 철학은 부정 자체를 목표로 해체하고 있다. 그래서 혼돈스러운 것은 사실이다. 그렇다고 해체철학이나 초현실 예술이 해체만을 위한 것은 아니다. 그 속에도 분명 긍정이 있다. 가장 해체성이 과격하고 확고한 무정부주의도 해체 자체가 궁극적인 목적은 아니다. 국가를 해체해서 개인을 긍정하는 것이 그들의 목표이다. 그래서 그 어떠한 해체철학이나 예술도 해체를 목표로 한다고 해도, 혼돈 자체가 목표는 될 수 없다. 그렇다면 그들이 주장하는 해체는 무엇인가?

해체철학은 작은 차이를 소중히 여긴다. 작은 차이는 자본주의나 민주주의에서 소수점 이하로 다 제외된다. 그러나 해체철학에서는 이 작은 차이를 생명처럼 소중히 여긴다. 큰 것과 아름답고 선한 것만 중요하게 생각하는 사람과 사회에 작은 것, 추한 것 그리고 악한 것도 공존할 수 있는 사회와 인간이 되자는 것이 곧 해체철학과 포스트모더니즘의 정신이다. 과거의 해체는 긍정을 위한 필요악처럼 사용되었다. 긍정을 위한 부정이 아니라 부정자체가 긍정처럼 동등하게 대우받는 그러한 해체와 혼돈이 되어야 하는 것이다. 필요할 때 잠시 허용하는 해체와 부정이 아니라 항구적으로 **해체와 긍정이 같이 움직이는 그러한 해체**를 원하는 것이다. 생명의 본질이 긍정이 아니라 긍정과 부정이 같이 존재하며 움직이는 그러한 해체와 혼돈인 것이다. 동양에서는 오래전부터 이러한 생각이 있었다. 곧 음양이 바로 그러한 조화의 순환이다. 우리의 자연이 낮과 밤, 여름과 겨울이 공존하며 서로에게 유익을 주듯이 긍정과 해체가 같이 공존할 수 있는 것이다.

그러나 인간이 만든 인공적인 사회에서는 자연과 달리 저차정보와 알고리즘의 강력한 힘으로 긍정과 질서가 우세하게 지배해왔다. 그러나 뇌로 움직이는 인간은 자연적 음양의 공존을 감당하지 못하고 자꾸 긍정과 질서로 가려고 한다. 자기보존과 이분법으로 가서 조화를 이루기보다는 싸워서 이기려고 한다. 사회가 서로 다른 것을 인정하고 공존하며 이해하고 대화하며 나아가야 하는데, 큰 것이 작은 것을 무시하고 눌러버린다. 양적으로 보면 큰 것과 작은 것이 비교될 수 없다. 가격으로나 수적으로나 감히 공존과 조화라는 것은 불가능하다. 오직 지배구조와 주종관계만 가능하다. 그런데 작은 차이를 소중하게 여기라는 해체철학의 주장은 너무 비현실적인 이야기로 들린다.

변방의 소수자들이 역사의 주역이 되었다

그러나 역사적으로 보면 이는 결코 비현실적이지 않았다. 큰 것이 반드시 이기거나 지배하지 못하는 경우가 많았다. 다윗과 골리앗 싸움에서부터 그렇다. 하나의 가치로 통일된 전체주의나 동일한 가치만을 추구하는 인간으로 살아가는 사회는 겉으로 보면 아주 편리하고 발전적인 것 같지만, 스스로 파멸하고 말았다. 20세기 유럽의 세계대전은 결국 이러한 국가와 사람들에 의해 시작되었고 그 결과 엄청난 고통과 파괴를 안겨주었다. 스스로 멸망하였다. 유럽사를 통해 하나로 통일된 다수자들이 이룬 국가가 처음에는 강한 것 같았지만, 결국 변방의 소수자들에 의해 멸망당하는 경우가 많았다. 그리고 그 **소수자들이 모여 새로운 역사가 시작되었다**. 물론 그들도 다시 동일한 다수자가 되면 타락하게 되고 멸망되었다. 이를 알면서도 막지 못하고 반복하는 것이 역사였다.

그리스는 원래 변방의 소수자였다가 그들이 주역이 되었다. 그 후 로마도 변방의 야만인이었다가 위대한 제국을 이루었다. 그리고 다시 로마의 변방이고 가장 야만스러운 소수자인 게르만이 로마를 멸망시켰다. 기독교는 로마의 아주 작은 변방 소수자에게서 시작되었다. 그러나 4세기 만에 로마를 지배하였고 지금까지 유럽을 지배하는 종교가 되었다. 거대한 종교개혁이 한 작은 변방의 힘없는 사제로부터 시작되어 전 세계를 변화시켰다. 신대륙도 미친 생각으로 배척받았던 작은 모험가에 의해 시작되었다. 아무도 끝낼 수 없었던 영국과 프랑스 간에 100년 된 전쟁도 어떠한 영웅이 아니라, 프랑스 시골의 한 작은 소녀인 잔 다르크의 죽음으로 끝나게 되었다. 대륙에서 적응하기 어려워 섬으로 쫓겨 간 소수자들이 모여 살던 영국이 세계 최고의 국가가 되었다. 그 거대한 영국을 강하게 만든 왕은 당시로는 소수자인 연약한 두 여왕 (엘리자베스 여왕과 빅토리아 여왕)이었다. 유럽에서 적응하지 못하고 배척받은 자들이 세운 미국이 최강의 국가가 되어 유럽을 여러 번 구원해주었다.

유럽의 거대한 합스부르크 왕가는 스위스의 이름 없는 작은 소수인으로 시작되어 유럽 대부분과 대륙까지 지배하는 거대한 왕가가 되었다. 한 변방의 작은 섬에서 태어나 작은 키에 보잘것없는 한 청년인 나폴레옹이 유럽대륙을 지배하는 영웅이 된 일도 있었다. 거대한 통일 독일은 작은 한 변방의 프로이센이라는 소왕국에서 시작되었다. 이처럼 역사는 늘 소수인으로 새롭게 시작하는 것을 볼 수 있다. 로마제국이 그토록 오랫동안 번영할 수 있었던 것도 변방의 소수인을 개방적으로 받아들일 때였고, 로마가 멸망의 길을 가게 되는 것은 바로 그들을 수용하지 못할 때부터였다.

스페인이 한때 신대륙을 비롯하여 세계를 지배하는 최강국이 되었지만, 이를 유지하지 못하고 빈국으로 몰락한 이유는 소수인을 박해하였기 때문이었다. 어떤 문명이든 소수자들을 받아들이면 비록 당시는 혼돈과 어려움이 있었을지라도, 결국 그 힘으로 새로운 강국

벤야민은 약하고 작은 소수자에서 메시아를 기다리며 끝까지 경계선의 그들과 몸으로 함께한 이 시대의 진정한 철학자였다. 그는 유럽을 새롭고 바른 미래로 인도하는 메시아이기도 했다.
© d'identité sans auteur/wikipedia

이 되었다. 그들을 새로운 피라고 부른다. 그러나 획일적이고 전체주의적인 국가는 겉으로는 강해 보여도 곧 멸망하고 말았다. 이처럼 혼돈과 질서가 공존하고 큰 것과 작은 것을 같이 존중하는 사람들이 사는 사회가 계속 번영하며 강국이 되는 것이다.

그래서 우리는 작은 것, 소수자, 약자, 억압된 자를 진정하게 동등하게 대접하고 사랑하는 사람과 사회가 되도록 노력해야 한다. 물론 쉬운 일은 아니지만, 이를 위해 노력하는 사람이 많을수록 그 사회는 건강하고 부유해질 것이다. 벤야민이 소수자를 위한 마음처럼 이 시대에도 소수자와 약자를 배려하고 그들을 동등하게 용납하고 사랑하는 그러한 사람들이 필요하다. 이것이 유럽 문명사에서 반복되는 재난의 위기를 막을 수 있는 길이 될 것이다.

이를 중요하게 생각해야 하는 것은 가장 합리적인 이론이어서가 아니고 만물 속에 있는 실제의 법이기 때문이다. 이는 누구도 부인할 수 없는 자연과 우주의 법이다. 자연은 작은 것과 큰 것을 나누지 않고 하나가 되어 움직인다. 오케스트라의 음악처럼 하나의 소리를 내는 것이다. 생명의 몸도 그렇다. 작고 큰 것을 구별하지 않고 하나가 되어 움직임으로 생명이 존재하고 발달한다. 그래서 인간의 인공적인 세상도 생존하기 위해서는 자연과 생명의 법에 따라야 한다. 이 법에서 벗어날 때 그 문명을 쇠퇴하고 멸망했고, 아무리 작아도 소중히 여기고 서로 공존할 때 그 문명은 흥하였다. 이 법은 인류문명의 발달에서 가장 부인할 수 없는 가장 확실한 법이었다.

작고 무의미한 것을 소중히 여기는 고차적 사회

현대 사회는 대부분 복지국가를 지향하는 민주주의 국가이다. 민주주의와 복지는 현대 사회의 가장 보편적인 가치관이다. 그러나 이러한 민주복지국가가 앞서 말한 해체적 가치관을 진정으로 포용하고 있는지를 질문해보아야 한다. 평등한 복지에는 소수자가 포함되는 것은 사실이나 복지만을 통해 약자를 보호하는 데는 한계가 있다. 결국 강자를 위해 약자를 보호하는 것이기 때문에 진정하게 평등하다고는 볼 수 없다. 긍정을 위해 부정이 필요한 것처럼, 다수자를 위해 소수자가 필요하다면 진정한 평등이 되기 어렵다. 그렇다면 어떻게 소수자와 다수자가 진정으로 동등해질 수 있을까? 이는 민주주의의 맹점이기도 하다. 민주주의 자체가 선거를 통해 다수자의 횡포를 합법화하기 때문이다. 그래서 민주주의는 평등이 아니다. 소수자가 합법적으로 소외되기 때문이다. 자본주의와 자유주의도 소수자를 다수자와 동등하게 대할 수 없다. 구조적으로 불가능하기 때문이다. 다수자가 여유가 있는 만큼 소수자를 돌보는 것이다. 결코 구조적으로 다수자와 소수자가 동등할 수 없다. 이런 이야기는 거의 현실로는 불가능한 환상이다. 너무 이상적인 주제이고 실현 불가능한 유토피아 같은 이야기이다. 그러나 현실이 되어야 한다. 이것이 현실이 될 수 있는 길은 무엇일까?

다수와 소수가 동등할 수 있기 위해서는 정보 차원의 이해가 필요하다. 저차정보에서는 과학적으로 다수가 소수와 같아지는 것은 불가능하다. 주인과 종이 동등할 수 없다. 저차의 알고리즘에서는 그들의 위치와 기능이 분명히 다르다. 저차정보에서는 이분법으로 나누어지고 서로가 주인과 종의 위치에 설 수밖에 없다. 복지와 민주주의로 소수자를 보호해줄 수 있다면 다행이다. 이것이 최선이다. 이 정도만 되어도 다행이고 최선이다. 그러나 대부분 저차정보의 사회에서는 소수자가 변방에 서 있게 된다. 누가 의도하지 않아도 구조적으로 버림받고 차별받는다. 저차정보의 어쩔 수 없는 한계 때문이다. 알고리즘 정보가 만든 이분법과 자기 보존력으로 생기는 일이기에 누가 뇌의 정보를 이길 수 있겠는가? 결국은 다수자를 이상화하고 소수자를 경멸하게 된다. 그들이 억압받고 학대받는 것이 자연스럽다. 저차정보의 사회에서는 어쩔 수 없는 현상이다. 그래서 이 사회는 결국 쇠퇴하고 멸망할 수밖에 없다. 이것이 역사의 진리이다.

그러나 문명이 계속 발전하기 위해서는 소수자를 대접하고 그들을 동등하게 받아들여야 한다. 이것이 역사적인 또 다른 진실이다. 그래서 불가능해도 모두가 살기 위해서 그렇게 해야 한다. 저차정보의 사회에서는 이것이 불가능하기에 가능한 고차정보의 사회로 이행되어야 한다는 것이다. **로마도 고차정보의 사회로 가면서 발전했고 저차로 붕괴되면서 멸망했다.** 이것이 유럽 문명사의 가장 큰 교훈이다. 저차에 머물면 길이 안 보인다. 결국 멸망으로 간다.

고차정보에서는 양적 가치의 알고리즘으로 세상을 나누지 않는다. 작은 차이를 소중히 여긴다. 고차정보에서는 알고리즘이 사라진다. 작은 것과 큰 것이 중첩되어 있다. 알고리즘으로 구별하지 않는다. 아니 작은 것이 더 아름답다. 작은 것에서 길이 보인다. 작은 것으로 큰 것을 본다. 그 속에 참 생명이 있다. 작은 씨앗이다. 작은 아이의 생명이 사회의 미래가 되는 것과 같은 이치이다. 그래서 사회는 작은 아이지만 이를 소중히 여긴다. 거대한 출애굽의 기적이 강에 버려진 작은 한 생명에서 시작되었다. 이처럼 작은 것, 소수자, 변방인과 소외자를 사회의 새로운 피로서 받아들여야 한다.

복잡성에서는 작은 날갯짓이 중요하다. 양자에서는 우연과 무의미한 정보가 중요하다. 복잡성과 양자정보에서는 작고 큰 것이 없다. 다 하나의 결이 되어 움직인다. 이것이 양자의 거대한 힘이다. 작은 양자가 거대한 우주를 움직이는 힘이다. 자연은 작은 것과 큰 것이 하나 되어 살아간다. 오케스트라의 아름답고 힘찬 음악도 작고 큰 악기가 하나가 되어 연주하기 때문이다. 이것이 예술의 고차성이다. 가장 작은 자를 대접하는 것이 신의 아들을 대접하는 것이라고 성경은 말하고 있다.

사회와 인간 자체가 저차화되어 있으면, 아무리 노력해도 소수자들을 수용하는 것은 불가능하다. 마치 강한 중력의 법칙처럼 이분법이 잡아당기는데, 그 누가 이에 저항할 수 있겠는가? 가장 저차화된 전체주의 국가에서는 이러한 이분법이 더욱 극심하게 적용된다. 모두 균일한 개체여야지 조금만 달라도 제외된다. 그래서 **소수자를 위하는 노력도 해야 하지만, 사회 자체가 고차적으로 변화**되어야 한다. 이 두 가지가 동시에 진행될 수 있어야 한다. 이를 위해서는 개인이 먼저 고차적인 정보에 관심을 가져야 한다. 고차적인 예술과 종교와 학문이 있어야 한다. 문화도 고차적이어야 한다. 문명이 고차적이어야 한다. 이에 대해서는 나중에 다시 언급할 것이다.

저차와 고차의 순환적 주름운동

그렇다고 저차정보가 소용이 없다는 것은 아니다. 저차정보는 현실로서 살아가는데 여전히 중요하다. 도덕, 질서와 과학 정신은 사회가 발전하는데 여전히 중요하다. 알고리즘도 필요하다. 문제는 이 저차와 고차가 어떻게 조화를 이루며 움직여 나가는가에 있다. 자연은 음과 양이 순환하며 성장해간다. 음은 기운과 물질을 안으로 농축하고 양은 이를 밖으로 팽창시켜 실현한다. 농축의 힘은 음의 고차정보이고 실현은 저차정보이다. 밤은 고차정보이고 낮은 저차정보이다. 이렇게 낮과 밤, 그리고 여름과 겨울이 순환하며 자연이 진화한다. 농축과 팽창은 마치 주름 운동처럼 움직여 나간다.

인간과 생명의 사회도 이러한 순환이 필요하다. 이를 해체철학에서는 주름 운동이라 한다. 고차정보의 농축과 이를 현실에서 펼쳐내는 저차정보가 마치 주름 운동처럼 계속될 때 문명은 발전한다. 이는 과학의 법이기도 하다. 물리학자 봄은 고차정보의 세계를 전체와 내포적 접힌 질서로 표현했고 저차정보를 외연적 질서라고 했다. **접힌 질서로써의 접힘과 외연으로 펼침의 전숲운동**holomovement**으로 우주가 진화**하고 움직여간다고 했다. 이는 화이트헤드의 과정 철학, 베르그송의 창조적 진화 그리고 샤르댕의 오메가 포인트를 향한 수렴적 진화 운동과 같은 것이다.

라이프니츠의 단자도 초월세계와 보이는 세계가 접힘과 펼침의 주름 운동으로 단자를 실현해간다고 했다. 해체철학의 들뢰즈Gilles Deleuze(1925-1995)도 접힘과 펼침의 주름 운동을 통해 형이상학이 현실에서 펼쳐진다고 했다. **접힘을 통해 고차정보의 형이상학과 접촉하게 되고 우연과 불확실성의 펼침의 해체 과정을 통해 다양한 차이를 창출하면서 이를 통해 저차정보에게 고차정보를 유출한다.** 이러한 펼침은 마치 고차정보가 양자요동과 붕괴 등의 무작위성과 불연속성을 통해 저차정보로 드러나는 과정과 유사하다. 이러한 혼돈과 우연은 작은 차이를 만든다.

이는 야스퍼스가 말한 신의 암호와 같은 것이다. **암호는 겉으로 보면 아무런 의미가 없는 무작위성의 정보이다. 작은 차이의 소수자이다.** 통계적으로 보면, 있어도 되고 없어도 그만인 그러한 존재이다. 그러나 그 속에 어마어마한 고차정보가 숨어 있을 수 있다. 의미 없는 작은 암호 속에 값진 정보가 숨어 있을 수 있기에, 우리는 이러한 **해체와 혼돈을 소중하게 여기며 그 속에 숨은 암호를 해독해서 받아낸다.** 이 고차정보로 인간과 사회가 새 힘과 지혜를 받아 계속 발전할 수 있다. 질서와 안정은 당장은 사회와 인간에게 유익을 주지만, 이것이 고정되면 그 사회는 서서히 죽어간다는 것을 기억해야 한다.

그래서 질서가 아닌 해체의 작은 차이를 소중히 여기고 이를 통해 고차정보를 받아야 한다. 그래서 **혼돈과 작은 차이는 인간과 사회의 고차성의 유입과 유지를 위해 아주 중요**한 것이다. 인간과 사회는 알고리즘의 저차정보만 남게 되면 퇴보하고 죽는다. 혼돈을 통해 고차정보를 계속 받아야 살아갈 수 있다. 그런데 그 유입의 창구가 바로 작고 버림받은 소수자들이라는 것을 기억해야 한다. 작은 한 사람과 사건이 아주 중요하다. 이를 무시하지 않고 소중히 여기며 대접해야 모두가 살 수 있는 것이다. 이것이 유럽 문명사를 통해 최종적으로 얻을 수 있는 지혜이고 능력이라고 생각한다.

　예술과 영성 그리고 철학이 늘 이러한 소수의 작은 것들에 깊은 관심을 가지고 인간과 사회에 고차성을 공급해줄 수 있어야 한다. 그래서 죽어가는 정치, 경제와 사회를 살릴 수 있어야 한다. 갈등과 전쟁을 향해 가는 사회를 사랑과 평화의 나라로 갈 수 있게 해 줄 것이다. 이것이 미래의 우리 사회와 인간이 계속 발전할 수 있는 길이 될 것이다.

　인간은 우주의 하나의 행성 속에서 살아간다. 지구 속의 인간은 우주의 방향을 거슬러서는 안 된다. 같은 방향으로 가야 한다. 우주는 불안정한 해체의 힘과 중력과 같은 안정적인 힘이 조화를 이루지만, 해체력이 약간 우세한 가운데 진화하고 있다. **인간의 사회와 삶도 이러한 해체 정신이 조금 더 우세한 가운데 안정과 불안정의 조화를 이루어야 한다. 이것이 우주와 같이 진화해가는 방향이다.** 이것과 반대로 갈 때, 우주는 바이러스 등의 정보를 통해 지구를 해체하기도 한다는 것을 기억해야 한다.

6부

장노년기
인생을 돌아보며 노년을 준비하다
(21세기)

1
유럽의 나는 누구인가?
나의 역사 돌아보기

자기 찾기로 본 유럽 문명사

유럽은 인간이 만들어 간 역사이다. 인간의 집단들이 형성한 역사이다. 인간은 인격이 있고 그 인격은 성장한다. 인간 속에는 자기가 있고 그 자기는 생명의 중심이다. 생명은 자기를 찾아 실현하기를 원한다. 그래서 인생은 자기를 찾아 실현하는 삶이라고 볼 수 있다. 인간이 모여 이룬 집단도 마찬가지이다. 한 국가와 민족도, 그 국가들이 모여 만든 거대한 문명도 한 인격처럼 자기를 찾아 실현하는 것이 그 역사라고 볼 수 있다. 그래서 유럽의 문명사를 인격의 자기 찾기의 역사로 보고 그동안 이를 설명하였다. 그동안 여기저기에서 산만하게 언급된 부분을 이제 하나의 흐름으로 총정리해보려고 한다.

자기 찾기의 시작은 먼저 자기의 존재를 인식하고 자기가 누구인지를 아는 것이다. 자기란 남과 다른 스스로의 주체의식, 곧 정체성을 말한다. 정체성이란 자기를 하나의 전체로 의식하여 남과 다른 자기 영역과 특징을 확인할 수 있는 것이다. 아이가 태어나면 인식기능이 발달하지 않아 자기와 대상을 구별하지 못한다. 대상인 어머니를 통해서 자기를 형성해간다. 그러다가 3세가 되어야 희미하게 자기를 느끼기 시작한다. 그러나 자기가 너무 약하고 세상과 부모는 너무 거대하다는 것을 알게 되어, 잠시 자기 찾기를 유보하고 부모에 의존되어 부모와 동일시함으로 자기를 찾는다. 부모가 곧 자기가 되는 것이다. 부모에 복종하며 부모가 원하는 것을 하며 부모가 기뻐하고 인정해주면 자기가 있고 그렇지 않으면 자기를 상실한 것처럼 산다. 이때의 자기는 곧 부모가 된다.

유럽은 원래 야만이었다. 거대한 로마에 비해 너무 부족하였다. 그래서 그들은 자기의 부모로서 로마를 받아들였다. 자신이 없었기에 전적으로 로마에 의존하며 살아왔다. 로마가 자신의 환상이고 아버지였다. 이때가 바로 유럽의 유아기와 소년기라고 볼 수 있다. 자기가 없이 로마와 로마가 남긴 기독교에 절대복종하며 살아왔다. 이것이 중세까지의 유럽의 삶이었다. 그러다가 첫 번 자기를 의식하기 시작한 사춘기가 왔는데, 그것이 바로 르네상스이다. 르네상스를 통해 자기를 조금씩 의식하기 시작한 것이다. 자기를 주장하고 자기가 추구하는 것을 표현하기 시작하였다. 그러나 대부분 아직도 부모의 권위와 영향 아래에 있었다. 그렇지만 서서히 부모의 권위에 일방적으로 눌리지 않고 자신 속의 합리성과 이성의 소리를 들으며 부모와 대화하기 시작했다. 이것이 중세 이후 스콜라 학파와 토마스 아퀴나스의 등장이다. 이는 사춘기를 지나면서 아이들이 부모의 권위를 선택적이고 상대적으로 받아들이면서, 자신의 이성과 합리성으로 수용하기도 하고 때로는 갈등하고 타협하는 시기이다.

부모를 떠난다는 것의 진정한 의미

부모로부터 자기를 찾아가는 과정은 이론처럼 딱 나누어지는 것은 아니다. 자기를 찾는 과정은 중첩적이고 점진적이다. 자기 속에 있는 부모가 생각처럼 금방 사라지는 것이 아니기 때문이다. 부모는 아주 어린 시절부터 영향을 주었기 때문에 이미 자기 속에 들어와 있다. 그래서 이미 자기가 부모이다. 나의 기질과 성격 속에 부모가 들어와 있다. 이제 삶에서 이를 하나하나 인식하며 벗겨내는 작업을 해야 한다. 그러나 대부분 자기 삶인 줄 살고 있지만, 부모가 물려준 것을 자기 것인 양 반복하며 사는 경우가 많다.

아무리 자기 삶을 살려고 해도 자기를 끌어내리는 거대한 부모의 유산이 있다. 로마라는 부모는 이미 사라진 지 오래이지만, 로마를 대신하여 유럽의 깊은 곳에 부모 대신 자리 잡는 것이 있었다. 내면화된 부모이다. 그것이 기독교였다. 부모가 죽었어도 나에게 지대한 영향을 이미 주었다. 한국인에게는 부모가 돌아가셔도 부모가 남긴 강력한 유산이 있는데, 그것은 유교이다. 유교를 통해서 부모는 여전히 내 속에 살아있다. 그래서 제사를 지내야 하고 늘 유교적 가치관으로 살아야 한다. 그러지 못할 때는 부모가 꾸짖을 것 같은 두려움이 있다. 한국인의 유교처럼 유럽인에게는 기독교가 있다. 그런데 자기 찾기에 의문이 하나 생긴다. 부모가 남긴 좋은 유산인데, 이를 잘 간직하고 지키는 것도 소중한데 무조건 자기를 찾는다고 해서 부모가 물려준 모든 것을 다 거부하고 떠나는 것이 바른 일인가? 라는 질문이다.

물론 부모가 물려준 유교나 기독교를 자식이 거부해야 한다는 뜻은 아니다. 그 종교와 신념이 모두 잘못되었다는 뜻도 아니다. 이를 거부하는 것이 자기를 찾는 것도 아니다. 떠나야 하는 것이 있다면 그 종교 자체가 아니라 그 속에 잘못된 부모의 것이 숨겨져 있기 때문이다. 이를 찾아서 허물고 떠나야 한다는 것이다. 원래 종교의 가르침이 아닌데 부모에 의해 전통적으로 왜곡한 부분이 있어서 이를 찾아 바로잡는다는 것이다. 원래 공자가 가르친 유학과 부모로부터 물려받은 전통적인 유교는 한참 다르다. 조선의 유교는 사람을 살리는 것이 아니라 오히려 사람을 억압하고 그 가르침에 가두어 놓았다. 그리고 이를 통해 권위를 유지하고 약자를 감시하고 압제하였다. 이는 분명 잘못되어 있다. 이를 바로 잡고 원래 공자의 가르침을 회복하는 것이 바른 자기 찾기이다.

이처럼 중세 교회도 원래의 성경의 가르침에서 벗어나, 교황과 교회의 권위와 조직을 유지하는 수단으로 잘못 이용되고 있었다. 그래서 이를 바로잡기 위해서 성경의 가르침에서 벗어난 부분을 거부하고 바른 신앙을 회복해야 하는 것이다. 왜곡된 신앙을 바로잡아야 바른 자기를 찾을 수 있기 때문이다. 바른 신앙은 자기를 바로 찾게 하는 것이지 억압하고 정죄하는 것이 아니다. 이러한 자기 찾기가 바로 루터의 종교개혁이었다. 그러나 자기 찾기는 마음의 신앙으로 끝나는 것이 아니다. 현실에서 일어나야 한다. 거대한 가톨릭 국가와 교회를 대상으로 투쟁하고 죽음까지도 불사하는 그러한 처절한 자기 찾기가 있었다. 종교개혁은 유럽이 현실에서 자기를 찾는 성인식과 같은 것이었다. 한 성인과 개인으로써의 삶을 시작하는 그러한 사건이었다. 그래서 종교개혁의 여파는 대단했다. 참혹한 종교전쟁으로 번지게 되어 많은 사람의 희생이 있었다. 그러나 이를 통해서 개인을 찾게 되고 각 개인을 통해 다양한 삶으로 발전되었다.

자기 찾기 속에 숨어 있는 과거의 부모

첫 번째가 과학의 시작이다. 그동안 종교적인 맹신에 묶여 과학적인 연구가 발전할 수 없었다. 종교의 편견을 과감하게 허물고 과학이 발달하기 시작했다. 그래서 코페르니쿠스, 갈릴레오 그리고 뉴턴 등에 의해 과학이 놀랍게 발전하기 시작했다. 두 번째가 경제 제도에서 새로운 바람이 불었다. 그동안 권위적이고 수직적인 봉건제도에서 벗어나 상업을 기반으로 하는 수평적이고 개인적인 직업 계층이 생기기 시작했다. 개신교는 새로운 직업윤리의 기초를 마련해주었고 이를 기반으로 해서 모두 열심히 일한 만큼 부를 축적할 수 있었다. 이를 부르주아라고 하며 새로운 시민 집단을 형성하였다.

과학을 기초로 한 기술이 발달하면서 기술자를 양성하는 길드제가 자리 잡기 시작했다. 권위적인 체계 속에서만 살아가던 사람들이 개인적이고 자유로운 새로운 직업을 갖게 되었다. 이처럼 개인의 삶을 찾을 수 있게 된 것은 권위적인 종교를 거부하고 신을 개인적 믿음으로 만날 수 있게 한 종교개혁의 덕분이다. 이러한 자기 찾기는 예술 분야에도 영향을 미쳐 새로운 변화를 일으켰다. 그래서 바로크와 로코코 예술이 시작되었다. 부모 시대의 고정된 틀에서 벗어나 그동안 눌려있던 자기를 화려하고 웅장하게 표현할 수 있었다.

그러나 이러한 바로크 시대가 반드시 자기 찾기의 결과로 볼 수만은 없다. 부모로부터 받은 것은 그렇게 쉽게 사라지지 않는다. 여기서 자기 찾기에 대한 오해가 있을 수 있기에 이에 대해 한 번 더 설명하려고 한다. 자기 찾기는 결코 부모를 자기 속에서 다 지우는 것을 의미하는 것은 아니다. 자식이 부모를 존경하고 사랑하는 것이 동서양의 도리인데, 자기 찾기를 부모의 모든 흔적을 찾아 소멸하는 것처럼 오해해서는 안 된다. 앞서 말한 대로 자녀의 인격에 유익한 유산은 받아들이지만, 자녀의 인격과 생명을 아프게 하고 억누르는 잘못된 것은 아무리 부모가 준 것이라도 이를 찾아 소멸해야 한다는 뜻에서 부모의 흔적을 찾는 것이다.

부모의 잘못된 것도 하나의 자기로서 자신을 보존하고 살아남으려고 한다. 그래서 여러 가지 모습으로 변용된다. 마치 우리가 찾는 자기처럼 변용되어 깜박 속을 수도 있다. 자기실현인 줄 알았는데 그 속에 부모의 망령이 교묘히 살아남을 수도 있다. 바로크는 과거의 예술에 비해 상대적으로는 화려하고 아름다울 수 있지만, 인간의 감정을 그대로 맘껏 펼치지 못한다. 아직 자신을 충분히 알지 못하고 들어낼 준비가 안 된 것이다. 자신을 직접 드러내기보다는 어떠한 형식과 구조를 통해 자신을 표현한다. 아직도 많은 부분이 억압되어 있다. 그래도 음악에서는 인간의 아름다움이 많이 표현되고 있지만, 건축에서는 인간의 표현보다는 신성을 강조되는 방향으로 발전되었다. 물론 신성이 강화된다고 그것이 나쁘다고 말하는 것은 아니다. 중요한 것은 그것으로 인해 인간의 인격이 얼마나 압박받고 위축되느냐가 중요한 것이다. 인간을 인간답게 살리는 방향으로 가는 신성이 아니라 그 반대로 가는 신성은 분명 잘못된 것이다.

종교개혁으로 위축된 구교의 분위기를 일신하고 새로운 모습으로 대중에게 나타나기 위해 더욱 화려한 바로크 양식의 건축을 권장하였다. 아름다움이 겉에 드러난 것은 사실이지만, 그 속에는 종교적인 권위가 그대로 숨어 있었다. 그러나 바로크 음악은 신교의 영향으로 개인의 신앙과 마음속에서 올라오는 아름다움이었다.

바로크 건축은 겉으로는 분명히 진보된 것이지만, 내용으로 보면 과거로의 회귀이다. 하나의 역주행 현상이다. 이런 역주행 현상이 또 하나 더 나타난다. 프랑스에서는 자기 찾기의 결과로 나타난 부르주아가 그들의 생존을 위해 왕권과 결탁하면서 그 어느 때와 비교할 수 없는 절대 왕권이 발달하였다. 그리고 이 절대 왕권은 자신의 권위와 화려함을 향유하고 과시하기 위해 바로크 예술을 발전시켰다. 절대 왕권이 형성되는 데는 현실적으로 여러 요인이 작용한다. 첫째로 신성로마제국에 계속 당하고 있을 수만 없기에 이를 견제하고 이길 수 있는 강력한 국가의 필요성을 느끼게 되었고, 부르주아와 왕권이 결탁함으로 서로가 경제적 유익을 얻을 수 있었기 때문이다. 또 이를 통해 귀족의 세력을 약화할 수 있었기 때문에 절대 왕권이 큰 저항 없이 발전될 수 있었다.

  자식이 사업에 성공하여 결국 하는 일이 부모의 것을 답습하고 그 이상을 이루는 것과 유사하다. 자신의 것을 계속 찾는 것이 아니라, 과거 부모에 대한 환상을 실현하는 그러한 삶을 사는 것이다. 프랑스의 절대 왕권의 권위와 화려함은 바로 로마제국과 황제의 재현이다. 신성로마제국이 그렇게 하는 꼴을 못 봐주고 자신이 더 앞서겠다는 욕망으로 왕권과 사치함을 극대화한 것이다. 이를 위해 화려한 바로크와 궁정 예술도 필요했다. 겉으로 보면 자기 찾기인 것 같지만, 내용으로 보면 과거로의 회귀이다. 그렇게 하다 보니 자신을 지지해온 시민계급과 갈등을 야기되어, 프랑스 대혁명으로까지 발전하게 되었다. 겉으로 보면 정치적인 문제일지 모르나, 속으로 보면 자기 찾기의 정체와 과거로의 회귀 때문이다. 이처럼 자기 찾기는 결코 쉬운 일이 아니다. 이러한 일들은 우리 삶에 적지 않게 일어난다. 허구적인 자기를 허물고 진정한 자기 찾기를 하지 않으면 이런 갈등과 혼돈이 늘 일어난다. 그러나 유럽은 멈추지 않았다. 또다시 자기 찾기의 싸움이 여러모로 진행되었다.

허구적 자기를 의심하고 바른 자기를 찾아라

  진정하고 순수한 자기 찾기를 위해서는 더 철저한 자기 탐구의 의식이 있어야 한다. 그렇지 않으면 앞서 말한 혼돈과 허구성에 빠질 수 있다. 그래서 이러한 인간에 대한 탐구 의식이 발달하게 되었다.

그 시작이 데카르트이었다. 그는 모든 것을 의심하고 확인함으로 허구와 위장된 거짓을 걸러내려고 하였다. 그러나 이러한 생각을 하는 의식은 부인할 수 없는 자기 자신으로 받아들였다. 이를 통해 자기 삶과 생각의 주인이 자기가 되는 것이다. 철저한 주체적 의식을 자기로 선포한 것이다. 자기의식의 시작이라고 볼 수 있다. 이것이 근대철학의 시작이었다. 의식으로서 자기가 자신의 주체임을 선언한 것이다. 이러한 시기가 물론 사람마다 조금씩 다르지만, 보통 대학 생활을 끝내고 청년기로 접어들면서 오는 현상이다.

이때부터는 부모의 권위나 물려준 그 어떠한 것보다 자신의 합리적이고 이성적인 판단을 중요시한다. 아무리 부모가 말한 것이라도 이성과 지성을 통해 확인해야 자기의 것이 된다. 그렇지 않으면 아무리 부모가 준 것이라도 거부하고 폐기한다. 이를 통해 독립적인 자기를 확인한다. 이러한 독립된 개체로서 세상을 살아갈 준비를 한다. 내적으로 확인된 정체성을 이제 삶으로 실현하며 증명해야 한다. 이제 처절한 현실에서의 자기 삶이 펼쳐지는 것이다. 부모를 떠나 현실에서 진정으로 자신을 찾는 작업이 시작된다. 대학을 졸업하고 세상에서 자기의 인생을 출발하는 사회초년생 같기도 하다. 엄청난 시행착오의 시간이 기다린다. 부모가 살았던 그 인생을 이제 자기도 가야 한다.

이제 의지할 것은 부모의 것이 아니라, 자기의 능력이다. 자기의 능력은 이성과 지성에서 나오는 것이다. 그런데 이성과 지성의 성격은 다소 다르다. 합리성이라는 공통분모가 있지만, 그 원천이 조금 다르다. 이성은 자신 속에서 나온다. 그러나 지성은 자신의 것을 의지하기보다는 현실에서의 경험을 중시한다. 이 경험주의는 주로 영국에서 발달하였다. 영국 사람은 자신보다 외적인 경험과 학습을 더 중시하였다. 그래서 감각적인 경험과 귀납법을 통해서 지성의 인과관계를 규명하였다. 자신도 어떠한 초월적인 관념의 존재라기보다는 감각적 인상의 경험과 기억의 결집체로 보았다. 그러나 대륙에서는 인간 고유의 이성적 존재를 인정하고 이러한 이성에서 자기를 찾으려고 하였다. 삶에서 자기를 찾는 방식에서 차이를 보이지만, 둘 다 세상을 살아가는 데 중요하고 필요하다.

때로는 경험의 힘이, 때로는 인간의 중심에서 올라오는 이성의 힘이 필요할 때도 있고 두 힘이 서로 하나가 되어 풀어야 할 때도 있다. 이를 가능하게 한 철학자가 바로 칸트이다. 그리고 이를 현실에서 어떻게 활용할 수 있는지에 대해서는 헤겔이 구체적으로 답을 내어놓았다. 이처럼 인간 속에 있는 자원을 어떻게 찾아 활용할 수 있는지에 대해 그들이 구체적인 지도를 그려놓은 것이다. 이제 사람들은 세상에서 그 지도를 따라가며 살아가면 되었다.

혼돈에 빠진 자기 찾기

그들은 자기로 찾은 지성과 이성으로 16~19세기 동안 대항해 시대와 식민지 시대를 열었고, 17~19세기 동안 과학혁명과 산업혁명이라는 폭발적인 발달을 이루었다. 이러한 성장이 20대 후반에서 40초반의 청년기의 모습일 수 있다. 그래서 그들의 자기 찾기와 능력에 대해 자부심을 가질 수 있었다. 그러나 현실에서 예상하지 못한 여러 가지 문제들도 나타났다. 철학자들이 그려준 이성의 그림대로 현실이 계몽되지 않고 여러 장애물이 나타난 것이다. 대학교 아니 대학원과 박사과정에서 철저하게 준비해도 교수님들이 가르쳐준 대로 현실이 돌아가지 않는 것과 같다. 현실은 더 복잡하고 예상하기 어렵다. 그래서 회사에 들어가면 학교에서 배운 것을 다 잊고 새로 배워야 한다고 한다. 이런 시행착오가 현실에서 터지기 시작한 것이다. 현실의 문제는 앞서 이야기한 대로 두 군데에서 터졌다. 17세기에 독일에서는 구교와 신교가 싸우는 30년 전쟁으로 독일이 황폐해졌고, 18~19세기에는 프랑스에서 절대 왕권과 시민계급의 충돌로 절대 왕권이 무너지는 혁명이 일어났다. 이 두 사건은 서로 별 관계가 없는 것 같지만 자기 찾기에 큰 혼란과 아픔을 주었다.

  독일은 한때 신성로마제국으로 프랑스를 압도한 적이 있었다. 그래서 이를 극복하려고 프랑스는 강한 왕권으로 힘을 키웠다. 그런데 독일은 구교와 신교의 갈등으로 인해 30년 전쟁이 발발했고, 국내 전쟁으로 간단하게 끝날 줄 알았던 전쟁에 유럽 대부분의 열강이 독일로 들어와 전쟁을 더 크게 벌였다. 결국 전쟁은 합스부르크 왕가와 프랑스와의 전쟁이 되었다. 그 전쟁터에서 약탈당하고 죽은 독일인이 너무 많았다. 역병까지 겹쳐 30년간 독일 인구가 1700만에서 1000만 명으로 격감하는 참혹한 트라우마를 남겼다. 그 이후 독일인들에게는 강력한 통일국가에 대한 염원이 간절했고 이를 실행에 옮긴 왕국이 바로 프로이센이다. 프로이센이 단시간에 강력한 국가로 성장하였다. 이런 급성장이 가능하였던 것에는 두 가지 원인이 있다.

하나는 프로이센이라는 강력한 절대 왕권이었고 다른 하나는 프랑스의 절대 왕권이었다. 프랑스는 앙리 4세 때 낭트칙령을 통해 신교와 구교의 자유를 선포하여 종교적 갈등을 해결하였다. 그러나 그의 손자인 루이 14세가 절대 통치를 하며 이 칙령을 취소하고 신교도인 위그노를 심하게 탄압하였다. 위그노는 대부분 신흥 상공인이나 전문기술자였다. 그 당시 프랑스가 상업과 기술이 가장 발달하였다. 그런데 그들이 탄압받아 자기들을 받아주는 프로이센으로 대거 이주하였다. 그들이 프로이센의 공업 특히 무기 생산에 큰 도움을 주었다. 기술이 없던 프로이센이 무기 강국이 될 수 있었던 이유가 바로 프랑스의 절대 왕권의 도움이 되었다. 이처럼 독일인의 소원을 이루는 데는 절대 왕권과 전제주의가 크게 도움이 되었다.

그런데 상상할 수 없던 일이 생겼다. 절대 왕권을 앞서 달려갔던 프랑스가 갑자기 시민 혁명으로 붕괴하는 소식을 접한 것이다. 독일은 뒤늦게 절대 왕권을 어렵게 만들어 가는데, 선배 격인 프랑스의 왕권이 붕괴했다는 소식을 들으니 자신들의 전제정치에 대해서도 흔들렸다. 특히 독일 지식인들의 갈등이 심했다. 독일인들은 이상과 현실의 모순과 갈등에 빠지지 않을 수 없었다. 이러한 혼돈을 풀어줄 것으로 기대했던 나폴레옹이 혜성같이 나타났지만, 그도 과거 이상의 독재자가 되어 정복 전쟁을 벌였다. 그리고 독일은 나폴레옹에게 패하여 다시 프랑스의 지배를 받게 되었다. 이런 일을 겪으며 현실과 이상은 더욱 뒤죽박죽되었다. 특히 독일 지성인과 예술가들은 이를 어떻게 받아들이고 이해해야 할지 대혼란에 빠지게 되었다.

이러한 과정에서 독일은 정체성의 혼란에 빠졌다. 이성과 지성인가? 아니면 절대군주에 의한 강력한 통일국가인가? 이상과 현실의 갈등과 혼돈이었다. 이것이 삶의 혼돈이고 고통이다. 자기 찾기가 그렇게 간단하고 쉬운 것이 아니었다. 나는 과연 어느 줄에 서야 하는가? 시대는 약간씩 달랐지만, 칸트, 헤겔, 피히테, 셸링, 괴테, 실러, 헤르더, 베토벤, 바그너, 쇼펜하우어, 니체 등 수많은 지성인과 예술가들이 같은 문제로 갈등했고 혼돈에 빠졌다. 대부분은 현실을 회피하였지만, 그 누구도 현실에서 자신 있게 무엇이 좋다고 말하기가 어려웠다. 겉으로는 다 이성의 편에 있었지만, 속으로는 독일의 부강해지는 것을 원하는 모순 가운데 있었다. 그 극단의 예가 바로 하이데거이다.

이것이 바로 독일인의 자기 찾기와 정체성의 대혼란이다. 우리도 살아가면서 어디에 줄을 서야 할 것인가? 혼돈에 빠지는 경우가 종종 있다. 대학 때의 이상을 따를 것인가? 아니면 현실의 힘을 추종할 것인가? 결국 우리의 삶은 이러한 갈등과 싸움의 연속이다. 한마디로 정체성과 가치관의 혼돈을 겪으면서 사는 것이 우리의 현실이다. 이러한 혼돈과 갈등의 시기가 인생으로 보면 40대 중반 이후의 중년의 삶이라고 볼 수 있다. 유럽은 이 시기에 다양한 혼돈과 갈등을 겪었다. 열심히 인생을 살아왔지만, 현실과 이상의 차이에서 오는 갈등이었다.

첫째로 앞서 말한 대로 진보와 보수의 갈등이다. 개인의 자유와 전체주의에 대한 가치관의 충돌이라고 볼 수 있다. **두 번째가 그동안 신뢰하고 충성해온 집단과 인간에 대한 실망과 배신감이다. 인간과 집단의 탐욕과 이기성에 대한 실망**이다. 이성과 합리성의 몰락을 경험하기도 한다. 인간과 집단의 야만성을 보았기 때문이다. 그리고 그 속에 흔들리는 자기의 모습도 볼 수 있었다. 자신도 그 개인과 집단에서 결코 분리될 수 없었기 때문이다.

세 번째가 인간이 목표로 하는 물질적 풍요에 대한 회의懷疑이다. 이를 목표로 하고 열심히 살아왔는데, 과연 이것으로 인간이 얼마나 행복해질 수 있는가에 관한 질문이다. 풍요로운 자들의 욕심은 한이 없고 가난한 자들은 박탈감에 분노하고 있고 과연 물질적 풍요가 인간을 얼마나 행복하게 해줄 수 있는지를 회의하기 시작한 것이다. 마지막이 **과학의 발전에 대한 회의**이다. 과학과 기술의 진보가 과연 인간을 유토피아로 인도해줄 것인가? 아니면 인간을 불행하게 하는 것인지에 대한 갈등과 회의가 들기 시작한 것이다. 과학기술은 곧 전쟁에 즉시 반영되어 살상력과 전쟁의 참혹성을 증폭시켰다. 이러한 발전이 자기 찾기의 결과로 얻어진 것인데 과연 **자기 찾기가 바로 가고 있는 것인지, 인간의 문명과 발달이 얼마나 가치 있는 일인지** 갈등하고 혼돈하기 시작한 것이다.

이는 유럽만이 아니라 인생도 중년을 살면서 유럽이 겪은 갈등과 회의를 경험하게 된다. 이 혼돈과 갈등에 멈추거나 회의주의에 빠져서는 안 되고 이제 유럽과 함께 이에 대한 답을 계속 찾아 나가야 한다.

한계에 봉착한 자기 찾기

그렇다면 우리의 자기 찾기는 이러한 현실에서 정체되고 종료되는 것인가? 유럽, 특히 독일의 자기 찾기는 여기서 끝나는가? 그렇지 않다. 어떻게 보면 이제 진정한 시작일지 모른다. 그 이후 유럽, 특히 독일의 자기 찾기가 어떻게 진행되었는지를 살펴보자. 결국 이는 우리의 삶의 이야기이기도 하다. 이러한 혼돈 속에서 확실한 것은 인간이 자기의 근거와 힘으로 가장 의지하던 이성과 지성으로 현실의 문제를 극복하지 못했다는 것이다. 또 다른 힘이 있어 이를 방해한다는 것을 알게 되었다. 그래서 이성을 추구하는 철학의 한계를 보는 것이다. 이를 지적한 철학자가 쇼펜하우어이다. 그는 이성보다 인간의 감정을 더 중요한 자기의 힘으로 제시했다. 이성으로는 현실을 극복할 수 없는 이유는 인간의 의식과 현실이 욕망이라는 감정의 표상이기 때문이라고 지적했다. 현실을 이성이 지배하는 것이 아니라 감정이 지배한다고 본 것이다. 그래서 감정을 더 중요한 힘으로 보았다.

독일인의 이중적인 가치관, 즉 이성적으로는 프랑스의 혁명을 지지하면서도 자신의 조국이 절대왕정이 되는 것을 묵인 내지는 지지하는 이중성을 보인 것은 **이성과 감정의 갈등** 때문이다. 그들의 과거의 전쟁 트라우마에 대한 두려움과 자신의 국가가 강국이 되어 프랑스를 이길 수 있기를 바라는 욕망의 감정이 그들의 절대왕정을 무의식적으로 원하기 때문이다. 결국 이성보다 감정이 더 강한 힘을 발휘하기 때문에 현실에서는 이성의 이상적인 가치관이 힘을 쓰지 못한 것이다. 겉으로는 이성이 감정을 통제하고 이기는 것 같지만, 실제로는 감정이 이성을 압도한다. 현실은 이성이 아니고 감정이 지배하는 곳이다. 이 감정을 바로 아는 것이 자기를 알고 찾는 것이라는 것을 각성한 것이다.

그래서 그 이후의 **철학은 감정이 중요한 자기 찾기의 주제가 된다.** **그리고 감정은 곧 몸이라는 것**을 알게 된다. 감정은 몸에서 올라온다. 인간은 머리로 감정과 몸을 통제하며 산다고 생각하였으나 반대로 머리는 몸과 감정의 지배를 받게 된다는 현실을 받아들인다. 결국 몸과 마음이 아프면 아무것도 할 수 없다. 몸과 감정이 받쳐주어야 살 수 있는데, 그들이 반란을 일으키면 머리는 아무것도 할 수 없다. 이제 머리의 이성에서 몸과 감정을 살펴야 했다. 그리고 **몸과 감정이 움직여야 이성도 같이 간다**는 것을 알게 된 것이다.

그래서 이를 가장 날카롭게 통찰한 니체가 이성의 철학을 허물고 감정과 몸, 그리고 힘의 철학을 주창했다. 힘이 없이는 아무것도 할 수 없다는 것을 알고 힘이 없는 이성을 허물고 힘의 근원인 몸과 감정을 철학의 중심에 두었다. 그리고 마르크스는 노동이라는 몸과 감정의 소외를 극복하기 위해서는 이성이 아니라 힘으로 정치적이고 경제적인 혁명을 이루어야 한다고 했다. 그리고 프로이트는 의식은 무의식의 방어기제일 뿐 무의식의 욕망이 실제 삶을 지배한다고 했다. **의식의 사고와 이성이 주체가 아니라, 감정과 몸의 무의식이 인간의 주체**라는 것을 선포한 것이다. **코페르니쿠스적 전회**였다. 의식의 주체가 다시 재형성될 필요가 있었다. 현상학이 의식을 새롭게 정리하였으나 과거와 같은 절대적 주체로서 회복되기는 어려웠다.

그래서 이 중년의 시기에는 의식의 지성과 이성보다는 감정과 몸의 중요성을 인식하며 이를 돌보기 시작하는 것이다. **합리성과 이성적으로는 아니라도, 감정과 몸이 원하면 이를 수용하고 행동에 옮기는 일들이** 생기기 시작하였다. 인생의 목표가 조금씩 바뀌기 시작하였다. 옳고 바른 것보다 좋은 것, 행복한 것을 추구한다. 누가 뭐하고 해도, 집단의 가치관과 다소 충돌하더라도 자기가 좋으면 행동으로 옮겨보는 새로운 일이 생기기 시작하였다.

물질의 풍요와 출세만을 위해서 달려온 인생을 잠시 멈추고 인생이 진정 무엇이 중요한 것인지를 생각하기 시작하는 것이다. 책도 읽고 예술에도 관심을 가지고 기회가 되면 여행도 떠나보는 것이다. 지성과 이성이 아닌 자신의 소리를 듣는 것이다. 감정과 몸에 관한 관심이 더 깊어진다. 운동도 하고 산에도 간다. **몸의 소리도 들어본다.** 호흡도 하고 명상도 즐긴다. 몸에 소리에 관심을 가지며 몸을 더 세심하게 돌보기 시작하는 것이다. 이것이 유럽이 겪은 변화이고 중년 이후 인생이 변화되는 모습이기도 하다.

그러나 이러한 변화의 시도에도 불구하고 유럽은 20세기 초에 인류 역사상 가장 참혹하고 잔인한 세계대전을 겪게 된다. 이를 통해 그들은 인간의 자아와 이성에 대해 더욱 실망하고 좌절하게 되었다. 그것도 이성의 철학과 예술이 가장 발달한 독일이 그 전쟁의 주체가 되었다는데, 그 실망감과 좌절은 더욱 클 수밖에 없었다. 이러한 인간의 모순을 어떻게 해야 할 것인가? 자기를 찾는다는 인간의 모습이 이것밖에 안 되는가? 자기 찾기보다 차라리 자기 없이 사는 중세가 낫지 않았을까? 그때는 겉으로는 질서가 유지되지 않았던가? 이렇게 역주행의 위험이 다시 고개를 들 수도 있었다. 그래서 일부 국가에서는 강력한 파쇼적 정치로 복귀하기도 했다. 이와 함께 사회주의에 대한 욕구도 강력하게 일어나고 있었다. 이처럼 **정체성의 혼돈**이 계속되었다.

인간의 이러한 모순은 내적인 삶에만 나타난 것은 아니다. 유럽이 외적으로 확장되면서도 이러한 모순이 일어났다. 유럽이 대항해시대와 식민지를 개척하면서 엄청난 발전을 이루었지만, 이와 함께 엄청난 야만적 행위가 나타났다. 원주민 학살, 해적행위와 약탈, 노동의 착취와 노예무역과 아편전쟁과 같은 비윤리적 행위 등 수많은 야만성도 발전과 함께 나타났다. 그리고 과학과 산업혁명의 발전을 이루었지만, 이로 인한 노동의 착취와 극심한 빈부의 격차를 유발하였다. 그리고 기술과 과학혁명은 문명의 발전만 이룬 것이 아니라 무기의 과학화를 통해 엄청난 살상의 기술로 발전하여 이를 양차 세계대전을 통해 상상할 수 없는 살상과 파괴를 안겨다 주었다. 이처럼 **유럽의 자기 찾기는 진행될수록 수렁에 빠졌다**. 문명의 발전을 이룬 것은 사실이지만 이와 함께 야만성도 발전되기에, 바른 자기 찾기의 의미가 무엇인지를 깊이 고민하지 않을 수 없었다. 그리고 이 모순과 야만성이 어디에서 시작하는지 비판적으로 탐구하지 않을 수 없었다.

개인의 인생으로 보면 살다가 **큰 실패와 질병**을 겪는 것과 비슷하다. 열심히 살아왔지만, 인생에 회의를 느끼고 다르게 살아보려고 노력해보았지만, 결국 장년기에 원치 않는 인생의 실패와 좌절을 맛보게 되는 그러한 삶인 것이다. 여기서 우리는 이러한 실패와 좌절을 어떻게 극복할 수 있을 것인가?

실존에서 새로운 자기를 발견하다

그래서 철학은 더 이상 관념론적 이성만을 추구할 수 없었다. 인간의 삶 즉 실존이 주제가 될 수밖에 없었다. 실존을 회피하며 관념을 추구하였던 철학의 허구성이 가장 참혹하고 잔인한 결과를 드러내고 만 것이다. 관념과 본질이 아니라 실존이고 삶이 중요했다. 이를 제쳐두고 인간이 누구인지 자기가 누구인지를 아는 것이 과연 얼마나 도움이 되는지 회의하게 된 것이다. 바로 살아야 한다. 그러기 위해서는 무엇을 해야 하는가? 바로 사는 것이 자기를 찾는 것이지 자기를 찾아야 바로 사는 것은 아니다. **삶과 실존에서 자기를 찾아야 진정한 자기**라는 것이다.

실존철학은 인간이 실존 앞에서 무력한 존재로 인식한다. 거대한 실존 앞에서 인간은 불안하고 두려워한다. 할 수 있는 것이 없다. 한계상황이다. 가장 큰 실존은 죽음이다. 모든 인간은 늙고 병들고 죽는다. 그리고 서로 싸워야 하는 극심한 생존경쟁에 던져진다. 그 속에 고통받으며 병들어간다. 인간의 무력함과 고통의 감정과 몸을 그대로 노출한 것이다. **이성과 지성으로 더 도망가서는 안 된다.** 특별히 야만적인 전쟁 앞에서 무력하였다. 누구도 막을 수 없는 전쟁으로 빨려 들어가 모든 것을 잃고 말았다. 남은 것은 파괴되고 황폐한 잿더미의 땅이었다. 전염병 앞에서도 인간은 속수무책이었다. 과학이 발달한 21세기에 코로나바이러스로 온 지구가 얼어붙었다. 이것이 실존이다. 실존 앞에서는 이처럼 인간은 무력한 존재가 될 수밖에 없었다.

그렇다면 인간은 실존 앞에 절망하며 죽어가야 하는가? 결코 그렇지 않다. 철학자들은 인간은 다시 실존을 직면하며 극복할 수 있다고 하였다. 그동안 인간은 실존을 망각하고 거부하며 이상과 환상으로 도피하였기 때문에 실패한 것이지 이 비참한 실존을 인정하고 직면한다면 오히려 극복할 수 있다고 하였다. 그렇다면 그 무력한 존재가 갑자기 어떻게 그 거대한 현실을 이겨내고 우뚝 설 수 있을 것인가? 이것도 또 다른 과대망상이나 환상이 아닐까? 진정한 초인으로서의 실존이 가능할까? 가능하다면 어떻게 가능할 것인가? 이를 위해서는 지금까지 자기 찾기를 해온 차원을 한 번 더 확장할 필요가 있다.

앞에서 인간의 자기는 복합적으로 되어 있다고 했다. 먼저 **의식의 주체로서 자기**가 있다. 이는 데카르트 이후 철학에서 줄곧 찾아온 자기이다. 이 자기에서 **지성과 이성의 자기**가 나왔다. 그런데 이러한 자기만으로 세상을 살아갈 수 없었다. 그다음 거대한 자기가 나타났는데 **감정의 자기**였다. 감정 속에 자기가 있어 의식의 자기를 압도하는 것을 볼 수 있기에 이 자기를 부인할 수 없었다. 그래서 의식의 자기는 외부의 대상을 향하기 때문에 이를 외자기라고 하였고 속에서 올라오는 감정의 자기를 **중자기**라고 했다. 흔히 이를 가슴에서 많이 표상되기 때문에 이를 가슴 자기라고 할 수도 있다. 외자기는 머리 즉 뇌에서 주로 담당하기에 머리 자기로 부를 수 있다.

그런데 중자기가 감정적으로 강한 줄만 알았는데, 그 실체로 들어가 보니 두려움과 버림받음과 열등감 등의 부정적 감정으로 가득 차 있었다. 그리고 거대한 실존 앞에 무력하기만 하였다. 그렇다면 인간은 이러한 외자기와 중자기만이 전부인가? 결코 그렇지 않다. 인간의 극한 상태에 들어가 보면 그 바닥에 또 다른 자기가 있음을 종종 보게 된다. 프로이트는 욕망이라는 본능이 인간의 가장 밑바닥의 자기인 줄 알았지만, 융이란 정신분석학자는 더 심부深部에 더 본질적이고 보편적이고 **초월적인 자기**가 있다고 했다. 자기심리학에서는 이를 참자기라고 부르기도 한다. 인격의 본질이기도 하고 생명 자체이기도 하다.

이를 앞에서 **내자기**라고 했다. 정보이론으로 보면 외자기는 주로 알고리즘의 저차정보가 주를 이루고 중자기의 감정은 복잡성의 고차정보가 그리고 내자기는 양자 이상의 고차정보가 주를 이룬다. 내자기는 주로 복부 특히 하복부의 단전을 중심으로 한 부분에 위치한다. 그래서 복부 자기라고도 할 수 있다. 이처럼 인간은 **외, 중 내자기 즉 머리, 가슴, 복부 세자기**로 구성되어 있고 **건강한 자기는 내자기를 뿌리로 세자기가 잘 통합되고 순환하는 관통적 관계**를 이루어야 한다. 그러나 많은 사람은 **외자기로만 살아가고 중자기와 내자기가 억압**되어 있다. 그러니 힘이 없는 삶을 살 수밖에 없는 것이다. 이는 뿌리가 없는 나무와 같다. 이러한 자기의 구성에 대해 자기라는 심리학적 용어를 사용하지는 않았지만, 사실 칸트도 이미 고찰한 바 있다. 표상으로서의 외자기, 예술세계에서 느껴지는 감정적 자기와 도덕과 예술 속의 초월적 자기 등으로 이를 설명하였다. 그리고 참된 이성은 이 세자기를 통합하고 종합하는 것으로 이해하였다. 칸트의 철학에는 사실 모든 인간에 관한 이야기가 이미 다 포함되어 있었다.

실존철학은 인간의 감정의 극한 상태에까지 간다. 그래서 인간의 더 심부에 거대한 초인적인 힘이 있다는 것을 알고 니체는 이를 초인으로 표현하였다. 인간을 신으로 긍정하고 무한한 존재로 살아갈 수 있다고 하였다. 그리고 사르트르는 무한한 자유인으로서 어떠한 실존에 맞서서도 극복해나갈 수 있다고 하였다. 실존은 이처럼 우리에게 잠자고 있던 거인적 자기를 깨운 것이다. 그러나 한편 유신론적 실존주의에서도 이러한 인간의 내자기를 인정하지만, 신적 자비와 용서를 통해서만 이를 깨울 수 있다고 하였다. 그래서 신의 은총으로 초월적 힘이 주어질 때, 인간 속의 **내자기가 강해져서 실존**을 극복할 수 있다는 것이다. 정보이론으로 보면 신은 초양자정보에 해당한다. 초양자정보가 붕괴되면서 양자정보가 활성화되고 양자정보가 살아나야 복잡성과 알고리즘정보도 바른 역할을 할 수 있다.

　인간 스스로의 내자기이든 신을 통한 내자기의 깨움이든 인간은 내자기가 살아야 실존을 견디고 이겨낼 수 있다. 이러한 내자기를 깨우쳐 알려준 것이 실존주의 철학이다. 그러나 인간 스스로이든 신에 의해서든 **내자기는 용서와 사랑이라는 긍정적인 힘이 있어야** 작동될 수 있다. 내자기는 생명이고 인격의 본질이기에 용서와 사랑이 있어야 활성화된다. 앞에서 내면의 고차정보를 활성화시키는데, 용서와 사랑이라는 고차정보가 아주 중요한 역할을 한다고 했다. 용서와 사랑은 단순히 인문학이나 종교적인 차원에서가 아니라 인간의 정보기능 중 가장 고차에 속하는 정보이기 때문에 과학적인 차원에서 말하는 것이다. 고차정보는 고차정보로만 활성화되는 것이 물리법칙이기 때문이다. 고차정보에 저차의 알고리즘정보가 접촉되면 고차정보는 힘을 잃고 저차정보로 붕괴된다고 했다. 그래서 인간이 고차적인 지혜와 힘을 잃게 되는 것이다.

자기를 어떻게 지속적으로 지켜나갈 것인가?

　이제 인간의 자기 찾기는 내자기까지 도달했다. 이제 이를 잘 통합하고 관통해야 참다운 자기 찾기가 완성된다. 이제 이 작업을 어떻게 계속해나갈 것인가? 이에 대해 살펴보려고 한다. 실존철학 다음으로 인간과 사회를 탐구한 학자들이 프랑크푸르트학파이다. 이 학파에는 다양한 주장이 있다. 결코 한목소리라고 볼 수 없다. 그런데도 공통적인 내용을 찾아볼 수 있다면, **비판, 부정, 억압, 해방** 등이 아닌가 생각된다. 이성을 절대화하지 않고 도구적 이성으로 전락하는 것을 막기 위해 이성에 대해 비판의 비판을 거듭해야 한다고 주장한다. 무한한 부정의 변증법으로 순수한 이성을 보존해야 한다는 것이다. 이는 모든 기존의 것에 관한 판단을 중지하며 순수의식을 추구하는 현상학과 같은 흐름이다.

　그리고 아무리 **좋은 것이라도 인간을 억압한다면 이를 거부하고, 억압받는 것을 찾아 해방해야** 한다고 주장한다. 그래서 **억압이 없는 자유의 인간과 사회를 지향**한다. 이는 사회와 경제에서부터 시작해서 인간의 내면으로까지 가야 한다. 결국 최종적으로 **인간의 정신이 억압받지 않아야 한다.** 사회의 편견과 경제와 정치로 인해 억압받은 소외인들의 내면을 이해하고 인정하며 돌보아야 한다.

　이러한 정신은 포스트모더니즘에서 더욱 심화되고 확장된다. 포스트모더니즘의 중심 사상은 프랑스의 해체철학이다. 해체철학은 인간이 의미 있다고 생각하는 **크고 강한 것을 해체하고 작고 다른 무의미한 경계의 것을 수용하고 존중**한다. 그렇다고 모든 것을 해체하는 것은 아니다. 현실은 여전히 의미 있는 것이 중요하다. 그러나 의미만으로는 사회와 인간은 정체되고 병들어 죽는다. 우주가 중력의 힘만으로는 블랙홀로 소멸하듯이 인간도 의미라는 중력만으로는 안정은 찾지만 폐쇄되고 멸망한다. 비록 혼돈과 갈등의 아픔이 있더라도 인간은 작은 차이에 열려야 한다. **전체주의와 동일성은 안정을 주지만, 그것이 곧 블랙홀**이 된다는 것은 역사적으로 너무도 반복적으로 증명된 사실이다.

소수의 작은 차이를 보이는 사람과 집단에 열리고 수용하며 같이 살아갈 때, 그 인간과 사회는 건강하고 발전한다. 해체철학에서는 이를 의미와 무의미가 주름처럼 접힘과 펼침을 반복하는 것으로 표현한다. 인간은 하나에 머물지 않고 접힘과 펼침을 반복할 때, 진보하고 진화해갈 수 있는 것이다. 한쪽의 운동은 신속하고 효과적일지는 모르지만, 억압과 멸망의 길이 될 것이다. 이것이 어렵게 발견한 자기를 통합적으로 지속하는 길이며, 이를 통해 역사를 더욱 건강하게 이끌어갈 수 있을 것이다.

유럽은 긴 자기 찾기의 여정을 통해 자신 속에 세 가지 자기가 있다는 것을 찾았다. 이는 이미 알렉산더 대왕이 찾았던 자기였다. 엄청난 고통과 시행착오의 결과이다. 마치 대학을 졸업하고 사회생활을 시작한 청년이 오랜 고통과 방황 끝에 자신을 알아가는 것과 같다. 많은 것을 배우고 준비하였고, 성실히 살면 잘 될 것으로 생각하고 열심히 살았다. 그래서 많은 것을 이루었다. 그러나 여러 어려움도 있었다. 처절한 실패와 질병 같은 재난도 있었다. 이것이 인생이었다. 이 앞에서 인간은 속수무책이었다. 그러나 이러한 고통의 과정을 통해 자신이 몰랐던 자기를 발견하게 되었다.

의지와 바른 생각이 나의 전부인 줄 알았지만, 내 속에 과거의 상처가 있었고 그 감정이 나를 주도하고 있었다는 것도 알았다. 그것이 나의 의지와 판단만으로 살아갈 수 없게 만든 힘이었다. 그 앞에 무력하였으나 이를 극복할 수 있는 또 다른 초월적 자기를 알게 되고, 그 힘으로 역경을 극복하며 이 자리에까지 오게 된 것이다. 이것이 우리의 인생 여정이고 유럽의 문명 속의 자기 찾기인 것이다.

이제 이 시점에서 가장 중요한 것은 무엇일까? 과거의 실패를 반복하는 어리석음에서 벗어나, 미래를 바르고 행복하게 살아가는 것일 것이다. 그 힘과 지혜는 결국 생명의 중심인 자기에게 있다. 그래서 어렵게 찾은 자기를 계속 잘 성장시켜 건강한 자기가 주도하는 삶을 살아야 한다. 자기 찾기를 멈추면 어렵게 찾은 자기는 퇴행하고 말 것이다. 그래서 건강한 자기 찾기를 계속해가야 하는 것이 유럽 역사로부터 얻은 최종적인 교훈이 될 것이다.

관통적이고 통합적인 자기를 찾는 길

지금 유럽은 장년에서 노년을 향해 가고 있다. 그동안의 인생 경험을 소중히 여기고 앞으로의 여생을 잘 보내야 한다. 남은 인생의 목표를 잘 세우고 더 알차고 행복한 인생을 살아야 한다. 마지막이 아름다워야 한다. 젊은 시절의 시행착오를 나이 먹어서도 반복하는 허망한 인생이 되어서는 안 된다. 장년과 노인의 지혜와 경륜이 필요한 때이다.

　인간의 삶과 세상의 싸움은 인간의 내면에서부터 시작된다. 속에서 하나 되지 못하고 싸우면 그 싸움은 밖으로 투사되고 확장된다. 속에서 평화를 이루면 밖에도 평화가 온다. 속에서 자유와 평등이 오면 밖에서도 자유와 평등이 온다. 인간은 속을 모르니 속의 것을 밖으로 투사하여 산다. 그래서 밖은 자신 내면의 거울이다. 자신이 만나고 관계하는 사람과 자신이 살아온 삶은 자신의 거울이다. 이를 통해서 자신의 속을 보고 해결할 수 있다면, 자신과 밖을 동시에 해결하는 길이 될 것이다. 속을 알고 해결하는 것이 인생의 첩경이고 지혜이다.

　헤겔도 인간의 인정욕구가 사회의 갈등을 일으킨다고 하였고 쇼펜하우어도 세상은 욕망이라는 의지의 표상이라고 하였다. 서로 인정하지 않고 무시한 철학자들이지만, 사실 같은 이야기를 하고 있었다. 실존은 자기 속에 있다. 자기를 바로 찾으면 자기의 표상인 실존은 의외로 쉽게 풀릴 수 있다. 자기가 해결되지 않으니 삶이 꼬이는 것이다. 그렇다면 자기 속에 어떠한 자기들의 갈등이 있는지 살펴보아야 한다. 자기는 생명의 중심이라는 뜻이다. 그래서 자기는 본능적으로 중심이 되려고 한다. 우리 속에는 세 자기가 있다고 했는데 각 자기는 자기가 중심되려고 한다. 그래서 서로 갈등한다. 이것이 우리 속에서 일어나는 갈등의 원인이다.

　태생적으로 보면 내자기가 뿌리이고 중자기는 내자기의 표현이고 표상이다. 그리고 외자기는 중자기의 소리를 잘 들어 내자기를 잘 돌보고 살리는 일을 세상 속에서 수행해야 한다. 그래서 원래 자기의 위치와 역할이 잘 정해져 있다. 그런데 이 위치가 바뀌는 것이 문제가 된다. 뿌리인 내자기는 중요하지만, 보이지 않고 소리가 크지 않다. 대부분 중자기인 감정과 몸을 통해서 소리를 낸다. 그러나 외자기는 알고리즘적 정보로 아주 강력한 힘을 갖는다. 자기 보존력이 아주 강하다. 그리고 세상은 거의 알고리즘으로 움직이기 때문에 중자기와 내자기를 섬기고 도와주어야 할 외자기가 스스로 주인이 되어 다른 모든 자기를 지배하려고 한다.

알고리즘는 자기의 알고리즘에 맞으면 선이라고 하고 어긋나면 악이라는 강력한 이분법으로 자기정보를 보존한다. 그리고 이분법은 다시 등급과 계급을 나누어 계급투쟁과 신분 상승이라는 싸움을 만들어 낸다. 이것이 세상 속 인간의 모습이다. 알고리즘정보의 외자기가 추구하는 세상이다. 고차정보는 고차정보로 대해주어야 보존된다. 알고리즘 정보의 언어는 계산과 분석이다. 그리고 이분법으로 판단하고 선택하든지 폐기한다. 아니면 등급과 계급으로 던져 처절한 투쟁을 하도록 유도한다. 이분법으로 중자기와 내자기의 고차정보를 억압하고 학대한다. 억압당한 고차정보는 더 부정적인 정보인 감정으로 폭발한다. 부정적인 정보는 부정적인 선택을 하고 부정적인 삶을 보존하려고 한다. 그래서 행복이 아닌 불행과 재난을 선택한다.

알고리즘은 필요하지만, 알고리즘 이상이어서는 안 된다. 알고리즘은 아주 국소적인 세부 현상에서만 맞다. 더 광역적인 세계에서는 알고리즘이 통하지 않는다. 알고리즘은 겸손해야 한다. 자기의 일에만 충실해야 하는데, 자기의 영역을 넘어 모든 것을 통제하고 지배하려고 한 것이 문제이다. 그러면 인간은 병들고 죽는다. 고차정보가 억압받기 때문이다. 정보가 죽으면 생명도 죽는다. 이것이 과학의 모습이고 절대왕정과 전체주의의 문제이다. 무력과 전체주의는 강력한 알고리즘의 정보이다.

그래서 **인간은 알고리즘을 사용하고 곧 해체**해야 한다. 그래야 고차정보가 산다. 중자기와 내자기가 억압받지 않고 소생할 수 있다. 그래서 **반복적인 부정과 해체**가 중요한 이유가 여기에 있는 것이다. 알고리즘이 살아있으면 고차정보가 죽는다. 알고리즘은 강력한 자기 보존력으로 동일성을 생산한다. 동일성을 해체하려면 그 기초가 되는 저차의 알고리즘을 부정하고 해체해야 한다. 그리고 새로운 고차정보를 보존하고 생성하기 위해서는 **우연과 작은 차이**가 중요하다. 고차정보는 알고리즘으로 나타나지 않는다. **무의미와 우연이라는 암호**로 나타난다. 그래서 우리는 **소수자, 무의미의 경계선의 정보**에 귀를 기울여야 한다. 그것이 고차정보를 보존하고 실어 나르기 때문이다. 그래야 저차정보로 죽어가는 인간과 사회를 살릴 수 있다.

고차정보를 저차사회에 공급하기 위해서는 저차정보만으로는 안 된다. 계산, 분석, 판단 등의 저차정보는 저차사회에서는 필요하지만, 이를 고차에 적용하며 고차정보는 붕괴되고 사라진다. 고차를 고차로써 보존하기 위해서는 고차정보가 필요하다. 고차정보는 비알고리즘적 정보이다. 이해, 용납, 공감과 용서와 같은 정보이다. 이를 통틀어 사랑이라고 한다. 사랑의 정보가 가장 고차적이고 고차적인 정보를 보존한다. **경계선, 무의미, 소수자, 작은 차이**를 이해하고 수용하고 용서하는 그러한 고차정보가 필요한 것이다. 한마디로 사랑으로 작은 것을 수용하고 포함하는 **여유와 아량**이 필요하다. 이러할 때, 그 인간과 사회는 계속 건강해지고 발전해갈 수 있다. 이를 역사적으로 수많은 사건을 통해 이미 증명되었다.

그러나 우리는 이를 잘 알면서도 잘 실행하지 못했다. 그 이유는 자신 속에서 이러한 일이 일어나지 않기 때문이다. 자신 속에서 이를 먼저 실행할 수 있어야 한다. 외자기의 저차정보는 생존을 위해 필요하다. 그러나 **자신 속의 중자기와 내자기에 대해서는 알고리즘으로 판단해서는 안 된다. 자신의 감정과 생명에는 항상 이해와 용납, 공감과 용서하는 습관이 필요하다.** 이것은 매일의 연습을 통해서 된다. 이를 수행이라고도 한다. 명상하며 자신 속에 무엇이 올라와도 판단하지 않고 수용하고 받아주는 훈련이다. 이를 마음 챙김 mindfullness이라고도 한다. 기독교에서는 십자가의 용서와 사랑이라고도 한다. 스스로이든 신에 의한 것이든 **자신을 용서하고 사랑하는 습관과 훈련**이 필요한 것이다.

이를 실존철학에서는 초인이 되는 과정으로 설명한다. 스스로이든 신의 자비와 사랑에 의해서든 자신을 용서하고 긍정하고 사랑하는 것이 필요한 것이다. 그리고 이를 해체철학에서는 접힘과 펼침의 주름 운동으로 표현한다. 이러한 정보의 연결과 소통, 그리고 통합과 관통이 있어야 건강한 통합적인 자기가 유지된다, 건강하고 평화스러운 자기가 형성되고 유지되면 사회는 자연히 평화스러워지고 안정된다. 그러나 스스로 불안정함을 수용하며 기다리고 용서하고 사랑함으로 고차정보를 저차의 세상과 의식으로 실어 나를 수 있는 것이다. 이것이 건강한 자아와 사회가 되는 길이 될 것이다.

2
좌절과 소외의
역사와 그 실체
― 잉여, 가상과 정보

물질과 에너지의 잉여로 본 문명사

이제 마지막으로 이러한 자기를 통해 우리가 미래를 어떻게 살아갈 것인가? 유럽의 미래는 어떻게 될 것인가에 대해 생각해보려고 한다. 유럽은 이제 장년에서 노년으로 간다. 이 시기를 어떻게 준비하고 미래를 어떻게 살아갈 것인가? 우리의 미래는 어떻게 전개될 것인가? 이를 생각해보려고 한다. 이를 위해서는 인간과 사회의 문제의 본질이 무엇인지 한 번 더 숙고해볼 필요가 있다.

인간은 세상에 태어나서 세상을 살아간다. 하이데거는 이를 인간이 선택한 것이 아니라 던져졌다고 했다. 그래서 인간은 세상과 관계하며 세상에서 살아가야 한다. 인간은 세상에서 성공적으로 생존하고 발전해가기 위해 세상을 연구하기 시작했다. 세상은 물질로 되어 있다. 물론 인간도 물질로 된 세상의 일부이다. 그런데 물질은 크게 두 가지로 되어 있다. 보이는 물질을 과학에서는 질량이라고 한다. 그리고 그 물질들이 결합하고 반응하는 에너지가 있다. 인류는 먼저 보이는 **물질**을 다듬고 제조하여 편리한 도구를 만들었다. 이를 통해 사냥하고 농사를 지었고 무기도 만들었다. 모든 것이 생존을 위해 필요한 것이었다.

 그러나 인류는 생존만으로 만족하지 않고, 그 이상의 문명을 발전시켰다. 문명이란 자연만을 의지하지 않고 사람들이 인공적으로 만든 환경을 의존하며 사는 것을 말한다. 이를 위해서는 사람들이 모여야 한다. 이것이 가능하게 된 것은 농업의 발달 때문이다. 농업은 자연을 의지하는 것이지만, 사람의 노동을 매우 필요로 한다. 그리고 지속해서 일을 해야 하기에 사람들이 모여 살아야 한다. 그리고 농업은 자신들이 필요한 이상을 생산할 수 있게 되므로, 대량의 잉여분이 처음으로 발생하기 시작했다. 이 **잉여가 문명의 실질적인 힘**이 되었다.

 잉여는 스스로를 축적하는 힘이 있었다. 잉여가 있으면 사람이 더욱더 모이게 되고 사람이 많아지면 잉여는 더욱 늘어나게 되었다. 잉여를 다루기 위해 숫자와 화폐가 필요하게 되었고, 이를 통해 잉여는 가속적으로 축적되었다. 잉여가 축적되면서 더 많은 사람을 고용할 수 있었고 또 무기도 생산할 수 있었다. 이런 전체를 관리하고 책임지는 지배 계급과 최고 지도자가 생기게 되었다. 이것이 바로 문명의 발달이었다.

 잉여는 멈추지 않았다. 다음 단계로 잉여를 가속화시킨 것은 인간의 **언어와 문자**였다. 이를 통해 서로가 소통하게 되고 같은 생각과 가치관을 공유할 수 있게 되었다. 그래서 더 넓은 지역의 사람들과 공동체 의식을 가질 수 있게 되었고, 동일한 종교와 문화 등으로 집단의 결속력을 높여갈 수 있었다. 잉여가 축적되는 만큼 집단이 더욱 확장되었고, 그러다 보니 집단끼리의 경쟁과 갈등도 생기게 되었다. 결국 전쟁을 통해 더 큰 집단으로 발전하기도 하고 집단이 사라지기도 했다. 이런 과정을 통해 로마와 같은 거대 제국이 생기게 되었다.

잉여의 축적은 여기에 머물지 않았다. 다시 더 폭발적인 잉여가 발생하였는데, 그 계기가 바로 산업혁명과 대항해 시대였다. 대량생산과 이동수단의 발달로 가능한 잉여였다. 이를 가능하게 된 핵심적인 발견은 **에너지**였다. 물질에서 에너지를 발견하고 활용하면서 인류 문명은 급속도로 발전하였고, 이로 인한 잉여분은 인간이 상상을 초월할 정도였다. 겉으로 보면 인간은 물질과 에너지를 활용하면서 놀라운 부의 축적과 문명의 발달을 이룬 것 같지만, 그 수면 밑을 보면 또 다른 힘이 있었다.

최근 물리학은 물질 속에 질량과 에너지만이 있는 게 아니라, **정보**까지 있다는 것을 밝혀내었다. 그래서 인간은 자신도 모르게 조금씩 물질 속의 정보를 활용하게 되었다. 숫자, 언어와 문자의 발명이 바로 정보의 활용이다. 화폐는 곧 수의 발명에서 시작된 것이다. 정보를 사용하여 과학과 학문도 발달하였고, 이로 인해 인간의 문명이 급속도로 발전할 수 있었다. **물질과 에너지로 잉여의 축적을 이룰 수 있었던 것은 정보의 활용이 뒷받침**되었기 때문이다. 그래서 수면 위에는 물질과 에너지이지만, 속으로는 정보가 가장 큰 힘으로 작용하고 있었다. 그러다가 정보가 수면 위로 나타난 것이 인쇄술의 발달과 통신, 전산 그리고 인터넷의 발달을 통해서이다. 그래서 물질의 세상에서 에너지의 시대를 거쳐 이제는 정보의 시대로 접어든 것이다.

가상의 세계에서 인간성을 상실한 인간

이를 분석하고 설명하는 이유는 잉여의 문명사를 설명하기 위한 것만은 아니다. 잉여가 문명사의 중요한 핵심이 되는 것은 사실이지만, 그 속에 또 다른 핵심의 힘이 있다는 것을 말하기 위해서이다. 그것은 바로 **가상**이라는 것이다. 가상이라는 것은 실재는 아니지만, 실재와 가까운 것을 만들어 편리하게 사용하는 것이다. 사이버, 인터넷 그리고 메타버스 등을 가상이라고 한다. 그러나 가상은 그 이전부터 인간의 본질 속에 있었다. 인간의 언어, 개념 그리고 사용하는 모든 정보가 사실은 가상이다. 인간이 **뇌에서 사용하는 모든 정보가 실재가 아닌 가상**이다. 인간이 사용하는 모든 정보는 뇌에서 나온다. 인간의 알고리즘은 모두 뇌가 만든 가상의 정보이다. 칸트는 이러한 알고리즘을 선험적 형식과 구조라고 했고 이를 사용하여 뇌는 물자체를 보는 것이 아니라 현상만을 인식한다고 했다. **현상은 결국 가상**이다. **알고리즘도 가상이고 이를 통해 처리되는 정보도 가상이다.**

물자체는 고차정보이기에 이를 그대로 받아들이면 뇌가 신속하고 효율적으로 정보처리를 할 수가 없다. 그래서 디지털을 통해 그 대푯값만 받아들여 사물을 재구성해서 정보처리를 하는 것이다. 그래야 신속하게 사물을 파악하고 적응할 수 있기 때문이다. 생존을 위해서는 가장 필요한 것은 신속성과 효율성이다. 그래서 뇌는 신속하고 효율적인 정보처리에만 관심이 있지 본질에는 관심이 없다. 이를 위해서는 알고리즘의 저차정보 처리가 가장 효율적이다. 알고리즘은 이분법으로 계산하고 판단한다. 생존이란 지금 이것이 나에게 좋은 것인가 나쁜 것인가를 판단하면 된다. 그래서 좋은 것은 취하고 나쁜 것을 버리든지 피하면 된다. 이것이 생존이고 적응이다. 그 이상을 판단할 필요가 없다.

이러한 뇌기능은 생체 적응에 많은 도움이 된다. 그러나 뇌의 정보처리로 인해 인간에게 많은 문제가 발생한다. 인간은 원래 알고리즘적 존재가 아니다. 그리고 사물과 자연도 그 이상의 고차적인 존재이다. 적응과 생존에는 알고리즘의 정보처리가 적절하지만, 다른 때도 이를 사용하게 되면 문제가 발생한다. 고차정보가 생략됨으로 본질이 아니라 가상의 세계에서만 살게 되는 문제가 발생하는 것이다. 고차적인 존재가 모두 저차적인 존재가 되어버리는 것이다. 아날로그가 모두 디지털화되는 것이다. 엄청난 정보의 상실이 있게 된다. 이 상실감을 인간 소외와 인간성 상실로서 느끼게 된다. 인간이 기술과 문명사회에서 편리와 효율성이 증대됨으로 행복할 것으로 기대했지만, 오히려 소외와 상실감을 느끼는 이유가 이러한 고차정보의 박탈에서 오는 것이다.

그리고 이 저차정보는 알고리즘으로 되어 있으므로 엄청난 자기보존성이 있다고 했다. 자기를 보존한다는 것은 자기를 축적하는 것이다. 축적은 바로 잉여이다. 가상은 잉여와 축적을 통해 자기보존의 강력한 힘을 갖는다. 자기보존으로만 가면 그것이 무엇이든 블랙홀처럼 소멸하고 만다. 유럽 문명사에서 이러한 저차정보의 보존성으로 멸망하는 문명을 수없이 보았다. 문명사의 핵심적 문제는 바로 **가상과 잉여의 축적과 자기 보존력**이다. 이를 알고 인간이 이를 어떻게 극복하느냐에 인류 문명의 미래가 달려있다. 그 가상의 축적과 자기보존에 빠지면, 멸망하는 것이고 여기서 빠져나와 고차정보에 열리게 되면 계속 발전하게 된다.

인류 문명사에서 첫 번으로 인간을 억압하고 죽게 만든 것은 **절대왕권**이었다. 절대 왕권은 법과 제도 그리고 무력으로 인간을 압제하고 통제하였다. 법과 제도는 알고리즘이다. 정해 놓은 것을 지키면 안전하고 어기면 벌을 받는 것이다. 그리고 이를 뒷받침하는 강력한 힘이 필요한데 이것이 무력이다. 무력 역시 강하고 약함의 알고리즘에서 출발한다. 아주 단순하다. 내가 상대방보다 약하니 그 무력 앞에 복종해야 한다. 세상의 가장 강력한 알고리즘이다.

이러한 국가와 왕권은 실제적인 힘이 뒷받침하고 있지만, 그 내용은 가상적이다. 인간이 필요해서 가상을 만들어 놓고 그 가상에서 살고 죽는 것이다. 이는 마치 온라인 게임과 비슷하다. 물론 모든 것이 가상은 아니다. 인간은 보이는 실제와 인간이 만든 가상을 결합하여 실제와 가상의 복합된 세계에서 살아간다. 이를 증강현실 혹은 메타버스라고 한다. 인류는 이미 오래전부터 메타버스에서 살아가고 있었다. 뇌가 메타버스의 본산이다. 실제의 힘에다가 인간이 만든 가상의 알고리즘의 힘이 가세해서 더욱 강력한 힘을 형성한다. 그래서 그 힘으로 다시 자기를 보존한다. 이를 지키지 않으면 죽기 때문에 살기 위해서는 이를 절대적으로 지키고 복종해야 한다.

그러나 무력, 법과 제도는 인간이 만든 상대적이고 인공적이기 때문에 왕만 죽게 되면 모든 것이 끝난다. 완전한 힘이 되기가 어렵다. 강력한 로마제국에서 왕이 무력에 의해서 수없이 바뀌었다. 그러나 이 힘만으로는 인간을 절대적으로 복종시킬 수는 없었다. 그래서 인간은 더 강력하고 절대적인 힘을 만들었다. 더욱더 가상적인 힘이 동원되었다. 그것은 종교, 윤리와 이념과 같은 것이다. 인간은 모두 다 상대적이기 때문에 더 크고 절대적인 신과 자연의 법칙으로써의 힘을 차용하였다. 그래서 중세유럽은 이 가상의 힘으로 사람을 더욱 억압하고 통제할 수 있었다.

그러나 이 법도 어느 정도 버티다가 한계를 드러냈다. 인간이 이성과 지성이 발달하면서 그것도 가상이라는 실체가 드러나게 되어 절대적인 힘이 상대적 힘으로 약화할 수밖에 없었다. 이성과 지성을 통해 종교와 도덕은 개인이 자율적으로 통제하는 것이지 외부에서 할 수 있는 것이 아니라는 것을 알았기 때문이다. 그리고 의회와 시민의 권리를 내세우기 시작하면서 다시는 절대 왕권으로 인간을 무조건 통제하기는 어려워졌다. 그래서 더 이상 사람을 절대적으로 억압하고 통제하는 길이 사라지는 듯했다.

그러나 더 강력한 가상의 힘이 기다리고 있었다. 그것은 경제와 자본이라는 가상의 힘이었다. 대량생산과 무역이 발달함으로 자본이 축적되면서 자본이라는 새로운 주인이 나타나게 되었다. 경제는 생산과 소비 그리고 노동자와 고용주 등이 상호 협력하며 이루어나간다. 그런데 마르크스는 노동자가 노동의 가치만큼 대접받지 못함으로 소외된다고 했다. 악덕한 자본가가 그렇게 만든다고 생각하여 노동자 혁명을 통해 노동자가 생산수단을 소유해야 한다고 주장했다. 겉으로 보면 자본가가 주인인 것 같지만, 사실 자본가는 하수인이다. 진짜 주인은 자본이다. 자본주의에서는 모두가 자본의 종이 된다. 노동자도 자본가도 마찬가지이다.

자본은 그냥 숫자가 아니다. 살아있는 숫자이다. 그 속에 인간의 욕망이 더해지면서 더욱 생명력을 받아 생명처럼 자기를 보존한다. 화폐는 처음 대상의 가치를 표상하는 숫자에 불과했지만, 그 화폐가 은행이라는 금융권으로 들어가면 대상의 가치는 없어지고 그 숫자가 자기가 되어 자기를 보존하고 증식한다. 자본도 인간이 인공으로 만든 또 다른 가상의 힘이었던 것이었다. 그래서 자본은 엄청난 가상과 잉여의 힘으로 증식한다. 대상의 가치 그리고 노동의 가치와 무관하게 스스로 자기를 보존하고 증식하는 것이다. 이는 마치 소쉬르Ferdinand de Saussure(1857-1913)가 말한 기의와 기표의 관계에서 기표가 기의를 떠나 자신을 스스로 만들어 가는 것과 같다. 화폐의 수는 기표이었다. 그러나 그 기표는 원래 가치를 떠나 스스로의 가치를 증식해가는 것이었다. 이것이 시장이 아닌 금융에서 자본이다. 인간은 이러한 언어에 소외된다고 라캉Jacques Lacan(1902-1981)이 지적한 바 있는데, 자본에 소외되는 인간과 같은 원리이다.

자본은 자본들끼리 금융권에서 결합하며 거대자본을 형성한다. 그래서 현대 사회의 가장 막강한 절대군주가 된다. 이것이 바로 가상의 힘이다. 정치권력도 인간이 만든 가상의 힘이다. 그리고 도덕, 이념, 종교 그리고 법과 민주주의라는 것도 인간이 만든 가상의 작품이다. 역사적으로 많은 시행착오와 투쟁을 통해 얻은 최선의 제도이지만 그것 자체가 완전한 것은 아니다. 민주주의는 민심을 그대로 반영하지 못한다. 민주주의의 꽃이라고 하는 투표와 대의민주주의는 엄청난 정보의 생략을 전제로 하는 제도이다. 민주주의는 아주 원시적인 디지털 방식이다. 수많은 아날로그의 정보를 하나로써만 표현해야 한다. '예'와 '아니오'이다. 그래서 민주주의는 숫자라는 가상에 의해 모든 것이 작동된다. 대표적인 가상의 세계이다. 그러면서 국민이 주인이라고 속이고 있다. 고차정보가 축약된 숫자로 모든 것이 결정된다. 정치는 아주 저차적인 가상정보로서 자신을 보존하려고 한다. 그래서 인간은 늘 정치에 소외될 수밖에 없고 정치는 저차적일 수밖에 없는 것이다. 그리고 서로 다른 가상적 자기들과 결합하여 더 거대한 구조로서의 자기를 형성한다. 그래서 현대 **자본주의는 다른 정치 권력인 민주주의와 결합하여 더 거대한 공룡적 절대군주가 된다.**

　과거에 전체주의와 파쇼국가가 인간을 독재 권력과 무력으로 지배하였지만, 지금은 이러한 무력적인 폭력이 아니라 **자본과 정치의 폭력**이다. 그리고 이와 함께 인간을 지배하는 막강한 힘이 있는데, 그것은 앞서 설명한 **이념**이다. 사실 20세기의 가장 큰 비극인 1, 2차 세계대전이 발생할 수 있는 그 근거의 힘도 이념이다. 사실 절대왕정은 프랑스 시민 혁명으로 무너졌다. 그런데 그 이후에도 절대 권력이 출현하였다. 그런데 과거의 절대 왕권과는 달랐다. 시민들이 자발적인 동참하는 절대 권력이었다. 프로이센의 절대왕정과 나치 독재정권의 출현에는 적극적인 독일인들의 지지와 참여가 있었다. 일방적인 무력의 힘은 아니었다. 시민들이 참여하는 데는 바로 국가와 민족이라는 이념이 크게 작용하였다. **국가와 민족이 자신의 보존하는 하나의 가상적인 이념이 되고 이념만으로는 약하니, 이를 종교로까지 승화시켜 숭상**하였다.

물론 나중에는 일방적인 무력의 힘으로 백성을 탄압하였지만, 적어도 처음 시작은 시민들이 이념에 동의하였기 때문이다. 그리고 **공산당의 독재 권력도 이념**이었고 민주주의가 문제가 많은 데도 이렇게 지속이 되는 것은 **민주주의라는 이념** 때문이다. 국민이 주인이라는 착각을 만들어 주는 이념으로 민주주의가 유지된다. 이렇게 보면 20세기의 모든 문제는 바로 이념에서 출발한다고 볼 수 있다. 이 **이념도 결국 가상의 힘**이다. 인간이 필요해서 만든 유익한 가상적인 힘들이 서로 결합하여 인간을 지배하는 거대한 힘으로 발전하였고 그 결과 참혹한 전쟁으로까지 가게 된 것이다.

이러한 현실 앞에서 인간은 무엇을 어떻게 해야 하는가? 인간이 **인간성을 잃게 되는 것은 가상으로 들어가면서이다.** 가상은 저차정보이기에 고차적인 인간성을 억압하고 자신들의 보존력으로 인간을 그 세계의 부속물로 만들어 버린다. 그래서 **고차적인 인간성을 상실하고 가상의 게임에 참여하는 저차적 참가자**가 되어 버린 것이다. 그래서 **게임이 요구하는 대로 아무런 죄의식 없이 폭력과 야만성을 드러내는 것**이다. 이것이 야만성의 심층적 원인이라고 앞서 분석한 바 있다.

인간이 만든 가상은 무엇인가?

 이러한 문제를 해결하기 위해서는 가상이 무엇인지를 바로 알아야 한다. **가상의 본질은 이글에서 늘 강조해온 정보라는 것이다.** 인간은 사물을 정보를 통해서 인식한다. 정보는 사물 자체가 아니라 사물의 표상이다. 그래서 인간의 뇌 정보는 실제가 아니라 인간의 생존과 적응을 돕기 위해 만들어진 가상적 정보이다. 잠깐 쓰고 버려야 하는 임시 정보들이다. 그런데 이 **폐기되어야 할 정보들이 자기가 되어 자기를 보존하면서 가상정보가 지배하는 세계에 살고 있다.** 인간은 실제의 세계에 살지 못하고 가상의 세계에 살아가게 된 것이다.

 지금 메타버스라는 가상 세계가 미래의 산업으로서 각광받고 있다. 그러나 메타버스 이전에 인간은 이미 인간이 만든 정보라는 가상 세계 속에서 살아왔다. 그 가상의 힘이 거대한 전쟁을 일으키고 자본의 버블과 붕괴라는 재난을 만들어 내었다. 인간은 점점 더 가상의 세계로 진입해가고 있다. 앞으로의 인간의 싸움은 바로 가상과의 싸움이 될 것이다.

 인간은 가상 없이는 아무것도 할 수 없다. 뇌의 정보가 가상이기 때문이다. 뇌를 사용하면 할수록 가상의 세계가 넓어지고 깊어진다. 전자통신의 발달로 이제는 실제 현실은 점점 더 축소되고 가상의 세계가 더욱 현실인 것처럼 되어 간다. 그 속에서 인간은 과연 어떻게 살아가야 할까? 인간은 원래 가상으로 현실을 보고 생각한다. 이러한 뇌가 없이는 인간은 살 수 없다.

 그리고 정보가 없이는 아무것도 할 수 없다. 그래서 인간은 본질

인간의 뇌 자체와 물리적 세계가 이미 가상현실이다. 그러나 인간은 가상 이상이기 때문에 가상에 갇히면 인간성을 상실하게 된다. 그래서 가상과 고차적 인간의 조화를 이룰 수 있는 것이 인류의 가장 큰 숙제이다. 저 차의 가상과 고차의 인간이 주름운동을 하며 고차를 가상 속에서 실현해가는 길을 찾아야 한다. samsung.com/in/galaxy/gear-vr

적으로 가상을 결코 떠날 수 없다. 인간의 문명이 인공의 가상이다. 메타버스인 것이다. 그렇다면 인간은 어차피 가상 속에서 살아야 한다. 인간이 사는 고전물리학의 4차원의 세계도 사실은 가상이다. 현대물리학이 밝힌 과학적 사실이다. 또 다른 실체의 물자체의 차원이 있다. 그래서 우리는 모든 것이 가상인 천지에서 살고 있다. 그렇다면 이 가상 속에서 가상에 침몰하지 않고 어떻게 실재 속에서 살아갈 수 있을 것인가? 그것이 앞으로 인간이 풀어야 할 가장 큰 숙제일 것이다.

현실과 가상의 문제를 풀기 위해서는 정보를 더 깊이 이해할 필요가 있다. 태초의 빅뱅은 초양자 정보의 폭발로 시작되었다. 물론 초양자는 아직 과학적으로 확인된 것은 아니다. 물질의 근원적 존재

상태를 그렇게 이름 붙여본 것이다. 그래서 초양자 정보는 정보와 물질이 미분화된 상태일 것으로 추정된다. 여기서 분화된 상태가 양자중력 혹은 양자장이다. 여기서는 시공간이 아직 형성되지 않았다.

  그 이후 양자정보로 분화되면서 물질도 생성되지만, 그 물질은 고전적 세계의 물질과 매우 다르다. 양자정보를 처리하기 위해서는 물질도 양자화되지 않을 수 없었다. 고전적 물질로는 양자정보 처리가 불가능하므로 양자정보 처리를 위해 물질도 양자화되어야 했다. 그리고 이 양자정보는 고전적 물질과 정보로 다시 붕괴된다. 먼저 복잡성의 물질과 정보로 붕괴되고 그다음이 알고리즘 정보이다. 이 알고리즘 정보가 가장 마지막 정보이다. 그래서 가장 저차정보가 된다. 인간은 이를 이용하여 세상에서 적응하며 살아간다. 그다음 이 정보와 물질은 블랙홀로 가서 마지막을 불태운다. 이 블랙홀에서 물질은 완전히 소멸되지만, 정보는 다시 재활용되는 것으로 알려져 있다.

  이러한 물리학 이야기를 하는 것은 알고리즘 정보의 위치와 역할을 알기 위해서이다. 초고차정보에서부터 점차 고차와 저차로 붕괴되면서 실재의 본질이 어디에 있는가를 볼 수 있을 것이다. 우주의 실재는 초고차정보의 덩어리에서 시작되었다. 그리고 양자정보에서 지속적으로 우주 진화의 정보가 유출되고 있다. 이러한 고차정보가 실재 정보가 되는 것이다. 물론 이 고차정보가 그대로 저차의 세계에 복사되는 것은 아니다. 암호 혹은 무작위 같은 방식으로 유출되어 이를 바로 해독하여 실제 세계에 활용해야 한다. 이는 인간의 유전자가 복제되어가는 과정과 유사하다. 우리는 인간의 유전자가 네 가지 염기의 알고리즘 정보로 되어 있는 것으로 생각했지만, 유전자는 양자정보 이상의 고차정보로 되어 있는 것이 최근 양자 유전학이 밝힌 사실이다. 그래서 유전정보가 복제되고 단백질로 형상화되는 과정과 고차정보가 저차로 붕괴되는 과정과 유사하다.

그래서 고차정보의 모든 것이 실재는 아니지만, 실재의 내용이 있는 정보임은 틀림없다. 그렇다면 저차인 알고리즘 정보는 무엇인가? 한마디로 말하면 낙엽과 같은 정보이다. 고차정보를 통해 실재가 실현된 다음, 마지막 마무리하는 작동의 정보들이다. 인간에게는 전부이고 대단해 보일지 모르지만, 인간이 세계를 접촉하는 부분은 이처럼 말초적인 세계라는 것이다. 다 쓰고 남은 정보들이다. 그렇지만 인간은 이 정도의 정보처리밖에 할 수 없다. 인간이 대단한 것 같지만, 우주와 세계의 그 많은 용량의 정보의 단말기에서 아주 마지막 부분밖에 처리하며 살 수밖에 없는 존재인 것이다.

인간의 알고리즘의 과학으로 알 수 있는 것은 우주와 생명 그리고 세상의 표면의 일부 정보이다. 물론 이 정보로 인간이 우주여행을 할 수 있을지는 모르지만, 그것은 정말 어린 아이들이 놀이터에서 노는 정도의 수준이라는 것을 알아야 한다. 뉴턴이 인간의 과학은 바닷가에서 바다를 보고 조금 아는 것 정도라고 말한 것과 같다. **인간의 과학과 정보는 거대한 정보의 바다에서 밀려 나오는 마지막 파도의 말초적 정보 정도로 보아야 한다.** 물론 인간은 이 정보만으로 우주와 물질의 정체를 연구하고 위대한 문명을 이룩하였다. 인간은 이러한 면에서는 대단하지만, 적어도 인간이 서 있는 위치는 알고 있어야 한다.

저차의 가상과 고차의 실재와의 균형

이를 알면서도 인간은 정보의 균형을 맞추기가 어렵다. 이는 **인간은 말초적인 정보의 가상이 진짜인 줄 알고 살아가기 때문이다.** 그래서 가상인 줄 모르고 정보의 가상 세계에 빠진다. 그 세계에서는 **알고리즘의 저차정보가 주인이 되고 군주**가 된다. 고차적인 인간을 저차정보로 다스린다. 그래서 고차적인 인간이 일차 내지는 이차원적 인간이 된다. 이것이 인간 문명의 문제였다. 그렇다면 인간의 뇌는 알고리즘의 저차정보로 움직이는데, 인간이 고차적이라는 뜻은 무엇일까? 인간이 인격이 있고 영혼이 있어서 고차적이라는 뜻인가? 인간의 뇌는 저차적인 정보처리 기관인데 어떻게 고차적인 형이상학과 예술을 할 수 있을까? 인간의 고차적인 인격과 영혼을 어떻게 느낄 수 있는 것일까? 인간은 고차적인 신과 우주를 어떻게 알 수 있을까?

인간의 생명은 적어도 초고차 혹은 고차정보로 되어있다. 그리고 몸에는 알고리즘 정보도 있지만, 고차정보가 더 많다.

생명은 대부분 복잡성과 양자정보로 움직인다. 그리고 뇌도 복잡성과 양자정보가 아주 많다. 그렇지만 인간의 현실은 저차정보로 움직이고 의식 대부분은 알고리즘에 익숙하므로 인간은 저차정보가 주主를 이룬다. 그래서 저차정보의 가상에 쉽게 빠지고 머무는 것이다. 그러나 사실 인간은 대부분 고차정보로 살아간다. 그러나 이러한 고차정보는 대부분 무의식으로 되어 있으므로 알고리즘의 의식으로는 인지하기가 어렵다. 고차정보가 의식으로 올라오면, 마치 꿈이 이상하듯이 그러한 비알고리즘 정보가 된다.

칸트가 이러한 인간의 인식에 대해서 이미 거의 완벽한 분석과 통찰한 바 있다. 칸트는 인간의 알고리즘을 선험적인 형식과 도식이라고 했는데, 이것으로는 대상 자체의 본질은 알 수 없고 그 표면적인 현상에 대한 정보만 알 수 있다고 했다. 그리고 이런 정보로는 양심과 예술과 같은 고차적인 세계를 그대로 인식할 수 없다고 했다. 그래서 의식은 고차정보를 알고리즘으로는 인지할 수는 없고 직관으로 느낄 수밖에 없다. **고차정보의 세계로 들어가기 위해서는 알고리즘의 분석과 판단을 내려놓아야 한다.** 이는 마치 현상학에서 환원을 통해 순수 의식으로 들어가는 과정과 동일하다.

저차정보는 낙엽과 같은 정보이다. 곧 **폐기될 마지막 정보이다.** 이를 계속 붙들고 있으면 비현실적인 환상과 가상이 깊어지면서, 현실과 동떨어진 망상으로 갈 수 있다. 물론 환상과 꿈은 알고리즘의 저차정보를 해체하는데 도움이 된다. 그러나 환상도 다시 버려야 한다. **꿈과 환상을 버리고 다시 현실**로 돌아와야 한다, 현실에 직면하며 꿈을 깨어야 꿈이 제대로의 역할 할 수 있다. 현실은 고차적이기에 인간의 가상을 깨는 데, 큰 도움이 된다. 인간의 이성과 꿈도 저차가 되어, 가상으로 갈 수 있으므로 감정과 몸 그리고 실존이라는 고차정보가 필요하다. 그래서 저차인 가상과 현실이 주름 운동을 통해 통합되고 관통되어야 한다. 성경의 요셉의 꿈처럼, 꿈과 혹독한 실존의 현실이 관통될 때 그 꿈은 현실의 꿈이 된다. 꿈이 환상과 망상이라는 가상으로 가면 안 된다. 지금 인간은 가상을 통해 이러한 병든 환상의 미래를 꿈꾸고 있다. 인간의 현실을 바로 보지 못하고 있다.

결국 인간의 문제는 의식의 문제이다. 현상학이 이를 바로 지적해 주었다. 저차정보가 필요하지만, 의식이 저차정보에 지배받으면 안 된다. 의식이 저차정보를 사용하더라도, 사용 후 즉시 폐기하고 늘 고차정보에 귀를 기울여야 한다. 인간은 고차정보가 이성에 있다고 생각했다. 이 이성에 대해서는 이미 칸트가 비판적 고찰을 하였다. 그래서 합리적인 이성이 아니라 비알고리즘적 고차정보의 소리를 들을 수 있어야 한다. 그 소리는 감정을 통해서 들려진다. 이성이 아닌 감정을 형이상학으로 받아들인 것은 스피노자, 쇼펜하우어 그리고 니체이다. 그리고 이 이후 실존철학에서는 감정이 형이상학으로 가는 아주 중요한 정보로 인정했다. 그래서 **감정은 아주 중요한 '고차정보의 창'**인 것이다.

그다음 고차정보의 창이 있는데 바로 몸이다. **고차의 감정이 몸에서 나오기에 고차정보의 근원은 몸**이 될 수밖에 없다. 니체는 몸을 이성이라고 부를 정도로 몸을 통한 형이상학을 강조하였다. 후설의 후기 현상학도 몸의 삶을 대상으로 삼았고 그 이후 현상학은 메르로 퐁티와 미셸 앙리에 의해 몸과 삶이 제일 중요한 주제가 된다. 실존도 결국 몸이 중심이다. **몸은 생명의 집이다. 생명은 고차정보의 덩어리**이다. 그래서 몸에는 고차정보가 뇌와 비교할 수 없을 정도로 많다.

우리는 지금까지 **고차정보인 감정과 몸을 가장 저차적이고 동물적인 것으로 무시하거나 격하시켰다.** 이는 **뇌가 자신이 주인이 되기 위한 기만이고 거짓**이다. 뇌는 현실의 적응을 위한 기관에 불과한데 자신이 주인이 되려고 하였기에 고차인 감정과 몸을 억압하여 병들게 했다. 생명이 있는 **몸과 감정이 억압받고 학대받으면 반생명의 소리를 낸다. 그것이 질병**이다. 마음의 질병은 부정적인 감정에 의해서 발생한다. 이 감정을 보살피고 해결하지 않으면 부정적인 감정이 몸을 병들게 한다. 이를 스트레스라고 한다. 마음으로 몸이 병드는 것이다. **반생명의 감정이 집단화되면 사회적 갈등이나 전쟁 혹은 야만적인 행위**로 나타날 수 있다.

이처럼 인간은 고차정보를 억압하고 학대하면 생명이 병들어 죽게 된다. 저차정보가 필요하지만, 이는 현실을 사는 수단이지 생명을 살릴 수 있는 것은 아니다. 인간은 깨어서 자신의 의식이 저차정보에 지배당하지 않도록 주의해야 한다. 저차정보는 필요한 만큼 사용하고 자신의 의식을 비워 늘 감정과 몸의 소리를 들을 수 있어야 한다. 고차정보에 늘 열려야 하는 것이다. 인간에게는 고차정보가 풍부한 대상들이 있다. 문화, 예술, 철학 그리고 종교가 그렇다. 그리고 자연은 고차정보가 아주 풍부하다. 그러나 인간은 이들을 상품화시키고 저차화한다. 아도르노가 우려한 현실이다. 예술과 문화의 고차성을 보존하기 위해서는 해체철학에서 말하는 작은 차이를 소중히 여겨야 한다. 그리고 사회적으로는 소수자들을 수용하며 그들의 소리를 편견 없이 들을 수 있어야 한다. 이에 대해서는 이미 앞서 충분히 설명하였다.

고차성에 가장 중요한 것이 종교와 영성이다. 종교가 알고리즘으로 저차화되어 인간을 병들게 한 것을 중세기를 통해서 충분히 보았다. 고차적인 영성을 잃고 저차적인 종교, 전통, 교리, 율법과 훈련에 매이면 종교는 인간을 가장 병들게 한다. 종교라는 가상의 세계를 만들어 인간을 미혹하는 미신이 된다. 고등종교도 마찬가지다. 저차적인 미신이 되어서는 안 된다. 이처럼 각 분야에서 고차성을 추구하는 사람들이 많이 나오게 되면 사회가 저차적인 가상의 세계에서 빠져나와 고차적인 세계로 갈 수 있을 것이다.

3
미래를 어떻게 준비할 것인가?
— 정보시대

정보가 지배하는 미래

　마지막으로 현재와 미래의 정보사회에서 인간은 어떻게 될지? 그리고 어떻게 적응하며 더 강력한 가상의 세계에서 현실을 살려 나갈 수 있을지에 대해서 생각해보려고 한다. 과거 무력이 지배하던 사회도 무서웠지만, 그 이후에 나타난 국가와 이념이 지배하는 사회는 더 무서웠고 그 이후 자본이 지배하는 사회는 스스로 모두가 복종하게 하면서 그 강력한 힘으로 인간을 지배하였다. 무력과 이념이 지배한 마지막 국가가 세계대전과 냉전을 주도한 통치방식이었다. 그 이후에 나타난 것이 자본주의였다. 노동과 자본의 충돌이 아니고 자본이 수면 위에서 모든 사람을 끌어당겼다. 자본을 축적하기 위해 누구도 압박하지 않아도 스스로 알아서 자본의 주인이 되려고 하였다. 그러나 곧장 자본이라는 가상이 인간을 통제하고 지배하였다. 그래서 인간의 고차성을 잃고 자본에 소외되며 종살이하는 저차적인 삶을 살게 되었다. 그리고 그 이후에 나타난 정보사회는 자본과 비교할 수 없을 만큼 더욱 거대한 힘으로 인간을 끌어당기고 있다.

자본에 중독되듯, 정보에 중독된다. **인간은 이념을 종교화하고 자본을 신앙으로 섬겼듯이 정보를 신으로 섬긴다.** 물론 인간은 쉽게 이를 인정하지 않는다. 인간이 정보를 활용한다고 생각한다. 마치 술 마시는 사람과 비슷하다. 다들 내가 좋아서 술을 먹는다고 한다. 언제라도 끊을 수 있다고 큰소리친다. 술이 술을 마시기 시작하고 자기는 술의 도구 혹은 숙주가 된다. 그러다가 술이 사람을 마시게 되면 누가 보아도 중독인데 대부분의 술 중독 사람은 이런 상태가 되어도 스스로 중독이라고 인정하지 않는다.

인간의 유전자도 그렇다. 인간이 유전자를 사용하여 종족을 보존하는 것처럼 생각하였으나, 도킨스라는 유전학자는 반대로 유전자가 인간을 숙주나 도구처럼 사용하여 자신의 유전자를 보존한다고 했다. 그래서 이를 이기적 유전자라고 했다. 정보 자체에 이런 이기적인 보존력이 있는 것이다. 알고리즘의 저차정보가 자기를 보존하며 증식하는 것처럼 모든 정보는 생물처럼 자기 증식의 강력한 힘이 있다. 사회현상에 있는 정보도 유전자처럼 자기를 보존한다고 했다. 이를 유전자gene와 비슷한 철자인 밈meme으로 불렀다. 이처럼 정보도 자기를 복제하며 증식하는 강한 보존력이 있는 것이다.

처음에는 우리가 필요하고 재미있어 그 정보를 먹는데, 이는 술처럼 우리 속에서 **자기를 보존하려고** 한다. 정보는 엔트로피를 감소시키려는 힘이 있어서 비슷한 정보를 먹어야 더 안정적으로 된다. 그래서 유사한 정보를 계속 먹는 것이다. 이러한 현상을 우리는 **습관**, **편견, 지연, 학연, 민족주의, 이념화, 이분법과 양극화, 분파와 진영 논리, 종교** 등에서 볼 수 있다. 이처럼 정보는 자기를 형성하여 자기를 보존하려고 하고 자기 아닌 것을 배척하고 제외한다. 그냥 지식과 정보로 끝나지 않고 끝내는 **극심한 갈등과 전쟁**으로까지 갈 수도 있다. 사실 정보는 무생물이 아니다. **바이러스처럼 정보는 살아서 자기를 형성하며 보존**한다. 알고 보면 아주 무섭다. 사람들은 아무 생각 없이 매일 엄청난 정보를 먹고 산다. 온종일 스마트 폰을 보며 자기가 원하는 정보를 머릿속에 아니 몸에 집어넣는다. 우리는 코로나 바이러스로 인해 인류가 얼마나 많은 고통을 받았는지는 잘 알면서 매일 먹는 정보가 우리 속에서 어떻게 증식하여 우리를 병들게 하고 있는지는 잘 인지하지 못하고 있다.

처음에는 정보를 내가 필요해서 먹는 것 같지만, 조금 지나면 정보가 정보를 찾아 먹는다. 이기적 유전자의 도구가 되듯, 우리는 정보의 숙주가 되어 정보가 원하는 대로, 시키는 대로 정보를 먹는다. 내 속에서 정보는 바이러스처럼 살아서 증식하고 드디어 정보는 나를 지배하는 거대한 정보 군주가 된다. 내가 살아있고 내가 주인인 것 같지만, 사실 나의 주인이 유전자라는 정보이듯이 내가 그동안 먹은 정보가 나의 주인이 되고 군주가 되는 것이다. 각 사람의 정보는 개인으로 끝나는 것이 아니다. 그 위에 거대한 정보 집단이 있다. 마치 통치 집단이 있듯이 **정보는 개인을 감시하고 통제하고 지배한다. 군주를 넘어서 신**으로까지 받들어진다. 정보가 이념이 되고 종교가 된다. 그리고 정보를 신으로 모시는 것이다.

이렇게 되면 그동안 인간을 지배했던 모든 힘이 정보 안에서 모인다. 어벤져스 영화처럼 과거의 **무력, 이념, 법, 자본 같은 무시무시한 힘들이 정보라는 체제 속에서 하나로 모여 인간을 통제하고 지배**한다. 과거의 그 어떠한 **절대왕정이나 전체주의와 비교할 수 없을 정도로 강력한 지구 정부**가 된다. 인간이 겉으로는 주인인 것 같지만, **인간은 거대한 정보 정부의 하수인에 불과하다.** 그러나 인간은 지금 이를 유토피아와 같은 좋은 세상으로 꿈꾸고 있다. 디지털과 인공지능이 지배하는 완전한 유토피아와 디지털과 메타버스 그리고 트랜스 휴먼을 인간의 한계를 뛰어넘는 새로운 세상으로 기대하고 있다.

인간이 할 수 있는 것은 정말로 대단히 많고 거대하지만, 한계가 있다. 인간의 한계는 곧 인간이 다룰 수 있는 정보의 한계이다. 인간이 다룰 수 있는 정보는 알고리즘의 저차정보 혹은 일부 복잡성 정보까지가 한계이다. 고차적인 복잡성과 양자정보의 결과를 활용할 수는 있지만, 그 안으로는 들어갈 수 없다. 그 정보의 주인으로서 활용할 수는 없다는 것이다. 인간이 주인으로 활용할 수 있는 것은 알고리즘 정보와 저차적 복잡성 정보 정도인데, 이것에도 인간은 결코 주인이 되지 못하고 저차정보가 주인이 되고 인간은 그 하수인 내지는 부속물이 되고 만다.

그 속에서 인간의 고차성을 상실하고 소외된다. 저차적인 알고리즘 인간으로 전락하여 살아야 한다. 정보의 세계는 과거 그 어떤 전체주의 국가보다 무서울지 모른다. 그 속에서 억압된 반생명이 어떠한 야만성으로 나타날지 모른다. 인류의 미래는 과거의 어떤 때보다 사실 어둡고 절망적이다.

정보사회는 새로운 형태의 무서운 전체주의 국가이다

 개인의 인격을 스스로 선택하고 결정하는 것 같지만, 이미 그 속에 결정된 정보의 회로에 의해 대부분 결정된다. 부모와 사회적 전통이 만들어 준 정보의 강력한 회로가 자기가 되어 스스로의 자기를 찾아가는 데 억압하고 방해한다. 어려서부터 아이가 스스로 생각할 수 없을 때부터 부모는 강력한 자신의 정보를 주입한다. 부모는 이미 사회로부터 받은 정보이다. 부모와 사회는 교육과 훈육을 통해서 이를 주입하고 아이는 이 정보가 자기인 줄 알고 살다가 사춘기가 되면서 억압된 내적인 생명의 소리를 들으며 저항하게 된다. 이것이 자기 찾기의 시작이다. 결국 자기 찾기는 정보 회로의 싸움이다. 과거와 전통의 저차정보에서 자기 속에 있는 고차정보를 찾는 과정이 자기 찾기인 것이다.

 집단적 인격과 자기도 마찬가지이다. 개인은 이 집단정보에 들어가면 자기 정보를 찾기가 몹시 어려워진다. 집단이라는 환상과 힘은 개인이 극복하기에는 너무도 강력하다. 독일인이라는 개인이 히틀러가 만든 전체주의 집단의 정보에 들어가면 아무 힘을 쓸 수 없었다. 그냥 집단정보의 하수인이 될 수밖에 없었다. 전체집단의 회로가 공장의 벨트라인처럼 돌아가면, 인간은 부품이 되어 실려 돌아갈 뿐이다. 거기서 빠져나오는 길은 죽음밖에 없다. 이는 게임이론과 동일하다. 그 게임으로 들어가면 이미 아군과 적군 나누어져 있고 누군가 죽어야 끝난다. 아렌트는 이러한 개인과 전체주의의 관계를 분석한 바 있다.

이러한 전체주의가 미래의 정보사회에서도 강력한 권력으로 재현될 것이다. 이를 디지털 사회에 적응하지 못한 아날로그 세대의 과잉적인 염려라고 일축할 수도 있을 것이다. 그리고 세상은 젊은이들이 중심이 되어 미래의 정보사회를 향해 달려갈 것이다. 이를 누구도 막을 수 없다. 이미 방향과 그 속도까지 결정되어 있다. 걱정하든 안하든 무섭게 인류는 달려갈 것이다. 인간이 주인이 되어가는 것 같지만, 사실 정보가 주인이 되어 달려가고 있다. 모든 것이 이미 정보 속에 결정되어 있고 인간은 정보의 하수인이고 숙주일 뿐이다. 그럼 이제 우리는 어떻게 해야 하는가? 이를 거부하고 낙오된 채로 그냥 살아야 하는가? 아무 소용없는 저항운동이나 음모론을 이야기하며 이러한 사회가 오길 지연이라도 해야 할까? 어차피 미래가 결정되어 있다면 어쩔 수 없이 갈 수밖에 없다. 누구도 막을 수 없다. 끝까지 가야 한다. 그러면 그 안에서 우리는 무엇을 해야 하는가?

이러한 문제의 해답을 프랑크푸르트학파의 아도르노와 벤야민의 현대문화에 대한 이해와 접근방식에서 찾아보려고 한다. 아도르노는 자본적 전체주의 체제에서 동일한 물건이 기계적으로 생산되듯, 문화도 그렇게 생산된다고 비판하였다. 겉으로는 자유스럽고 개성적인 것처럼 포장하고 있지만, 대중은 만들어진 것만을 즐기면서 스스로의 상상력이 마비된다고 했다. 더 문제는 이러한 마비를 알지 못하고 자기의 것을 실현한다는 착각과 기만에 빠지게 되는 것이다. 벤야민도 아도르노의 문화이론에 많은 부분 긍정한다. 그러나 벤야민은 아도르노만큼 부정적이지는 않았다. 아도르노가 분석한 대로 현대 대중예술은 과거처럼 깊은 예술의 경지로 가지 못하고 순간적으로 감각을 자극하는 산만한 상품으로 존재한다. 물론 과거의 가치와 기준에서 보면 이는 참다운 예술이 아니다. 상품처럼 진열된 것들이 우리에게 무슨 영혼을 울리는 아우라를 줄 수 있겠는가? 그러나 **벤야민은 달랐다. 오히려 산만하고 가벼운 자극을 통해 문화의 새로운 가능성을 열어둔다. 과거에는 없던 예술의 차원이다.** 이처럼 벤야민은 문화에 대해 긍정적으로 접근했다.

정보사회 안에서 해법을 찾다

이처럼 디지털 정보의 사회를 아도르노처럼 비판만 할 것이 아니라 이를 역이용하는 자세도 필요하다는 것이다. 정보사회의 가장 큰 혁명 중의 하나는 중앙집권이 아니라 **네트워크와 공유라는 분산형식이다.** 이는 분명 벤야민이 발견한 문화의 긍정적인 면과 유사하다. 깊은 집중은 아니고 산만하지만, 오히려 그것이 우리를 새롭게 자극하고 깨울 수 있다는 것이다. 이처럼 정보사회의 분산형식과 복잡성의 형태를 하나의 고차정보의 형성 기회로 만들어보자는 것이다. 디지털과 아날로그의 이분법이 아니라 디지털과 아날로그가 결합한 디지로그의 가능성을 타진해보자는 것이다. **형태는 저차정보이지만, 그 내용을 아날로그의 고차정보로 접목하여 디지로그의 새**

한국의 대표지성인 이어령 교수는 저차의 디지털과 고차의 아날로그가 만나는 디지로그의 새로운 가능성을 주장한 학자이다. etoday.co.kr/news

로운 **가능성**을 열어보자는 것이다. 이는 한국인의 대표지성인 이어령 교수(1934-2022)가 제시한 이론이고 꿈이기도 했다.

인간은 이데아의 본질이 있다는 것은 인정할 수 있지만, 이를 그대로 우리의 뇌와 사회에 모방할 수 없다. 인간의 정보와 이미지로 표상할 뿐이다. 이것이 정보이고 디지털이다. 처음에는 대상의 물자체를 모방하기 위해 기호로서 만들어졌지만, 그 이후 그 기호와 정보는 대상의 본질과 다른 새로운 정보가 된다. 가상이지만 열린 정보가 될 수 있는 것이다. 저차이지만 하나의 상징으로서 고차정보에 열릴 수 있는 것이다. 이를 현대철학과 문화에서는 **시뮬라크르**simulacre 라고 한다. 벤야민과 같은 방향의 가능성이다. 모방이든 아니든 그 정보는 새로운 것을 창출하고 새로운 가상의 세계에 던져지는 것이다. 메타버스의 가상의 세계도 이러한 차원에서 긍정적으로도 볼 수 있다. **메트릭스가 인간을 가두어 둘 수도 있지만, 새로운 고차정보의 출구**도 될 수 있다는 것이다.

그래서 디지털과 가상의 정보가 인간 속에 잠자던 새로운 고차정보의 가능성을 깨울 수 있는 것이다. 정보사회의 가상정보는 가상의 저차정보로 가서 인간을 기만할 수도 있지만, 디지털의 저차성과 아날로그의 고차성을 잘 이해하고 분리할 수만 있다면, 디지털 정보를 얼마든지 활용하여 인간의 고차정보를 깨울 수 있다는 것이다. **디지털 가상정보가 인간의 정서, 몸과 새로운 인간의 네트워크를 통해 고차정보로 들어갈 수 있는 기회**가 될 수 있다. 이러한 면에서는 미래의 사회가 긍정적일 수 있는 것이다. 그러나 이는 결국 니체가 지적한 대로 힘의 문제가 될 것이다. 정보사회를 이끄는 힘이 무엇이며 그 힘이 무엇인가에 달려있다고 보아야 한다.

디지털 정보사회가 다른 기존의 힘들과 연합하여 전체주의적인 권력으로 가는 것을 막을 수 있는 길은 **디지털의 공유 시스템**에 있다. 공유시스템은 마치 과거 절대왕정에 맞서던 시민 혁명이나 공화정처럼 개인들이 공유시스템으로 연결되며 공유 속에 내포된 고차정보와 열리는 것이다. 중앙집권적 전체적 시스템을 해체하는 공유경제, 금융, 정치와 문화가 얼마나 힘을 키워나갈 수 있는가가 중요한 관건이 될 것이다. 고차정보에 열린 개인들의 자율적인 플랫폼이 형성되면 중앙집권적 전체주의를 어느 정도 견제할 수 있지 않을까 기대해보는 것이다.

앞서 말한 유럽 문명의 해체 정신과 집중이 주름처럼 균형을 이루어갈 수 있다면, 미래 정보사회도 그렇게 어두운 것은 아니다. **공유시스템을 통해 동일성의 전체주의가 과도한 주도성을 갖지 않도록 다양한 소수자와 소외인을 이해하고 수용**하여야 한다. 감당할 수 있는 불안과 혼돈은 사회발전의 원동력으로 보아야지, 후퇴하는 힘으로 생각해서는 안 된다. 오히려 동일성으로 안정을 찾으려는 것이 더 후퇴와 쇠망하는 힘으로 작용한다는 것을 기억해야 한다.

지구의 집단 지능의 한계와 초월의 힘

그러나 인간의 정보체제는 구조적으로 한계가 있다. 인간의 저차 정보의 보존성이 너무도 강력하여서 고차적인 정보는 힘을 쓰기가 어려웠다. 그럼에도 불구하고 인류는 이상하게도 발전해왔다. 분명 잘못을 반복한 것은 인간인데, 인격이 붕괴되지 않고 계속 발달하면서 자기를 찾아가는 힘은 도대체 어디에서 나온 것일까? 인간의 내재한 힘이라고 설명하기에는 역학적으로 한계가 있다. 그래서 다른 새로운 힘의 가능성에 대해서 말해보려는 것이다. 이는 인간 실존을 넘어서는 힘이기도 하다. 그러나 이를 좀 더 과학적이고 정보이론적으로 설명해보려고 한다. 지금 인류의 당면과제는 코로나라는 바이러스와의 싸움이다. 이 싸움이 과연 어떻게 진행될지 다들 궁금해 한다. 나는 이를 극복하는 길을 제시하면서 이러한 힘에 관해서 설명해보려고 한다.

코로나는 작은 정보 덩어리인 바이러스에서 시작된다. 바이러스의 정보는 작지만, 그들은 엄청난 집단정보를 이룬다. 인간도 세계가 집단정보를 이루며 대응하고 있지만 역부족이다. 집단정보의 용량에 차이가 나기 때문에 **인간은 결코 바이러스의 집단정보를 이길 수 없다.** 아무리 노력해도 바이러스가 변종을 만들어 내면 그 싸움은 끝이 없다. 종결은 인간이 하는 것이 아니라 바이러스가 스스로 하는 것이다. 바이러스가 스스로 물러가야 종결된다. 집단정보는 지능이다. 그들의 지능은 인간의 집단 지능은 상대가 안 될 정도로 높다.

그렇다면 바이러스와 싸우는 것보다 대화해야 한다. 왜 바이러스가 인간을 공격하는지 대화해야 한다. 공상 소설이나 망상 같은 이야기지만, 실제로 바이러스와 대화할 수 있다. 정보이고 지능이기 때문이다. 바이러스의 정보는 우주 정보의 하나이다. 바이러스는 우주의 균형을 이루는 데 아주 중요한 역할을 한다. 인류 역사에 수없는 미생물과의 싸움이 있었다. 인류의 역사와 문명에서 미생물을 빼고는 이야기할 수 없을 정도이다. 문명사의 주인이 과연 인간일지 아니면 미생물일지 우리는 진지하게 물어보아야 한다. 미생물이 문명사를 알게 모르게 엄청나게 변화시킨 주역이기도 했다. 그러나 그들은 그냥 우연히 온 것이 아니었다. 그 속에는 미생물의 집단 지능이 있고 정보가 있었다. 정보는 자기가 있고 인격도 있다. **인간이 우주적인 정보 균형에서 벗어나고 있을 때, 미생물의 집단정보는 우주를 평형으로 이끌기 위해 일할 수 있다.** 그런 정보적인 균형을 알아야 한다.

  인간이 저차적인 정보로 너무 보존될 때, 우주의 집단 지능은 이를 해체하고 다시 고차정보를 회복하는 방향으로 작동할 수 있다. **우주 자체의 정화기능**이다. 이 우주적 정보에 대해 인간의 문명은 겸허해야 한다. 바로 이러한 대화를 미생물과 해야 한다. 몸속에도 엄청난 미생물이 있다. 이 **미생물이 인간을 우주적인 균형으로 인도**한다. 우리가 잘못 가고 있을 때 미생물의 지능은 말을 한다. 그것이 **몸의 반응이다.** 그 속의 미생물의 소리를 들을 수 있어야 하고 그 **미생물과 대화할 수 있어야 한다.** 그래서 인류는 이러한 우주의 집단 정보와 겸허한 대화를 시작해야 한다. 많은 사람이 진실하게 할수록 도움이 될 것이다. 그래서 그 정보적 균형이 어느 정도 회복되어야 이 재난이 멈추게 되는 것이다. 이것이 **인류가 정보를 늘 의식하며**

살아가야 하는 지혜이다. 문명을 움직이는 가장 기초적이고 큰 힘이 정보라는 것을 알아야 한다. 그 정보의 상태가 우주의 방향과 얼마나 벗어나고 있는지를 알아 이를 바로 회복해가는 것이 인간의 지혜와 힘이 될 것이다.

코로나만이 아니라 앞으로의 정보라는 거대한 문제에 대해서도 인간은 우주의 집단 지능과의 연합이 필요하다. 인간 스스로 한계는 너무 분명하다. 그래서 우주의 집단 지능과의 정보적 교류가 필요하다. 어떠한 기계를 통해 교신하자는 것이 아니다. 그 **집단정보는 양자정보 이상의 고차정보이다. 고차정보에 깨어있는 사람들이 기도하고 호흡하며 대화할 수 있어야 한다.** 그러나 특별한 사람만 할 수 있는 것은 아니다. 과거 어머니들이 새벽마다 물을 떠놓고 기도한 것처럼 우주의 집단 지능과 대화할 수 있다. 그래서 누구나 할 수 있는 것이다. 코로나를 걱정하는 누구라도 이러한 대화를 할 수 있다. 과학적인 노력도 해야 하지만, 이러한 겸허한 대화도 무척 중요하다. 저차정보의 환상과 망상에 빠져 사는 인간의 아픔과 연약함을 인정하며 겸허한 마음으로 우주의 집단정보의 도움을 청해야 한다. 그래서 우주의 정보적인 균형과 진화에 지구촌의 집단정보도 합류할 수 있어야 할 것이다.

4
유럽이 앞으로 살아가야 하는 길
– 유라시아 네트워크

유럽이 들려주는 지혜의 이야기

유럽이 인격발달로 보면 장년을 지나 노년을 향해 가는 시기라고 했다. 그러나 이러한 발달 사이클은 영구적인 것은 물론 아니다. 유럽의 종말을 의미하는 것도 아니다. 한 생애주기가 이렇게 마무리된다는 의미이다. 지금의 유럽의 정신적, 정서적 분위기가 이렇게 노쇠해가고 있다는 것이다. 물론 노쇠하여 종말을 맞을 수도 있다. 그렇지만 얼마든지 새로운 주기로 재탄생하거나, 새로운 젊음을 맞이할 수도 있다. 이는 유럽이 어떻게 하느냐에 달린 것이지 이미 결정된 운명은 아니다. 그래서 이 장에서는 유럽의 미래에 관한 이야기를 하려고 한다. 유럽도 살고 지구촌도 사는 상생의 길이 없는지를 찾아보려는 것이다.

유럽은 격랑의 세월을 살았다. 어마어마한 성공도 했고 실패와 좌절을 맛보기도 했다. 이제 한 주기를 제대로 회고하면서 유럽이 새로워지지 않는다면, 유럽은 이 주기로 막을 내릴 수도 있다. 그러나 자신의 생애를 제대로 보고 이를 근본적으로 해결하고 고쳐나간다면, 얼마든지 새로운 주기로 들어갈 수도 있다. 자신의 성공 비결이 무엇이었고 실패의 원인이 무엇이었는지를 자각하여, 고통스럽더라도 잘못된 것을 고쳐나갈 수 있다면, 분명 새로운 미래가 있을 것이다.

흔히들 유럽의 가장 큰 자산은 조상들이 남긴 유물이라고 한다. 성당, 유적, 예술품 등 어떻게 보면 도시 전체가 역사적 유물이고 자산이다. 이를 보기 위해 수많은 관광객이 몰려오고, 그들에게 고급 브랜드의 명품을 판매하며 그들은 살아가고 있다. 물론 유럽이 조상들이 남긴 것만으로 먹고 사는 것은 아니다. 각 분야에서 세계 최고의 기술로 만든 명품들이 즐비하다. 그러나 과거의 명성에 비하면 유럽의 경쟁력이 약해진 것은 사실이다. 특별히 미래 산업인 4차 산업에 대한 준비가 부족하다. 미래에 대해 공격적이고 적극적인 자세보다는 어떻게 과거의 영광을 유지할 수 있을까 하는 방어적이고 수동적인 경향이 우세한 것 같다. 그래서 유럽이 앞으로 과거처럼 세계를 선도해나가기는 어려울 것으로 전망하고 있다. 이러한 경향은 결국 **유럽의 노쇠**함에서 오는 것이다.

그렇다면 유럽이 스스로 젊음의 역동성을 다시 찾는 길은 불가능할까? 스스로 아무리 젊어지자고 다짐하고 소리쳐도 젊음이 올 수 있는 것은 아니다. 집단으로 형성된 생애주기의 분위기를 결코 무시할 수 없다. 그렇다면 포기해야 할 것인가? 그렇다고 생각하지 않는다. 스스로는 쉽지 않더라도 다른 젊은 피가 합세한다면, 새 힘을 받아 일어날 수 있다고 생각한다. 역사는 늘 그렇게 **젊은 피**를 받아 새로워져 왔기 때문에 이번에도 그러한 힘이 주어진다면 충분히 가능할 것이다. 그 힘이 구체적으로 어디에서 올 것인지에 대해서는 나중에 언급하려고 한다. 그러나 그 젊음이 어디에서 오든 유럽이 이를 수동적으로만 기다려서는 안 된다. 서로 같이 노력하며 준비해야 한다. 이미 유럽은 그렇게 하고 있다.

그렇다면 유럽은 그들에게 무엇을 줄 수 있을 것인가? 지금 이 시점에서 유럽의 가장 큰 강점은 무엇일까? 이는 노인이 세상에 아직도 할 일이 있다면 무엇일까? 라는 질문과 유사할 것이다. 노인의 가장 큰 힘은 그들이 살아온 인생의 경륜과 지혜일 것이다. 그리고 아직 남은 자산일 것이다. 그러나 노인은 자신의 노후가 걱정되어 자신의 자산을 젊은이에게 풀지 못한다. **그들이 살아오면서 어떻게 하면 발전할 수 있었고 왜 실패했는지를 잘 정리해서 이를 젊은이에게 넘겨줄 수 있다면, 젊은이들에게 큰 도움이 될 것이다.** 그리고 이를 잘 알아들은 젊은이에게 자신의 남은 자산을 투자하여 같이 발전할 수 있다면, 새로운 생명의 길이 열릴 수 있을 것이다.

그래서 먼저 유럽이 그동안 살아온 격동의 삶을 핵심적으로 정리해서 젊은이들에게 들려주는 것이 필요하다. 이제 이러한 마음으로 그동안 **자신의 인생을 정리하여 지혜의 말**을 전해보려고 한다. 앞서 말한 유럽의 자기 찾기를 다시 핵심적으로 정리한 것이라고 볼 수도 있다. 과연 그들이 파란만장한 그들의 인생에서 가장 뼈저리게 깨달은 것은 무엇일까? 인생을 이렇게 살아야 하고 이렇게 살면 안 된다고 할 수 있는 핵심적인 이야기는 과연 무엇일까? 이제 그 지혜의 이야기를 들어보려고 한다.

어떻게 자기 찾기를 할 것인가?

유럽이 젊은이에게 가장 먼저 이야기해줄 수 있는 **인생의 지혜는 자기를 찾아야 한다는 것**이다. 그렇다면 자기란 무엇이고 왜 꼭 찾아야 하는가? 인간은 생명체이고 문명과 역사는 생명이 집단을 이루며 살아간다. 생명의 중심에는 자기가 있으므로 자기를 찾는다는 것은 자신 속에 있는 생명을 찾는 것이다. 생명을 찾아 그 생명이 중심이 되는 삶을 살아야 발전하고 발달할 수 있기 때문이다. 아이가 자라는 것은 생명이 성장하는 것이다. 생명이 멈추면 아이는 자라지 않는다. 생명이 약해지면 늙고 병들게 되는 것이다. 바로 이 생명이 자기이다. 자기가 있으면 살아있는 삶을 살고, 자기가 없으면 죽은 삶을 사는 것이다. 그래서 자기를 꼭 찾아야 한다.

그리고 **자기 찾기는 멈추어져서는 안 된다**. 첫 번의 자기 찾기는 르네상스였다. 그러나 이것은 감정적인 자기 찾기였지 본격적인 자기 찾기는 아니었다. 성인으로서 제대로 된 자기 찾기는 종교개혁이었다. 자기는 아직 가보지 못한 새로운 길이었다. 자기는 과연 누구일까? 자기가 좋아하고 하고 싶다고 모든 것이 바른 자기라고 볼 수는 없었다. 그래서 자기를 분석하고 반성할 수 있어야 했다. 이러한 생각을 할 수 있는 의식의 자기를 진정한 '자기'라고 부를 수 있다고 데카르트는 말하였다. 생각하는 자기에서 나온 자기는 지성과 이성이었다. 이를 통해 유럽은 위대한 문명의 발전을 이룰 수 있었다. 첫 번으로 발견한 자기를 '외자기'라고 했다.

이제 지성과 이성으로 무엇이든 할 수 있을 것으로 생각했다. 그러나 적지 않은 문제가 발생하기 시작했다. 현실은 그들이 생각하고 기대한 대로 되지 않았다. 그 속에는 자신이 모르는 또 다른 자기가 있는 것을 인지하기 시작했다. 억압된 무의식 속에 마음이 있었고 그 속에 거대한 본능과 감정이라는 자기가 있었다. 새로운 자기를 발견한 것이다. 두 번째로 발견한 자기를 '중자기'라고 했다.

그런데 이 두 자기는 서로 갈등하고 싸우게 되어 자기는 혼돈과 아픔에 빠지게 되었다. 자기를 찾는 것이 좋은 일만은 아니었다. 주도권 싸움도 하다가 결국에는 감정의 자기가 폭발하여 엄청난 문제들을 드러내고 말았다. 사고를 친 것이다. 크고 작은 야만적인 사고도 있었지만, 정말 감당할 수 없는 수준의 큰 전쟁으로 터지기도 했다. 정말로 자기 찾기는 실패했다고 말할 수도 있었다. 그래도 유럽은 자기 찾기를 멈추지 않았다. 그래서 이러한 절망과 무력함을 극복할 수 있는 새로운 자기를 찾게 된 것이다. 인간 속에 이러한 실존을 초월할 수 있는 '내자기'가 있다는 것을 알게 된 것이다. 이처럼 자기 찾기는 멈추지 않고 계속되어야 하는 것이었다.

그리고 그다음으로 자기 찾기의 문제는 **잘못된 자기 찾기가 있을 수 있다는 것이다. 그래서 이를 바로 알고 해결할 수 있어야 한다.** 이를 해결하지 않고 방치하면 야만성과 같은 엄청난 문제가 일어날 수 있기 때문에 이를 해결하고 치유해야 하는 것이다. 가장 잘못된 자기 찾기 중에 하나가 **과도한 이상주의와 억압**이라고 했다. 외자기가 지나친 이상을 품을수록 억압도 강해져, 억압으로 인한 반생명이 야만성을 일으킨다고 했다. 이를 해결하려면 지나친 이상주의와 억압을 완화해야 한다. 그리고 전체주의와 전제정치로 갈수록 이러한 이상적 이념과 억압이 심해지기에 이를 철저하게 경계해야 한다. 그리고 이상과 억압을 풀 수 있는 문화도 필요하다. 그리고 자기와 다른 생각과 감정을 이해하고 소통하는 열린 문화와 소수자를 소중히 여기고 존중하는 문화가 필요하다.

이러한 문화가 문제를 완화하는 데는 도움이 되겠지만, 충분하지는 않다. 이를 해결하기 위해서는 부정적인 감정을 배설할 수 있는 기능이 필요하다. 세속적인 유흥이 그러한 기능을 할 수도 있지만 역시 한계가 있다. 과거 종교가 주로 이러한 일을 해왔다. 종교의 가장 큰 역할 중의 하나가 정화기능이었다. 그래서 인류가 반생명의 야만성을 다시 반복하지 않기 위해서는 **종교의 정화와 배설**이 필요하다.

유럽은 기독교라는 종교로 엄청난 트라우마를 겪었기에 다시 종교 이야기를 하는 것이 조심스럽다. 그러나 원래 종교 자체가 문제가 있었던 것은 아니다. 인간의 권력과 욕심이 잘못 만든 종교 때문에 생긴 문제였기에 이를 해결한다면 종교 자체가 문제 될 것은 없다. 실존주의에서 신을 다시 찾은 것처럼, 현재의 실존에서 바른 신을 찾을 수 있을 것이다. 현대철학이 다시 종교를 찾기 시작하는 것도 이러한 흐름으로 보아야 할 것이다. 그래서 미래 유럽에서 **종교가 어떠한 모습으로 부활**할 수 있을지를 진지하게 고민해보아야 한다. 동시에 과거의 종교의 문제가 무엇이었으며 이를 방지할 수 있는 길이 무엇인지를 찾아보아야 한다.

　각 종교에서 인간의 부정과 야만성을 어떻게 정화하고 배설하는지를 먼저 살펴보자. 불교는 세상의 문명과 인간의 이성과 지성을 공空과 허상으로 보고 허문다. 그리고 이분법으로 억압하지 않고 모든 것을 그대로 수용한다. 그러나 모든 것을 해체하면 아무것도 남지 않기에 진여眞如와 열반涅槃과 부처와 같은 초월적 존재를 받아들인다. 그런데 이것이 있는 것과 없는 것, 허상과 실상이라는 이분법을 다시 만들어 인간을 억압하게 되었다.

　그래서 겉은 정화되는 것 같았지만 숨어 있는 반생명과 욕심이 살아나기 시작하였고, 이로 인해 타락의 길로 가게 되었다. 유교 역시 아무것도 없이 하나로 돌아가는 무극과 태극으로 가야 하는데, 인의예지라는 이분법에 묶여 엄청난 반생명적 현상을 드러내고 말았다. 기독교도 십자가의 복음으로 모든 것을 허물고 죽어야 하는데, 율법과 교리의 이분법으로 가게 되므로, 반생명적 야만이 드러나고 말았다. 결국 저차적인 이분법의 종교로 가기에 고차적인 정화와 배설의 기능을 제대로 할 수 없었다.

종교의 내면화와 과학화가 필요하다

　종교와 신앙의 본질은 초고차성인데 너무도 쉽게 저차화된다. 종교, 전통, 도덕과 율법, 교리와 신학 등으로 저차화되기 쉬운 것이다. 그래서 이를 막고 고차화로 가는 길이 열려야 한다. 이를 위해서는 우리 속에 있는 고차정보를 활용할 수 있어야 한다. 이는 실존주의에서 신을 발견하는 것과 유사하다. 삶과 실존의 주체가 되는 감정과 몸을 중요시하며 감정과 몸에서 초월성을 찾는 길이다. 종교와 생각은 쉽게 저차화되지만, 감정과 몸은 본질적으로 고차적이기 때문에 쉽게 저차화되지 않는다. 이러한 길을 이미 니체가 제안하였다.

그리고 신앙을 외면화하면 쉽게 저차화되는 종교와 전통으로 가기 때문에, **신앙을 내면화하여 고차성을 유지**할 수 있어야 한다. 보이는 이분법적 교리와 전통보다 마음의 **감정과 몸을 신앙에 중심으로 두고 그 안에서 신**을 찾고 만나야 한다. 예수도 밖의 성전을 허물고 마음과 몸에서 드리는 예배를 중요하다고 하였다. 그래서 성전은 보이는 건물이 아닌 인간의 몸이 성전이라고 하였다. 몸은 현대 교회가 지향해야 하는 고차적인 신앙의 실존적 현장이어야 한다. 프랑크푸르트학파도 처음에는 문제를 외적 세계에서 찾고 해결하려고 하였지만, 점진적으로 내면으로 들어가서 내면을 회복하고 치유하는 방향으로 간 것처럼, 종교도 **내면에서 신과 성전**을 찾아야 할 것이다.

그리고 실존주의에서 찾은 초월적 자기를 현대 종교에서 찾아야 한다. 이것이 우리가 찾아야 하는 세 번째의 **내자기**이다. 현대는 유신론이든 무신론이든 내자기를 찾아야 한다. 그것이 허상과 억압 그리고 이상과 야만을 막는 실존의 힘이 될 것이다. 이것이 우리가 찾아야 하는 궁극의 자기가 될 것이다.

또 하나의 종교의 저차화를 막는 길은 **종교와 신앙의 과학화**이다. 흔히 우리가 과학이라고 하면 대부분 알고리즘의 저차적 과학만을 생각한다. 이러한 과학은 늘 신앙과 갈등한다. 대표적인 것이 진화론과 창조론의 갈등이다. 그러나 이러한 갈등은 저차적인 이분법에서 나온 것이다. 과학과 종교가 같이 고차정보로 상승하면, 이러한 갈등은 해소될 수 있다. 그리고 서로에게 유익하고 도움이 된다. **과학이 고차화**된다는 것은 뉴턴의 고전역학을 넘어서서 복잡성과 양자 그리고 초양자 정보로 들어가는 것을 의미한다. 그리고 **신앙도 종교와 교리를 넘어서서 고차화**되어야 한다.

진화론과 유전학도 고전역학을 넘어서서 양자 진화론과 양자 유전학으로 들어가면 창조론과 그렇게 부딪힐 이유도 없다. 그리고 종교도 고차정보에 열리게 되면, 문자와 전통적 해석에 메일 필요가 없다. 신이 우주를 창조했다면, 창조 이전이나 창조주는 적어도 빅뱅 이상의 초양자정보일 것인데, 어떻게 신을 인간의 알고리즘 정보로 이해하며 가두어둘 수 있을 것인가? 적어도 **신과 성경을 양자정보 이상으로** 보고 해석해야 한다. 그렇게 되면 창조와 인간 그리고 구원에 대해서도 다른 차원으로 이해할 수 있다. 문자와 교리적 전통에서 벗어나 고차적인 과학으로 설명할 수 있을 것이다. 이 글에서 **인간 창조, 생명, 선악과, 죄, 죽음과 구원에 대해서 양자정보 이상으로 이해하며 설명**해보았다. 이를 통해 신앙이 더 선명해지고 과학과 신학이 충분히 대화할 수 있는 길이 열릴 수 있다. 이를 통해 신앙이 저차화되는 것을 막을 수 있을 것이다.

신앙과 신학이 마음의 과학으로 고차적으로 설명될 수 있으면, 현대인들이 고차적인 마음을 여는 데 도움이 될 수 있을 것이다. 신앙은 고차적인 인간과 생명을 이해하고 받아줄 수 있어야 하는데, 지금의 종교는 너무 저차화되어 있어 현대인의 마음을 받아주기가 어렵다. 그래서 그들은 종교를 떠나는 것이다. 그리고 고차적인 세상과 자연으로 찾게 되는 것이다. 그래서 현대인을 다시 종교로 돌아오게 하려면 종교가 고차화되지 않으면 안 된다. 자차적인 교리와 종교로는 그들을 돌이킬 수 없다.

앞서 말한 종교의 정화기능을 이러한 과학으로 설명해보려고 한다. 인간의 야만성으로 벗어나는 길은 억압으로 발생하는 부정적인 반생명을 해결하는 길이라고 했다. 이를 풀 수 있는 다양한 길이 있지만, 가장 근원적인 길에 관해서 설명해보려고 한다. 이는 과학 속에 있다.

거대한 우주와 생명은 오랜 시간 동안 어떻게 소멸하지 않고 진화할 수 있었을까? 그 안에 파괴적인 큰 힘이 있음에도, 어떻게 이를 극복하고 지속해서 진화하며 존재해갈 수 있었을까? 이것이 가능하다면 분명 그 속에도 잘못된 것을 소멸하고 새로운 것으로 회복하는 기능이 있기 때문일 것이다. 생명에서는 반생명을 배설과 죽음을 통해서 해결한다. 자연은 미생물과 공기, 불, 물 그리고 흙을 통해 이러한 해체와 소멸 기능을 한다. 그렇다면 우주적으로는 해체와 소멸을 어떻게 담당할까? 우리가 잘 아는 대로 블랙홀이 이를 담당한다. 그러나 이는 생명에 있어서 죽음과 같이 진화의 최종적인 현상이지 진화 과정에서 일어나는 배설과 같은 기능은 아니다. 그렇다면 우주에서 일어나는 배설의 기능은 무엇일까?

우주는 무수한 소멸과 생성의 과정을 반복하면서 진화하고 있다. 과학자들이 우주의 가장 보편적으로 법으로 발견한 것이 있는데, 바로 **초대칭**이다. 보이는 모든 것은 보이지 않는 것과 초대칭을 이루므로 존재한다는 것이다. 물질이 있으면 반물질이, 에너지가 있으면 반에너지가 있고 정보가 있으면 반정보 있다는 것이다. 빅뱅으로 수많은 소립자가 생성되는데, 그들의 질량은 엄청난 차이를 보이는 계통성의 문제가 발생하였다.

이를 해결하는 방법으로 과학자들은 초대칭 이론을 도입했다. 물질을 이루는 소립자들이 짝을 이루고 **가상 입자의 전자와 양전자가 쌍생성하고 쌍소멸**하듯, 입자의 질량이 아무리 크더라도 쌍소멸할 수 있다는 것이다. 그래서 만물의 질량과 에너지와 정보는 보존될 수 있다. 세상에 공짜가 없듯이 우주에도 그냥 생기고 없어지는 것은 없다는 것이다. 다 쌍이 같이 있어 소멸하고 생성한다는 것이다. 물질의 가격을 지불해야 하듯 누군가 동격의 쌍으로 대신해야 소멸하고 생성된다는 것이다. 이것이 초대칭의 법이다. 양자장의 법이기도 하다. 그래서 양자장은 진공이지만 엄청난 질량, 에너지와 정보의 교환이 있다. 이를 통해 **초양자인 초고차의 창조주가 낮은 차원의 세계에 개입**할 수 있는 길이 열릴 수 있다. 그러나 모든 것은 보존되기 때문에 만물의 법을 그대로 유지된다.

이를 받아들인다면 기독교의 **십자가 구원을 과학적으로 이해**할 수 있는 길이 열린다. 신은 공짜로 일하지 않는다. 동일한 대가 즉 쌍소멸과 생성을 하며 현실에 개입한다는 것이다. 이러한 과학적인 사실을 우리가 쉽게 알아듣도록 설명한 것이 대속代贖이라는 개념이다. 동물의 희생을 통해 죄와 죽음을 소멸하고 생명을 생성하는 일이다. 이것이 신약에서는 창조주가 이 땅에 와서 인간의 죄와 아픔 즉 반생명을 소멸하고 생명을 주는 것으로 발전한다. 이를 쉽게 설명한 것이지만, 그 내용은 아주 과학적일 수 있다. 그래서 우리가 고차정보로 들어가 이러한 **쌍소멸과 쌍생성을 할 수 있다면, 인간의 반생명을 소멸하고 생명을 대신 공급받을 수 있는 길이** 열리는 것이다.

　이것이 종교의 과학화이고 이를 통해 사람들이 종교를 더 보편적으로 이해하고 고차적인 영성을 쉽게 접근할 수 있는 것이다. 이처럼 **고차적인 철학과 예술도 과학화**가 가능하다. 그렇다면 철학과 예술도 더욱 용이하게 고차정보로 활용할 수 있을 것이다. 이를 통해 인류 **야만성의 가장 핵심 문제인 반생명을 해결할 수 있는 길이 과학적으로 열릴 수 있을 것**이다. 종교를 고차적인 과학으로 이해함으로 종교의 고차성을 유지하고 또 인간의 억압된 야만성을 배설하는 데도 도움을 줄 수 있을 것이다. 이렇게 반생명이 건강하게 배설될 수 있으면 인류 문명도 건강해질 뿐만 아니라 개인의 삶도 더욱 건강하고 행복해질 수 있을 것이다.

어떻게 과거의 실패를 반복하지 않을 수 있을 것인가?

　반생명의 소멸문제와 함께 **가장 심각한 문명의 문제는 바로 가상**이라는 현상이다. 인간은 가상을 떠나서는 살 수 없다. 가상은 뇌의 본질이기 때문에 어쩔 수 없이 받아들여야 한다. 그러나 가상의 잉여로 인해 인간이 비인간화되는 것을 막아야 한다. 이는 바로 **야만성의 회로로 들어가게 하기 큰 원인**이 되기 때문이다. 가상 자체가 문제가 되는 것은 아니다. 가상이 저차화 되기 때문에 생기는 문제이기 때문이다. 그래서 이를 해결하려면, 가상이 저차화되는 것을 막고 가능한 고차정보와 통합되고 접촉할 수 있게 하면 된다. 그 길은 **고차적인 아날로그의 현실과 결합하게 하는 메타버스**라고 생각된다. 그리고 가상이라도 공유라는 복잡성과 결합하면 저차화되는 것을 막을 수 있을 것이다. 그리고 가상을 고차화하는 여러 길을 찾아내는 작업을 하면, 가상에서도 인간이 소외되지 않고 고차적인 인간을 유지할 수 있을 것이다.

그리고 문명의 또 다른 중요한 문제가 **전체와 부분의 갈등**이라고 했다. 전체로 인해 개인이 소외되고 비인간화될 수 있으므로 이를 막는 길도 찾아야 한다. 이 역시 **다양한 플랫폼을 통해 전체가 아닌 소수자와 경계인들은 찾아 집단과 연결**하는 작업을 함으로 획일적인 전체로 가는 길을 막을 수 있을 것이다. 주로 고차적인 예술과 사상가들이 이러한 연결 작업을 해줄 수 있을 것이다.

민주주의가 다수결 원칙만으로 모든 문제를 해결하려는 것도 사실 전체주의적인 성향으로 볼 수도 있다. 정치가 다수의 횡포로 가지 않고 중도와 소수자를 통합하는 길로 갈 수 있도록 늘 마음을 열고 대화할 수 있어야 할 것이다. 이번에 고무적인 것은 유럽이 코로나에 대응하면서 개인의 자유와 전체의 갈등에서 소수의 개인을 존중하는 방향을 제시해주었다는 점이다. 그리고 러시아가 약한 우크라이나를 침공한 것에 대해서 유럽이 하나 되어 러시아에 반기를 든 것도 전체주의 위험을 경고한 좋은 사례로 생각된다. 이러한 **유럽의 행동은 그들의 오랜 기간 겪은 삶에서 나온 지혜이고 세계는 바로 이러한 유럽의 지혜를 원하는 것이다.** 이것이 바로 앞으로 유럽이 세계에 대해서 할 일이 될 것이다.

그리고 마지막으로 가장 중요한 것은 **통합적인 자기**를 찾는 것이다. 이는 **노년에서 가장 우선으로 해야 하는 중요한 과제**이다. 그리고 통합은 칸트와 헤겔 철학의 가장 중요한 핵심이었다. 정과 반의 이분법을 변증법으로 통합하는 길이다. 그러나 이것처럼 어려운 일이 없었다. 결국 대화와 화해를 통해 통합되지 않다 보니, 전쟁과 폭력이 등장하게 되었다. 왜 이렇게 통합의 변증법이 어려운가? 그것은 인간 스스로 통합되어 있지 않기 때문이다. 자기가 분리되고 해리되어 있어서 외적으로 투사되어 나타난 것이 세상의 분열이다. 인간은 이상주의에 빠져 자신 속에 얼마나 비이상과 비이성이 있는지를 보기를 거부하고 단절시킨다.

이것이 자기 분열의 원인이다. 자신 속에 있는 비이상과 비이성을 억압하고 학대하기 때문에 자기와 다른 남을 수용하지 못하고 비판하는 것이다. 남의 내로남불을 잘 지적하면서 자신의 내로남불을 인정하지 않는다. 우리는 이를 정치에서 너무도 쉽게 본다. 그리고 종교에서도 그러한 이면의 세계를 쉽게 본다. 그러나 이를 인정하지 않는다. 투사하고 핑계를 대며 회피한다. 자기는 다 옳고 남은 다 틀리다. 이것이 집단화되면 지역주의와 민족주의가 되고 국가주의가 된다. 자기 속에서 분리된 것이 전체로 확장되는 것이다.

어둠이 없는 빛이 없고, 악이 없는 선도 없다. 아픔이 없는 건강도 없다. 음과 양의 순환으로 움직이는 것이 우주이고 자연이다. 이것이 생명이다. 대칭이고 조화이다. 이를 모두가 인정하고 서로 소통하며 하나가 되어야 한다. 우선 **자신의 마음에서 먼저 하나**가 되어야 한다. 물론 보이는 세상에서는 좋은 것으로 살아야 하는 것은 사실이지만, 이는 옷을 입고 살아야 하는 어쩔 수 없는 인간의 모습으로 인정하고 기회 있는 대로 자신의 솔직한 모습을 보며 하나의 인격으로 통합하여야 한다.

억압이 필요하지만, 영구적인 억압은 병의 원인이 된다는 것을 알고 **억압을 풀고 반대의 것을 보고 수용하고 하나의 인격**으로 가야 한다. 모두가 음과 양으로 살아간다. 자기만 태양인 듯 착각하고 살아서는 안 된다. 스스로 태양이라고 부르짖던 루이 14세가 얼마나 비참하게 죽어갔는지를 보면 누구도 좋은 것만으로 살 수 없음을 잘 알 수 있을 것이다. **자신을 솔직히 인정할 때, 우리는 다른 사람에 대해서도 관용을 베풀고 수용**해줄 수 있다. 이를 통해서 **작은 자, 소수인도 수용**할 수 있을 것이다. 역사는 이렇게 수용하며 살아갈 때 그 문명은 건강하게 오래 지속되었다. 이것이 유럽이 그 파란만장한 인생을 마무리하며 젊은이에게 남겨줄 수 있는 지혜의 말이 되지 않을까 생각된다.

유럽이 미래를 건강하게 살아가는 길

마지막으로 유럽이 앞으로 구체적으로 어떻게 살아가야 하는지에 대해서 이야기해보자. 아주 구체적인 이야기가 될 것이다. 유럽은 앞서 말한 대로 한 생애주기로 볼 때, 그 수명을 다하고 있다. 그러나 이것이 종말이 될 것인지 다시 생명을 연장하는 기회가 될지 아

대한민국 벤처기업의 대부인 이민화 교수는 이미 대한민국과 유럽을 연결하는 유라시아 네트워크를 제안하였다. 이를 통해 유럽은 젊은 피를 수혈하여 새로운 시대를 열 수 있을 것이다. news.naver.com

니면 회춘하는 기회로 갈지 아무도 모른다. 그것은 유럽의 선택에 달려있을 것이다. 그렇다면 유럽이 구체적으로 선택할 수 있는 것은 무엇일까? 과거를 반복하면 분명 종말로 달려가는 첩경이 될 것이다. 그러나 유럽은 지혜롭다. 노인의 지혜로 벌써 자신들이 살길을 찾아 나서고 있다. 과거 유럽이 위기를 맞을 때마다 새롭게 일어난 경험이 있다. 이를 잘 기억하면 될 것이다.

거대한 문명이 허물어질 때 항상 **변방의 작은 곳에서 새로운 문명**이 시작되었다. 이번에도 그렇게 될 것이다. 그렇다면 유럽의 변방은 어디일까? 아마 유럽의 5형제를 제외한 유럽이 되지 않을까 생각한다. 나는 그동안 **가장 소외되고 많은 희생을 겪은 나라들이 동유럽**에 있다고 생각한다. 그들은 늘 강대국의 사이에서 먹잇감이 되었다. 주로 슬라브 민족, 마자르 민족과 투르크 민족이 사는 곳이다. 과거의 동양과 깊은 연관성이 있던 곳이다. 훈족과 몽고 그리고 투르크로 인해 고통을 당하기도 했고, 번창하기도 했던 곳이다. 이번에 러시아가 침공한 **우크라이나는 그 중심**에 있다. 지금 전쟁으로 전 세계의 주목을 받고 있다. 그리고 북유럽도 중요하다.

나는 이곳이 중요하다고 생각하는 이유는 동아시아와 실크로드, 즉 **유라시안 네트워크**를 이룰 수 있는 곳이고 동유럽이 유럽으로 들어가는 입구가 되기 때문이다. 분명 새로운 문명은 미국과 동아시아를 통해 다시 유럽으로 들어가고 있다. 중국이 이를 독점하기 위해 일대일로一帶一路를 만들어 신실크로드의 경제 벨트의 길을 닦고 있다. 그러나 제국주의나 전체주의처럼 강한 국가가 이를 독점하는 것은 새로운 문명의 길이 될 수 없다. 과거로 회귀하는 전체주의 국가는 그래서 허물어져야 한다. 전체주의는 과거 실패의 반복이 될 것이다. 이것이 유럽의 교훈이다. 과거처럼 무력이나 전체주의적인 침공으로 이러한 벨트가 형성되어서는 안 된다. 온 오프 라인on off line **의 분산과 공유의 네트워크로 자연스럽게 연결되는 벨트**여야 한다.

미래는 결국 디지털의 정보시대가 될 것이므로 새로운 **디지털과 아날로그의 결합된 문명**과 문화가 그 길을 통해 전달되어야 한다. 저자가 한국인으로서 민족주의적 이념으로 희망하는 것이 아니라, 세계의 가장 변방이고 소외된 극동의 작은 나라인 대한민국에서 시작된 새로운 디지털과 아날로그가 결합된 **디지로그의 문화와 경제가 그 벨트를 통해 유럽으로 전해지면서 유럽이 그 힘을 받아 다시 일어날 수 있길 기원**해보는 것이다. 극동의 변방과 중앙아시아의 변방과 동유럽의 변방이 같이 연결되어 변방들의 혁명이 일어나 노쇠해가는 유럽을 다시 회생할 수 있을 것을 기대해보는 것이다. IT 강국으로서 한류의 고차적 컨텐츠를 거기에 담아 변방의 혁명을 이룰 수 있을 것이다. 충분히 가능할 수 있으며 이미 많은 가능성과 준비가 되어있다. 이는 한국 벤처기업의 대부였고 유라시아 네트워크의 회장이었던 이민화 교수(1953-2019)가 제안한 것이었고 그의 꿈이기도 했다.

그리고 유럽은 디지털로는 앞서가지는 못해도 과거의 **풍성한 고차적인 콘텐츠를 제공하여 좋은 디지로그의 세상을** 열어갈 수 있을 것이다. 그리고 후배들이 자신들이 반복했던 어리석은 길로 가지 않도록 잘 인도하고 조언할 수 있다면, 유럽과 다른 지구촌 모두에게 유익할 것이다. 그리고 지구촌의 정보가 우주적 정보와 연합하여 우주의 진화와 같은 방향으로 나아갈 때 지구의 문명은 우주의 집단정보와 함께 계속 발전해갈 수 있을 것이다. 그래서 유럽의 문명이 발달을 멈추지 않고 지구의 인격발달을 견인하며 우주적인 더 큰 정점을 향해 나아갔으면 한다. 이것이 유럽이 지구의 후배들을 도울 수 있는 지혜의 길이 아닌가 생각된다. 이처럼 지구와 인류의 미래는 유럽의 미래에 달려있다. 이 책이 유럽을 다시 깨우는 데 조금이라도 도움이 되고, 이를 통해 지구의 문명이 고차적으로 발달해갈 수 있으면 더 바랄 것이 없을 것이다. 이것이 이 책을 쓴 목적이고 마지막으로 남기고 싶은 말이기도 하다.

| 에필로그 |

'인격발달로 본 유럽 문명사'를 마치면서 몇 가지 규칙들을 발견할 수 있었다. 이제 이러한 규칙을 중심으로 그동안 다루었던 내용을 다시 정리해보려고 한다. 이를 통해 유럽 문명사를 인격발달적 측면에서 일목요연一目瞭然하게 볼 수 있었으면 한다.

문명은 우연히 흘러가는 것 같았지만, 어떠한 흐름과 규칙이 있었다. **그 첫 번의 규칙이 인격발달과 자기 찾기**이었다. 그래서 먼저 문명사를 이러한 규칙의 관점에서 정리해보았다. 유럽 문명사를 크게 고대(그리스와 로마), 중세(5~15세기), 근대(16~18세기), 근현대(19~20세기) 그리고 현대 이후(21세기 이후)로 나누어보았다. 그리고 이에 따른 집단적 인격발달을 고대는 유아와 소아기(학령전), 중세는 잠복 소아기(학령기), 근대는 청년기, 근현대는 중장년기, 현대 이후는 장노년기로 보았다. 각 발달과정에는 그 시기에 따른 자기 찾기가 있었다. 고대는 자기를 부모와 동일시함으로 자기를 찾은 시기였다. 이때의 부모는 신이다. 인간을 신과 동일시하는 시기이다. 그다음 중세는 권위의 시대이다. 학령 소아기에 해당하며, 이때는 자기 찾기는 멈추고 오직 권위와 집단의 법과 힘에 복종하는 시기이다. 자기는 완전히 억압되어 표면에 드러나지 않기에 잠복기라 할 수 있다. 그러다가 청소년기가 되면서 십자군 전쟁으로 가출을 하는 등, 유럽의 사춘기가 시작되었고 르네상스가 사춘기의 절정이었다.

근대는 자기 찾기를 본격적으로 시작한 시기이다. 청년기인 이 시기에는 세상을 살아갈 수 있는 의식의 자기를 발견하였다. 세상을 살아가는데 필요한 능력이었다. 지성과 이성을 자기로 생각하고 이를 발전시켰다. 이를 외자기라고 하였다. 그 결과 해양시대, 신대륙과 식민지 경영, 산업혁명, 과학 등으로 엄청난 발전을 이루었다. 물질문명과 문화가 발달하면서 인간 속에 억압되어 있던 몸속의 감정의 욕구가 나오기 시작했고, 그 속에 있는 자기를 발견하는 시대가 열렸다. 자기가 의식에서 무의식으로 이행되는 시기이기도 하다. 이것이 중자기의 시대였고 근현대 유럽의 모습이다. 그 결과 양차 세계대전이라는 혹독한 시련을 겪었다. 인간은 지성과 이성 그리고 몸과 감정만으로는 한계를 보였기 때문에 새로운 자기를 찾아 나섰다. 실존주의, 포스트모더니즘과 새로운 영성과 종교에서 추구하는 내적인 초월적 자기가 바로 새로운 자기였다. 그리고 세 자기를 관통하여 하나의 자기로 발전시켜나가는 것이 중요하다. 이러한 시대적 흐름을 표1에서 정리하였다.

그다음의 문명의 규칙이 있었는데, 그것은 **문명의 흥망성쇠**였다. 문명은 반드시 생명체처럼 흥망성쇠를 맞는데, 그 안에서도 어떠한

	고대 (4C이전)	중세 (5~15C)	근대 (16~18C)	근현대 (19~20C)	현대 이후 (21C 이후)
인격발달	유아, 학령전 소아	학령 소아기, 청소년사춘기	청년기	중년기(19C), 장년기(20C)	장노년기
자기 찾기	부모 동일시	잠복기	외자기, 의식	중자기, 무의식	내자기, 관통적 자기
자기의 내용	신	권위, 복종	지성, 이성	감정, 몸	초월성

| 표1 | 문명사의 인격발달과 자기 찾기

원리가 있었다. 그래서 그 원리의 규칙을 찾아 정리해보려고 한다. 문명은 인간 집단의 표현이기 때문에 그 속에는 **생명과 인격의 원리가 있고 생명처럼 흥하고 망하게 된다.** 그래서 문명을 생명이 있는 인격발달과 자기 찾기로 볼 수 있다. 문명이 흥한다는 것은 생명이 흥하는 것이고 반대로 문명이 쇠망한다는 것은 생명이 늙고 병들어 쇠망하기 때문이다. 그리고 쇠망한 문명에 새 생명을 불어넣는 일이 발생하면서 새로운 문명으로 전환된다. 그리고 문명은 다시 흥망성쇠를 반복하면서 발전하는 것이다.

생명은 고차정보와 저차정보가 하나 되어 움직일 때 흥한다. 그리고 그 속에 **생명의 중심인 자기가 있어야 한다.** 그래서 자기 찾기가 중요한 것이다. 그러나 **생명이 고차성을 잃고 저차화되면 생명이 쇠하기 시작한다.** 그리고 고차적인 자기를 잃고 저차적인 자기가 되면 그렇게 된다. 모두 저차화되면 멸망의 길로 가는 것이다. **저차화되면** 가장 먼저 나타나는 것이 **이분법이다.**

이분법은 좋은 것을 이상화하고 나쁜 것을 억압하고 혐오하는 것이다. 이때 **이상과 억압의 이분법**은 **내면**에서도 일어나고 **외적인 세계**에서도 일어난다. 억압이 내외적으로 동시에 일어나기 때문에 그 강도는 아주 심해진다. 이상은 좋은 것이기 때문에 큰 문제가 없다. 늘 억압이 문제를 일으킨다. 억압은 결국 **생명을 억압함으로 반생명이라는 부정적인 감정과 힘**을 발생시킨다. 그래서 억압이 한계에 도달하게 되면, 그 문명은 결국 반생명의 파괴적이고 부정적인 힘으로 멸망하게 되는 것이다. 이는 개인의 생명에서도 동일하게 일어난다. 노화와 질병이 지나친 억압 즉 스트레스로 인해 가속화되는 것이다. 그러나 반생명을 잘 해결하고 새로운 생명을 받으면, 문명이 전환되어 새로운 문명으로 태어난다.

이제 이를 각 문명의 시대별로 살펴보자. 고대의 헤브라이즘과 헬레니즘은 모두 고차적인 신과 인간이 하나가 되었을 때 흥하였다가, 신성과 인성이 이분화되면서 망하였다. 그러나 헬레니즘이 더욱 발전할 수 있었던 것은 자기를 찾아갔기 때문이다. 인간 속에 생각하는 자기를 발견하고 이를 발전시켰고, 알렉산더 대왕이 그 대표적인 인물이다. 그는 자신 속의 세 자기(외, 중, 내자기)를 모두 찾으므로 거대한 제국을 이룰 수 있었다. 그러나 그리스 문명도 저차화되면서 이상과 현실을 이분화하였다. 그래서 쇠망하고 말았다. 로마제국은 이러한 이분화를 현실적 합리성과 개방성으로 극복하고 저차와 고차 정보의 균형을 이루므로 거대한 문명으로 발전하였다. 그리고 그 속에서 자기를 찾았다. 그러나 로마도 무력과 권력이라는 저차로 가면서 자기 보존력만으로 생존하다가 멸망하고 말았다.

중세는 고차적인 기독교가 들어와서 잠시 살아나는 듯하다가 종교와 정치가 저차화되면서 긴 암흑기를 맞았다. 중세가 천 년 이상 지속된 것은 문명의 본질인 생명과 자기가 완전히 억압되어 거의 죽음의 상태였기 때문이다. 내적으로는 신성이 이상화되고 반대로 인성은 억압되었다. 외적으로는 교회와 황제가 강력한 권위로서 백성을 억압하였다. 생명과 자기는 거의 죽은 상태로 조용했다가 십자군 전쟁으로 조금씩 살아나기 시작했다. 그 이후 교회와 황제의 권위가 약화하면서 자기가 살아나 르네상스를 맞게 되었다.

그 후 종교개혁을 통해 자기를 더욱 확실하게 찾은 유럽은 근대를 통해 자기를 폭발적으로 발전시켜나갔다. 의식에서 생각할 수 있는 자기를 발견하였고 그 결과 지성과 이성을 개발할 수 있었다. 그러나 지성과 이성이 저차화되면서 내적으로는 이상과 비이상이라는 이분법으로 가게 되었고, 이상은 이상화되고 비이상은 심하게 억압되었다. 그리고 외적으로도 전제왕권과 국가주의가 발달하면서 개인의 억압이 강화되었다. 이러한 억압을 통해 반생명이 형성되고 이것이 문명의 발달과 함께 야만성으로 나타났다.

이러한 억압의 결과, 억압된 무의식의 감정과 몸에 관한 관심이 높아지게 되었다. 철학도 지성과 이성에서 감정과 몸의 철학으로 넘어갔고, 예술도 조화와 형식을 중시하는 고전주의에서 감정이 중심이 되는 낭만주의로 넘어갔다. 그러나 이러한 노력에도 불구하고 반생명의 부정적인 감정은 충분히 배설되지 못했고, 결국 양차 세계대전이라는 야만적인 전쟁으로 터지고 말았다. 근대의 야만성은 유럽대륙이 아닌, 신대륙과 식민지에서 주로 자행되었다. 그러나 세계대전은 유럽의 한복판에서 자행된 야만성이었다. 그리고 야만성의 정도와 희생의 크기는 근대의 야만성과 비교 불가능할 정도였다.

어떻게 이렇게 야만성이 발전될 수 있었을까? 그만큼 근대에 비해 **근현대의 이상화와 억압이 극심**했다는 것이다. 특히 독일이 문제였다. 그들은 30년 전쟁으로 근대의 중요한 발전 시기를 놓치고 말았다. 다른 국가들은 해양시대와 산업혁명으로 국력이 뻗어 나가고 있었다. 그러나 그들은 조금 뒤 처진 정도가 아니라 심하게 낙후되어 있었다. 유럽은 형제들 사이에 늘 과잉적 경쟁심리가 있었다. 특히 바로 옆에 사는 프랑스와 독일이 가장 심했다. 그들의 형제간의 경쟁심은 거의 태생적으로 형성되어 있었다. 이로 인한 그들의 열등감, 좌절감과 분노는 엄청났을 것이다. 그러나 그들은 잘 표현하지 않고 눌렀다. 물론 이러한 무의식적 감정 그리고 경쟁 구도가 유럽의 발전적 동력이 된 것은 사실이다.

그러나 독일의 경우는 발전을 넘어서서 심각한 문제를 예고하고 있었다. 그들은 누구를 원망하기보다는 자신을 채찍질했다. 자기 민족과 국가의 부흥을 위해 목숨을 걸 정도로 자신들을 억압하며 연단하였다. 특히 게르만 민족 속에 있는 높은 이상과 우월주의가 이러한 억압을 더욱 강화하였다. 그리고 외적으로는 민족주의와 전체주의가 이러한 억압을 가중시켰다. 그리고 간과할 수 없는 아주 큰 요인은 독일은 밖(식민지, 신대륙)으로 나가 야만성을 배설할 기회가 없었고 그들의 국민성도 배설 기능이 약했다는 것이다. 다른 나라는 다른 대륙에 가서 그들의 억압된 반생명을 분출하였다. 그러나 독일만은 분출의 기회를 잡지 못하고 있다가 그들의 국력이 충분히 강해졌을 때, 그동안 억압되어 있던 모든 것이 폭발하고 말았다. 그들의 **과도**

한 이상주의와 억압 그리고 그 속의 열등감, 자존심, 욕심, 좌절과 분노 등이 이렇게 한꺼번에 가장 흉측한 야만성으로 터지고 만 것이다. 인간의 이상주의와 억압이 얼마나 무서운지를 보게 하는 현장이다.

그다음의 인류 문제가 **자본과 이념**이라는 문제였다. 이로 인해 터진 것이 이념투쟁과 냉전 시대의 전쟁이다. 자본은 **잉여라는 가상**이 문제이고 **이념은 정보라는 가상**에서 출발한다. 모두가 **가상의 문제**이다. 이것은 근현대부터 현대에 이르기까지 가장 큰 인류의 문제이다. 이 가상은 인류가 문명의 발달을 이루는데, 가장 결정적인 능력이 된 힘이다. 기호, 언어, 이성과 지성 그리고 종교와 초월성이 모두 가상이다. 물론 그 대상 자체는 가상이 아니지만, 인간은 물자체를 인지할 수 없으므로 가상의 형식과 기호를 통해 이를 인지하고 소통한다. 그래서 인간은 가상의 세계에 살게 되는 것이다. 그러나 현대 이전까지는 인간이 이 가상을 잘 조절하고 활용하며 살았지만, 자본과 정보의 시대가 되면서 **가상이 주인**으로 떠오르게 되었다. 이것이 발전의 힘이 된 것은 사실이지만, 이 가상은 본질적으로 저차 정보이기 때문에 인간의 고차성을 소외시키고 종속시킬 수밖에 없다. 이것이 물질문명의 발달로 인한 인간의 소외와 인간성 상실의 본질적 원인이다.

근현대와 현대를 통한 인간의 문제에 대한 탈출구를 어떻게 찾아야 할까? 유럽은 위기 때마다 새로운 자기 찾기를 통해서 이를 극복해나갔다. **중세의 암흑기를 의식의 외자기**를 찾음으로 발전의 기회로 전환하였다. 그리고 이성과 지성의 이상으로 인해 발생한 인간의 **혼돈과 야만성의 문제를 무의식의 감정과 몸이라는 중자기를 찾음**

으로 탈출구를 마련하였다. 그리고 억압된 반생명의 고통과 좌절에서 유럽은 과연 어떠한 새로운 자기를 찾아서 그 위기를 극복하였는가? 실존주의와 포스트모더니즘에서 그 해답을 찾았다. **새로운 초월적 내자기**를 찾는 것이었다. 이는 이미 유럽의 심층적 기초인 헤브라이즘과 헬레니즘에서 이미 추구하였던 것이다. 자기 찾기의 순환이다. 다시 자신의 원래 자리로 회귀한 것이다.

그리고 현대 이후의 정보사회와 가상의 메타버스 사회에서는 과거보다 더욱 강력해진 가상으로부터 인간이 더욱 소외되고 종속될 수밖에 없다. 그러나 이러한 위기에서도 인간의 고차성을 유지할 수 있는 길이 새롭게 발견되고 있다. 그것은 플랫폼, SNS 등을 통한 **공유 시스템**이다. 그리고 저차적인 디지털에 인간의 고차적인 정보인 아날로그와 내자기의 초월성을 담아 **고차적인 디지로그**를 추구함으로 이를 극복할 수 있는 길이 열릴 것으로 기대된다. 그리고 고차적인 내자기와 **관통적 의식**을 통해 우주의 **고차정보**와 같이 진화해감으로, 더욱 발전적인 문명으로 발전될 수 있을 것이다. 이러한 전체적인 문명의 발달과 성쇠를 한 눈으로 볼 수 있도록 표2에 정리하였다.

문명은 인격이고 생명의 현상이다. 이 책을 통해 문명 속에 인격과 생명이 어떻게 발달하고 노쇠하게 되는지를 살펴볼 수 있었고, 이를 통해 문명의 새로운 흥망성쇠에 대한 규칙들을 정리하여 보았다. 생명과 인격의 중심은 자기이다. 자기가 있어야 진정한 생명과 인격이 살아갈 수 있었다. 그래서 문명은 자기의 추구와 발견을 통해 발달해왔다. 그러나 인격에서는 이상과 억압이라는 법이 있어서 이것으로 문명이 발달하고 그와 반대되는 야만도 발달하게 되었다.

	고대 (4C이전) 그리스, 로마	중세 (5~15C)	근대 (16~18C)	근현대 (19~20C)	현대 이후 (21C 이후)
문명의 부흥	그리스(신과 인간의 일치), 로마(합리성과 개방성)	문명의 정체	의식의 자기	무의식의 자기, 감정과 몸 자본, 이념	자본, 잉여 정보, 가상
문명의 쇠망: 이분법(내적) 이상과 억압	그리스(초월성), 로마(합리성)	신성	지성과 이성	욕망, 이상주의, 우월성	가상, 메타버스
문명의 쇠망: 이분법(외적) 이상과 억압	무력	교회, 황제	전제왕권, 국가주의	전체주의, 국가주의	민주주의, 자본주의, 정보사회
새 문명의 전환과 탄생: 새로운 자기	그리스(합리성), 로마(합리성과 개방성)	자기 찾기 (십자군 전쟁과 르네상스)	감정과 몸	초월적 자기, 경계선	플랫폼, SNS, 공유 시스템, 디지로그

| 표2 | 유럽문명의 흥망성쇠와 전환

인간은 이상을 통해 문명을 발달시켜가지만, 결국 이것이 인간을 내적으로 외적으로 억압하게 되므로 반생명과 반인격이 발생하였다. 그래서 앞으로의 문명은 이를 어떻게 해결하고 배설할 수 있을지가 가장 중요한 문제가 될 것이다. 이 책은 초월적 내자기와 내면화되고 고차화된 과학적 종교를 통해 이를 풀어갈 것으로 기대하고 있다. 그리고 정보사회에서는 공유시스템과 디지로그가 이를 도와줄 것으로 생각하고 있다.

유럽은 그들만의 역사나 문명이 아니라 인류의 자산이고 아픔이기도 하였다. 유럽과 함께 지구촌이 같이 고민하며 인류의 밝은 미래의 진화를 계속해나가기를 간절히 바라며, 이제 긴 이야기를 끝내려고 한다.

| 참고문헌 |

유럽 역사

1. 정기문,『처음부터 다시 배우는 서양고대사』, 책과 함께, 2021.
2. 김덕수,『그리스와 로마, 지중해의 라이벌』, 살림, 2015.
3. 브라이언 타이어니, 시드니 페인터,『서양중세사』, 이연규 옮김, 집문당, 2021.
4. 허버트 조지 웰스,『세계사 산책』, 김희주, 전경훈 옮김, 옥당, 2017.
5. 김진호,『근대유럽의 역사』, 한영대학교 출판부, 2016.
6. 주디스 코핀, 로버트 스테이시,『새로운 서양문명의 역사, 상』, 박상익 옮김, 소나무, 2020.
7. 주디스 코핀, 로버트 스테이시,『새로운 서양문명의 역사, 하』, 박상익 옮김, 소나무, 2020.
8. 에드워드 기번,『로마제국 쇠망사』, 강석승 옮김, 동서문화사, 2019.
9. 헤이르트 마크,『유럽사 산책』, 강주헌 옮김, 옥당, 2011.

유럽인의 삶

1. 주경철,『주경철 유럽인 이야기, 1. 중세에서 근대의 별을 본 사람들』, 연남책방, 2021
2. 주경철,『주경철 유럽인 이야기, 2. 근대의 빛과 그림자』, 연남책방, 2021
3. 주경철,『주경철 유럽인 이야기, 3. 근대의 절정, 혁명의 시대를 산 사람들』, 연남책방, 2021
4. 톰 필립스,『인간의 흑역사』, 홍한결 옮김, 월북, 2019.
5. 주경철,『문명과 바다』, 산처럼, 2009.
6. 에릭 홉스봄,『혁명의 시대』, 정도영, 차명수 옮김, 한길사, 2020.
7. 피터 프랭코판,『동방의 부름』, 이종인 옮김, 책과함께, 2018.
8. 노명환,『역사를 통해 본 유럽의 서로 다른 문화 읽기』, 신서원, 2011.
9. 권석하,『두터운 유럽』, 안나푸르나, 2021.
10. 노명환, 박지배 등,『서양 사람들은 어떻게 살았을까?』, 푸른역사, 2016.

유럽 5개국

1. 김시홍 등, 『이탈리아 문화의 이해』, 휴인, 2016.
2. 김종법, 임동현, 『이탈리아 역사, 다이제스트100』, 가람기획, 2018.
3. 부르크하르트, 『이탈리아 르네상스 이야기』, 지봉도 옮김, 동서문화사, 2013.
4. 김종법, 『천의 얼굴을 가진 이탈리아』, 학민사, 2012.
5. 이기성, 『자신의 반쪽을 지워버린 사람들』, ESSAY, 2011.
6. 신정화, 정용갑, 『두개의 스페인』, HUINE, 2020.
7. 이강혁, 『스페인 역사, 다이제스트 100』, 가람기획, 2012.
8. 서희석, 호세 안토니오 팔마, 『유럽의 첫 번째 태양, 스페인』, 을유문화사, 2019.
9. 김복래, 『프랑스역사 다이제스트100』, 가람기획, 2020.
10. 알렉상드로 뒤마, 『프랑스사 산책』, 전경훈, 김희주 옮김, 옥당, 2017.
11. 정일영, 『프랑스 문화의 이해』, 신아사, 2014.
12. 김선미, 곽노경, 『프랑스 문화와 예술 그리고 프랑스어』, 신아사, 2012.
13. 김선미, 최준식, 『프랑스인 그리고 프랑스 사회』, 한국문화사, 2011.
14. 김승렬, 이용재, 『함께 쓰는 역사, 독일과 프랑스의 화해와 역사교과서 개선 활동』, 동북아역사재단, 2008.
15. 이기성, 『독일, 프랑스, 이탈리아, 역사산책 1』, 북랩, 2019.
16. 이기성, 『독일, 프랑스, 이탈리아, 역사산책 2』, 북랩, 2019.
17. 손선홍, 『도시로 떠난 독일 역사문화 산책』, 푸른길, 2020.
18. 닐 맥그리거, 『독일사 산책』, 김희주 옮김, 옥당, 2016.
19. 하겐 슐체, 『새로 쓴 독일 역사』, 반성완 옮김, 지와 사랑, 2021.
20. 최영승, 『역사로 보는 영국사회와 문화』, 석당, 2017.
21. 찰스 디킨스, 『찰스 다킨스의 영국사 산책』, 민청기, 김희주 옮김, 옥당, 2020.
22. 한일동, 『영국역사』, 살림, 2018.
23. 케이트 폭스, 『영국인 발견』, 권석하 옮김, 학고재, 2017.
24. 권석하, 『영국인 재발견 2』, 안나프르나, 2015.
25. 권석하, 『영국인 재발견』, 안나프르나, 2017.
26. 이영석, 『지식인과 사회, 스코틀랜드 계몽운동의 역사』, 아카넷, 2014.
27. 김중락, 『스코틀랜드 종교개혁사』, 흑곰북스, 2017.
28. 홍성표, 『스코틀랜드 분리 독립운동의 역사적 기원』, 충북대학교 출판부, 2010.

29. 한일동, 『아일랜드역사, 다이제스트100』, 가람기획, 2019.
30. 곽삼주, 『아일랜드 그곳이 알고 싶다』, 좋은땅, 2020.

유럽문화, 예술

1. 유발 하라리, 『르네상스 전쟁 회고록』, 김승욱 옮김, 김영사, 2019.
2. 애덤 니컬슨, 『지금, 호메로스를 읽어야 하는 이유』, 정혜윤 옮김, 세종서적, 2016.
3. 조대호, 『일리아스, 호메로스의 상상세계』, 그린비, 2021.
4. 강대진, 『호메로스의 오뒷세이아 읽기』, 그린비, 2020.
5. 데이비드 블레이니 브라운, 『낭만주의』, 강주현 옮김, 한길아트, 2004.
6. 아르놀트 하우저, 『문학과 예술의 사회사 2』, 백낙청, 반성환 옮김, 창비, 2020
7. 아르놀트 하우저, 『문학과 예술의 사회사 3』, 백낙청, 반성환 옮김, 창비, 2021
8. 아르놀트 하우저, 『문학과 예술의 사회사 4』, 백낙청, 반성환 옮김, 창비, 2021
9. 심혜경, 『벤야민과 아도르노, 대중문화의 기만 혹은 해방』, 김영사, 2020.
10. 최문규, 『독일 낭만주의』, 연세대학교 대학출판문화원, 2018.
11. 프레더릭 바이저, 『계몽, 혁명, 낭만주의』, 심철민 옮김, 도서출판 b, 2020.
12. E.H. 곰브리치, 『서양미술사』, 백승길, 이종숭 옮김, 예경, 2017.
13. 다카시나 슈지, 『르네상스미술, 그 찬란함과 이면』, 재승출판, 2021.
14. 프리드릿 니체, 『바그너의 경우, 니체 대 바그너』, 이상엽 옮김, 세창출판사, 2020.
15. D.J. 그라우트, C.V. 팔리스카, J.P. 버크홀더, 『크라우트의 서양음악사 상』, 민은기 등 옮김, 이앤비플러스, 2013.
16. D.J. 그라우트, C.V. 팔리스카, J.P. 버크홀더, 『크라우트의 서양음악사 하』, 민은기 등 옮김, 이앤비플러스, 2013.
17. 이사야 벌린, 『낭만주의의 뿌리』, 석기용 옮김, P필로소피, 2021.

유럽 사상, 철학

1. 스털링, P. 렘프레이트, 『서양철학사』, 김태길, 윤명로, 최명관 옮김, 을유문화사, 1992.
2. 이와타 야스오, 『유럽 사상사 산책』, 서수지 옮김, 옥당, 2014.
3. 박성숙, 『철학속으로의 여행』, 법문 북스, 2020.

4. 이상인,『진리와 논박』, 도서출판길, 2011.
5. 플라톤,『플라톤의 대화편』, 최명관 옮김, 창, 2008.
6. 김용민,『키케로의 철학』, 한울, 2018.
7. 모르치오 비롤리,『공화주의』, 김동희, 김동주 옮김, 인간사랑, 2012
8. 프레드릭 코플스턴,『후기스콜라 철학과 르네상스 철학』, 이남원, 정용수 옮김, 북코리아, 2021.
9. 르네 데카르트,『방법서설, 성찰, 데카르트 연구』, 최명관 옮김, 창, 2010.
10. 손기태,『고요한 폭풍, 스피노자』, 글항아리, 2016.
11. 안토니오 다마지오,『스피노자의 뇌』, 임지원 옮김, 사이언스북스, 2007.
12. G.W. 라이프니츠,『모나드론 외』, 배신복 옮김, 책세상, 2007.
13. 이정우,『접힘과 펼쳐짐, 라이프니츠와 현대』, 그린비, 2012.
14. 이준호,『흄의 자연주의와 자아』, UUP, 1999.
15. 아네트 C. 버이어,『데이비드 흄』, 김규태 옮김, 지와 사랑, 2015.
16. E. 버크/J.G. 피히테,『프랑스혁명 성찰/독일국민에게 고함』, 박희철 옮김, 동서문화사, 2016.
17. 김상환,『근대적 세계관의 형성, 데카르트와 헤겔』, 에피파니, 2018.
18. 김상환,『왜 칸트인가』, 21세기북스, 2022.
19. 최인숙,『칸트』, 살림 출판사, 2005.
20. 한자경,『칸트 철학에의 초대』, 서광사, 2006.
21. 백종현,『칸트와 헤겔의 철학』, 아카넷, 2017.
22. 한국헤겔학회편,『낭만주의의 쟁점과 헤겔』, 용의 숲, 헤겔연구 20, 2006.12.
23. 랄프 루드비히,『정신 현상학』, 이동희 옮김, 이학사, 2012.
24. 강영계,『철학의 끌림, 마르크스, 니체, 프로이트』, 멘토, 2011.
25. 프리드리히 니체,『니체와의 대화, 자신을 사랑하고 존경하라』, HCbooks, 2021.
26. 백승영,『니체, 철학적 정치를 말하다』, 책세상, 2018.
27. 김상환 외,『니체가 뒤흔든 철학 100년』, 민음사, 2000.
28. 김상환,『니체, 프로이트, 맑스 이후』, 2002.
29. 쇠얀 키에르케고어,『사랑의 역사』, 임춘갑 옮김, 치우, 2011.
30. 정영도,『야스퍼스 vs 니체』, 세창출판사, 2020.
31. 정영도,『칼 야스퍼스 읽기』, 세창미디어, 2014.

32. 표재명, 『키에르케고어를 만나다』, 치우, 2012.
33. 박찬국, 『하이데거는 나치였는가?』, 철학과 현실사, 2007.
34. 박찬국, 『하이데거 읽기』, 세창미디어, 2014.
35. 엘즈비에타 에팅거, 『한나 아렌트와 마틴 하이데거』, 황은덕 옮김, 산지니, 2013.
36. 사이먼 스위프트, 『스토리 텔링 한나 아렌트』, 이부순 옮김, 앨피, 2011.
37. 박이문, 『현상학과 분석철학』, 지와 사랑, 2007.
38. 고지현 등, 『프랑크푸르트 학파의 테제들』, 사월의 책, 2021.
39. 한나 아렌트, 『발터 벤야민』, 이성민 옮김, 필로소픽, 2020.
40. H. 마르쿠제, 『일차원적 인간』, 박병진 옮김, 한마음사, 2017.
41. 홍일립, 『국가의 딜레마』, 사무사책방, 2021.
42. 리처드 커니, 『현대유럽철학의 흐름』, 임헌규, 곽영아, 임찬순 옮김, 한울, 2021.
43. 신명아, 『현대철학의 종교적 회귀』, 경희대학교 출판 문화원, 2021.
44. 박영욱, 『데리다&들뢰즈, 의미와 무의미의 경계에서』, 김영사, 2009.
45. 김상환, 『해체론 시대의 철학』, 문학과 지성사, 1996.
46. 박치환, 『이데아로부터 시뮬라크르까지』, 휴인, 2016.
47. 질 들뢰즈, 『차이와 반복』, 김상환 옮김, 민음사, 2004.
48. 송효섭, 『인문학, 기호학을 말하다』, 이숲, 2013.
49. 숀 호머, 『라캉 읽기』, 은행나무, 2006.
50. 마단 사럽, 『후기구조주의와 포스트모더니즘』, 정영백 옮김, 조형교육, 2005.
51. 박영욱, 『데리다&들뢰즈, 의미와 무의미의 경계에서』, 김영사, 2009.
52. 장 보드리야르, 『시뮬라시옹』, 하태환 옮김, 민음사, 2001.
53. 질 들뢰즈, 『주름, 라이프니츠와 바로크』, 이찬웅 옮김, 문학과 지성사, 2004.
54. 정연홍, 『화이트헤드의 과정철학』, 충남대학교출판부, 2004.
55. 황수영, 『베르그송』, 이룸, 2003.
56. 로버트 페리시, 『떼이야르 드 샤르댕의 신학사상』, 이홍근 옮김, 분도 출판사, 2001.
57. M. S. Clair, 『대상관계 이론과 자기 심리학』, 안석모 옮김, 시그마프레스, 2009.

58. 토머스 S. 쿤, 『과학혁명의 구조』, 김명자 옮김, 까치, 1999.
59. 미셸 앙리, 『야만』, 이은정 옮김, 자음과 모음, 2013.

마음의 과학, 정보이론과 과학

정보이론

1. Luciano Froridi, Information (New York: Oxford,2010)
2. 제임스 글릭, 『인포메이션』, 박래선, 김태훈 옮김, 동아시아, 2017.
3. 한스 크리스첸 폰 베이어, 『정보』, 정대호 옮김, 승산, 2007.
4. 세스 로이드, 『프로그래밍 유니버스』, 오상철 옮김, 지호, 2007.
5. 안톤 차일링거, 『아인슈타인의 베일』, 전대호 옮김, 승산, 2007.
6. 찰스 세이프, 『만물해독』, 김은영 옮김, 지식의 숲, 2008.
7. 블래트코 베드럴, 『물리법칙의 발견』, 손원빈 옮김, 모티브북, 2011
8. 수전 블랙모어, 『밈』, 김명남 옮김, 바다출판사, 2010.
9. 이성훈, 『정보과학과 인문학』, 성인덕, 2019.
10. 이성훈, 『정보인류, 뇌와 몸 정보』, 성인덕, 2019.
11. 이성훈, 『바닥에서 본 영화이야기』, 성인덕, 2019.
12. 이성훈, 『한국인의 아픔과 힘』, 성인덕, 2020.

복잡성 정보

1. 제럴드 에델만, 『신경과학과 마음의 세계』, 황희숙 옮김, 범양사, 1998.
2. Olaf Sporns, Network of the Brain(Cambridge, Massachusetts, the MIT Press, 2011)
3. Robert Plutchik, 『정서 심리학』, 박권생 옮김, 학지사, 2011
4. 안토니오 다마지오, 『데카르트의 오류』 김린 옮김, 눈출판그룹, 2017.
5. 안토니오 다마지오, 『스피노자의 뇌』, 임지원 옮김, 사이언스북스, 2007.
6. 제임스 글릭, 『카오스』, 박래서, 김상욱 옮김, 동아시아, 2013.
7. 김용운, 『카오스의 날갯짓』, 김영사, 1999.
8. 스튜어트 카우프만, 『혼돈의 가장자리』, 국형태 옮김, 사이언스 북스, 2002.
9. 스튜어트 카우프만, 『다시 만들어진 신성』, 김명남 옮김, 사이언스 북스, 2012.
10. 김대식, 『인간 vs 기계, 인공지능은 무엇인가』 동아시아, 2016.
11. 베셀 반 데어 콜크, 『몸은 기억한다』, 제효영 옮 김, 을유문화사, 2016,

12. A.D. Craig, How do you feel? (Priceton, New Jersey: Priceton University Press, 2015)
13. 타다 토미오, 『면역의 의미론』, 황상익 옮김, 한울, 1998.
14. 에르빈 슈뢰딩거, 『생명이란 무엇인가?』, 전대호 옮김, 궁리, 2007.

양자와 초양자 정보

1. 짐 알칼리, 존조 맥패든, 『생명, 경계에 서다』, 김정은 옮김, 사이언스, 2017.
2. Danah Zohar, The Quantum Self (New York: William Morrow, 1990)
3. David Bohm, Quantum Theory (London: Constable, 1951)
4. 데이비드 봄, 『창조적 대화론』, 강혜정 옮김, 에이지21, 2011.
5. 제프리 새티노버, 『퀀텀 브레인』, 김기웅 옮김, 시스테마, 2010.
6. 데이비드 봄, 『전체와 접힌 질서』, 이정민 옮김, 시스테마, 2010.
7. 다케우치 가오루, 『양자론』, 김재호, 이문숙 옮김, 전나무숲, 2010.
8. 리사 랜들, 『숨겨진 우주』, 김연중, 이민재 옮김, 사이언스 북스, 2008.
9. 카를로 로벨리, 『보이는 세상은 실재가 아니다』, 김정훈 옮김, 쌤앤파커스, 2018.
10. 리 스몰린, 『양자중력의 세가지 길』, 김낙우 옮김, 사이언스북스, 2007.
11. 리처드 파넥, 『4 퍼센트 우주』, 김혜원 옮김, 시공사, 2013.
12. 리언 레더먼, 크리스토퍼 힐, 『대칭과 아름다운 우주』, 안기연 옮김, 승산, 2012.
13. 사이먼 싱, 『우주의 기원』, 곽영직 옮김, 영림카디널, 2015.
14. 리 스몰린, 『양자중력의 세가지 길』, 김낙우 옮김, 사이언스북스, 2007.
15. 카를로 로벨리, 『모든 순간의 물리학』, 김현주 옮김, 쌤앤파커스, 2016.
16. 프랭크 클로우스, 『보이드』, 이충환 옮김, MID, 2014.
17. H.P. Stapp, Mindful Universe, Quantum Mechanics and the Participating Observer, Springer, Heidelberg, 2011.
18. G. Globus, "Heideggerian dynamics and the monadological role of the 'between':A crossing with quantum brain dynamics" Progress in Biophysics and Molecular Biology, 2015, 119, 324-331.

미래사회

1. 이민화, 『스마트 코리아로 가는 길, 유라시안 네트워크』, 새물결, 2011.
2. 이민화, 『4차산업 혁명으로 가는길』, KCERN, 2016.
3. 이민화, 『호모 모빌리언스』, 북콘서트, 2012.
4. 이민화 등, 『가상현실을 말하다』, 클라우드 북스, 2016.
5. 조중혁, 『인터넷 진화와 뇌의 종말』, 에이콘, 2013.
8. 케빈 켈리, 『인에비터블 미래의 정체』, 이한음 옮김, 청림출판, 2017.
9. 알랭드 보통 외, 『사피엔스의 미래』, 정병근 옮김, 모던아카이브, 2016.
10. 자크 아탈리, 『인류는 어떻게 진보하는가』, 양영란 옮김, 책담, 2016.
11. 리처드 플로리다, 『신창조 계급』, 이길태 옮김, 전자신문사, 2011.
12. 다니엘 핑크, 『새로운 미래가 온다, 미래 인재의 6가지 조건』, 김명철 옮김, 한국경제신문, 2012.
13. 클라우스 슈밥, 『제4차 산업혁명』, 송경진 옮김, 2016.
14. 유발 하라리, 『호모 데우스』, 김명주 옮김, 김영사, 2017.
15. 유발 하라리, 『사피엔스』, 조현욱 옮김, 김영사, 2015.